Franz Kafka

Themen und Probleme

Mit Beiträgen von

Beda Allemann, Roger Bauer, Bernhard Böschenstein,
Theo Buck, Claude David, Efim Etkind, Ulrich Fülleborn,
Eduard Goldstücker, Heinrich Henel, Ingeborg C. Henel,
Dominique Iehl, Malcolm Pasley, Claudine Raboin,
Walter H. Sokel

Herausgegeben von

Claude David

für Katharina und Hanne Hansen

von Ingeborg und Heinrich Henel

VANDENHOECK & RUPRECHT GÖTTINGEN

Die hier veröffentlichten Aufsätze sind Beiträge zu einem Kafka-Kolloquium, das 1978 im Centre universitaire du Grand-Palais (Université de Paris-Sorbonne) stattfand. Sie wurden für den Druck überarbeitet.

CIP-Kurztitelaufnahme der Deutschen Bibliothek

Franz Kafka : Themen u. Probleme ; [Beitr. zu e. Kafka-Kolloquium, d. 1978 im Centre Universitaire du Grand Palais (Univ. de Paris, Sorbonne) stattfand] / mit Beitr. von Beda Allemann... Hrsg. von Claude David. – Göttingen : Vandenhoeck und Ruprecht, 1980
(Kleine Vandenhoeck-Reihe ; 1451)

ISBN 3-525-33433-8

NE: David, Claude [Hrsg.]; Allemann, Beda [Mitarb.]; Kafka-Kolloquium <1978, Paris>

Kleine Vandenhoeck-Reihe 1451

Umschlag: Hans-Dieter Ullrich. – © Vandenhoeck & Ruprecht, Göttingen 1980. – Alle Rechte vorbehalten. – Ohne ausdrückliche Genehmigung des Verlages ist es nicht gestattet, das Buch oder Teile daraus auf photo- oder akustomechanischem Wege zu vervielfältigen.
Gesamtherstellung: Verlagsdruckerei E. Rieder, Schrobenhausen

INHALT

VORWORT

Über Kafka ist viel geschrieben worden. In den letzten zehn Jahren sind in jedem Jahr ungefähr hundert Bücher oder längere Aufsätze über ihn erschienen – zwei pro Woche. Das zeugt zweifellos von der Faszination, die auch in unserer Zeit noch von Kafka ausgeht. Des öfteren hat man sich über diese Flut aber auch lustig gemacht und darin ein schlagendes Beispiel für die Ohnmacht der Literaturwissenschaft sehen wollen. Ironie ist hier jedoch fehl am Platze. Gewiß ist in den vielen Veröffentlichungen über Kafka nicht alles neu und manches nicht einmal sinnvoll. Dennoch war die Arbeit von dreißig Jahren nicht umsonst. Allmählich ist die Wahrheit zutage getreten. Denn auch in der Literaturwissenschaft gibt es – den Spöttern zum Trotz – Falsches und Wahres.

Am Anfang und lange Jahre hindurch hat man Kafkas Dichtungen als Puzzles betrachtet, die es zu enträtseln galt. Man wollte wissen, was sich dahinter verbarg, welches Geheimnis in den ungewohnten Bildern verschlüsselt war. So entstanden zahllose allegorische Deutungen, die vom Ganzen des Werkes, von dem Problemen im Leben des Dichters oder von den Themen seiner Weltanschauung nichts wußten. Manchmal geschah es, daß auch auf diesem Wege zufällig ein Stück Wahrheit erraten wurde. Meistens aber blieb alles willkürlich und nutzlos. Trotzdem war es selten möglich, diese Fehldeutungen zu widerlegen: an der Kohärenz der Interpretation war nichts auszusetzen. Mit Worten lassen sich ja unschwer Gründe und Zusammenhänge konstruieren, und die Arbeit geht um so leichter vonstatten, wenn sie sich, in Unkenntnis der wahren Probleme, an keinen Hindernissen stößt. Diese frühen Interpretationen sind heute nur ausnahmsweise noch brauchbar; nur zu Groethuysen oder Benjamin wird man noch ab und zu greifen. Aber dieses lange Herumtasten, diese vielen Irrwege waren wohl notwendig: es brauchte Zeit, bis man mit der neuen Sprache vertraut wurde. Mißverständnisse sind manchmal nicht der schlechteste Weg, um zur Erkenntnis zu gelangen.

Dann aber erschien innerhalb weniger Jahre eine Reihe grundlegender Gesamtdeutungen des Dichters: von Wilhelm Emrich (1958),

Heinz Politzer (amerikanische Ausgabe 1962, deutsche Übersetzung 1965), Walter H. Sokel (1964). Diese Bücher vertraten durchaus unterschiedliche Richtungen; betonte das eine mehr das Gesellschaftliche, wurde im anderen eher auf psychologische Erklärungen zurückgegriffen. Nicht alles, was diese Bücher enthielten, fand unbedingt Zustimmung. Zum ersten Mal aber wurde vom Ganzen des Werkes und des Lebens ausgegangen, zum ersten Mal wurde Schluß gemacht mit Methoden, deren Leere und Unergiebigkeit nach und nach evident geworden waren.

Gleichzeitig begann die philologische Arbeit an Kafkas Texten. Als erster wies Friedrich Beißner auf die Notwendigkeit hin, Kafka auch als Künstler zu untersuchen und auf ihn die bewährten Methoden der Philologie anzuwenden. Fritz Martini zeigte an einem Beispiel (dem *Dorfschulmeister*) die Mängel der Ausgabe Max Brods. Bald erschienen die wertvollen Arbeiten von L. Dietz, J. Born, und vor allem von M. Pasley, dessen Datierungsversuch sämtlicher Texte Kafkas der Forschung völlig neue Wege eröffnet hat.

All diese Arbeiten haben die Bedingungen der Kafka-Forschung von Grund auf gewandelt. Sie haben einen gemeinsamen Boden geschaffen. Heute ist das Gespräch möglich und die Diskussion ergiebig. Über den Sinn oder, sagen wir vorsichtiger: über die Absicht von Kafkas Dichtungen besteht kaum mehr Zweifel. Nur über wenige herrscht noch Unsicherheit: *Elf Söhne* ist einer dieser noch umstrittenen Texte. Kafkas Dichtungen haben aufgehört, als Rätsel zu erscheinen (um so mehr muß man acht geben, wenn einige wieder als Rätsel oder Vexierspiele ausgegeben werden). Über eine ganze Reihe von Erkenntnissen und Wahrheiten stimmen die Kafka-Forscher heute überein. Man kann über Kafka arbeiten, wie man über Goethe oder Hölderlin arbeitet, und sogar leichter. Denn das Werk ist leichter zu übersehen, die Motive sind weniger zahlreich, die Absichten im Grunde durchsichtiger. Auf der Grundlage der gemeinsamen Erkenntnisse aber, auf dem sicher gewonnenen Boden kann die wahre Reflexion beginnen: nicht mehr die leeren Ausschweifungen, nicht mehr die willkürlich-allegorischen Deutungen der ersten Jahre, sondern eine konstruktive Betrachtung.

Die Teilnehmer des Pariser Kolloquiums, deren Beiträge dieser Band enthält, stammen aus sieben Ländern; geistig gehören sie ganz verschiedenen Richtungen an; auch ihre Arbeitsmethoden sind unterschiedlich, und ihre Referate haben manchmal lebhafte Diskussionen ausgelöst. Meistens aber war man mit den vorgetragenen Einsichten einverstanden. Den reichen Ertrag der Studien zusammenzufassen ist in einem kurzen Vorwort unmöglich. Wir sind jedoch überzeugt, daß dieses Pariser Kolloquium einen wichtigen Beitrag zur Kafka-Forschung darstellt, auch wenn wir wissen, daß sie noch einen weiten Weg vor sich hat.

An diesem Kolloquium wollte auch Heinz Politzer teilnehmen. Aus gesundheitlichen Gründen mußte er darauf verzichten. Kurz danach hat ihn der Tod ereilt. Dem Andenken des großen Kafka-Forschers sei dieser Band gewidmet. C. D.

MALCOLM PASLEY

DER SCHREIBAKT UND DAS GESCHRIEBENE

Zur Frage der Entstehung von Kafkas Texten

Vor Jahren ist ein Buch über Kafka erschienen, in dem behauptet wurde, die berühmte Erzählung *Das Urteil* sei »während einer nächtlichen Bahnfahrt« entstanden. Wie denn? In einem *Zuge* sollte er die Geschichte geschrieben haben? Verwundert griff ich nach dem Tagebuch für das Jahr 1912 – und wollte dem Verfasser beinahe schon recht geben: »Diese Geschichte *Das Urteil* habe ich in der Nacht vom 22. bis 23. von zehn Uhr abends bis sechs Uhr früh in einem Zug geschrieben.«[1] Wäre *Das Urteil* wirklich auf der Bahn, statt am Schreibtisch zu Hause entstanden, so hätten wir bestimmt eine andere Geschichte vor uns. Denn bei Kafka waren – und man muß kein eingeschworener Positivist sein, um dies zu erkennen – die konkreten Schreibbedingungen, etwa der Schreibort und das vorhandene Schreibgerät, für Form und Gehalt des Geschriebenen in ganz besonderem Maße wichtig. »Die Unselbständigkeit des Schreibens«, so liest man in seinem Tagebuch vom 6. Dezember 1921, »die Abhängigkeit von dem Dienstmädchen, das einheizt, von der Katze, die sich am Ofen wärmt, selbst vom armen alten Menschen, der sich wärmt. Alles dies sind selbständige, eigengesetzliche Verrichtungen, nur das Schreiben ist hilflos, wohnt nicht in sich selbst, ist Spaß und Verzweiflung.«[2]

Zu den hier aufgeführten äußeren Dingen, von denen sein Schreiben gerade abhängt, gehört – aber bezeichnenderweise erst an letzter Stelle – »der arme alte Mensch, der sich wärmt«, d. h. die wirkliche Person Franz Kafka, der körperlich greifbare, schwerkranke und betrübte Mensch, von dem jene andere, weniger greifbare Gestalt, der Schriftsteller Franz Kafka, freilich teilweise abhängt – denn ohne Körper und Hand kann man nicht schreiben. Allerdings wird *diese* Abhängigkeit, die Abhängigkeit von der empirischen Person des Autors, nur recht beiläufig am Schluß erwähnt, so als wäre diese Person, diese leidige Voraussetzung des Schreibens, im Idealfall beim Schreibakt völlig verschwunden, vollständig durch den Schriftsteller ersetzt. In einem Brief an Max Brod meint Kafka, der Autor sei im Werk überhaupt »nicht vorhanden«, und er erklärt dort außerdem (diese Stelle sollte zumindest als Mahnung dienen, den Biographismus nicht zu weit zu treiben): „wir haben, wenn wir etwas schreiben, nicht etwa den Mond ausgeworfen, auf dem man Untersuchungen über seine Abstammung machen könnte, sondern wir sind mit allem, was wir haben, auf den Mond übersiedelt, [...] haben uns einer Mondheimat halber verloren [...]«.[3] Zu den unmittelbaren Schreibbedingungen gehört jedoch selbstverständlich die dem Schreibakt vorangehende und ihn begleitende Stimmung oder psychische Verfassung des Schreibenden, die wir aber nur in den seltensten Fällen – und auch dann nur sehr vage – zu rekonstruieren vermögen. Gerade was *Das Urteil* betrifft, meinen wir diesen Aspekt allerdings ziemlich gut bestimmen zu können. So geht man z. B. wohl wirklich nicht fehl, wenn man bei Kafka an jenem Septemberabend eine besonders starke, weil zurückgedrängte, Schreiblust voraussetzt.[4] Aber solche Versuche, die psychologischen Bedingungen des Schreibens zu bestimmen, sollte man sich – so scheint mir – nur mit Behutsamkeit erlauben. Jedenfalls möchte ich mich im folgenden auf augenfälligere und noch unmittelbarere Zusammenhänge zwischen Niederschrift und Werk, zwischen Schreibakt und Geschriebenem beschränken.

Schon das Schreibinstrument, das jeweils benutzt wurde, scheint mir nicht ohne Bedeutung zu sein: man denke an Kafkas Vorliebe für die Füllfeder, die ja eine gewisse Flüssigkeit des Schreibens verbürgt, oder an seine offenkundige Abneigung gegen die Schreibmaschine, die ihn zwar technisch faszinierte, aber von der er selbst nur spärlich Gebrauch machte. Liest man z. B. das Prosastück: »Suche ihn mit spitzer Feder [...]«,[5] so darf man vermuten, daß es mit einer spitzen Feder geschrieben wurde – und man vermutet dies mit Recht, wie das Manuskript beweist. Wo in Kafkas Texten von einem Schreibinstrument die Rede ist, darf man ziemlich sicher sein, daß ihm kurz zuvor das eigene auf irgendeine Weise zu schaffen gemacht hat. So verhält es sich z. B. an jener Stelle im *Verschollenen*, wo Karl Roßmann »mit einer Füllfeder, die ihm die Oberköchin zur Belohnung dafür geschenkt hatte, daß er für sie ein großes Inventarverzeichnis sehr praktisch angelegt und rein ausgeführt hatte«,[6] seine Aufgaben in ein Heftchen kritzelt: kurz bevor diese Stelle entstand, hat der Romanschreiber offensichtlich mit einer schlecht funktionierenden Feder kämpfen und diese auswechseln müssen. So eng also ist bei Kafka das Geschriebene, das Werk, an den technischen Schreibakt und sogar an die kleinen Kalamitäten des Schreibens gebunden; so deutlich ist manchmal die Abhängigkeit der Erfindung von den realen, »eigengesetzlichen« Bedingungen der Niederschrift zu erkennen.

In der Erzählung *In der Strafkolonie* werden Texte von einer fürchterlichen Schreibmaschine auf menschliche Haut eingeritzt; in der Erzählung *Ein Traum* schreibt der fiktive Künstler mit einem Bleistift, der Goldlettern hervorzaubert, auf Stein. Wie verhält es sich mit dem Schreibmaterial, das Kafka selbst als wirklicher Schriftsteller gebrauchte? Er benutzte meistens nicht etwa Konzeptpapier, sondern er trug in der Regel sein Werk gleich in Schreibhefte ein, was der ganzen Sache einen gewissen schulmäßigen oder auch geschäftsmäßigen, jedenfalls ernsthaften Anflug verlieh. Anders als lose Konzeptblätter bedeuten solche Hefte von vornherein schon eine gewisse Verpflichtung; was in ein Heft, und sei es ein Schulheft, eingetragen wird, kann man nicht mehr so leicht zurücknehmen; die Wahl eines festen Rahmens wirkt der Tendenz zum unverbindlichen Experimentieren mit der Feder entgegen. Schon früh hat Kafka das Schreiben eher als Selbstzucht denn als Selbstausdruck verstanden. Damit hängt wohl die lebenslange Gewohnheit zusammen, sein Werk sofort in Heften zu Papier zu bringen. Für sein Tagebuch, das er 1910 anlegte, leistete er sich recht schöne Wachstuchhefte im Quartformat, die gleichsam schon den Anspruch erhoben, etwas Dauerhaftes aufzunehmen. Auch für *Die Verwandlung* und für den *Verschollenen* – für anspruchsvollere Werke also – griff er nach solchen schönen Quartheften. Man denke hingegen an die acht bescheidenen Heftchen im Oktavformat (die sogenannten »acht blauen Oktavhefte«), die er sich für sein Schreiben während des Winters 1916–17 anschaffte. Die Wahl dieses winzigen Rahmens fällt zusammen mit der Wendung zu den kurzen, parabelhaften Stücken (z. B. *Die Brücke*), die er eben in diesem engen Rahmen zu Papier brachte. Der Entschluß, sich zum ersten Mal seit der *Betrachtung* intensiv in kurzen und kürzesten Prosaformen zu versuchen, bedingte – so darf man wohl sagen – die Wahl eines entsprechend kleinen Papierformats für das Niederschreiben. Man könnte sogar den Begriff des »Rahmens« für das Schreiben noch etwas weiter fassen und an das winzige Zimmerchen in der Alchimistengasse denken, in dem er die winzigen Hefte benutzte. Auch dies gehörte gewissermaßen zum »Kleinformat«, in dem die kleinförmigen Stücke entstanden. Jedenfalls scheint der Zusammenhang von *Kleinform* und *Kleinformat* auf der Hand zu liegen. Man hat sich wohl die Sache so vorzustellen, daß er das Kleinformat wählte, nicht bloß weil die ihm vorschwebende Kleinform dies zu verlangen schien, sondern ebenso weil er sich davon Unterstützung und Ermunterung erhoffte, in dem Sinne, daß der kleine zu beschreibende Raum ihm zu konzentrierter (auch aphoristischer) Formulierung verhelfen mochte.[7] Ähnlich verhält es sich mit jenem einzelnen Papierblatt, das er später einmal vor sich hinlegte, um darauf mit winzigsten Schriftzügen sein *Erstes Leid* zu schreiben – sich damit gleichsam den knappsten Exerzierplatz anweisend für seine schwierigen und beängstigenden schriftstellerischen Turnkunststücke, welche diese kleine Geschichte darstellt und zugleich in sich selbst, als Schreibakt, verkörpert. Wenn man dieses Manuskriptblatt studiert, weiß man am Ende wirklich nicht mehr, wie man von einer »Werkentstehung« sprechen könnte, die nicht mit der Textentstehung identisch ist.

Für die Abhängigkeit der Text- und daher auch der Werkentstehung vom benutzten Schreibmaterial, von den konkreten Papierverhältnissen, bietet der *Schloß*-Roman, der in sechs Quartheften überliefert ist, ein Beispiel. Das Manuskript gibt darüber Auskunft, wie die Unsicherheit beim Niederschreiben – und das heißt bei Kafka ja gleichzeitig Unsicherheit in der Weiterführung der Geschichte – offenbar jedesmal dort wächst, wo der Papiervorrat eines Heftes fast aufgebraucht ist und daher der Sprung ins Offene, Ungewisse eines leeren Heftes beängstigend bevorsteht. Gegen Ende des zweiten Heftes z. B. (was ungefähr dem Schluß des neunten Kapitels entspricht) verläuft sich das Ganze; es gibt verschiedene gestrichene Versuche, die Geschichte weiterzuführen, bis endlich im neuen Heft der richtige Übergang zum Weiteren gefunden wird. Am Ende des dritten Heftes findet man Ähnliches: genau auf der letzten Heftseite, nach den bedeutsamen Worten »vor Furcht wahrscheinlich zittert«,[8] gerät der Text vollends in Unordnung. Bis tief in das vierte Heft hinein gibt es eine Streichung nach der anderen, einen Neuansatz nach dem anderen, bis die Störung des Heftwechsels schließlich wieder überwunden ist. Sowohl am Anfang wie am Ende des fünften Heftes bemerkt man Ähnliches. Gleichgültig, wie man Kafkas Angst vor Anfängen und Enden jeglicher Art zu deuten oder zu erklären geneigt ist, sie wirkt sich bei der Niederschrift seiner längeren Werke auf die angedeutete

Weise aus: sobald der Wechsel des Schriftträgers unausweichlich wird, erscheinen fast regelmäßig solche Störstellen im Text der betreffenden Geschichte.

Überhaupt scheint mir, daß wir Kafkas eigene Bezeichnung seiner literarischen Tätigkeit als »das Schreiben« beim Wort nehmen sollten. Manchmal wird angenommen, daß jedes literarische Werk zunächst im Kopf oder Geist des Autors entsteht, um dann durch den Schreibakt in einen Text übersetzt zu werden. Auf Kafka jedenfalls ist dieses Modell – das Modell des Eierlegens, wenn man will – nur mit größtem Vorbehalt anzuwenden. Bei ihm stößt man dauernd, vor allem natürlich bei seinen Erzählungen und Romanen, auf die Frage, inwiefern man das Zustandekommen des Werkes vom Zustandekommen des handschriftlichen Textes überhaupt trennen kann. In anderen Fällen mag es vielleicht angehen, den Autor gleichsam zu halbieren, indem man ihn in einen Schöpfer oder Erfinder mit legislativer Gewalt und einen Schreiber mit exekutiver Funktion zerlegt. Im Falle Kafkas hieße das aber auseinanderreißen, was zusammengehört. Eher darf man ihn wohl – wortspielerisch, aber sachgemäß – als *Konzipisten* etikettieren. Zum einen war er ja im österreichischen Sinne des Wortes »Konzipist« gewesen und wußte, was es hieß, das Vorschriftsmäßige protokollierend zu Papier zu bringen, zum anderen mag man beim Wort »Konzipist« an den Prozeß des *Konzipierens* erinnert werden. Denn eben um ein solches fortlaufendes Konzipieren, unmittelbar vom Akt des Niederschreibens begleitet (und von diesem wieder gesteuert), handelt es sich bei ihm in der Regel. Darüber geben uns die erhaltenen Manuskripte, seine eigenen Äußerungen zu seiner Arbeitsweise bekräftigend, die deutlichste Auskunft. Freilich gibt es auch einige Reinschriften oder Abschriften darunter; in der Hauptsache handelt es sich aber um eine erste Niederschrift, an der sich die fortlaufende – meist ungemein gleichmäßig fortlaufende – Entstehung der Geschichte ablesen läßt. Man erkennt die ganz besonders enge Partnerschaft von Erfindung und Aufzeichnung; man erkennt, wie das Erfundene sich unmittelbar in Schriftzüge verwandelt, welche die Vorstellung laufend fixieren und ihr als konkret Vorhandenes die weitere Richtung weisen. Durch den Schreibakt selbst, und erst durch diesen, entstehen nach und nach die nicht mehr umzustoßenden Voraussetzungen für den Fortgang der Geschichte; die Geschichte bestimmt sich selbst, sozusagen, von hinten, von der fiktiven Vergangenheit her, indem sie zu Papier kommt und als greifbarer Gegenstand – als Text –

entsteht; sie kreist sich selbst immer enger ein, wird buchstäblich unter der schreibenden Hand fester, nimmt sich in zunehmendem Maße selbst jede Möglichkeit einer Richtungsänderung oder eines Auswegs und wird schließlich – der Leser erlebt es jedesmal selber, manchmal mit Grauen, wenn sich der Vorgang für ihn beim Lesen wiederholt – von den nicht mehr auszulöschenden oder rückgängig zu machenden Buchstaben auf den unausweichlichen Endpunkt hingetrieben. Es ist dann wahrhaftig eine Erlösung, wenn Niederschrift und Geschichte (meist heißt das ja: Niederschrift und fiktive Lebensgeschichte) gleichzeitig aufatmend zum Ziele kommen. »Während er aber unten«, so heißt es am Schluß der Erzählung *Ein Traum*, »den Kopf im Genick noch aufgerichtet, schon von der undurchdringlichen Tiefe aufgenommen wurde, jagte oben sein Name mit mächtigen Zieraten über den Stein.«[9] Das glückliche Zu-Ende-Kommen der Niederschrift muß auf die Grablegung, auf das Ende der Lebensgeschichte warten – aber andererseits erlaubt erst das Fertigschreiben der Inschrift dem Helden sein glückliches, d. h. sein erlösendes Begräbnis.

Meine These, die übrigens nicht neu zu sein beansprucht, lautet also: Die Entstehung der erzählerischen Werke Kafkas (genauer: seiner erzählerischen Werke ab 1912, ab dem *Urteil*) ist ungewöhnlich eng und mit ungewöhnlicher Ausschließlichkeit an die Entstehung des ursprünglichen Textes gebunden. Ja, sie ist dermaßen eng daran gebunden, daß man behaupten darf, er habe diese Werke geradezu *erschrieben*: man erkennt bei ihm, um einen Kleistschen Ausdruck zu variieren, die »allmähliche Verfertigung der Geschichte beim Schreiben«. Diese These kann zum einen durch Kafkas eigene Aussagen über seine Arbeitsweise gestützt werden, zum anderen aber – und noch beweiskräftiger – durch das stumme Zeugnis der Manuskripte. Wenn die These stimmen sollte, so hat sie offenbar wichtige Konsequenzen für das Verständnis und die Deutung dieser Werke. Denn es würde dann heißen, Kafkas Erzählungen, einschließlich der Romane, wären im Grunde *planlos*, ohne jegliche Vorentscheidung über den Handlungsverlauf oder gar über die Figurenausstattung, einfach *ambulando* entstanden; es würde heißen, daß am Anfang jedesmal praktisch *nichts* gestanden habe, *nichts* vorgegeben gewesen wäre, außer – denn soviel müssen wir wohl zumindest annehmen – irgendeinem prägnanten Bildkomplex, irgendeiner erfundenen oder »eingefallenen« Szene, die eine Fülle dynamischer Entwicklungsmöglichkeiten in sich trug. Und wenn dies so wäre, wie könnte man dann noch behaupten,

Kafka habe dieses und jenes Buch, diese und jene »Vor-schrift«, als *Quelle* benutzt? Könnte man bei diesen Werken überhaupt noch im herkömmlichen Sinne von »literarischen Quellen« reden? Müßte man nicht sagen, daß solche »Quellen« – die es selbstverständlich in gewissem Sinne unbedingt gibt – schon längst vor dem Anfang der Werkentstehung auf den verschiedensten, gar nicht mehr genau aufzuspürenden Wegen in jenen inneren See gemündet waren, aus dem dann die Geschichte entfloß? Und wäre nicht ähnliches zu sagen den realen Lebenserfahrungen des Autors, von den sogenannten biographischen Realitätspartikeln, die sich ja gewiß in irgendeiner Form in das entstehende Werk Eintritt verschafften? Könnte man noch behaupten, daß dieses und jenes wirkliche Erlebnis Kafkas unmittelbar in dieser oder jener Erzählung »vertreten« sei, »sich niedergeschlagen« habe? Müßte man sich die Sache nicht ganz anders vorstellen, nämlich so, daß die betreffenden bedeutsamen Erlebnisse des wirklichen Menschen Franz Kafka schon *vor* der Konzeption der Geschichte verdaut, innerlich verarbeitet, verwandelt, mit anderem vermischt, ja schon mythisiert und mit seinem »traumhaften inneren Leben« verwachsen waren? Als wäre das Biographische so überaus mittelbar, auf so komplizierten inneren Umwegen ins Werk gedrungen, daß nicht einmal der ausgepichteste Psychologe und der fleißigste Erforscher der Lebensdaten es vermöchten, überzeugende und *aufschlußreiche* Parallelen zwischen Leben und Werk zu ziehen? Man bedenke zum Beispiel, was er einmal an Felice schreibt: »Was von dieser Oberfläche ins Schreiben hinübergenommen wird – wenn es nicht anders geht und die tiefern Quellen schweigen – ist nichts und fällt in dem Augenblick zusammen, in dem ein wahreres Gefühl diesen obern Boden zum Schwanken bringt. Deshalb kann man nicht genug allein sein, wenn man schreibt, deshalb kann es nicht genug still um einen sein, wenn man schreibt, die Nacht ist noch zu wenig Nacht.«[10]

Damit ist schon angedeutet, was meiner Meinung nach folgt, wenn die These der „allmählichen Verfertigung der Geschichten beim Schreiben« in der Hauptsache evident gemacht werden kann. Wie steht es nun damit? Kafkas eigene Äußerungen scheinen jedenfalls die These zu stützen. Da Hartmut Binder bereits eine so reiche Auswahl solcher Äußerungen zusammengestellt hat,[11] kann ich mich hier kurz fassen. Wichtig ist zunächst eine Tagebucheintragung vom 15. November 1911[12] – also noch aus der Zeit vor dem sogenannten »Durchbruch«, vor dem *Urteil* – wo er über eine Schwierigkeit und einen störenden Mangel in seiner bisherigen Arbeitsweise berichtet:

»Sicher ist, daß alles, was ich im voraus selbst im guten Gefühl Wort für Wort oder sogar nur beiläufig, aber in ausdrücklichen Worten, erfunden habe, auf dem Schreibtisch beim Versuch des Niederschreibens trocken, verkehrt, unbeweglich, der ganzen Umgebung hinderlich, ängstlich, vor allem aber lückenhaft erscheint, trotzdem von der ursprünglichen Erfindung nichts vergessen worden ist. Es liegt natürlich zum großen Teil daran, daß ich frei vom Papier nur in der Zeit der Erhebung, die ich mehr fürchte als ersehne, wie sehr ich sie auch ersehne, Gutes erfinde, daß dann aber die Fülle so groß ist, daß ich verzichten muß, blindlings also nehme, nur dem Zufall nach, aus der Strömung heraus, griffweise, so daß diese Erwerbung beim überlegten Niederschreiben nichts ist im Vergleich zur Fülle, in der sie lebte, unfähig, diese Fülle herbeizubringen, und daher schlecht und störend ist, weil sie nutzlos lockt.«

Kafka beklagt hier also eine literarische Schaffensweise, bei der Erfindung und Niederschrift noch auseinanderklaffen. Was er »im voraus«, »frei vom Papier« erfindet, zeigt sich beim eigentlichen Schreibakt als »verkehrt« und »unbeweglich«, als »der ganzen Umgebung hinderlich«, als »lückenhaft« (später gebraucht er mit Vorliebe den Ausdruck »Flickwerk«). Die inspirierte Erfindung »frei vom Papier«, in ihrer überströmenden Fülle, läßt sich beim »überlegten Niederschreiben« schlecht einzwängen in die fest begrenzte, vorwärtsstrebende Linie des geschriebenen Textes. Er erkennt hier, so darf man sagen, die eigentliche Ursache seines bisherigen literarischen Versagens, die darin liegt, daß er noch nicht gelernt hat, sich beim Erfinden des Werkes dem eigentlichen Schreibakt anzuvertrauen, Konzeption und Niederschrift möglichst nahe aneinanderzurücken und miteinander zu verzahnen. Schon hier setzt er sich ab von der romantischen Vorstellung einer geheiligten, perfekten Werkentstehung im Geiste, bei welcher die Feder in des Schriftstellers Hand zum bloß übersetzenden oder protokollierenden Funktionär degradiert wird. Erst mit dem *Urteil* aber gelingt ihm – und darin liegt die eigentliche Bedeutung des »Durchbruchs« – die restlose Verkoppelung von Erfindung und Niederschrift, das gleichzeitige Zustandekommen von Werk und Text. (Später erkennt er freilich, daß ihm auch von der anderen Seite her Gefahren erwachsen, indem die schreibende Feder zu viel Macht an sich reißt und gar überheblich wird. So klagt er z. B. im Jahre 1914 Grete Bloch,[13] daß das Schreiben selbst oft zu falschen Fixierungen verführe, weil es »eine Schwerkraft der Sätze« gibt, »der man sich nicht entziehen kann.«)

Das Urteil ist gewiß das bestdokumentierte Beispiel für das unvorbereitete (oder besser: nicht bewußt vorbereitete) Zustandekommen einer Geschichte Kafkas, bei der Erfindung und Textentstehung restlos zusammenfallen. Die Geschichte blieb für Kafka vorbildlich, nicht zuletzt im Hinblick auf die Art ihrer Entstehung. In seinen ausführlichen Berichten darüber benutzt er bekanntlich das Bild der Geburt und das Bild des Aufgehens einer Wunde. Treffender scheint mir jedoch jenes Bild zu sein, das er an erster Stelle benutzt, das des Schmelztiegels; denn hier fehlt jede Vorstellung von etwas Vorgeformtem: »Wie alles gewagt werden kann, wie für alle, für die fremdesten Einfälle ein großes Feuer bereitet ist, in dem sie vergehn und auferstehn.«[14] Am erstaunlichsten ist wohl, daß er, als er die Feder in die Hand nahm, noch gar nicht wußte, was für eine Handlung und was für fiktive Figuren daraus hervorkommen sollten. »Als ich mich zum Schreiben niedersetzte«, teilt er Felice mit,[15] »wollte ich […] einen Krieg beschreiben, ein junger Mann sollte aus seinem Fenster eine Menschenmenge über die Brücke herankommen sehn, dann aber drehte sich mir alles unter den Händen.«

Gerade bei der Entstehung des *Urteil* ist ihm übrigens deutlich geworden, wie wichtig es für ihn war, seine Werke möglichst »in einem Zug« zu Papier zu bringen, möglichst in einem, ununterbrochenen Arbeitsgang. Eine Geschichte wie *Die Verwandlung*, so meint er etwas später,[16] »müßte man höchstens mit einer Unterbrechung in zweimal 10 Stunden niederschreiben.« Jede längere Störung könnte für ein solches Werk tödlich sein, denn das hieße, aus der Strömung herausgerissen zu werden und ans Land treten zu müssen, oder (ein noch öfter gebrauchtes Bild) aus einer Art Unterwelt, einem unterirdischen Bau oder Tunnel oder Labyrinth an die lichte Oberfläche hinaufsteigen zu müssen. In dem schon zitierten Brief an Felice wird sogar die Wasser-Metaphorik mit der Unterwelt-Metaphorik verbunden: *unten* fließen »die tiefern Quellen«; nur wenn diese schweigen, muß man notgedrungen (und zum Schaden der Geschichte) etwas von der »Oberfläche« ins Schreiben hinübernehmen.

Wenn man Kafkas Äußerungen zu seiner Schreibweise im ganzen betrachtet, so findet man, daß er vor allem drei Dinge als wünschenswert hinstellt: erstens die *Spontaneität*, die größtmögliche Verkürzung des Weges vom Einfall zu dessen schriftlicher Fixierung; zweitens die

Flüssigkeit, die ununterbrochene Linie der Bewegung vom Ursprung her; und (damit verbunden) drittens das *Offene*, *Unvoreingenomme-ne*, das Nicht-Wissen-Wohin, das Sich-von-der-Geschichte-Tragen-Lassen – was wohl am deutlichsten in seiner von Max Brod überliefer-ten Bemerkung ausgedrückt ist: »Man muß wie in einem dunklen Tunnel schreiben, ohne daß man weiß, wie sich die Figuren entwickeln werden.«[17]

Jetzt gilt es, um die These der »allmählichen Verfertigung der Ge-schichten beim Schreiben« weiter zu stützen, zum Zeugnis der hand-schriftlichen Texte überzugehen. Als auffallendstes Merkmal der handschriftlichen Urtexte darf man wohl deren Linearität der Anord-nung bezeichnen. Das Werk (d. h. sowohl die bis zu Ende gediehenen Einzelwerke als auch die weit häufigeren Fragment gebliebenen Stük-ke, bis hinab zu den kürzesten Ansätzen) erscheint als eine *Folge von Eintragungen*, meist in Heften, ausnahmsweise auf ungebundenem Papiervorrat, wobei aber die Blätter zusammenhängend, genau wie Heftblätter, benutzt werden. Kaum jemals wurde ein kürzeres Werk separat, auf eigens dafür bestimmtes Papier niedergeschrieben (*Erstes Leid* bedeutet hier eine geradezu auffällige Ausnahme). Diese Eintra-gungen also, in chronologischer Reihenfolge, gar nicht anders ausse-hend als die Eintragungen im Tagebuch, folgen einander, jedesmal nur durch einen kurzen, festen Querstrich getrennt. Keine Zwischenräu-me, sehr ökonomisch. Kein Platz also für etwaige Nachträge oder gar für Versuche, eine abgebrochene Erzählung weiterzuführen. Dort, wo eine solche abgebrochene Erzählung endet, findet man übrigens kaum jemals Korrekturen, die eine Erwägung von Alternativen verraten und also auf Versuche hinweisen, die gestrandete Erzählung wieder flottzumachen. Statt dessen hört der Text einfach auf, manchmal mit-ten im Satz; unten wird der Querstrich sauber angebracht und der Au-tor kommt nie wieder auf das mißlungene Werk zurück. Es ist, als ob die Feder einfach nicht habe weiter wollen und als sei dieses Nicht-weiter-wollen der Feder von Kafka als untrügliches Zeichen ge-deutet worden, daß die Geschichte schon heillos verkümmert sei. Beim Anblick dieser Hefte, dieser Folgen von geglückten Werken und stehengelassenen Trümmern, wird man an Schillers Charakterisierung der »naiven« Dichtung erinnert: »Ein glücklicher Wurf ist sie; keiner Verbesserung bedürftig, wenn er gelingt, aber auch keiner fähig, wenn er verfehlt wird.«[18]

Dies führt mich zum zweiten Hauptmerkmal der Handschriften:

dem außerordentlichen Mangel an Indizien für nachträgliche Bearbeitung. Die Texte weisen erstaunlich wenig Revisionskorrekturen auf, d. h. erstaunlich wenig Korrekturen, die nicht entweder bestimmt oder mit größter Wahrscheinlichkeit zum ursprünglichen Arbeitsgang gehören. Nur selten kann man von einer Korrektur sagen, daß sie aus einer späteren Sicht vorgenommen wurde, bei welcher der Text nicht mehr als etwas im Fluß des Entstehens Begriffenes empfunden werden konnte. Solche Revisionskorrekturen, wo man sie überhaupt feststellen kann, sind fast durchweg grammatischer oder stilistischer Art; sie erinnern an die »letzten Verschönerungsarbeiten« des Tieres im *Bau*, an jenes »letzte Pressen und Glätten«, das erst dann unternommen werden kann, wenn ein neuer Gang zu Ende gegraben ist. Anders ausgedrückt: die Änderungen in den Urschriften gehören fast immer zum Prozeß der ursprünglichen Niederschrift. Sie dokumentieren das Erkennen und Berichtigen von Fehlansätzen, das Zurücklaufen aus Irrgängen und deren Zuschüttung, damit in anderer Richtung weitergearbeitet werden konnte. Alternativen werden grundsätzlich nicht stehengelassen; sämtliche Entscheidungen, die den Gang der Geschichte betrafen, mußten so schnell wie möglich unwiderruflich getroffen werden; nichts durfte für spätere Überlegung in der Schwebe bleiben. Kafka empfand offenbar das Bedürfnis, den schon beschrittenen Weg einer Geschichte möglichst bald endgültig zu befestigen. Dies gilt auch für die größeren, strukturellen Änderungen, die in den Handschriften bezeugt sind. Auch diese sind fast ausnahmslos als »Entstehungskorrekturen« zu bezeichnen, in dem Sinne, daß sie schon angebracht sein mußten, bevor die Geschichte weiterlaufen konnte. Hierfür zwei Beispiele aus dem *Schloß*-Roman.

Am Anfang des fünften Schreibhefts, an der Stelle im Romantext, wo sich K. endlich von den Erzählungen Olgas losgerissen hat und sich mit seinem ehemaligen Gehilfen Jeremias, dem neuen Eroberer Friedas, auf der Straße befindet, sagt dieser: »Jedenfalls aber war es nicht nötig, daß du den Umweg über den Nachbargarten gemacht hast, ich kenne den Weg.«[19] Darauf folgte ursprünglich – so lehrt uns die Handschrift – der folgende Ansatz zu einem neuen Kapitel, das in dem leeren, von Frieda verlassenen Schulgebäude beginnen sollte:

»Die Tür der Schule stand weit offen, man hatte sich nach der Übersiedlung nicht einmal die Mühe genommen sie zuzumachen, die Verantwortung trug ja nach dem Abschied nur K. allein. Auch war die Übersiedlung vollständig gewesen, es war nichts zurückgeblieben als der Rucksack mit paar Wäschestücken, sogar der Stock schien zu fehlen, so als hätte man vorausgesehn daß er als Ersatz die schließlich doch unbenützte Weidenrute mitbringen werde.«

Diese Stelle wurde dann getilgt und der Roman in der modifizierten Richtung fortgeführt, die wir kennen. K. erfährt nunmehr die Einzelheiten von Friedas Flucht aus der Schule nicht durch seine Beobachtungen an Ort und Stelle, sondern erst später aus ihrem eigenen Munde; auch ist das, was er erfährt, nicht ganz das Gleiche: das Schultor, so stellt sich jetzt heraus, wurde gar nicht geöffnet, sondern der findige Jeremias hat das Fenster zerschlagen und Frieda auf diesem drastischen Wege aus der Schule herausgeholt.

Jetzt das zweite Beispiel. Es handelt sich um jene Stelle im handschriftlichen Text, die dem Anfang des fünften Kapitels – »Beim Vorsteher« – entspricht. Im Endtext des Romans trifft der Landvermesser bekanntlich den Gemeindevorsteher im Bett an: dieser, von Fußschmerzen geplagt, dirigiert sogar vom Bett aus die ganze lächerliche Suche nach dem Akt, welcher K's angebliche Berufung betrifft. Für seine schriftlichen Arbeiten hat der Vorsteher zwei Hilfskräfte: seine Frau Mizzi und den Lehrer. Mizzi, von der auch später im Roman die Rede sein wird, spielt wegen der Krankheit des Vorstehers in diesem Kapitel eine wesentliche Rolle. Trotzdem: als Kafka die Feder zum fünften Kapitel ansetzte, war offenbar weder an Mizzi noch an eine Krankheit des Gemeindevorstehers gedacht; sie waren offenbar noch gar nicht erfunden worden; das heißt also, sämtliche Voraussetzungen für die grandios-komische Szene im Zimmer des Vorstehers waren erst noch zu schaffen. Denn ursprünglich fing das neue Kapitel folgenderweise an:

»Der Gemeindevorsteher war, als K. bei ihm eintrat, gerade mit Gemeindeangelegenheiten beschäftigt, er saß mit dem Gemeindeschreiber.«

Damit bricht der erste Versuch ab und wird gestrichen. Also keine Frau Mizzi, die dem Vorsteher als Schreibkraft beisteht, sondern ein Gemeindeschreiber – der aber gleich verschwinden muß auf Nimmerwiedersehen. Und der Vorsteher liegt nicht etwa stöhnend in seinem Bett, sondern er sitzt fröhlich bei der Arbeit.

An solchen Stellen hat man die fortlaufende, unfestgelegte Schreibweise Kafkas direkt vor Augen: »Man muß wie in einem dunklen Tunnel schreiben, ohne daß man weiß, wie sich die Figuren entwickeln werden.«

Damit hängt es natürlich zusammen, daß Kafka – soweit ich sehe – niemals den Titel einer Geschichte hingeschrieben hat, um anschließend eine so betitelte Geschichte zu schreiben.[20] Das wäre auch merkwürdig gewesen bei einem Autor, der dazu neigte, das ehrwürdige Bild der künstlerischen Vaterschaft ernst zu nehmen. Denn wie soll man ein Kind zur Taufe geben, bevor es geboren ist? Gewiß, der Name eines Kindes kann einem im voraus vorschweben (und, damit verbunden, wohl eine dunkle Vorstellung, wie sich das erhoffte Kind entwickeln könnte), aber die eigentliche Namensgebung muß doch auf das geborene Kind warten. Auf eine Kafkasche Geschichte übertragen heißt das: sie mußte als entstandenes Ganzes vorliegen, als kompletter Organismus vorhanden sein, bevor sie durch die Betitelung mit einem Namen versehen und damit für eine mögliche Reise in die weitere Welt ausgestattet werden konnte. Als Verallgemeinerung gilt, daß Kafka nur solche Werke im Manuskript betitelte, die er nach geglückter Entstehung als für die Veröffentlichung würdig befand. Im Falle der Romane liegt die Sache freilich etwas anders, aber auch hier ist das Prinzip der nachträglichen Namensgebung deutlich. Wo die einzelnen Kapitel überhaupt mit Titeln versehen wurden, geschah dies erst, nachdem sie als fertig angesehen werden konnten. Die Kapitel 17 bis 20 des *Schloß*-Romans erhielten z. B. offenbar erst dann ihre Namen – »Amalias Geheimnis«, »Amalias Strafe«, »Bittgänge«, »Olgas Pläne« – als dieser ganze Abschnitt des Romans (der Abend im Hause der Barnabas-Familie) zu Ende geschrieben war. Folgerichtig erhielt übrigens keiner der drei Romane einen Werktitel, weil eben keiner der drei je fertig wurde.

Die Produktion und das Produkt, das Schreiben und das Werk, scheinen jedoch bei Kafka noch enger und auf untergründigere Art zusammenzugehören, als ich es bisher angedeutet habe, insofern als sein erzählerisches Werk einen Prozeß des Suchens und Erforschens gleichzeitig *darstellt* und *verkörpert*. Der tastende Vorwärtsgang der Geschichte, in dem sie als Text fortlaufend durch den Schreibakt entsteht, *bildet* nicht etwa den tastenden Vorwärtsgang des fiktiven Helden *nach*, sondern läuft mit diesem parallel; es gibt zwei zusammenhängende Suchprozesse, und wir werden beim Lesen aller beider gewahr; der Held gräbt sich vorwärts, und sein schreibender Erfinder gräbt sich ebenfalls vorwärts, gemeinsam tasten sie sich vorwärts, etwa der Landvermesser K. und die Geschichte, in der er sich befindet; die beiden analogen Suchprozesse überschneiden sich, bedingen sich ge-

genseitig und scheinen sich manchmal verblüffend zu vereinigen. Wenn der Landvermesser in der Schule seine Lage überdenkt und es dort heißt: »Denn es war dabei nicht zu vergessen, daß der Empfang vielleicht allem Folgenden die Richtung gegeben hatte«,[21] so bezieht er sich freilich in Gedanken auf seine Ankunft im Dorfe, wie er vom Brückenhofwirt, vom Kastellanssohn Schwarzer, von der Gruppe bei Lasemann empfangen wurde; trotzdem scheint in diesen Worten zugleich etwas anderes mitzuschwingen, nämlich der Empfang dieser prägnanten Anfangsszene durch den Autor selbst, der ursprüngliche Einfall, der allem Folgenden die damals kaum geahnte, sich durch das Weiterschreiben fortschreitend verdeutlichende Richtung gewiesen hatte. Dadurch bekommt der Leser, zumindest halb unbewußt, den Eindruck, er werde beim Lesen nicht bloß in einen bedeutsamen fiktiven Suchprozeß verwickelt, sondern zu gleicher Zeit in einen höchst realen, in den angestrengtesten, mit der Feder forschenden Schreibprozeß eines Menschen, für den dieses Schreiben – und die daran geknüpften, fast desparaten Hoffnungen – das Wichtigste im Leben war.

Die These der allmählichen Verfertigung des Werkes durch den Schreibakt, jene »Tunnelthese«, die ich hier – freilich vereinfachend – zu verdeutlichen gesucht habe, bezieht sich im vollen Sinne natürlich nur auf das erzählerische Werk, auf Kafkas eigentliche Geschichten. Zum Schluß sollte also noch jene andere Kategorie seiner Werke zumindest erwähnt werden, die man etwa als Betrachtungen oder Meditationen bezeichnen könnte. Dazu gehören neben jenen schwermütigen kleinen Stücken aus der Frühzeit, die in seinem ersten Band *Betrachtung* erschienen, vor allem die handlungslosen Stücke aus den Jahren 1916–17 (z. B. *Der neue Advokat, Auf der Galerie, Die Sorge des Hausvaters, Elf Söhne, Eine Kreuzung*) oder aus dem Jahre 1920 (z. B. *Poseidon, Das Stadtwappen*), und von den Spätwerken etwa *Eine kleine Frau*. Bei diesen statischen Stücken handelt es sich um die Darstellung und Betrachtung von recht enigmatischen Dingen oder Figuren, um das gedankliche Umkreisen von etwas anscheinend Bedeutsamem, aber Rätselhaftem. Solchen Werken kann man gewiß nicht viel Spontaneität zuschreiben, noch kann man gut behaupten, sie seien planlos, gleichsam durch Vortappen in einem dunklen Tunnel entstanden. Wir haben es in diesen Fällen offenbar mit einer etwas anderen Art von literarischer Produktion zu tun. Denn anders als die Erzählungen haben diese Stücke nicht nur einen übersichtlichen vorgegebenen *Gegenstand,* einen Fixpunkt außer sich selbst, auf den ständig

Bezug genommen wird, sondern sie scheinen sich manchmal auch an einem vorgefaßten Plan zu orientieren, wie dieser Gegenstand im Verlauf des Schreibens gemustert und auf seine geheime Bedeutung hin ausgefragt werden soll.

Wird bei den Erzählungen ein innerer Prozeß schon während ihres Abrollens festgehalten und durch den Darstellungsakt wieder gesteuert, so wird bei den Betrachtungen etwas schon Daseiendes ins Auge gefaßt, das der Schreibende dann im künstlerischen Spiel mit der Feder untersucht. Dieser vorgegebene Gegenstand, der freilich immer als die Verkörperung von etwas Geistigem verstanden war (denn für Kafka gab es ja, soviel weiß man schon, »nichts anderes als eine geistige Welt«[22]), mußte jedenfalls dem Schreibenden beim Schreibakt unmittelbar gegenwärtig bleiben, ob nun als ein ihm deutlich vorschwebendes Bild oder – wie es öfters der Fall gewesen zu sein scheint – als ein greifbares Objekt, das sich auf dem Schreibtisch oder im Schreibzimmer befand. Gegenstand der schreibenden Betrachtung konnte also sehr wohl etwas im buchstäblichen Sinne *Vorhandenes* sein, irgendeine »kleine Sache«, die »ganz leicht« vom Schreibenden »mit der Hand [...] verdeckt« werden konnte *(Eine kleine Frau)*.[23] Das heißt: bei den Werken der betrachtenden Kategorie, wo von »Erhebung« oder von einer inspirierten Schreibweise kaum die Rede sein kann, wo – wenn man will – jene »tiefern Quellen schweigen«, von denen Kafka spricht, kann allerdings etwas von der jeweiligen »Oberfläche« ins Werk hereingeholt werden, welches sogar mitunter – wie im Falle der *Elf Söhne* – das Werk strukturell bestimmt.

Damit kehre ich zu der anfänglichen Behauptung zurück, daß Kafkas Texte in ganz besonderem Maße von ihren konkreten Schreibbedingungen abhängig sind. Gerade weil bei der Entstehung seiner Werke die Person des Autors völlig ausgeschaltet war zugunsten des Schriftstellers, kam der Tätigkeit des »Schriftstellens«, dem eigentlichen Schreibakt, eine erhöhte Bedeutung zu. Gerade weil Kafkas Werke sich so fest gegen die empirische Lebenswirklichkeit abschließen, ebenso wie gegen alles aus der zeitgenössischen Luft Gegriffene, gerade weil sie wie in einer hermetisch dichten Zone, sozusagen in Einzelhaft zustandegekommen sind, verstricken sie sich so oft – mag das noch so paradox klingen – in ihren eigenen handwerklichen Entstehungsprozeß. Ohne bewußten Bezug auf ein »Außerhalb«, auf wirkliche Geschehnisse in der Welt ringsherum, aber desto mehr auf die eigentliche Werkstatt angewiesen und von deren Bedingungen abhängig, trägt bei Kafka das Geschriebene die unverwischbaren Spuren seiner zugleich faßbaren und unfaßbaren Schreibarbeit.

Anmerkungen

1 Franz Kafka, Tagebücher 1910–1923 (Gesammelte Werke, hrsg. v. Max Brod), Frankfurt am Main 1951, S. 293.

2 Ebd., S. 551.

3 Franz Kafka, Briefe 1902–1924 (Gesammelte Werke, hrsg. v. Max Brod), Frankfurt am Main 1958, S. 240–241.

4 Das Yom Kippur-Fest mit seinem Schreibverbot fiel im Jahre 1912 auf den 22. September (vgl. Erwin R. Steinberg, The Judgment in Kafka's »The Judgment«, in: Modern Fiction Studies 8 (1962), No. 1, S. 23–30).

5 Franz Kafka, Hochzeitsvorbereitungen auf dem Lande und andere Prosa aus dem Nachlaß (Gesammelte Werke, hrsg. v. Max Brod), Frankfurt am Main 1953, S. 296.

6 Franz Kafka, Amerika (Gesammelte Werke, hrsg. v. Max Brod), Frankfurt am Main 1953, S. 176.

7 Hartmut Binder meinte in der Diskussion, Kafka habe für seine Arbeit in der Alchimistengasse wohl schon deshalb die Hefte im Oktavformat gewählt, weil er sein Schreibheft jedesmal mit nach Hause tragen mußte. Auch wenn diese Überlegung seine Wahl mitbegründet haben sollte, bleibt die These der rückgestaltenden Wirkung des Formats auf die literarische Form unangetastet.

8 Franz Kafka, Das Schloß (Gesammelte Werke, hrsg. v. Max Brod), Frankfurt am Main 1951, S. 243.

9 Franz Kafka, Erzählungen (Gesammelte Werke, hrsg. v. Max Brod), Frankfurt am Main 1952, S. 183.

10 Franz Kafka, Briefe an Felice, hrsg. v. E. Heller und J. Born, Frankfurt am Main 1967, S. 250.

11 Hartmut Binder, Kafkas Schaffensprozeß, mit besonderer Berücksichtigung des Urteils, in: Euphorion 70 (1976), S. 129–174.

12 Kafka, Tagebücher, S. 161–162.

13 Kafka, Briefe an Felice, S. 555.

14 Kafka, Tagebücher, S. 293. Im Druck heißt es dort irrtümlich »gesagt« statt »gewagt«.

15 Kafka, Briefe an Felice, S. 394.

16 Ebd., S. 125.

17 Max Brod, Uyttersprot korrigiert Kafka, in: Forum 43/44 (1957), S. 265.

18 Friedrich Schiller, Über naive und sentimentalische Dichtung, Sämtliche Werke, Bd. 5, hrsg. v. G. Fricke und H. G. Göpfert, München 1959, S. 753.

19 Kafka, Das Schloß, S. 311. – Aus der Handschrift des *Schloß*-Romans zitiere ich mit Genehmigung von Schocken Books Inc., New York, und des S. Fischer Verlages, Frankfurt am Main.

20 Eine Ausnahme könnte hier höchstens die Liste von vier Titeln bilden, die im Band *Hochzeitsvorbereitungen* auf S. 408 abgedruckt ist; aber auch hier ist anzunehmen, daß die zu den Titeln gehörigen Geschichten schon vorhanden waren.

21 Kafka, Das Schloß, S. 219.

22 Kafka, Hochzeitsvorbereitungen, S. 93.

23 Vgl. hierzu M. Pasley, Kafka's Semi-Private Games, in: Oxford German Studies 6 (1971–72), S. 128–131.

WALTER H. SOKEL

ZUR SPRACHAUFFASSUNG UND POETIK
FRANZ KAFKAS

Die Anfänge von Kafkas Schreiben fallen zeitlich mit dem geistesge-
schichtlichen Phänomen zusammen, das man als ›Sprachkrise‹ zu bezeichnen pflegt.[1] Die früheste uns erhaltene schriftliche Äußerung
Kafkas, eine Eintragung des Siebzehnjährigen in das Album eines
jungen Mädchens, ist ein bezeichnendes Dokument jener Krise des
Sprachvertrauens. Kafka erklärt darin den Bankrott seines Glaubens
an die Fähigkeit der Sprache, Erinnerungen gerecht zu werden.

»Als ob Worte erinnern könnten! Denn Worte sind schlechte Bergsteiger und
schlechte Bergmänner. Sie holen nicht die Schätze von den Bergeshöhn und
nicht die aus den Bergestiefen.« (B 9)[2]

Auch Kafkas früheste Briefe an seinen Freund Oskar Pollak verraten
eine tiefgehende Skepsis gegenüber der Möglichkeit wahrer Verständigung durch Sprache. Das Wesen der Sprache als Instrument verall-
gemeinernder und begrifflicher Kommunikation gefährdet oder verhindert sogar ihre andere Aufgabe, persönliches Erleben zu vermitteln. Kafkas Vergleich von Worten mit »schlechten Bergsteigern« und
»schlechten Bergmännern« nahe verwandt ist ein anderes Zeugnis der
Sprachkrise: die Sätze Maurice Maeterlincks im *Trésor des humbles*,
die Robert Musil seinem – drei Jahre nach jener Eintragung Kafkas
geschriebenen – Erstlingsroman, den *Verwirrungen des Zöglings Tör-
less*, als Motto vorangestellt hat:

»Sobald wir etwas aussprechen, entwerten wir es seltsam. Wir glauben in die
Tiefe der Abgründe hinabgetaucht zu sein, und wenn wir wieder an die Oberfläche kommen, gleicht der Wassertropfen an unseren bleichen Fingerspitzen
nicht mehr dem Meere, dem er entstammt. Wir wähnen eine Schatzgrube wun-
derbarer Schätze entdeckt zu haben, und wenn wir wieder ans Tageslicht kommen, haben wir nur falsche Steine und Glasscherben mitgebracht; und trotzdem schimmert der Schatz im Finstern unverändert.«[3]

Hier begegnet uns dasselbe kritische In-Frage-Stellen der Sprache,
dasselbe In-Abrede-Stellen ihrer Fähigkeit, die Wahrheit inneren Le-

bens auszudrücken, wie in Kafkas frühester uns erhaltenen Aussage. Im Vorgang des Sich-Äußerns verfälscht und entwertet sich der Inhalt der Aussage. Sprache kann nicht dem Wesen dessen gerecht werden, das wir ausdrücken wollen. Im berühmtesten Dokument der Sprachkrise, Hugo von Hofmannsthals *Ein Brief*, sagt Lord Chandos, daß, wenn es uns gelänge, »mit dem Herzen zu denken«,[4] der sprachliche Ausdruck kein Problem darstellte; aber eine solche Sprache des Herzens wird uns, wenn überhaupt, nur in seltenen Augenblicken mystischer Erleuchtung zuteil. Gewiß wurzelt diese »Kritik der Sprache« zum Teil in dem Unbehagen an der abgegriffenen, jargonhaften und feuilletonistischen Sprache, gegen die Karl Kraus jahrzehntelang einen unerbittlichen Krieg führte. Darüber hinaus aber visiert die Sprachkritik der Jahrhundertwende eine der Sprache durch ihren pragmatischen Gebrauch und durch ihre Verbindung mit dem begrifflichen Denken innewohnende Unfähigkeit an, hochindividualisierter Sensibilität wahren Ausdruck zu verleihen. Der Gebrauch der Sprache in der Gesellschaft ist ohne Bezug zu jener Innerlichkeit des Einzelnen, die Hofmannsthal mit dem Wort »Herz«, Maeterlinck und Kafka mit den Bildern Meerestiefe und Erdinneres zu bezeichnen versuchen.

Setzte man die Sprachnot dieser Schriftsteller in Beziehung zu der Kommunikationsschwierigkeit des Kierkegaardschen Abraham in *Furcht und Zittern*, würden ein bislang unbeachteter Aspekt der mitteleuropäischen Kierkegaard-Rezeption und ein Zusammenhang zwischen der Sprachkrise und dem Aufstieg der Existenzphilosophie sichtbar werden.

Für das Verständnis der Sprachkrise und vor allem der Rolle, die sie für die Entwicklung von Kafkas Poetik spielt, dürfte aber noch aufschlußreicher ein Zugang sein, der den literaturphilosophischen Kategorien Jacques Derridas verpflichtet ist. Die Sprachkrise liefert ein hervorragendes Beispiel für jene »metaphysische Wehmut«, die es schwierig findet, die Unmöglichkeit zu akzeptieren, »pour un signe… de se produire dans la plénitude d'un présent et d'une présence absolue«, und auf die »parole pleine qui dit être la vérité«[5] zu verzichten. Was Derrida als metaphysische Wehmut diagnostiziert, ist der Wunsch nach Abschaffung der »brisure«, des unüberbrückbaren Abgrunds zwischen dem sprachlichen Zeichen und »der Wirklichkeit«, die jenseits des sprachlichen Zeichens vorausgesetzt ist und die das Zeichensystem Sprache nicht nur bezeichnen, sondern auch erreichen soll. Die der Sprachkrise zugrunde liegenden Voraussetzungen werden verständlich im Zusammenhang mit jener »unvermeidlichen Wehmut nach einer Gegenwärtigkeit, einem Zugegensein, das der Heterogenität von Wort und Sein eine Einheit unterschiebt, indem sie erklärt, daß ein Zeichen die Gegenwärtigkeit des Bezeichneten herbeiführt«.[6] Die Sprachkrise ist Symptom des Entzugs und Verlusts eines solchen Glaubens an die magische Fähigkeit der Sprache, Wirklichkeit zu bannen. Das Hauptproblem ist vielleicht am besten so zu formulieren: An die Stelle des Indikativs »ein Zeichen führt die Gegenwärtigkeit des Bezeichneten herbei«, tritt der mahnende, imperativische Konjunktiv »ein Zeichen sollte die Gegenwärtigkeit des Bezeichneten herbeiführen«, verbunden mit der Einsicht, daß es das nicht mehr bewirkt.

Kafka entwarf eine rudimentäre Poetik, die diesem Imperativ zu gehorchen versuchte und die mittels eines besonderen, »magischen« Schreibens die skeptische Einsicht der Sprachkrise zu widerlegen und zu überwinden hoffte. Zweck des Schreibens war für Kafka die Wahrheit, worunter er genau jene »absolute Gegenwärtigkeit« des Beschriebenen im Schreiben verstand, die nach Derrida »den Anspruch erhebt, Wahrheit zu sein.« Kafka strebte nach der vollkommenen Gegenwärtigkeit des vom Wort auszudrückenden Gefühls im Wort, nach der vollständigen Anwesenheit des bezeichneten Seins in der bezeichnenden Sprache.[7]

Die »Wahrheit« hatte allerdings zwei Aspekte, die in entgegengesetzte Richtungen wiesen. Der eine Aspekt verweist auf die Gemeinschaft, das Kollektiv, der andere auf das zutiefst Eigentümliche des Einzelnen, auf sein innerstes Selbst. Diesen zweiten Aspekt von Kafkas »Wahrheit« wollen wir hier näher betrachten.

Kafkas Ideal war es, das »Wort ganz mit sich zu erfüllen« (T 34).[8] Er wünschte sich die Fähigkeit zu einer Darstellung, »die von Wort zu Wort mit (seinem) Leben verbunden wäre«, einer Darstellung, die er an seine Brust ziehen und die ihn von seinem Platz hinreißen sollte (T 39). Graphisch beschreibt er, wie der erste und der letzte Buchstabe eines Wortes Anfang und Ende seines Gefühls entsprächen (T 60). Er spricht davon, wie er in jedem seiner Einfälle wohne und jeden Einfall mit sich selbst erfüllte (T 57). Im sprachlichen Ausdruck beabsichtigte er, »mit ruhiger Genauigkeit« »dem eigenen Gefühle« zu »genügen« (T 187), und er bestand darauf, daß, wo »das richtige Gefühl schwindet«, das Notierte wertlos wird (T 38). Diese »Poetik« des genauen Entsprechens setzt zwei deutlich geschiedene Einheiten voraus, die

28

zur Übereinstimmung gebracht werden müssen – das Gefühl, das es auszudrücken gilt, und die Sprache, in der es ausgedrückt werden soll. Wo genaue Entsprechung zwischen den beiden erreicht wird, da wird das Geschriebene zum Kommunikationsgefäß der Wahrheit. Die Grundvoraussetzung für diese Harmonie liegt aber nicht in der Sprache, sondern im Gefühl, im Inneren des Schreibenden. Das Gefühl geht den Worten voran. Das Innere erobert das Wort, indem es das Wort »mit sich erfüllt«. Das Ich steht also der Sprache in herrscherlicher Stellung gegenüber. Es soll von der Sprache Besitz ergreifen und mittels der Sprache schließlich auch von der Gemeinschaft, der gesellschaftlichen Welt, zu der die Sprache gehört und deren Verhältnisse sie ausdrückt.

Kafkas früheste Aussage über seine schriftstellerische Intention ist ein Brief des Zwanzigjährigen an seinen Freund Oskar Pollak.

»...was ich wollte von diesem Sommer, ich sage es: das was ich in mir zu haben glaube (ich glaube es nicht immer) in einem Zug zu heben.« (B 17)

Ein solches Schreiben nennt er »Magie«. Zehn Jahre später, in einer Tagebucheintragung des Jahres 1913, spricht er von der »ungeheuren Welt, die ich im Kopfe habe« (T 306), und betrachtet es als seine besondere Mission und Bestimmung, sich selbst und sie zu befreien, auch um den Preis des Lebens.

»Die ungeheure Welt, die ich im Kopfe habe. Aber wie mich befreien und sie befreien, ohne zu zerreißen. Und tausendmal lieber zerreißen, als sie in mir zurückhalten oder begraben. Dazu bin ich ja hier, das ist mir ganz klar.« (T 306)

Ein weiteres Jahr später erwähnt er seinen »Sinn für die Darstellung meines traumhaften inneren Lebens«, der »alles andere ins Nebensächliche gerückt« habe und es »in einer schrecklichen Weise verkümmern« lasse (T 420). Die Tagebücher zeigen zur Genüge, daß dieses »traumhafte innere Leben« nicht nur aus den lebhaftesten und beeindruckendsten Nachträumen bestand, die sich Kafka häufig notierte, sondern auch aus halluzinatorischen Visionen, die ihn besonders vor dem Einschlafen oder kurz nach dem Aufwachen überfielen und zu der von ihm zeit seines Lebens bitter beklagten Schlaflosigkeit beitrugen. Zahllose ihn zutiefst beunruhigende und bannende Visionen verfolgten, quälten und inspirierten ihn. Er nannte diese halluzinatorischen Erscheinungen seine »Teufel«, »Gespenster«, »Dämonen«.[9] Ein Beispiel stehe hier für viele:

»Heute mittag vor dem Einschlafen... lag auf mir der Oberarm einer Frau aus Wachs. Ihr Gesicht war über dem meinen zurückgebogen, ihr linker Unterarm drückte meine Brust.« (T162)

Visionen, die er in den Tagebüchern notiert, werden manchmal zum Anfang einer Erzählung. In einer Tagebucheintragung von Ende Mai 1914 zum Beispiel fängt Kafka eine Erzählung an, die von einem weißen Pferd handelt, das plötzlich in einer großen Straße einer Stadt auftaucht (T375). Zwei Seiten danach, gelegentlich einiger kritischer Bemerkungen über dieses Erzählfragment, erklärt er, wie ihm die Inspiration zu der Erzählung gekommen ist. Das weiße Pferd ist ihm am Abend vorher in einer Vision erschienen, gerade als er am Einschlafen war. Es schien buchstäblich aus seinem Kopf hervorzukommen.

»Gestern erschien mir das weiße Pferd zum erstenmal vor dem Einschlafen, ich habe den Eindruck als wäre es zuerst aus meinem der Wand zugedrehten Kopf getreten, wäre über mich hinweg- und vom Bett hinuntergesprungen und hätte sich dann verloren.« (T377)

Die enge Verbindung von halluzinatorischer Vision und Erzählanfang wirft bezeichnendes Licht auf Kafkas schöpferische Methode überhaupt, wie auch auf bestimmte Erzählungen (*Der neue Advokat, Ein Landarzt* etc.).

Als Dr. Rudolf Steiner, Begründer der Anthroposophie, Prag besuchte, erwähnte Kafka ihm gegenüber seine visionären Zustände. Beim Schreiben, gestand er Dr. Steiner, habe er Erlebnisse, »die meiner Meinung nach den von Ihnen, Herr Doktor, beschriebenen hellseherischen Zuständen sehr nahestehen, in welchen ich ganz und gar in jedem Einfall wohnte, aber jeden Einfall auch erfüllte und in welchen ich mich nicht nur an meinen Grenzen fühlte, sondern an den Grenzen des Menschlichen überhaupt« (T57).

Kafka erlebte also zumindest einen Aspekt seines Schreibens als Verbindung mit einer unsichtbaren Welt und als Transzendieren seines empirischen Ich, was ihn aber zugleich, wie bereits der frühe Brief an Oskar Pollak zeigt, in völligen Gegensatz zum begrenzten, alltäglichen menschlichen Leben bringt. Leibliche Gesundheit, gesellschaftlicher Verkehr, Gespräche – besonders mit Frauen –, all das sieht er als »Alternative« zu jener »Magie«, mit der das Schreiben lockt. Er vergleicht das Heraufbeschwören der vergrabenen Schätze des inneren Selbst mit »dem Maulwurf und seiner Art« (B17f.), – damit das Schlüsselbild seines letzten Erzählfragments, *Der Bau*, um zwanzig

Jahre vorwegnehmend – und beschließt den Brief mit der Frage, ob denn ein aktives, körperliches und gesellschaftliches Leben nicht vielleicht die eigentlichere und richtigere »Magie« seiner Sommerferien gewesen wäre. Wenn ja, dann war es eben falsch, danach zu suchen »beim Maulwurf und seiner Art«. Dieser Konflikt zwischen den Anforderungen der inneren und der äußeren Welt beherrschte Kafkas gesamtes Leben und Schaffen.[10] Seine Briefe an Felice Bauer zeigen, daß er seine Existenz als Schauplatz und Rahmen des Kampfes dieser beiden Ich ansah.[11]

Der Kampf zwischen den beiden Ich kann auch als Konflikt zweier entgegengesezter sprachlicher Intentionen gesehen werden – als Konflikt von Fiktion und Kommunikation, oder, in Kafkas Terminologie, von Literatur und Gespräch, von Schreiben und Reden. In einem frühen Brief an Oskar Pollak stellt Kafka seine kürzlich erlernte Fähigkeit, mit Frauen *zu sprechen*, also die gesellschaftliche Kunst der Konversation, der nach innen gerichteten »Magie« des Schreibens gegenüber. Damit begegnet uns das Paradox, daß eine Form sprachlicher Äußerung, das Schreiben, zur fundamentalen Funktion der Sprache, Mittel menschlicher Kommunikation zu sein, in radikaler Opposition steht.

Dieses Paradox ist allerdings altvertraut, es läßt sich zumindest bis zur Romantik, auf jeden Fall aber bis zu Mallarmés Unterscheidung von »parole immédiate«, der alltäglichen, praktischen, informierenden Mitteilung, und der »parole essentielle« beschwörender und evozierender, »reiner« Dichtung zurückverfolgen.[12] Im Grunde ist dieses Paradox bereits in der »ästhetischen Idee« Kants enthalten. Die »ästhetische Idee« kann nach Kant von keiner sprachlichen Formulierung erfaßt werden.

»...unter einer ›ästhetischen Idee‹ aber verstehe ich diejenige Vorstellung der Einbildungskraft, die viel zu denken veranlaßt, ohne daß ihr doch ein bestimmter Gedanke, d. i. Begriff adäquat sein kann, die folglich keine Sprache völlig erreicht und verständlich machen kann.«[13]

Unter dem Aspekt, daß die »ästhetische Idee« jeden Begriff übersteigt, entsprechen ihr Kafkas visionäre Aussagen, da sie sich jedem begrifflichen Verständnis entziehen. Die visionäre Aussage bietet uns keinerlei erklärenden Zusammenhang. Sie kann sich nicht »verständlich machen«. Kafka selbst sah sein Werk als irrational an, wenn er seine Lieblingserzählung, *Das Urteil*, sinnlos und unerklärlich nannte (BF 394), was ihn allerdings nicht davon abhielt, sie bald danach scharfsinnig und literaturkritisch zu analysieren (BF396).[14] Das Problem der Mitteilbarkeit bzw. Nicht-Mitteilbarkeit »ästhetischer Ideen« lag ja dem ganzen Phänomen der »Sprachkrise« zugrunde. Für Kafka verschärfte es sich noch zu dem intensiv erlebten Konflikt zwischen seiner visionären inneren Welt, die unerbittlich nach Ausdruck drängte, und der gleich stark empfundenen Pflicht, sich der Menschheitsfamilie einzugliedern. Von Anfang an empfand er es ja als seine Aufgabe, sich nicht nur der »Magie« des Schreibens, sondern auch dem Umgang und der Kommunikation mit den Mitmenschen zu stellen. Das Verhältnis zwischen Schreiben und Kommunikation, und damit die Strategie, die Kafkas literarischem Streben zugrunde lag, wird deutlich, wenn man den Gegensatz betrachtet, der zwischen seiner Poetik in den Tagebucheintragungen, besonders den frühen (bis zum *Urteil*), auf die wir uns bisher gestützt haben, und der sehr anders gearteten Poetik besteht, die in Kafkas *Brief an den Vater*, seinem einzigen systematisch durchgeführten Versuch einer autobiographischen Darstellung, erkennbar ist.

Der *Brief an den Vater* beginnt damit, daß Kafka seine Kommunikationsschwierigkeiten herausstellt. Die Furcht, in die der Vater ihn seit jeher versetzt hat, hat ihn – so Kafkas Befund – des Selbstvertrauens und der Kraft beraubt, die zum Reden nötig sind. Die Angst vor dem Vater und dessen Terror machten den Sohn zum Stotterer. Im Gespräch fand sich Kafka immer am Rande des Nichtweiterkönnens, vom Verstummen bedroht. Max Brod freilich widerspricht dieser Selbstdarstellung Kafkas. Er sieht seinen Freund als gesprächig, gesellig und witzig im menschlichen Umgang. Wenn wir Kafkas eigenen Aussagen Glauben schenken, war das Bild Max Brods nur die gesellschaftliche Fassade, die Kafka geschickt gewahrt hat. In seinen Selbstaussagen jedenfalls beklagt Kafka immer wieder (wie übrigens auch Jean-Jacques Rousseau) seine Unfähigkeit, zusammenhängend mit Menschen zu reden. Das Urbild aller Rede war für Kafka das Familiengespräch und da besonders das Gespräch mit dem Vater. Und eben darin hatte er seiner eigenen Meinung nach kläglich versagt.

Das Schreiben hingegen befand sich am entgegengesetzten Pol. Es war die Sphäre, in die sich der Sohn, vor dem Terror des Vaters flüchtend, verbergen konnte und die er pflegte, weil sie der einzige Bereich war, wohin der Einfluß des allmächtigen Vaters nicht reichte. Reden war verbunden mit der drohenden und verbietenden Gegenwärtigkeit des Vaters, aber Schreiben handelte von seinem Nichtdasein. »Mein

Schreiben handelte von Dir, ich klagte dort ja nur, was ich an Deiner Brust nicht klagen konnte« (H 203). [15] Im Schreiben verewigte sich für Kafka also eine zweifache Abwesenheit: erstens der Entzug der väterlichen Liebe, der sich der Sohn hätte anvertrauen können und deren Fehler die Ursache seines Kummers war, und dann noch das Fehlen des Zuhörers, des Vaters als Publikum der Klage des Sohnes. Beim Schreiben war ihm, so stellt es Kafkas Brief dar, immer bitter bewußt, daß der Gegenstand seines Schreibens abwesend war. Hier herrschte jene unüberbrückbare Kluft, die Derridas »différance« entspricht und die immer klafft zwischen dem Signifizieren, das das Schreiben ist, und der Welt, auf die es hinweist, ohne sie je zu erfassen. Für Kafka hatte der unerreichbare Vater eine ähnliche Funktion wie Derridas »trace«, der uns erinnert und gemahnt, daß ewig fernbleibt, wovon alles Schreiben handelt. Nichts mit Derrida zu tun hat freilich die Wehmut nach der vorenthaltenen Gegenwärtigkeit des Gegenstandes. Für Kafka ist Schreiben nicht die selbstbewußte Bejahung und Behauptung der »differance«, sondern die immerwährende Klage über eine aufgezwungene und verhaßte Autonomie.

Was Kafka in seiner Selbstdarstellung ausläßt, ist die Substitution, die frühe Tagebucheintragungen triumphierend verkünden. Dort treten an die Stelle des abwesenden Vaters die Tiefen des »inneren Selbst« als Quelle der Inspiration. Kafkas Poetik, zumindest bis zur Niederschrift des *Urteils*, war der Versuch, das menschliche Bedürfnis nach mündlicher Kommunikation, die ihm – für sein Gefühl – der Vater verwehrt hatte, zu transzendieren. Von der Poetik der Tagebücher her gesehen erscheint das Schreiben nicht mehr als Klage um einen Abwesenden, sondern als Feier eines Anwesenden. Gegenwärtig ist aber nicht der Vater, sondern das innere Selbst und seine visionäre Welt. So verstanden ist Kafkas Schreiben ein Sieg über den Vater und damit ein Sieg des Ich über die äußere Welt, deren erste Verkörperung eben der Vater war.

Kafka sah sein Schreiben, jedenfalls im Ideal, als leidenschaftliche Durchdringung und Besitzergreifung der Sprache und damit der gesellschaftlichen Welt, die die Sprache spiegelt und enthält. Seine frühen Tagebücher bezeugen schöpferische Erlebnisse, in denen sich Selbstauslöschung mit einem Allmachtgefühl des Ich verknüpft. In dieser sonderbaren Verbindung von Selbstauflösung und Selbsterhöhung deutet sich die Parallelität von Schreiben und Sexualität an, wie sie sich in Kafkas früher Poetik findet. Auf das Schreiben im Zeichen der Inspiration weisen häufig Bilder des Fließens, Strömens, Sich-Öffnens und Sich-Ergießens hin. Er vergleicht solche »Ergießungen« mit seinen erotischen Wünschen im Verhältnis zu einem Mädchen, nur daß es sich beim Schreiben, wie er sagt, »um geheimnisvollere Kräfte und mein Letztes handelt« (T76). Die Niederschrift des *Urteils* in der trancehaften Entrücktheit einer einzigen Nacht verlockt ihn zu dem triumphierenden Ausruf: »Nur so kann geschrieben werden, nur... mit solcher vollständigen Öffnung des Leibes und der Seele!« (T294)[16] Beim Schlußsatz der Erzählung dachte Kafka, wie er Max Brod anvertraute, »an eine starke Ejakulation«.[17] Die völlige Aufhebung der Schranken des Ich, die ihn beim Schreiben »an die Grenzen des Menschlichen überhaupt« (T57) führt, verbindet Selbstaufgabe mit äußerster Selbststeigerung. Zugleich verleiht ihm die Lockerung und Auflösung des Ich magische Kraft und Machterhöhung.

»Das Bewußtsein meiner dichterischen Fähigkeit ist am Abend und am Morgen unüberblickbar. Ich fühle *mich gelockert* bis auf den Boden meines Wesens und *kann aus mir* heben, was *ich* nur *will.*« (T76) (Hervorhebungen vom Verfasser)

Es ist eben diese Einheit von Selbstauflösung und Selbststeigerung, die das Schreiben für Kafka mit Erotik und Sexualität, aber auch mit Rauschzuständen verbindet. Im ersten Stadium seines Werbens um Felice Bauer bemühte er sich, diese Parallelität von Schreiben und Eros ganz deutlich zu machen. Sein Schreiben war für ihn die Rechtfertigung seiner Hoffnung auf sie, wie er Felice immer wieder klarzumachen suchte. Aus der Perspektive des *Briefs an den Vater* stellen sich Schreiben und Eros als Siege dar über die durch den väterlichen Einfluß verhinderte Möglichkeit von Kommunikation.

Die wesentliche Voraussetzung für erfolgreiches Schreiben freilich war für Kafka die Wahrhaftigkeit, die wahre »présence« im Akt des Schreibens. Dieser Akt mußte unmittelbarer Erguß, »unvermittelte Vision« des Inneren sein. Nie durfte der »Zug« oder Strom der Inspiration unterbrochen werden. Unterbrechung der Inspiration bedeutete Blockierung des Zugangs zur Wahrheit, und damit war auch der Wert des Geschriebenen hinfällig. Die größte Gefahr für dieses Schreiben war die Selbsttäuschung, die Illusion, noch immer in Kontakt mit dem Inneren zu sein, obwohl er in Wahrheit schon nicht mehr bestand. Aus der Angst vor dieser Selbsttäuschung stammt Kafkas Perfektionismus, der sein Schreiben oft hemmte, behinderte und gar nicht so selten verhinderte. Kafka bestand darauf, daß das ursprünglich inspirierende Gefühl beim Schreiben unbedingt fortdauern müsse. Durch jedes Wort, das dem ursprünglichen Gefühl nicht mehr entsprach, jeden bloßen Redeschmuck, jedes Füllsel wurde das Werk für ihn nicht bloß künstlerisch, sondern auch moralisch, ja ontologisch zuschanden. Dieses Insistieren auf der absoluten Echtheit des inspirierenden Gefühls geht noch über den romantischen und existenzphilosophischen Kult der Authentizität hinaus.[18] Das Bangen um die Wahrheit des Werks läßt sich mit der Angst der Gläubigen vor der Schändung des göttlichen Leibes oder Blutes in der Eucharistie vergleichen.

Die Folge dieses Bestehens auf der völligen, ungetrübten Wahrheit des literarischen Werks ist Kafkas Überzeugung, daß ein gutes Erzählwerk in einem einzigen ununterbrochenen Schreibakt entstehen müsse, frei von jeder bewußten Absicht und von planendem Kunstwollen. *Das Urteil*, fühlte er, entsprach diesem Anspruch, und es war auch sein einziges Werk, das er stets mit Wohlwollen, ja sogar mit begeistertem Beifall beurteilte. Da er es ohne Unterbrechung in einer einzigen Nacht geschrieben hatte, so daß ihm die Beine steif waren, als er sich am Morgen vom Tisch erhob, konnte er den schon zitierten Satz ausrufen: »*Nur so* kann geschrieben werden, nur in solchem Zusammenhang, mit solcher vollständigen Öffnung des Leibes und der Seele« (T 294). Von einer so steilen Höhe des »Zusammenhangs« von Inspiration und Resultat konnte er auf den Roman – die erste Fassung des *Verschollenen* –, mit dem er sich schon so lange abgeplagt hatte, nicht anders als verächtlich herabblicken, in »Niederungen«, in denen er seine Anstrengungen vergeudet hatte.

Kafkas Verachtung des Romans bei gleichzeitiger Hochschätzung der kurzen Erzählung weist auf seine grundsätzliche Schwierigkeit mit Erzählwerken hin, die sich eben keinesfalls in einem Zuge schreiben lassen. Diese Schwierigkeit ist in Kafkas Verhältnis zum Schreiben, seiner ganzen Auffassung des Schreibens beschlossen. Von hier aus lassen sich die vielen Ansätze zu Erzählungen, die nie weitergeführt wurden, erklären, ebenso die unzähligen Fragmente, die selten über ein paar Sätze oder Absätze hinausgelangten, die verschiedenen Fassungen mancher Erzählanfänge, aber auch mancher Erzählschlüsse und anderer Erzählpartien. Die meisten Großerzählungen und alle Romane Kafkas sind Fragment geblieben, und selbst *Der Prozeß*, Kafkas einziger Roman mit einem Abschluß, ist in der Mitte fragmentarisch und mit seinen episodischen Szenen von mosaikartiger Struktur.

Diese Poetik, die natürlich nicht kapriziöse oder bewußte Wahl, sondern die Art und Weise war, in der sich Kafkas literarische Einbildungskraft betätigen mußte, trägt auch zum Verständnis des Konflikts zwischen den Forderungen der Literatur und des menschlichen Lebens bei, wie ihn Kafka durchkämpfen und durchleiden mußte. Jede menschliche Beziehung mußte ja eine tödliche Bedrohung eines Werkes darstellen, das keinerlei Unterbrechung und daher auch keine Ablenkung irgendwelcher Art dulden konnte. Nur selbstverhängte, lebenslängliche Einzelhaft mit Schreibutensilien, von der er einmal zu Felice spricht, hätte so strengen Anforderungen der Konzentration genügen können. So erklärt sich auch das Paradox, daß eine Tätigkeit, die Kafka als ein Herausströmen aus dem Ich erlebte, als eine Entgrenzung des Selbst, zugleich ein absolutes Sich-Zurückziehen in unmenschliche Einsamkeit verlangte. Eine der frühesten Tagebucheintragungen Kafkas lautet, daß das »Alleinsein« eine Kraft über (ihn) hat, »die nie versagt« (T 34). Es ist imstande, ihn zu »verwandeln« – das Schicksal Gregor Samsas hat hier einen völlig positiven Sinn. »Mein Inneres löst sich... und ist bereit, Tieferes hervorzulassen.« Mit einer Angst, die an Panik grenzt, versucht Kafka zeit seines Lebens alles abzuwehren und von sich fernzuhalten, was sein schöpferisches Alleinsein zu stören droht. In einem Brief an Felice beschreibt er ihr die ihm gemäßeste Lebensweise.

»Oft dachte ich schon daran, daß es die beste Lebensweise für mich wäre, mit Schreibzeug und einer Lampe im innersten Raume eines ausgedehnten, abgesperrten Kellers zu sein. Das Essen brächte man mir, stellte es immer weit von meinem Raum entfernt hinter der äußersten Tür des Kellers nieder. Der Weg um das Essen, im Schlafrock, durch alle Kellergewölbe hindurch wäre mein einziger Spaziergang. Dann kehrte ich zu meinem Tisch zurück, würde langsam und mit Bedacht essen und wieder gleich zu schreiben anfangen. Was ich dann schreiben würde! Aus welchen Tiefen ich es hervorreißen würde! Ohne Anstrengung! Denn äußerste Konzentration kennt keine Anstrengung. Nur, daß ich es vielleicht nicht lange treiben würde und beim ersten, vielleicht selbst in solchem Zustand nicht zu vermeidendem Mißlingen in einen großartigen Wahnsinn ausbrechen müßte. *Was meinst Du, Liebste? Halte Dich vor dem Kellerbewohner nicht zurück!*« (BF 250)

Die Grundstruktur dieser paradoxen Poetik stellte Kafka paradigmatisch in seinem ersten Romanversuch, den *Hochzeitsvorbereitungen auf dem Lande*, dar. Raban, der sich verpflichtet fühlt, seine Verlobte auf dem Lande zu besuchen, wünscht sich, im Leben wiederholen zu können, was er in einem Wunschtraum seiner Kinderjahre immer wieder getan hatte. Angesichts unangenehmer gesellschaftlicher Verpflichtungen hatte sich der junge Raban in die folgende Vorstellung geflüchtet. Er spaltete sein Ich von seinem Körper ab. Das Ich blieb in der »Gestalt eines großen Käfers« (H 12) im Bett liegen, während der Körper hinausgeschickt wurde, um die Wege zu machen und die Aufgaben auszuführen, die in der Menschenwelt von Raban verlangt wurden. Sein wahres Ich aber ruhte in einsamer, unmenschlicher Selbstherrlichkeit in seinem Zimmer, völlig abgesondert von der Menschheit und doch gerade dadurch ihr absoluter Herr. Der Straßenverkehr vor Rabans Fenster hing gänzlich von seiner Laune ab. »Kutscher und Spaziergänger sind schüchtern und jeden Schritt, den sie vorwärts wollen, erbitten sie von mir, indem sie mich ansehn. Ich ermuntere sie, sie finden kein Hindernis.« (H 12) Gerade also indem er sich ganz aus der Menschheit zurückzieht und sich mit seinem eigentlichen und tiefsten Wollen völlig identifiziert, indem er seine Wahrheit wird, wird Raban fähig, die äußere Welt zu beherrschen, aus der er sich entfernt hat.

Rabans Wunschtraum beschreibt genau die Struktur der Beziehung, die zwischen Kafkas Inspirationspoetik und der Gesellschaft besteht. In Stanley Corngolds Fomulierung »deutet der allmächtige Käfer auf die Innerlichkeit des Schreibakts hin.«[19] Indem er das empirische Ich auf den Nullpunkt und zur Scheinexistenz reduziert und buchstäblich eins wird mit seinem »traumhaften inneren Leben,« ergreift der Schriftsteller Besitz von der Gesellschaft, indem er sich ihres Verkehrs- und Kommunikationsmittels bemächtigt – der Sprache. Die totale Konzentration auf sein Schreiben taucht den Schreibenden in die Sprache ein und damit in das Wesen der Gesellschaft, der er angehört. So wird er eins nicht nur mit seinem inneren Selbst, sondern auch mit dem ihm und seiner Gesellschaft Gemeinsamen, das sich in der Sprache verkörpert. Das völlige Eindringen in die Sprache, das Einswerden mit ihr im bewußtlosen, völlig hingegebenen Schreiben befähigt den Schriftsteller, sich die Gemeinschaft so völlig zu eigen zu machen, daß er die Macht wird und die Kraft, die sie bewegt.

Daß Kafka bei seinem Schreiben messianische Ziele vorschwebten, ist oft bemerkt worden. Ein klarer Beleg dafür ist zum Beispiel diese Tagebucheintragung:

»Zeitweilige Befriedigung kann ich von Arbeiten wie *Landarzt* noch haben,
... Glück aber nur, falls ich die Welt ins Reine, Wahre, Unveränderliche heben
kann.« (T 534)

Messianismus ist ja die extreme, aber logische Konsequenz des Zwanges, die »ungeheure Welt... im Kopfe« in artikuliertes Dasein »zu befreien«. Denn in der Konfrontation mit dieser inneren Welt kann die
empirische Welt zur Verwandlung getrieben werden. Aber eine solche
Aufgabe verlangt eine Messiasgestalt. Die Vereinigung des innersten
Selbst mit der Sprache, worauf Kafkas Poetik hinzielt, deutet ja auch
auf die Inkarnation hin, aber mit umgekehrtem Vorzeichen. Hier ist es
nicht das Wort, das Leib wird, sondern der Leib, der Wort wird. Der
lebendige Mensch aus Fleisch und Blut wird »nichts als Literatur«.
Anstatt von Inkarnation könnte man von »Logosierung«, »In-Logo-
sation« sprechen. Indem es sich in den bereiten Leib der Sprache »er-
gießt«, erlangt das Ich göttliche Macht. Kafka, der hauptsächlich in der
Nacht schrieb, notiert sich eine Stelle aus Roskoffs *Geschichte des Teufels,* wo von den Karaiben berichtet wird, daß bei ihnen »der welcher in
der Nacht arbeitet, als der Schöpfer der Welt« gelte (T 314). Ein sehr
krasses Beispiel des Wunsches nach göttlicher Verklärung durch den
schöpferischen Akt taucht in einem Traum auf, den sich Kafka im Tagebuch notierte. Seine »Pläne« kommen in »einem ungeheuren Wagen angefahren«, »nackte Mädchen«, die an die Houris des islami-
schen Paradieses erinnern, »führen« den Autor »rücklings die Stufen
empor« aus seinem irdischen »Jammer«, er »schwebt, weil die Mädchen schweben, und [hebt seine] Hand, die Ruhe befiehlt«.

»Rosenbüsche stehn zu meiner Seite, Weihrauchflammen brennen, Lorbeer-
kränze werden herabgelassen, man streut Blumen vor, ... ich fühle die Grenze
menschlicher Bemühungen und mache auf meiner Höhe aus eigenem Antrieb
und plötzlich mich überkommendem Geschick das *Kunststück* eines vor vielen
Jahren von mir bewunderten Schlangenmenschen, indem ich mich langsam zu-
rückbeuge – eben versucht der *Himmel* aufzubrechen, um einer mir geltenden
Erscheinung Raum zu geben, aber er stockt –, den Kopf und Oberkörper zwischen meinen Beinen durchziehe und allmählich wieder als gerader Mensch
auferstehe. War es *die letzte Steigerung,* die Menschen gegeben ist?« (T 383 f.)
(Hervorhebungen vom Verfasser)

Es ist die Kunst (in »Kunststück«), die buchstäblich zur »Auferste-
hung« des Künstlers führt. Obgleich der Himmel ihm das verheißene
Zeichen nicht gewährt und die selbstironisierende Haltung unver-

kennbar ist, ist doch nicht zu übersehen, daß sich in dieser Traumdarstellung der erlösenden Macht der »Kunst« Hybris offenbart, ein faustisches Streben nach den äußersten Möglichkeit des Menschseins und darüber hinaus ins Übermenschliche.

In einer späten Tagebucheintragung sieht Kafka seine – bezeichnenderweise aus der »Einsamkeit« hervorgegangene – literarische Mission als den »Ansturm gegen die irdische Grenze« (T 553).

»Diese ganze Literatur [worunter er, wie der Kontext klarmacht, vor allem seine eigene versteht] ist Ansturm gegen die Grenze, und sie hätte sich ... leicht zu einer neuen Geheimlehre, einer Kabbala entwickeln können. Ansätze dazu bestehen. Allerdings ein wie unbegreifliches Genie wird hier verlangt, das neu seine Wurzeln in die alten Jahrhunderte treibt oder die alten Jahrhunderte neu erschafft und mit all dem sich nicht ausgibt.« (T 553)

Hier erkennen wir in der entfernten Nachfolge der »ästhetischen Idee« Kants, in der Kafkas visionäre Poetik steht, auch deren Korrelat – Kants Lehre vom transrationalen und übermenschlichen Genie. In Kants Ästhetik wird ja dem Genie die Rolle eines gottgleichen Demiurgen zuteil. Das Genie schreibt jener zweiten Natur, die es im Kunstwerk erschafft, die Gesetze vor, wie sie die Gottheit in die erste Natur hineingelegt hat. Kafka wandelt die Genielehre Kants ins Historische ab, wenn er den Schriftsteller als den Demiurgen der Weltgeschichte begreift.

Nach dem *Urteil*, in Kafkas Augen ein Werk, wie es ihm nie wieder gelungen ist, fühlte Kafka zunehmend, daß ihm jene gottähnliche Kraft des »unbeschreiblichen Genies« fehlte. Weit davon entfernt zu wähnen, diese für sein dichterisches Schaffen wesentlichen übermenschlichen Kräfte zu besitzen, empfand er sich im Gegenteil als das für seine Aufgabe am wenigsten geeignete Instrument. Müde, lethargisch, kränklich und schwach , sah er sich sozusagen unterbemittelt an Leib, Geist und Seele und außerstande, seinem Anspruch je zu genügen. Doch an diesem Anspruch hielt er unerbittlich fest. Die schlimmste und entscheidende Bedrohung seines dichterischen Strebens aber war die wachsende Erkenntnis, daß Wahrheit und Schreiben unvereinbar seien.

Kafkas Ideal, der inneren Wahrheit den unverfälschtesten Ausdruck zu geben, beruhte auf einer bestimmten Erzählform, die in der rigorosen Beschränkung der Erzählperspektive auf die Erzählfigur und der damit verbundenen Ausschaltung des allwissenden Erzählers bestand. Damit war ausgeschlossen, was sich zwischen das Gefühl der erzählten Szene und das Gefühl des Lesers störend einschieben kann. Auf dieser »einsinnigen Erzählperspektive« beruht nach Friedrich Beißner die einzigartige Wahrhaftigkeit von Kafkas Kunst.[20] Obwohl Beißners Theorie wesentlich eingeschränkt und modifiziert werden muß, um auf Kafkas literarische Praxis anwendbar zu sein,[21] bestätigen Kafkas literarische Urteile (wie Hartmut Binder gezeigt hat[22]) Beißners Ansicht. Die größtmögliche Identität der Gefühle der Figur mit den Gefühlen des Autors im Augenblick der Niederschrift stellte für Kafka den höchsten literarischen Wert dar. Die so erzielte Einheit von Autor und Text konstituierte für ihn die Wahrheit des Werkes, in die damit auch der Leser eingeschlossen wurde. Auf diesem Umweg gelang es Kafka, trotz der Versenkung in sich selbst durch das Schreiben jene echte Kommunikation herzustellen, der sich ihm im Gespräch, wie wir gesehen haben, unüberwindliche Schwierigkeiten entgegenstellten, ohne die aber der messianische Ehrgeiz »dieser ganzen Literatur« jeder Grundlage entbehrte.

Nach dem *Urteil* jedoch, in der Periode des *Prozeß*-Romans, begann Kafka zu erkennen, daß sein Schreiben keineswegs Offenbarung der Wahrheit, sondern vielmehr deren Gegenteil war – ein Mittel des Betrugs. Zurückblickend auf »das Beste, was [er] geschrieben hatte« (T 448), entdeckte Kafka, daß dessen Vorzüglichkeit in der Täuschung liege. Seine besten Stellen – für ihn die Sterbeszenen – schienen mit Finesse darauf abgestellt, den Leser zu betrügen. Kafka genoß das Sterben seiner Helden und schwelgte wollüstig in deren Todesszenen. Sein Schreiben aber maskierte seine Freude am Sterben seiner Figuren so vollkommen, daß dieses Sterben dem Leser zutiefst traurig, schmerzvoll und rührend erscheinen mußte.

»An allen diesen guten und stark überzeugenden Stellen handelt es sich immer darum, daß jemand stirbt, daß es ihm sehr schwer wird, daß darin für ihn ein Unrecht und wenigstens eine Härte liegt und daß das für den Leser, wenigstens meiner Meinung nach, rührend wird. Für mich aber, der ich glaube, auf dem Sterbebett zufrieden sein zu können, sind solche Schilderungen im geheimen ein Spiel, ich freue mich ja in dem Sterbenden zu sterben, nütze daher mit Berechnung die auf den Tod gesammelte Aufmerksamkeit des Lesers aus, bin bei viel klarerem Verstande als er, von dem ich annehme, daß er auf dem Sterbebett klagen wird, und meine Klage ist daher möglichst vollkommen, bricht auch nicht etwa ab wie wirkliche Klage, sondern verläuft schön und rein. Es ist so, wie ich der Mutter gegenüber immer über Leiden mich beklagte, die bei weitem nicht so groß waren, wie die Klage glauben ließ. Gegenüber der Mutter brauchte ich allerdings nicht so viel Kunstaufwand wie gegenüber dem Leser.« (T 448/449)

So kunstvolle Täuschung und kluges Berechnen des emotionalen Effekts bezeugen Kafkas subtile und klar bewußte Meisterschaft in der Handhabung der Kunstmittel des Erzählens. Gleichzeitig aber widerlegen sie drastisch sein Ideal der absoluten Wahrheit, der Wahrhaftigkeit des Schreibens, jener Kafka vorschwebenden Einheit des Schreibenden mit dem Gefühl, das er in seinem Werk zum Ausdruck bringt. Die Entzweiung der Perspektive von Autor und Figur straft den Anspruch Lügen, daß sich im Text die Vereinigung von innerem Ich und Sprache vollziehe, die Kafka als unabweisliche Forderung an die Literatur stellte. Er selbst konnte diese Einheit in seinem Werk nicht erreichen. Die bloße Einschränkung der Erzählperspektive auf den Protagonisten gewährleistet nicht, wie Beißner meint, die Wahrhaftigkeit des Werkes im Sinne Kafkas. Im Gegenteil, das scheinbare Fehlen des allwissenden Erzählers trägt nur um so mehr dazu bei, den Leser wirkungsvoll hinters Licht zu führen, indem sie eine Identität von Autor und Erzählfigur vorspiegelt, die nicht existiert. Verborgen bleibend manipuliert und betrügt der Autor den Leser, der, wie unschwer vorzustellen, entsetzt wäre, wenn er erführe, daß seine »Rührung« ein genau kalkulierter Trick zur Selbstbelustigung des Autors und Teileffekt seines sado-masochistischen »Spieles« ist.

Kafkas literarische Strategie, wie sie in dieser Tagebucheintragung vom Dezember 1914 beschrieben wird, findet ihre frappierende Parallele in der bereits erwähnten Struktur von Rabans erträumter Ichspaltung. Beide erscheinen zunächst als kindliche List. Rabans Ichspaltung war ja ursprünglich Kindheitsphantasie, und Kafka vergleicht sein erzähltechnisches Kunststück mit dem bekannten Kindertrick, Krankheitssymptome drastisch zu übertreiben oder sogar bloß vorzuspiegeln, um damit den Erwachsenen Sympathie und Vergünstigungen zu entlocken. Dem unmenschlichen wahren Ich Rabans entspricht der verborgene Autor, der »im geheimen« sein »Spiel« inszeniert. Die sterbende Erzählfigur ist eine genaue Parallele zu Rabans Schein-Ich, seiner vorgetäuschten menschlichen Gestalt, die er in die Welt hinausschickt, um seine menschlichen Verpflichtungen dem Schein nach zu erfüllen. Die bloß vorgespiegelte Trauer der Kafkaschen Erzählszene entspricht der bloß vorgespiegelten menschlichen Fassade, mit der

Raban in also bloß scheinbare Beziehungen zu seinen Mitmenschen tritt. Diese sind in genau derselben Lage wie Kafkas Leser, die die ihnen aufgetischten Emotionen für bare Münze nehmen. Ironischerweise ist es gerade die Idee eines »wahren« Ich, die den Betrug herbeiführt. Rabans Täuschungsmanöver geht ja auf seinen Wunsch zurück, seinem »eigentlichen Leben« treu zu bleiben und es zu verwirklichen.

In der Tagebuchstelle vom Dezember 1914 erkennt Kafka ganz klar, daß Duplizität in den Akt des Erzählens eingebaut ist. Für Kafka ist »die eigene Gestalt« der erste und im Grunde einzige Gegenstand der Literatur, und sie bleibt für ihn das Vorbild aller erfundenen Erzählfiguren. Im Akt des Erzählens, ja bereits im Akt des Beschreibens, spaltet sich das Ich in den Schreibenden und den Beschriebenen, d. h. in das Subjekt und das Objekt des Erzählens. Damit aber bricht die Einheit von Schreiben und Schreibendem, in der für Kafka die Wahrheit des Schreibens lag, auseinander. Ja, die Wahrheit kann im Schreiben gar nicht entstehen oder wenn sie entsteht, sich jedenfalls nicht lange behaupten. Denn von dem Augenblick an, da das schreibende Ich sich als den zu beschreibenden Gegenstand zu bedenken anfängt, hört die vollkommene Übereinstimmung von Schreibendem und Schreiben, die die Wahrheit ist, zu bestehen auf. An ihre Stelle tritt dann das »Spiel«, die Koketterie der »Eitelkeit«, die für Kafka das teuflische Gegenteil der Wahrheit ist.

»Und das Teuflische [am Schreiben] scheint mir sehr klar. Es ist die Eitelkeit und Genußsucht, die immerfort um die eigene oder auch um eine fremde Gestalt [...] schwirrt und sie genießt. Was der naive Mensch sich manchmal wünscht: Ich wollte sterben und sehn, wie man mich beweint, das verwirklicht ein solcher Schriftsteller fortwährend, er stirbt (oder er lebt nicht) und beweint sich fortwährend.« (B 384 f.)

Der hier von Kafka gegeißelte Narzismus des Schriftstellers ist nur das letzte Resultat der Duplizität, die sich in der Selbstreflexion vollzieht. Die Vielfalt der Figuren im Erzählwerk ändert nichts daran. Im Gegenteil, die prätendierte Vielfalt steigert nur die narzistische Selbstbespiegelung, da die Erzählgestalten verschiedene Grade der Selbstprojektion des Autors sind. So wird »Eitelkeit« zum »Sonnensystem« (B 385), anstatt bloß einen trabantenlosen Stern zu umkreisen.

Das referierende Wesen des Schreibens, seine unabänderliche Verschiedenheit von seinem Gegenstand, der unvermeidbar metaphorische Charakter des Wortes, seine Mittelbarkeit und Unfähigkeit, das zu sein, was es bezeichnet, ließen Kafka an der Möglichkeit verzweifeln, durch das Schreiben »die Welt ins Reine, Wahre, Unveränderliche« zu erlösen. Mit den anderen Autoren der Sprachkrise glaubte Kafka an die unbedingte Überlegenheit des Seins über das Denken, der Unmittelbarkeit über die Reflexion. Was ihn am Schreiben verzweifeln ließ, war dessen Trennung vom Sein.

Sieben Monate vor jenem eben zitierten Selbstverdammungsbrief an Max Brod notiert sich Kafka in sein Tagebuch:

»Die Unselbständigkeit des Schreibens, die Abhängigkeit von dem Dienstmädchen, das einheizt, von der Katze, die sich am Ofen wärmt,... Alles dies sind selbständige, eigengesetzliche Verrichtungen, nur das Schreiben ist hilflos, wohnt nicht in sich selbst, ist Spaß und Verzweiflung.« (T551)

Kafkas Ansicht vom Schreiben als »Spaß« macht den Vergleich seines Werkes mit einem »Spiel« – selbst einem Wittgensteinschen »Sprachspiel«[23] – überzeugend, solange wir im Auge behalten, daß dieses »Spiel« eben Kafkas »Verzweiflung« und nicht seine Intention darstellte. Schreiben als auf sich selbst bezogenes Spiel zeigt den Zusammenbruch seines Glaubens an das eigene Werk als mögliche Offenbarung der Wahrheit.

Im Ideal des Schreibens, wie es Kafka vorschwebte, sollte der Autor nichts sein als das Medium dessen, was in ihm nach Ausdruck verlangte. Doch die Selbstreflexion tritt zwischen die Inspiration und den Akt des Schreibens. Sie dämmt den Strom, der von innen kommt, ein und verunreinigt ihn. Das Ich, zum Erzählgegenstand erhoben, verdeckt die Vision jener »ungeheure[n] Welt im Kopfe«, die das Schreiben ins Blickfeld rücken sollte. Gerade das, was des Schriftstellers Wort befreien soll, erstickt die Literatur. »Ein Buch muß die Axt sein für das gefrorene Meer in uns« (B28), so schrieb der einundzwanzigjährige Kafka. Aber die Selbstreflexion, in der der spätere Kafka das Wesen des fiktiven Erzählens sieht, legt das Ich über sein inneres Meer und verhindert sein Auftauen. So macht sie »das Gefrorene« zum Dauerzustand.

Kehren wir zu jenem Paradox zurück, das Kafkas »rabanesker« Poetik zugrunde liegt. Diese Poetik versucht zwei sich widersprechende Absichten zu vereinen. Einerseits strebt sie nach der Ichauflösung, um »Tieferes hervorzulassen« (T34), andererseits aber ist sie vom eigenen »Inneren«, also wiederum vom Ich, gebannt und zwingt den Schriftsteller, in einer Selbstfixierung, die er leidenschaftlich verwirft, zu verharren. Der Grundzug dieser Poetik, die innere Welt in die Sprache zu heben, trägt den Traum von der magischen und messianischen Allmacht des Ich in sich. Wie der Schein vom Inneren des Gesetzes in der Türhüterlegende des *Prozeß*-Romans nur dann sichtbar wird, wenn die Außenwelt den Blick des Mannes vom Lande nicht mehr ablenkt, so erstrahlt jene »ungeheure Welt im Kopfe« nur dann in ihrer Reinheit, wenn der Schatten des empirischen Ich sie nicht mehr verdeckt. Doch das Paradox, das Kafka »Glück« in seinen »Arbeiten« versagte, lag darin, daß eitle Selbststeigerung und Selbstschau untrennbar waren von einer Kunst, die sich als ein »Hinabsteigen zu den dunklen Mächten« (B 384) des Inneren verstand. Von der Warte seiner eigenen Poetik her mußte sich Kafka also als das erscheinen, was ihn Walter Benjamin nannte, »ein Gescheiterter«.[24]

Die Poetik, die hier ins Auge gefaßt wurde, ist freilich keineswegs Kafkas einzige, und vor allem kann sie auch nicht die eigenartige Wirkungskraft seiner Dichtungen erhellen. Selbst die Sackgasse, in die diese Poetik ihn führte, wird nicht ganz verständlich ohne Beachtung des gemeinschaftsbezogenen, kollektiven und universalistischen Aspekts seines Sprach- und Wahrheitsbegriffs, der zu der innerlichen, subjektiven Seite hinzukommen muß, auf die allein wir uns hier konzentriert haben. Und noch etwas: Neben dem visionären Element gibt es in seiner Kunst auch ein sehr deutliches Streben nach Klarheit und Verstehen, nach dem im weitesten Sinne Rationalen, das weder der Selbstauflösung noch der Selbststeigerung, sondern der Selbsterhaltung dient. Erst wenn diese sehr verschiedenen Richtungen und Ziele seines Schreibens zueinander in Beziehung gesetzt werden, wird man hoffen können, Kafkas Poetik gerecht – oder mindestens gerechter – zu werden. Der vorliegende Essay ist also nur als erster Schritt zu diesem Ziel zu verstehen.

Anmerkungen

1 Vgl. Theodore Ziolkowski, James Joyces Epiphanie und die Überwindung der empirischen Welt in der modernen deutschen Prosa, in: Deutsche Vierteljahrsschrift für Literaturwissenschaft und Geistesgeschichte XXXV (1961), S. 596.

2 Franz Kafka, Briefe 1902–1924, hg. von Max Brod, (S. Fischer Verlag,

Lizenzausgabe von Schocken Books, New York 1958), S. 9. Alle folgenden Zitate aus diesem Band werden im Text mit B und Seitenzahl nachgewiesen.

3 Robert Musil, Prosa, Dramen, Späte Briefe, hg. von Adolf Frisé, Hamburg 1957, S. 15.

4 Hugo von Hofmannsthal, Gesammelte Werke, Bd. 2, Berlin 1924, S. 180.

5 Jacques Derrida, De la Grammatologie, Paris 1967, S. 102.

6 Gayatri Chakravorty Spivak, Translator's Preface, in: Jacques Derrida, Grammatology, Baltimore and London 1976 (1974), S. XVI.

7 In seinem anregenden Aufsatz *Anti-Mimesis: Kafka and Wittgenstein* widerspricht Anthony Thorlby allerdings Kafkas eigener Poetik, wenn er schreibt: »Kafka's stories illustrate the dreadful problem that language *is* something altogether different from what it says, ...« (In: On Kafka, Semi-Centenary Perspectives, hg. von Franz Kuna, London 1976, S. 74.). Das ist es ja gerade, was Kafka nicht akzeptieren will. »Sprachspiele« (»language games«) im Wittgensteinschen Sinn sind radikal entgegengesetzt dem intensiv »realistischen«, auf das Wörtliche, auf mimetische Genauigkeit ausgehenden Ernst, mit dem Kafka in seinem Schreiben der »Wahrheit« nahezukommen versucht.

8 Franz Kafka, Tagebücher 1910–1923, hg. von Max Brod, New York 1948 und 1949, S. 34. Alle folgenden Zitate aus diesem Band werden im Text mit T und Seitenzahl nachgewiesen.

9 Die enge Beziehung zwischen Kafkas Schreiben und seinem Traumleben ist oft bemerkt worden. Vgl. besonders S. Fraiberg, Kafka and the Dream, in: Partisan Review, XXIII (1956), S. 47–69; Michel Dentan, Humour et création litteraire dans l'oeuvre de Kafka, Genf/Paris, 1961; Friedrich Altenhöner, Der Traum und die Traumstruktur im Werk Franz Kafkas, Diss. Münster 1962. Hartmut Binder hat auf den Ansturm von visionären Geschichten hingewiesen, einer »inneren Fülle«, die ihn so »bedrängte«, »daß er die Ausstoßung ins Kunstwerk als ›großes Glück‹« bezeichnen konnte (Motiv und Gestaltung bei Franz Kafka, Bonn 1966, S. 117). Eine systematische Erforschung und Analyse des visionären Elements in Kafkas Werk steht noch aus.

10 Walter H. Sokel, Franz Kafka Tragik und Ironie. Zur Struktur seiner Kunst, München/Wien 1964.

11 Vgl. besonders den langen Erklärungsbrief, der »Ende Oktober/Anfang November 1914« datiert ist, und den allerletzten Brief an Felice vom 16. Oktober 1917: Franz Kafka, Briefe an Felice und andere Korrespondenz aus der Verlobungszeit, hg. von Erich Heller und Jürgen Born (S. Fischer Lizenzausgabe von Schocken Books, New York City 1967), S. 615–622 und S. 757 ff. Alle folgenden Zitate aus diesem Band werden im Text mit BF und Seitenzahl nachgewiesen.

12 Vgl. Walter H. Sokel, The Writer in Extremis. Expressionism in Twentieth-Century German Literature, Stanford 1959, S. 12. (Deutsch unter dem Titel: *Der literarische Expressionismus,* übersetzt von Jutta und Theodor Knust, München [1960], S. 21).

13 Immanuel Kant, Kritik der Urtheilskraft, Paragr. 49.

14 Neben der traumhaften und phantastischen Richtung gibt es in Kafkas Werk auch einen betont rationalen Zug, der ein nicht zu unterschätzendes Gegenstück zur visionären Tendenz bildet. Kafkas Schreiben kann in zwei deutlich unterscheidbare Hauptarten eingeteilt werden: Visionen und Erläuterungen. Letztere sind Gleichnisse, die scheinbar erklärenden Absichten dienen und sich häufig zu parabolischen Erzählungen ausweiten. Vgl. dazu besonders Karl-Heinz Fingerhut, Die Funktion der Tierfiguren im Werke Franz Kafkas. Offene Erzählgerüste und Figurenspiele, Bonn 1969, S. 37–40, 45–59, und Hartmut Binder, Kafka in neuer Sicht. Mimik, Gestik und Personengefüge als Darstellung des Autobiographischen, Stuttgart 1976, S. 7–20. Zum Unterschied der beiden Haupterzähltypen im Werk Kafkas vgl. Walter H. Sokel, Das Verhältnis der Erzählperspektive zu Erzählgeschehen und Sinngehalt in *Vor dem Gesetz, Schakale und Araber* und *Der Prozeß*, in: Zeitschrift für deutsche Philologie LXXXVI (1967), S. 267–300. Stanley Corngolds tiefschürfender Essay *The Structure of Kafka's Metamorphosis: Metamorphosis of the Metaphor* leugnet die metaphorische Grundstruktur von Kafkas Kunst und sieht in Kafka »the writer par excellence who came to detect in metaphorical language a crucial obstacle to his own enterprise« (Stanley Corngold, The Commentator's Despair. The Interpretation of Kafka's ›Metamorphosis‹, Port Washington-New York/London 1973, S. 5). In der vorliegenden Abhandlung stimme ich durchaus mit Corngold überein, im besonderen mit seiner Behauptung, daß »the desire to represent a state of mind directly in language, in a form consubstantial with that consciousness« (S. 7), Kafkas dezidierte Intention gewesen ist. Hingegen hoffe ich andernorts zu zeigen, daß Corngold nur *einem* Aspekt von Kafkas Poetik gerecht wird, während er ihm widersprechende, aber gleich wichtige Intentionen des Kafkaschen Werkes völlig ignoriert.

15 Franz Kafka, Hochzeitsvorbereitungen auf dem Lande und andere Prosa aus dem Nachlaß, hg. von Max Brod, New York 1953, S. 203. Alle folgenden Zitate aus diesem Band werden im Text mit H und Seitenzahl nachgewiesen.

16 Auch Kafkas letztes großes Erzählfragment, *Der Bau*, wurde nach Dora Diamants Aussage in *einer* Nacht geschrieben. Vgl. Hartmut Binder, Motiv und Gestaltung, S. 118, und J. P. Hodin, Erinnerungen an Franz Kafka, in: Der Monat 8/9, 1948/49, S. 89–96.

17 Max Brod, Über Franz Kafka, Frankfurt 1974, S. 114.

18 Vgl. Lionel Trilling, Sincerity and Authenticity, Cambridge, Massachusetts 1971/1972.

19 Corngold, The Commentator's Despair, S. 21.

20 Friedrich Beißner, Der Erzähler Franz Kafka. Ein Vortrag, Stuttgart 1952.

21 Vgl. besonders Klaus-Peter Philippi, Reflexion und Wirklichkeit. Untersuchungen zu Kafkas Roman *Das Schloß*, Tübingen 1966, S. 14–32.

22 Hartmut Binder, Kafkas literarische Urteile, in: Zeitschrift für deutsche Philologie LXXXVI (1967), S. 230.

23 Thorlby, Anti-Mimesis, S. 74.

24 »Um Kafkas Figur in ihrer Reinheit und in ihrer eigentümlichen Schönheit gerecht zu werden, darf man das Eine nie aus dem Auge lassen: es ist die • von einem Gescheiterten.« (Walter Benjamin, Briefe, hg. von Gershom Scholem und Theodor W. Adorno, Bd. 2, Frankfurt 1966, S. 764).

INGEBORG C. HENEL

KAFKA ALS DENKER

Wenn wir von Kafka als Denker sprechen, setzen wir voraus, daß er über prinzipielle Fragen nachgedacht hat, daß er denken konnte und daß die Art wie die Inhalte seines Denkens ein gewisses Interesse für uns haben. Kafka selbst hat jedoch behauptet, daß er nicht denken könne, d. h. nicht »zusammenhängend« und »entwicklungsmäßig« denken könne, und daß er es schwer finde, abstrakt-philosophischen Argumenten wie denen seines Freundes Weltsch zu folgen.[1] Aber er hat sich schon als Gymnasiast mit Nietzsche beschäftigt[2] und als Student mit Brod zusammen Platos *Protagoras* gelesen.[3] Im Louvre-Zirkel und im Fanta-Kreis hat er Diskussionen über Franz Brentanos Lehren, über Hegel, Fichte und Kant zugehört und sich vielleicht auch an ihnen beteiligt. Wahrscheinlich hat er zu dieser Zeit Hegels *Phänomenologie des Geistes*, Fichtes *Anweisung zum seligen Leben* und Schleiermachers *Reden über die Religion* gelesen.[4] Später hat er sich eingehend mit Kierkegaard beschäftigt. Außerdem muß er als Jurist fähig gewesen sein, ein Argument logisch zu entwickeln; jedenfalls finden sich in seinem Erzählwerk und in seinen Briefen genügend Beweise für juristisches Argumentieren. Wie ernst sind also seine Klagen zu nehmen, daß er nicht denken könne? In demselben Brief an Felice, in dem er die Begrenztheit seiner Denkfähigkeit beklagt, behauptet er auch, nicht erzählen zu können und, da er weder für Erlebtes noch Erlerntes ein Gedächtnis besitze, unwissend wie ein Schulkind zu sein. Daß die beiden letzten Behauptungen unrichtig sind, wissen wir; warum also sollen wir die Klage über seine mangelnde Denkfähigkeit als Wahrheit hinnehmen, wie es Brod getan hat und wie es einige Interpreten noch immer tun? Brod behauptet, daß Kafka nur in Bildern habe denken können. Es ist richtig, daß Kafka seine Gedanken mit Vorliebe in Bildern ausgedrückt hat und daß selbst seine Aphorismen und Gedankensplitter gelegentlich metaphorische Form annehmen. Da er ein Dichter und kein Philosoph war, ist das ebenso erklärlich wie die Tatsache, daß er sich nicht für abstrakte Themen interessierte. Die

Frage ist jedoch, hat er wirklich in Bildern *statt* in Begriffen gedacht, und ist es überhaupt möglich, unmittelbar – ohne den Weg über Begriffe – in Bildern zu denken? Eine einzelne Idee mag sich intuitiv als Bild aufdrängen, aber kann ein größerer Gedankenkomplex unmittelbar als Bild konzipiert werden? Es ist also leicht irreführend, wie Binder zu sagen, daß bei Kafka Bilder *anstelle* von Begriffen stehen.[5] Richtig ist, daß Kafkas Bilder nicht als Illustration oder Ausschmückung dienen, also keine sekundäre Zutat sind. Aber sie gehen aus einem sekundären Prozeß hervor, nämlich der Übersetzung einer primär abstrakten Erkenntnis in konkrete Gestalt.

Aus Kafkas frühestem erhaltenen Werk stammt das Bild von dem Beter, der sich von sich selbst nur dadurch überzeugen kann, daß er sich von den Leuten anschauen läßt. In dieser Geschichte erklärt Kafka ausnahmsweise einmal sein Bild und macht dadurch deutlich, daß es aus einem Gedanken hervorgegangen ist, nämlich dem Zweifel an der eigenen Wirklichkeit und der Frage, wie er zu überwinden sei. Es ist der gleiche Zweifel, mit dem Descartes seine Philosophie beginnt, nur daß für Kafka Descartes Antwort nicht mehr überzeugend ist. Der Gedanke, daß die eigene Wirklichkeit der Bestätigung durch einen anderen bedarf, zieht sich durch viele von Kafkas Selbstzeugnissen und Werken und hat in vielerlei Bildern Gestalt angenommen. Die menschlich interessanteste erscheint in einem seiner längsten Werke, den Briefen an Felice. In ihnen schafft sich der Dichter eine Gestalt, die er nur zum Teil aus dem Leben nimmt und vor der er sich – wie der Beter – unsinnig gebärdet, um von ihr angeschaut und bestätigt zu werden.

Ein anderes Bild aus der frühen Zeit, das deutlich den ihm zugrundeliegenden Gedanken verrät, ist das Gleichnis von den Bäumen (E 44).[6] Hier ist nichts als das Bild von den Baumstämmen vorhanden, und nur das »denn wir sind wie« weist auf den hinter ihm stehenden Gedanken hin: Wir sind wie Baumstämme und nicht wie Bäume, denn wir sind nicht mehr in einem Lebensboden verwurzelt, wir haben uns nur auf ihm eingerichtet, aber immerhin so fest, daß wir nicht mehr leicht von ihm fortzubewegen sind; allerdings mag diese Festigkeit eine Selbsttäuschung sein. Der Gedanke ist vollkommen in das Bild eingegangen, er ist weder ein Paradox, noch dreht er sich im Kreis, wie Kobs meint.[7] Es ist der Gedanke von dem modernen wurzellosen Menschen, der – wie der Zweifel am eigenen Ich – Kafka sein Leben lang gequält hat. Auch andere Bilder in Kafkas Werken zeigen die

Herkunft aus einem oft sehr präzis gefaßten, wenn auch ungewöhnlichen Gedanken, etwa das Bild von dem Parasiten, das die ganze Geschichte von der *Verwandlung* trägt. Am transparentesten für den hinter ihnen stehenden Gedanken sind Kafkas Parabeln, seine Tierfabeln und seine Allegorie *In der Strafkolonie*. Das bedeutet noch nicht, daß die Bilder in diesen Geschichten in bestimmte, eindeutige Gedanken zurückübersetzt werden können. Denn Kafka hat, nachdem er einmal ein Bild für eine Idee gefunden hatte, seine Geschichte entwickelt, indem er das Bild selbst in Handlung umgesetzt hat.

Diese Hinweise müssen genügen, um zu zeigen, daß Kafkas reiche Bilderwelt nicht einem Mangel an Denken, sondern vielmehr einem sehr genauen Denken entsprungen ist. Daß man Kafka die Denkfähigkeit abgesprochen hat, liegt jedoch nicht nur daran, daß er seine Gedanken in Bilder kleidete, sondern auch daran, daß sie, wenn er sie als abstrakte Betrachtungen brachte, so ungewöhnlich und paradox erschienen, daß man ihnen keine Gültigkeit als denkerische Leistungen zugestehen wollte. Die Eigenart von Kafkas Denkweise nicht verstehend, warf man ihm Irrationalität vor oder stempelte seine Werke als Niederschläge von Träumen ab, die keine logisch zwingende, sondern nur eine assoziative Verbindung haben.[8] Aber Kafkas Denken ist keineswegs ohne inneren Zusammenhang, es hat allerdings seine eigene Form. Gerhard Neumann nennt sie die Form des »gleitenden Paradoxes«.[9] Allerdings sind nicht alle Beispiele, die er anführt, Paradoxe, es sei denn, daß man die bloße Abweichung von geläufigen Vorstellungen als paradox bezeichnet. Mit dem »Gleiten« meinte Neumann Kafkas Art, sein Denken innerhalb einer einzigen Aussage von einer Ebene auf eine andere zu verschieben, von einem Bereich in einen anderen zu überführen, das Gesagte einzuschränken, zu widerrufen oder umzukehren oder einer Behauptung ein Beispiel anzufügen, das scheinbar nichts erklärt. Kafkas Denken scheint keine Richtung zu haben, es führt den Leser nicht mit Sicherheit, sondern stößt ihn vor den Kopf und zwingt ihn auf einen Weg, auf dem er stolpern muß (H 39), wobei man bemerken muß, daß das Stolpern zu dem wahren Weg gehört, wie in der Bibel der Stein des Anstoßes auf die Wahrheit aufmerksam macht.

Viele von Kafkas Äußerungen scheinen nur deshalb paradox, weil sie gewöhnlichen Denkvorstellungen, alten Sprichwörtern oder Bibelstellen widersprechen. So die Umkehrung von Matth. 7, 8 in dem Eintrag vom 13. Dezember 1917: »Wer sucht, findet nicht, aber wer nicht sucht, wird gefunden« (H 94). Neumann, den an diesem Ausspruch Kafkas das Denkgesetz der Umkehrung und Ablenkung interessiert, nicht sein Inhalt, sieht in ihm nur die Abweichung von gewöhnlichen Denkregeln. Aber die erste Hälfte des Satzes ist ebenso richtig oder falsch wie das biblische Gegenstück und ist ein tragendes Thema auch in Kafkas erzählendem Werk. Josef K., der »immer mit zwanzig Händen in die Welt hineinfahren« will (P 269), und der Landvermesser, der immer auf der Suche nach einer Begegnung mit Klamm oder einem Weg zum Schloß ist, kommen nicht ans Ziel. In der Unruhe des Suchens verlieren sie den Überblick; die Ungeduld bezeichnet Kafka deshalb als eine »Hauptsünde« (H 39). Der erste Satz des Aphorismus über das Suchen und Gefundenwerden stellt eine Warnung dar, der zweite enthält ein Versprechen für den, der auf die Warnung hört. Der Inhalt der Aussage ist also nicht paradox: die Unruhe des Suchens wird verurteilt und die Ruhe des Abwartens angeraten (H 54). Anstoß erregt nur die Schroffheit des Übergangs, die Tatsache, daß der zweite Teil nicht logisch aus dem ersten folgt, sondern einen ganz neuen Gedanken bringt. Der Anschluß durch das »aber wer nicht sucht« läßt einen anderen Nachsatz erwarten, etwa: »der ist auch verloren«. Es fehlt ein vermittelnder Mittelsatz. Kafka hätte sagen können: »Wer sucht, findet nicht. Also haltet euch still, dann wird euch vielleicht geschenkt, was ihr vergeblich gesucht habt«. Während Kafka es dem Leser in seiner erzählenden Prosa durch geschmeidige Satzgefüge leicht macht, ihm zu folgen, gebraucht er in seinen Gedankenäußerungen häufig das non sequitur, das den Leser stolpern macht und offensichtlich machen soll. Dies beweist nicht notwendigerweise Mangel an logischem Denken, sondern markiert den Bruch zwischen verschiedenen Denkmöglichkeiten.

Neumann hat festgestellt, daß bei Kafka das Denken von der eingeschlagenen Bahn abgelenkt wird, wenn das Ich, in welcher Chiffre auch immer, einbezogen wird. Man kann das auch anders ausdrücken und sagen, daß das Denken gebrochen wird, wenn es sich auf die Existenz bezieht, denn diese unterliegt nicht logischen Gesetzen. Ein gutes Beispiel für dieses existentielle Denken (wenn wir es so nennen wollen, ohne es damit der philosophischen Richtung des Existentialismus zuzuordnen) ist der bekannte Aphorismus aus der Reihe *Er* (H 418): »Er hat den archimedischen Punkt gefunden, hat ihn aber gegen sich ausgenützt, offenbar hat er ihn nur unter dieser Bedingung finden dürfen«. Auch hier ist die Anknüpfung durch das »aber« unlogisch; es bezieht sich auf den Gedanken, der erst im folgenden Satz ausgesprochen wird und lauten müßte: »aber er hat ihn gegen sich ausnützen müssen, um ihn zu finden«. Das ist es aber gerade, was Kafka im Ungewissen lassen wollte, wie das »offenbar« zum Ausdruck bringt. In dem Aphorismus über den archimedischen Punkt ist die Einbeziehung des Ich in die Erkenntnis ausdrücklich zum Thema gemacht: zur Wahrheit gelangt man nur unter der Bedingung, daß man sie auf, oder besser, gegen sich selbst anwendet. Erst wenn das Ich sich über sich selbst erheben kann, kann es sich auch über die Welt erheben, erst von einem Standpunkt jenseits von Ich und Welt kann es sich und die Welt aus den Angeln heben. Das klingt wie eine Unmöglichkeit, und Neumann hat denn auch behauptet, daß die Bedingung, unter der der archimedische Punkt sich finden läßt, ihn im Augenblick seiner Entdeckung entwertet (710). Aber Kafka hat es anders gemeint: Er denkt an einen Standpunkt, von dem aus es möglich ist, wie er in einem anderen Aphorismus (H 71 f.) sagt, sich wie Münchhausen an den eigenen Haaren aus dem Sumpf zu ziehen – nicht in der wirklichen, aber in der geistigen Welt.

Kafkas Denken ist selten objektiv; er sieht nicht von dem existierenden Menschen ab, sondern bezieht ihn als Ausgangspunkt seines Denkens oder als Prüfstein der gewonnenen Erkenntnis in den Denkprozeß ein. Vom objektiven Denken aus betrachtet bedeutet das sowohl eine Beschränkung, da der subjektive Denker den Gegenstand seines Denkens nur in einer gewissen Perspektive sieht, als auch eine Relativierung, da das Denkergebnis nur im Verhältnis zu dem Subjekt Wahrheit besitzt. Kafka selbst hat die Möglichkeit einer objektiven Erkenntnis skeptisch betrachtet. Er steht in dieser Hinsicht der modernen Naturwissenschaft nahe, die sich dessen bewußt ist, daß sie nicht die objektive Wirklichkeit erfaßt, sondern mit Modellen oder Zeichen arbeitet, die sie selber geschaffen hat und die niemals vollkommen, sondern immer nur annäherungsweise der Natur entsprechen. Wie dieses Denken hat auch Kafkas Denken den Charakter des Experimentellen.

Am deutlichsten hat Kafka seine erkenntnistheoretische Skepsis in dem Stück *Der Kreisel* (1920) zum Ausdruck gebracht. Hier hofft der Philosoph, zur Erkenntnis zu gelangen, wenn es ihm gelingt, den sich drehenden Kreisel zu fangen. Aber in dem Augenblick, in dem er ihn fängt, hört der Kreisel auf, sich zu drehen, und der Mann hält nur noch »das dumme Holzstück« in der Hand (BK 120). Enttäuscht taumelt er davon »wie ein Kreisel unter einer ungeschickten Peitsche«. Wenn man sich daran erinnert, daß Kierkegaard den Zweifler mit einem Kreisel verglichen hat, kann man vielleicht sagen, daß die Erfahrung aus dem hoffnungsvollen Philosophen einen Zweifler gemacht hat. In der *Beschreibung eines Kampfes* läßt Kafka den Beter darüber klagen, daß die Dinge sich ihm nicht so geben, wie sie sind, bevor sie sich ihm zeigen (E 14). Sie werden dadurch verändert, daß er sie betrachtet, denn er betrachtet sie immer von einem einseitigen, subjektiven Standpunkt und bezeichnet sie deshalb mit willkürlichen Namen, die ihr Wesen nicht treffen. In seinen erzählenden Werken hat Kafka die Welt meist so dargestellt, wie sie sich dem Betrachter, d. h. seinem Helden, zeigt.

In diesen und vielen anderen Fällen ist es nicht die Dunkelheit oder Unfaßbarkeit, die dem Menschen die Wahrheit unzugänglich macht, sondern es ist der Mensch selbst, der sich gerade durch seine Bemühungen um Erkenntnis den Weg zu ihr verstellt. In der Reihe *Er* heißt es: »Er hat das Gefühl, daß er sich dadurch, daß er lebt, den Weg verstellt«, und »Sein eigener Stirnknochen verlegt ihm den Weg« (BK 280). Der Erkenntnis Suchende selbst ist das Hindernis der Erkenntnis. Es ist also notwendig, das Hindernis nach Möglichkeit aus dem Weg zu schaffen, d. h. sich zu zerstören oder sich zu transzendieren im Auffinden des archimedischen Punktes. In diesem Akt wird aus der Erkenntnis ein moralisches oder religiöses Problem, auf das wir später eingehen werden.

Die Problematik der Erkenntnis ist ein Thema, das Kafka mit Hilfe logischer Argumente oder paradoxer Aussagen darzustellen suchte und das er in seinen erzählenden Werken in den Handlungsverlauf verwob oder durch seine Erzähltechnik zum Ausdruck brachte. Niemals versuchte er, das Problem durch Rückführung auf psychologische Voraussetzungen zu erklären, besonders nicht in der Selbstanalyse, denn das wäre ihm wie ein hündisches Sich-Umlaufen erschienen (T 339). Nicht Reduktion des Problems, sondern Transzendierung der Existenz ist sein Weg. Wer diesen Weg nicht gehen kann, für den bleibt auch der Versuch der Distanzierung von dem Objekt, also der objektive Erkenntnisweg ohne Erfolg. Kafka hat davon gesprochen, daß es möglich sein sollte, sich als etwas Fremdes anzusehen (H 90), sich außerhalb seiner selbst zu stellen oder neben sich eine neue Existenz aufzubauen. Damit hat er wahrscheinlich die geistige oder künstlerische Existenz gemeint. Im *Bau* hat er diesen Gedanken in ein Bild umgesetzt. Das Tier hat sich in seinem Bau gewissermaßen eine zweite Existenz geschaffen, von der es ihm möglich sein sollte, Abstand zu nehmen. Aber nur innerhalb des Baus, in Identität mit ihm, kann es sein Leben erfüllen. Wenn es sich außerhalb des Baus befindet und diesen von außen beobachtet, kann es zu keiner Erkenntnis über ihn gelangen, denn dann fehlt dem Bau das Leben, die Witterung des Tiers. Es hat ein totes Gebäude vor sich wie der Philosoph ein »dummes Holzstück«. »Die innere Welt läßt sich nur leben, nicht beschreiben«, heißt es in einem von Kafkas Aphorismen (H 72). Kafka hat diese Erkenntnisskepsis nicht direkt ausgesprochen. Wir müssen sie aus seiner Bilderwelt, dem Verhalten seiner Helden und seiner Erzählweise erschließen. In einem wesentlichen Teil seiner Werke zeigt er uns die Welt durch die Augen des Helden, also immer verdunkelt oder entstellt durch dessen Lebenswillen, Absichten oder Vorurteile. Die dargestellte Welt spiegelt folglich nicht die Wirklichkeit wider und auch nicht Kafkas Ansicht von ihr, sondern die des Helden. Sie hat also nur im Hinblick auf den Helden Erkenntniswert.

Wenn Kafka ausdrücklich von Erkenntnis sprach, hatte er eine andere Erkenntnis im Sinn, nicht die Erkenntnis der Wirklichkeit, deren Möglichkeit er bezweifelte, sondern die Erkenntnis von Gut und Böse, die dem Menschen nach Kafka durch das Essen vom Baum der Erkenntnis, also durch den Sündenfall, mit seinem Menschsein gegeben ist. Sie ist ihm nicht als Ziel gesetzt, sondern ist immer schon vorhanden und verlangt von dem Menschen, daß er ihr gemäß handelt, ja, sie ist geradezu identisch mit diesem Gebot. Sich dieser Erkenntnis zu stellen, ihr nicht aus dem Wege zu gehen, ist ein moralischer Akt, kein Erkenntnisakt, denn sie gebietet dem Menschen, sich zu zerstören, um das Unzerstörbare – man kann auch sagen: das Ewige –, das nach Kafka in jedem Menschen ist, zu befreien (H 47). Was Kafka innerhalb der Erkenntnistheorie als Unmöglichkeit erscheint, hält er in der Moral nicht nur für möglich, sondern sogar für ein Gebot: daß der Mensch das Hindernis, das er sich selbst ist, beseitigt (H 105 f.). Das ist der Sinn seines Ausspruchs: »Das Negative zu tun, ist uns noch auferlegt; das Positive ist uns schon gegeben« (H 83). Das Negative zu tun, d. h. das Positive, die Existenz, zu zerstören, ist jedoch nicht nur negativ, denn es ist zugleich die Stufe zum ewigen Leben (H 105). Dieser Gedanke ist nicht neu: Goethe hat ihn in dem Gedicht *Selige Sehnsucht* ausgesprochen. Neu ist, daß Kafka das »Stirb und Werde« aus der Erkenntnis von Gut und Böse ableitet, die für ihn nicht nur ein moralisches Gebot enthält, sondern auch eine religiöse Erfahrung bedeutet, nämlich den Willen zum ewigen Leben. Wie Goethe hat auch Kafka das »Stirb und Werde« als einen inneren Vorgang in diesem Leben verstanden. Das ewige Leben war für ihn nicht ein Leben, das diesem Leben folgt, sondern das Ewige im Menschen, das potentiell in jedem Augenblick erreicht werden kann. Da die Sprache, wie Kafka behauptet, sich nur auf die sinnliche Welt bezieht, kann sie geistige Beziehungen nur durch zeitliche ausdrücken. In Wirklichkeit fallen Erkenntnis von Gut und Böse, die Zerstörung des Zerstörbaren und das Erreichen des Unzerstörbaren zusammen. Die bloße Erkenntnis ist wertlos, wenn sie nicht zu dem moralischen Akt führt. Das Erkennen von Gut und Böse schon als Gottgleichheit anzusehen, meint Kafka, gehört zu dem »trostlosen Gesichtskreis des Bösen« (H 102). Da die Erkenntnis gegeben ist, gibt es keinen Weg zu ihr, d. h. sie liegt nicht in der Zukunft, sondern im Hier und Jetzt. »Was wir Weg nennen, ist Zögern« (H 42). Ein solches Zögern ist die vorgebliche intellektuelle Bemühung um die Erkenntnis, die wir bereits besitzen; sie erregt den Verdacht, daß wir uns gegen sie bemühen (H 104).

Neumann hat beanstandet, daß Kafka seine Aussagen »unvermerkt« oder »beiläufig« in den ethischen Bereich verschiebt (724), und er meint, daß das nach Erkenntnis strebende Ich deshalb zwischen den beiden Bereichen hin und her geistert, »ohne je einen Standort zur Beurteilung zu gewinnen« (725). Aber so ist es nicht. Kafka hat sein Denken nicht einfach von einem Gebiet auf ein anderes abgleiten lassen, sondern er hat Erkenntnis ganz bewußt zu einem moralischen Problem gemacht. Der Standort der Beurteilung, der dem Menschen fehlt, wenn er nach Erkenntnis der Wirklichkeit sucht, ist ihm in der moralischen Erkenntnis gegeben, da er sich in ihr von dem Hindernis befreit, das er sich selbst ist. Während die intellektuelle Erkenntnis immer relativ bleibt, ist die moralische Erkenntnis absolut. Darin besteht »der Unterschied zwischen dem ›Ja‹ und ›Nein‹, das er seinen Zeitgenossen sagt, und jenem, das er eigentlich zu sagen hätte, [es] dürfte dem von Tod und Leben entsprechen« (BK 285). Das Ja und Nein, das er seinen Zeitgenossen sagt (also im täglichen Leben gebraucht), ist ein bedingtes entsprechend der relativen Erkenntnis, auf die es gegründet ist; das eigentliche Ja und Nein dagegen ist ein absolutes, aus der moralischen Erkenntnis gewonnenes. Das erste gilt nur in der Zeit, entspricht deshalb dem Tod, das zweite dagegen betrifft ein Absolutes und entspricht dem ewigen Leben. Da Neumann nicht zwischen der empirischen und der moralischen Erkenntnis unterscheidet, glaubt er, daß Kafka mit aller Konsequenz von einer eindeutig bestimmten Antithese ablenkt (716). Aber die Antithese *ist* eindeutig.

Wir haben gesagt, daß Kafkas Erkenntnisskepsis in der einsinnigen Erzählperspektive zum Ausdruck kommt. Andererseits bildet das Problem der Erkenntnis von Gut und Böse und die Frage, ob der Mensch ihr gemäß handelt, ein häufiges Thema von Kafkas Erzählwerk. Daß Josef K. nicht zur Einsicht in seine Schuld kommt, ist ein moralisches, kein intellektuelles Versagen. Und daß der Mann vom Lande, der von dem Gesetz weiß und sogar den Weg zu ihm kennt, dennoch nicht in das Gesetz gelangt, hat seinen Grund darin, daß es ihm an dem moralischen Mut fehlt, trotz des Hindernisses durch die Tür zum Gesetz zu gehen.

Da Kafka Erkennen, Handeln und Leben im Unzerstörbaren eng miteinander verknüpft, ja geradezu zur Identität bringt, haben seine Aussagen oft den Anschein des »gleitenden Paradoxes«. Wir haben gezeigt, daß das »Abgleiten« nicht einem Mangel an Fähigkeit zu logischem Denken entspringt, sondern einer für Kafka charakteristischen Verbindung der drei Bereiche. Auch der paradoxe Charakter seiner Aussagen geht häufig aus dieser Verbindung hervor. Bevor wir auf Kafkas Paradoxe eingehen, soll der Begriff kurz definiert werden. Wenn man, der etymologischen Bedeutung des Wortes entsprechend, unter »paradox« alles versteht, was der allgemeinen Erfahrung oder Meinung widerspricht, fallen sehr viele von Kafkas Gedanken unter diesen Begriff. Wenn man den Begriff dagegen auf in sich widersprüchliche Aussagen beschränkt, finden sich weit weniger Paradoxe bei Kafka, dafür aber um so prägnantere und tiefsinnigere Gedanken.

Kafka hat gerne zwei gegensätzliche Aussagen nebeneinandergestellt und dann die Gleichzeitigkeit des Entgegengesetzten behauptet. So spricht er in dem 66. Aphorismus davon, daß der Mensch als Erdenbürger an eine Kette gelegt sei, die ihm alle irdischen Räume freigibt, ihn aber nicht über deren Grenzen hinaus läßt; und daß er als Himmelsbürger an eine ähnliche Kette gelegt sei, die ihn drosselt, wenn er auf die Erde will. Der Mensch ist also gleichzeitig beides, Himmelsbürger und Erdenbürger, und scheint somit alle Möglichkeiten zu haben. Aber – und das ist nur impliziert – da die Ketten als Fesselung wirken, kann er die Möglichkeiten nicht verwirklichen; sie erweisen sich als Unmöglichkeiten. Der 65. Aphorismus verfolgt einen ähnlichen Gedankengang. Nach ihm ist die Vertreibung aus dem Paradies ein sich immerwährend wiederholender Vorgang, so daß der Mensch dauernd zugleich im Paradies und aus ihm verstoßen ist. In diesen beiden Aphorismen – wie in anderen, ähnlichen (z. B. den zwei Aphorismen aus der Reihe *Er* in BK 287) – beschreibt das Paradox das duale Wesen des Menschen. Wenn Kafka die moralischen Folgerungen aus diesem Dualismus zieht, wird seine paradoxe Aussage noch schärfer. So heißt es in der Reihe *Er* (BK 286): »Die Kraft zum Verneinen, dieser natürlichsten Äußerung des sich immerfort verändernden, erneuernden, absterbend auflebenden menschlichen Kämpferorganismus, haben wir immer, den *Mut* aber nicht, während doch Leben Verneinen ist, also Verneinung Bejahung.« Hier wird der Mensch als moralisches Wesen angesprochen: er soll Mut zum Verneinen beweisen, da Verneinen Bejahung ist. Diese Behauptung ist nicht zu verstehen, wenn man nicht Kafkas Gedanken kennt, daß der Mensch das Zerstörbare in sich zerstören muß, wenn er das Unzerstörbare in sich befreien will. Das Paradox ist hier das Ende einer Überlegung und ihr Resultat. Ein weiteres Beispiel dafür, daß Kafka das Ergebnis seines Nachdenkens gerne in einem logischen Paradox oder paradoxen Bild zusammenfaßt, findet sich in der bereits erwähnten Behauptung, daß man sich, zumindest in der geistigen Welt, an den eigenen Haaren aus dem Sumpf ziehen kann. Diesem Paradox geht die Überlegung voraus, «daß das Erkennen als solches Trost ist« (H 71), daß selbst wenn die Erkenntnis Schrecken oder Angst auslöst, einen das Bewußtsein, zur Erkenntnis gelangt zu sein, aufrecht erhält. Der Sachverhalt selbst ist also nicht geradezu paradox, nur seine abgekürzte methaphorische Fassung ist es. Diese erst weist darauf hin, daß das Trostfinden im bloßen Erkennen ein geistiges Wunder ist. Kafka hat offensichtlich solche paradoxen Abbreviaturen geliebt, weil sie durch ihre Schockwirkung die Bedeutung des Gedankens unterstreichen. Ein bereits erwähntes Beispiel: »sein eigener Stirnknochen verlegt ihm den Weg, an seiner eigenen Stirn schlägt er sich die Stirn blutig« (BK 280). Dieses paradoxe Bild ist eine Abbreviatur für den Gedanken, daß der Mensch als Existierender selbst das Hindernis sowohl für seine Erkenntnismöglichkeiten als auch für sein moralisches Handeln ist. Aus dieser Tatsache leitet Kafka in einem anderen Aphorismus den Beweis – einen cartesianischen Beweis – ab, daß er existiert (BK 280). In diesem Fall dreht sich Kafkas Denken tatsächlich im Kreis, was Kobs von Kafkas Paradoxen im allgemeinen behauptet,[10] aber die Kreisbewegung entspricht in diesem Fall dem Gegenstand des Denkens, der der berühmten Frage analog ist, was zuerst da war, das Ei oder das Huhn.

In der Reihe *Er* findet sich ein Eintrag, in dem Kafka über die Wünsche seiner Jugend nachdenkt (BK 281). Als wichtigster ergab sich damals für ihn der Wunsch, das Leben in seiner Schwere und gleichzeitig »als ein Nichts, als ein Traum, als ein Schweben« zu erkennen. Das vergleicht er dann mit dem Zusammenhämmern eines Tisches, das dem Hämmernden gleichzeitig wie wirkliches Hämmern und wie ein Nichts vorkommt. Es handelt sich also darum, gleichzeitig als Existierender im Leben und – vielleicht als Künstler – darüber zu stehen. Das ist die Beschreibung eines Wunsches und nicht einer unausweichlichen Situation wie der, gleichzeitig im Paradies und auf der Erde leben zu müssen. Deshalb scheint es möglich, aus der Spannung zwischen den Gegensätzen etwas zu gewinnen, nämlich aus dem Leben im Geistigen, dem Nichts, die Kraft zu noch kühnerem, wirklichem Hämmern, d. h. zu intensiverem Leben. In diesem Gleichnis wie in anderen ähnlichen bezeichnet die Spannung zwischen den Gegensätzen, d. h. das Paradox, die Quelle einer geheimen Kraft. Das, und nicht nur der Schock, den das Paradox auslöst, macht es so wirkungsvoll. Noch bevor der Leser es verstanden hat, fühlt er die Intensität, mit der es geladen ist. Wie der Aphorismus schon die Abbreviatur eines längeren Gedankenganges ist, so ist die paradoxe Pointe eine weitere Abbreviatur. Auch diese Tatsache trägt zu dem Gewicht und der Wirkung des Paradoxes bei. Seine Schwerverständlichkeit ist deshalb ein positives, kein negatives Moment. Sie beruht darauf, daß das Paradox sozusagen ein Gedankenkonzentrat ist, und nicht darauf, daß es die Unfaßbarkeit des Unfaßbaren ausdrückt, wie man so gerne glaubt, oder von der Logik abweicht. Im Gegenteil, man könnte geradezu von Kafkas logischen Paradoxen sprechen.

In der Zeit, in der Kafka die Aphorismen niederschrieb, ging er von dem perspektivischen Erzählen, in dem sich seine Erkenntnisskepsis ausdrückt, zum parabolischen Erzählen über, das fest gefaßte Vorstellungen voraussetzt. Um als Grundlage für eine ganze Geschichte dienen zu können, muß ein Gedanke Originalität, eine breite Basis und Konsequenz haben, so daß die auf ihm aufgebaute Geschichte interessieren, eine Bilderwelt entwickeln und eine Richtung haben kann. Die meisten Gedanken, die Kafkas Geschichten zugrunde liegen, weisen diese Merkmale auf; von 1917 an haben sie zudem häufig paradoxen Charakter. So verfällt in dem *Schweigen der Sirenen* Odysseus, indem er der Verführung der Sirenen durch ihren Gesang zu entgehen glaubt, einer schlimmeren Verführung durch ihr Schweigen, nämlich einer »alles fortreißenden Überhebung« (BK 97). Kafka stellt die Sage weder auf den Kopf, noch lenkt er von ihr ab, wie man behauptet hat, sondern er gibt gewissermaßen der Schraube der Verführung eine weitere Drehung: die Verführung betrifft nicht mehr das äußere Schicksal des Odysseus wie in der Sage, sondern den inneren Menschen. Deshalb kann sie auf den Menschen schlechthin bezogen werden. So wird die Sage zur Parabel, und das Problem der Verführung wird vertieft. In dem kurzen Stück *Auf der Galerie* stellt Kafka die Wahrheit als unwirklich, den Schein dagegen als wirklich dar. Auf die Wahrheit reagiert der Zuschauer durch die Tat, auf den Schein dagegen, dem gegenüber er hilflos ist, nur durch sein Weinen. Wir haben es hier mit zwei Paradoxen zu tun, die chiastisch miteinander verbunden sind, und nicht mit einem sich im Kreise drehenden Paradox, wie Kobs meint.[11] Kafka hat einen eindeutigen Gedanken in ein eindeutiges Bild gekleidet, nicht in die Leere der Sinnlosigkeit entlassen.

Ein Hungerkünstler, vielleicht Kafkas beste Erzählung, ist völlig auf dem Paradox des vom Hungern-Lebens aufgebaut. Das ist, wie das Sich-an-den-Haaren-aus-dem-Sumpf-Ziehen, nur in der geistigen Welt möglich; in der wirklichen Welt wird es zur Kunst pervertiert. Das Paradox trägt die ganze Geschichte, bis am Ende die Gegensätze, die in ihm zusammengehalten sind, auseinanderfallen zum bloßen Hungern und zum bloßen Leben. Erzählungen wie *Ein Hungerkünstler*, *Schakale und Araber* und *Der Bau* verdanken ihre Vollkommenheit nicht nur ihrer großartig gewählten Bilderwelt, sondern auch dem ihnen zugrunde liegenden Gedanken und dessen Zuspitzung zum Paradox. In *Schakale und Araber* ist es das Paradox, daß die Reinlichkeitsfanatiker den Schmutz nicht aus der Welt schaffen können, weil sie ihn nicht berühren wollen; im *Bau* das Paradox, das Kafka in seinen Notizen als »meine Gefängniszelle – meine Festung« formuliert hat, nur daß man den Ausspruch hier umkehren muß zu »meine Festung (mein Bau) – meine Gefängniszelle«. Das Gefühl der Sicherheit und Ruhe innerhalb des Baus schlägt um in die Angst des Gefangenen.

Im September 1917 hat Kafka sich in die Einsamkeit von Zürau zurückgezogen, um sich, nachdem bei ihm Tuberkulose festgestellt worden war, auf sich selbst zu besinnen. Der Tod, mit dem er früher in Selbstmordgedanken gespielt und den er als Strafe und Sühne ersehnt hatte, stand nun tatsächlich vor ihm. Wie Brod berichtet,[12] suchte

Kafka die Einsamkeit, »um sich über die letzten Dinge klar zu werden«, d. h. über den Übergang vom Diesseits zum Jenseits. Da für ihn das Jenseits nicht etwas war, das dem Diesseits folgt (als ewig kann es mit dem Diesseits nicht in zeitlicher Berührung stehen, H 94), versuchte er, das Ewige oder Unzerstörbare in diesem Leben zu finden. Seine Gedanken über diese Dinge hat er zwischen dem Herbst 1917 und dem Frühjahr 1918 in das dritte und vierte Oktavheft eingetragen. Später, wahrscheinlich im Jahre 1920, hat er eine Auswahl aus diesen Aphorismen zusammengestellt, die Brod unter dem Titel *Betrachtungen über Sünde, Leid, Hoffnung und den wahren Weg* veröffentlicht hat. Gelegentlich hat Kafka seine Gedanken in Metaphern gekleidet, die er der Bibel, dem Mythus oder der Sage entlehnte, aber leicht veränderte. Das als Entstellung zu bezeichnen, wird der Sache nicht gerecht, denn die Abweichung von dem ursprünglichen Bild hat ihren Grund entweder darin, daß Kafka das übernommene Problem weiter (im Fall der Sirenen) oder in einer anderen Richtung (die Vertreibung aus dem Paradies) durchdacht hat oder daß er einen ganz anderen Gedanken im Sinn hatte, den er durch ein übernommenes Bild ausgedrückt hat (in dem Aphorismus über den archimedischen Punkt). In keinem Fall handelt es sich um ein Spiel mit Metaphern, sondern um den Versuch, einen neuen Gedanken durch ein bekanntes Bild auszudrücken und durch Veränderung des Bildes auf die Neuartigkeit des Gedankens aufmerksam zu machen.

Dem eschatologischen Anliegen gemäß handeln die *Betrachtungen* hauptsächlich von der Beziehung des Zeitlichen zum Ewigen, der sinnlichen zur geistigen Welt, des Erdenbürgers zum Himmelsbürger, des Leidens zur Seligkeit, der Lüge zur Wahrheit, des Bösen zum Guten. In den *Betrachtungen* wird deutlich, was für Kafkas Denken überhaupt kennzeichnend ist, nämlich daß er Gegensätze postuliert, die eine positive und eine negative Seite darstellen. Die positive Seite kann nach Kafka nur durch die negative, *e contrario*, wie Luther sagte, erkannt werden. Wie Luther die Macht Gottes nur an der menschlichen Schwäche, an dem Leiden des Menschen und an dem Kreuz zu erkennen glaubte, so behauptet Kafka, daß wir von der Wahrheit nur durch die Lüge (H 48) und von dem Guten nur durch das Böse (H 84) wissen, denn die Wahrheit und das Gute sind unteilbar und können sich nicht ihrer selbst bewußt werden. Auch die Seligkeit wird erst durch ihren Gegensatz, das Leiden, erfahren. Kafka geht deshalb so weit, daß er Leiden und Seligkeit gleichsetzt (H 50). Hier muß man an den 65.

Aphorismus erinnern, nach dem der Mensch gleichzeitig im Paradies und aus ihm vertrieben ist. Da er von der Seligkeit im Paradies weiß, muß er in der irdischen Welt leiden. Andererseits ist die Tatsache seines Leidens eine Gewähr für den Besitz der Seligkeit – nicht eine Prüfung oder Vorbereitung für zukünftige Seligkeit, wie das Leiden gewöhnlich aufgefaßt wird. Wenn man Kafkas Religiosität verstehen will, muß man auch sie gewissermaßen *e contrario* erfassen. Alle Versuche, in ihm einen positiven Glauben zu entdecken, sind fehlgeschlagen und haben nur zutage gefördert, was der Interpret in das Werk hineingelegt hat. Umgekehrt haben alle Auslegungen, die Kafkas Darstellung der negativen Seite des Lebens als Beweis für seinen Pessimismus oder Nihilismus anführen, nicht erkannt, daß gerade die starke Betonung des Negativen das Gegenbild des Positiven hervorruft.

Das Denken in Gegensätzen und der Versuch, das Positive durch sein negatives Gegenstück auszudrücken, äußern sich in den Aphorismen in der Form paradoxer Aussagen. In den erzählenden Werken ist immer nur die negative Seite dargestellt, Schuld, Lüge und Leiden, aber diese sind so stark beleuchtet, daß vor dem inneren Auge des Lesers zugleich ihr Gegenteil erscheint. Die Heimat, die Karl Roßmann sucht, die Autorität, die hinter Georgs Vater steht, das Gericht im *Prozeß*, das Gesetz in der Türhüterlegende, das Schloß treten niemals in Erscheinung. Sie sind kein Teil von Kafkas Bilderwelt, aber ihre unsichtbare Gegenwart genügt, um die Kluft zwischen ihnen und der dargestellten Welt mitsamt dem Helden fühlen zu lassen. Auf diese Kluft kommt es an. Sie ist unüberbrückbar, es gibt keine Hilfe, keinen Mittler. Der Held ist immer zu schwach oder zu feige, um das Zerstörbare in sich zu zerstören und das Unzerstörbare zu befreien, und von »drüben« wird ihm keine Hand entgegegehalten, sondern nur das Spiegelbild seiner eigenen falschen Bemühungen. Selbst der Tod versöhnt nicht, wenn es nicht der richtige Tod ist. Nur die Sträflinge in der *Strafkolonie* sterben verklärt, weil ihnen an ihrer Strafe die Erkenntnis ihrer Schuld aufgeht. Von der Strafe, die in den Werken bis 1914 eine so wichtige Rolle spielt und eine Möglichkeit der Versöhnung bietet, ist in den späteren Werken nicht mehr die Rede. Der Mensch ist jetzt noch mehr als in den frühen Werken auf sich selbst gestellt. Es gibt keine Macht, nicht Liebe und nicht Gnade, die zwischen ihm und seinem Gegenüber vermitteln könnte, und das Vorhandensein der Erkenntnis mit ihrem eindeutigen Gebot läßt auch die Hoffnung auf eine zukünftige Erlösung nicht aufkommen. Das trennt Kafka radikal vom Christentum, und es trennt ihn ebenso von der idealistischen Philosophie, die eine Identität von innerer und äußerer Welt, Natur und Geist postuliert oder eine dialektische Bewegung annimmt, durch die die Gegensätze in einer Synthese aufgehoben werden. Eine solche Synthese gibt es bei Kafka ebensowenig wie eine Vermittlung.[13]

Wir können hier nicht auf die vielartigen Versuche eingehen, Kafka in eine philosophische oder religiöse Tradition einzuordnen. Da wir von einem existentiellen Moment in Kafkas Denken gesprochen haben, soll jedoch kurz gezeigt werden, daß der philosophische Existentialismus Heideggers und Sartres wenig mit Kafka gemein hat und folglich auch keine Hilfe zum Verständnis seiner Werke bieten kann. Kafka ist von diesem Existentialismus einerseits durch die Tatsache getrennt, daß seine Gedanken in keiner Art von Ontologie oder Phänomenologie verwurzelt sind. Andererseits liegt gerade da, wo die phänomenologische Ontologie aufhört, Grundlage für eine Weiterentwicklung des Systems zu bieten, nämlich in der Ethik, der Schwerpunkt von Kafkas Denken. Die absolute Freiheit, die Heidegger und Sartre postulieren, ist die Freiheit des Daseins, seine existentiellen Möglichkeiten zu verwirklichen[14] oder, wie Heidegger auch sagt, sich selbst zu wählen. Diese Freiheit ist ein völlig leerer Begriff: es gibt kein Kriterium für die Richtigkeit der Wahl. Da, indem die eine Möglichkeit gewählt wird, alle anderen ausgeschlossen werden, entsteht allerdings so etwas wie eine ontologische Schuld. Diese hat aber nichts mit Kafkas Begriff der Freiheit zu tun, die aus der absoluten Freiheit sinnlose Freiheit macht. Die Konsequenzen, die Heidegger und Sartre aus ihren Systemen gezogen haben, unterstreichen den Gegensatz zu Kafka. Heidegger hat sich mehr und mehr auf eine Art Mystik zurückgezogen und das moralische Problem unbeantwortet gelassen, Sartre hat aus der Behauptung der absoluten Freiheit den Sprung in die absolute Autorität eines politischen Systems getan. Keine dieser Lösungen war eine Möglichkeit für Kafka. Er hatte keinerlei politisches Interesse; der Weltkrieg und die ihm folgenden Revolutionen haben ihn nicht berührt. Das Problem der Gerechtigkeit war für ihn wie alle moralischen Probleme eine Frage der individuellen Moral. Von sozialer Ungerechtigkeit sprechen, schien ihm ein »Verdunkelungsmanöver« derer zu sein, die der persönlichen Verpflichtung entgehen wollen.[15] Auch zur Mystik hat Kafkas Denken keine Beziehung. Anstelle des Gefühls der Einheit mit dem Göttlichen, dem Absoluten oder der

Wahrheit kennt Kafka nur das Bewußtsein des Gegensatzes oder der absoluten Ferne. Dieses herrscht in allem Denken vor, dem es in erster Linie um das Moralische geht, auch und gerade dann, wenn das Moralische in das Religiöse übergeht wie bei Kafka oder Kierkegaard. Die unüberbrückbare Entfernung von Gott hat Kafka in seiner Parabel von der *Kaiserlichen Botschaft* dargestellt. Hier ist sie so groß, daß die göttliche Botschaft den Menschen niemals erreicht und er nur von ihr träumen kann. Kierkegaard hat die Kluft zwischen Mensch und Gott durch den Sprung in den Glauben zu überwinden gesucht. Kafka hat ihm, wie er selber sagt, nicht folgen können. Aber er hat, schon bevor er Kierkegaard kannte, den Gegensatz ebenso radikal wie dieser gesehen und ihn in seinen Parabeln auf eine Art ausgedrückt, daß sie eine religiöse Dimension annehmen. Es ist also falsch, seine Paradoxe als Ausdruck für die Unfaßbarkeit eines mystisch Unfaßbaren auszulegen. Sie sind vielmehr Ausdruck des unüberwindbaren Abstandes zwischen Diesseits und Jenseits, sinnlicher und geistiger Welt, der mitten durch den Menschen geht und ihn zu einem dualen Wesen macht. Von der Unfaßbarkeit des Unfaßbaren läßt Kafka in dem Gleichnis *Von den Gleichnissen* die Vielen sprechen, die Gleichnisse als unverständlich ablehnen, weil sie die Forderung, die das Gleichnis an sie stellt, sich und ihre Welt zu transzendieren, »hinüberzugehen«, nicht erfüllen wollen. Diese Vielen sind dieselben – und gleich verhöhnt – wie die »Menge« in Goethes Gedicht *Selige Sehnsucht*; sie sprechen nicht für den Dichter.

Wenn man Kafka mit einem anderen Denker vergleichen will, so muß das in erster Linie Kierkegaard sein. Auf Kafkas Verwandtschaft mit ihm kann hier nur soweit eingegangen werden, als aus ihr deutlich wird, welcher Denkrichtung Kafka zuzuordnen ist. Mit Kierkegaard verbindet ihn hauptsächlich die absolute Trennung von Subjekt und Objekt, Mensch und Gott, die Karl Barth später als Diastase bezeichnete und gegen die herrschende Vermittlungstheologie verkündete. Das Bewußtsein von einem radikalen, irrationalen Widerspruch hinderte weder Kafka noch Kierkegaard daran, ein Argument logisch zu entwickeln, aber es erlaubte ihnen nicht, aus ihm einen widerspruchsfreien, eindeutigen Schluß zu ziehen. An seine Stelle setzten sie den paradoxen Schluß, der den Widerspruch festhält, statt ihn zu beseitigen. Diese Paradoxe sind durchaus verständlich, wenn man weiß, aus welchen Gedanken sie sich herleiten, aber sie sind nicht auflösbar, da ihre Bedeutung eben darin liegt, das Widersprüchliche zum Ausdruck zu bringen. Es ist also weder das Denken selbst, noch die Form, in der es sich ausspricht, was irrational ist, sondern der Gegenstand des Denkens; deshalb sollte man nicht von Kafkas Irrationalismus sprechen.[16] Wer die Prämissen seines Denkens, die der Vergleich mit Kierkegaard deutlich hervortreten läßt, nicht kennt, gelangt zu Fehlurteilen wie dem von Kafkas Unfähigkeit, einen Gedanken konsequent zu verfolgen. Wer sich nicht klar macht, daß es Kafka wie Kierkegaard nicht um eine Wahrheit ging, die ihr Kriterium in der Übereinstimmung mit der Wirklichkeit oder in ihrer logischen Stichhaltigkeit hat, sondern um die subjektive Wahrhaftigkeit der Erkenntnis, kann wie Kobs glauben, daß Kafka die Wahrheit nur in dem mystischen Auslöschen des Bewußtseins gefunden habe.[17]

In der Isolierung von Gott und Welt mußten Kafka wie Kierkegaard den Sinn ihres Lebens in sich selbst finden. Kierkegaard hat ihn im Glauben gefunden, Kafka hat sein Leben lang nach ihm gesucht, nicht nur in seiner Kunst, sondern auch als denkender Mensch. Er ist ihm am nächsten gekommen, wenn er sich als Schuldbewußter dem Gesetz gegenüber sah, so wie Kierkegaard als Verzweifelter zu Gott gefunden hatte. Da der Mensch das Gesetz jedoch nicht erfüllen kann, stößt es ihn mehr in die Verzweiflung zurück, als daß es ihm Halt gibt. Kierkegaard meinte, daß nur der Christ die Kraft habe, die Verzweiflung zu ertragen. Kafka hat sie jedoch auf seine Art ertragen, indem er sich durch sein Schreiben von ihr zu distanzieren suchte. Ähnlich wie für Kierkegaard die Verzweiflung zum Angelpunkt seiner Frömmigkeit wurde, so hat Kafka aus der Erfahrung des Negativen, der Schuld, des Leidens die Ahnung von einem Positiven gewonnen. Beide Denker hielten es deshalb für notwendig, an dem Negativen festzuhalten. Sie glaubten, das einzig Positive, das ihnen gegeben war, die eigene Existenz, zerstören zu müssen, um das Unzerstörbare in sich zu befreien. Das Motto aus Plutarch, das Kierkegaard seinen *Stadien auf dem Lebensweg* voranstellte, hätte auch Kafka wählen können:

Perissem, nisi perissem.

In Kafkas Sprache hätte das geheißen: Ich würde mich zerstören, wenn ich mich nicht zerstörte, d. h. ich würde das Ewige in mir zerstören, wenn ich das Zeitliche nicht zerstörte. Nur ein Mensch, der das Problem seiner geistigen Lebensmöglichkeit bis an die Grenze der Vernunft durchdacht hat, und nicht einer, der es niemals mit der Vernunft versucht hat, kann Paradoxe wie dieses finden.

Anmerkungen

1 Kafka, Briefe an Felice, hg. v. Max Brod, Frankfurt/M. 1967, S. 400.

2 Vgl. Klaus Wagenbach, Franz Kafka. Eine Biographie seiner Jugend, Bern 1958, S. 61.

3 Vgl. Max Brod, Franz Kafka. Eine Biographie, Frankfurt/M. ³1954, S. 69.

4 Vgl. Wagenbach, Kafka, S. 174 f.

5 Hartmut Binder, Kafka in neuer Sicht, Stuttgart 1976, S. 8, 12.

6 Für Verweise auf Kafkas Werke werden im Text die folgenden Siglen benutzt: E = *Erzählungen*, Schocken Books New York, Dritte Ausgabe, o. J.; H = *Hochzeitsvorbereitungen auf dem Lande,* Frankfurt/M. (1. bis 6. Tausend) o. J.; P = *Der Prozeß*, Frankfurt/M. 1953; BK = *Beschreibung eines Kampfes*, Schocken Books New York, Zweite Ausgabe, o. J.; T = *Tagebücher*, Frankfurt/M. 1954.

7 Jürgen Kobs, Kafka. Untersuchungen zu Bewußtsein und Sprache seiner Gestalten, Bad Homburg 1970. Kobs behauptet, daß Kafkas Werk sich hermetisch gegen jede Deutung verschließt, einerseits weil das einperspektivische Erzählen die Wirklichkeit nicht objektiv erfaßt, sondern nur subjektiv reflektiert, andererseits weil das reflektierende Bewußtsein bloße Möglichkeiten entwirft und sich im Kreise bewegt, in einem »paradoxen Zirkel«. Diese Kreisbewegung sieht Kobs besonders in den beiden Stücken *Die Bäume* und *Auf der Galerie* ausgeprägt (S. 19, S. 83 f.).

8 Es erübrigt sich, Namen zu nennen. Dieses Bild von Kafka durchzieht die Sekundärliteratur von Brod über Beißner bis zu Hartmut Binder.

9 Gerhard Neumann, Umkehrung und Ablenkung: Franz Kafkas »Gleitendes Paradox«, in: Deutsche Vierteljahrsschrift, Sonderheft 1968, S. 702–744.

10 Siehe oben Anm. 7.

11 Kobs, Kafka, S. 83 ff.

12 Brod, Kafka, S. 147.

13 Wilhelm Emrich, Franz Kafka, Frankfurt/M. 1960. In dem Versuch, Kafka in die Tradition der deutschen Klassik einzureihen, schreibt Emrich ihm die Vollziehung von Synthesen zu, vor allem im *Schloß*. Wenn er diese Synthesen als »paradoxe Synthesen« (S. 101) bezeichnet, gibt er jedoch den Wert und den Sinn des Begriffs auf.

14 Martin Heidegger, Sein und Zeit, Tübingen 1963, S. 285.

15 Gustav Janouch, Gespräche mit Kafka, Erweiterte Ausgabe, Frankfurt/M. 1968, S. 144.

16 Wie noch Binder, Kafka in neuer Sicht, S. 14, 25.

17 Während Einsinnigkeit des Erzählens und paradoxer Zirkel – beide vom Bewußtsein dirigiert – keine Wahrheit vermitteln, erschließt sich nach Kobs im Auslöschen des Bewußtseins, dem »reinen Ausdruck« (z. B. in einer Geste), die »Wirklichkeit des Grundes«. Als wichtigstes Beispiel nennt Kobs das unbewußte Weinen des Galeriebesuchers in *Auf der Galerie* (Kobs, Kafka, S. 95 f.).

CLAUDE DAVID

KAFKA UND DIE GESCHICHTE

Am 2. August 1914 notierte Kafka in sein Tagebuch: »Deutschland hat Rußland den Krieg erklärt«. Zwei Tage davor, am 31. Juli, hatte es schon geheißen: »Es ist allgemeine Mobilisierung«. Aber diese knappe Notiz ist nur ein Anlaß für private Betrachtungen: »K. und P. sind einberufen. Jetzt bekomme ich den Lohn des Alleinseins«. Einige Tage später sieht er in Prag die Artillerie über den Graben ziehen; ein patriotischer Umzug wird veranstaltet; dem geliebten Monarchen wird Vivat gerufen. Kafka schreibt: »Ich stehe dabei mit meinem bösen Blick. Diese Umzüge sind eine der widerlichsten Begleiterscheinungen des Krieges«.[1] Es verstreichen einige Wochen, dann werden am 4. November einige Kriegsanekdoten erzählt: wie einer zum Beispiel einen Maulwurf im Schützengraben erblickt, den er für ein göttliches Zeichen ansieht, von dort wegzurücken, und wie tatsächlich einen Augenblick später ein Schuß einen Soldaten trifft, der sich über dem Maulwurf befand; oder wie Soldaten zur Strafe an einen Baum festgebunden werden. Einige Tage später erwähnt das Tagebuch, daß alte Wäsche und Kleidung an die galizischen Flüchtlinge verteilt werden. Dann verschwindet jede Anspielung auf den Krieg: höchstens wird im Oktober 1917 erzählt, wie ein 18jähriger Junge, der am folgenden Tag einrücken soll, nach Zürau kommt, um sich von Kafka und seiner Schwester zu verabschieden. Einen Monat später träumt der Dichter von der Schlacht am Tagliamento. Am 4. Dezember 1917 findet man die bündige Aufzeichnung: »Waffenstillstand mit Rußland«, am 11. Februar 1918: »Friede Rußland«. Der Tod Kaiser Franz Josefs, die Niederlage Österreichs, die Gründung der tschechoslowakischen Republik werden mit keinem Wort erwähnt. Das historische Geschehen geht gleichsam an Kafka vorbei, ohne ihn im geringsten zu fesseln; nur wenn es in das gewohnte tägliche Leben eingreift, wird es eines Blickes gewürdigt; sonst bleibt es im besten Falle Anlaß zu pikanten Anekdoten.

Der Dichter, von dem man immer wieder behauptet, daß er wie kein anderer den Geist seiner Zeit ausgedrückt hat, hat sich um diese Zeit kaum gekümmert. Es kann sein, daß ihm, wie man erzählt, die sozialen Probleme nicht fremd waren; in seinem Werk haben diese Probleme jedoch keine, in seinen Briefen und Aufzeichnungen kaum eine Spur hinterlassen. Alle seine Erzählungen spielen sich in der Gegenwart ab, wenn sich auch die meisten des Präteritums bedienen. Nun enthält aber dieses Tempus keine Beziehung auf eine konkrete, historisch bestimmte Wirklichkeit.

In einem anderen Sinne aber ist die geschichtliche Dimension aus dem Werk Franz Kafkas nicht wegzudenken. Das Leiden der dargestellten Personen, ihr Leiden an der Welt, die Hindernisse, die ihnen im Leben begegnen, sind von der historischen Situation nicht zu trennen. Wenigstens einige dieser Personen sind sich dessen bewußt und versuchen, sich darüber Klarheit zu verschaffen. Die konkrete Geschichte ist im Werk und im Tagebuch abwesend, ein historischer Mythos hingegen ist in vielen Erzählungen latent vorhanden. Diesen Mythos möchte ich an einigen Beispielen darstellen.

Der erste Text, der in diesem Zusammenhang einfällt, nämlich die Erzählung *Ein Landarzt*, stellt zunächst Probleme der Interpretation. Es ist bekannt, wie die Geschichte endet, wie die Pferde ohne Riemen und Zügel den Arzt und seinen Wagen langsam und endlos durch die Schneewüste schleifen. Der Arzt klagt die Zeit an und macht sie für sein Unglück verantwortlich: »Nackt, dem Froste dieses unglückseligsten Zeitalters ausgesetzt [...] treibe ich alter Mann mich umher. Mein Pelz hängt hinten am Wagen, ich kann ihn aber nicht erreichen, und keiner aus dem beweglichen Gesindel der Patienten rührt den Finger.«[2] Nun haben einige der neueren Interpreten dieses Textes die Meinung vertreten, daß es verfehlt wäre, den Erzähler mit dem Helden zu identifizieren. Letzterer ist eine ziemlich erbärmliche Kreatur, die zwischen Beruf und Privatleben ewig unentschlossen hin- und herpendelt, die den jungen Kranken nur verdrießlich und gelangweilt untersucht, ihn mit billigem Trost abspeist. Wenn er sein Zeitalter anklagt, sagen diese Interpreten, darf man ihn nicht beim Wort nehmen. Statt seine eigene Schwäche zu bekennen, sucht er eine Ausrede und schiebt seine eigenen Fehler auf die Zeit. Was würde aber von der Geschichte bleiben, wenn man die Wunde, die der junge Kranke an der Hüfte trägt, nicht als ein Übel der gegenwärtigen Zeit verstünde? So versteht sie der Landarzt, wie er auch seine eigene Ohnmacht als ein Zeichen der Zeit deutet: »Immer das Unmögliche vom Arzt verlangen. Den alten Glauben haben sie verloren; der Pfarrer sitzt zu Hause und zerzupft die Meßgewänder, eines nach dem andern; aber der Arzt soll alles leisten mit seiner zarten chirurgischen Hand. Nun, wie es beliebt: ich habe mich nicht angeboten; verbraucht ihr mich zu heiligen Zwecken, lasse ich auch das mit mir geschehen.«[3] Wem dieses Bekenntnis des Landarztes zu einfach erscheint, wem diese Auffassung, die den Arzt – oder den Schriftsteller – als den Nachfolger des Pfarrers betrachtet und die Situation der Zeit auf den Verlust des alten Glaubens zurückführt, nicht genehm ist, dem muß man raten, eine Tagebuchaufzeichnung wieder zu lesen, in der Kafka diesmal im eigenen Namen spricht und in der beinahe dieselben Bilder wie im *Landarzt* vorkommen. Ich meine die bekannte Stelle, wo Kafka seine Stellung zwischen Christentum und Judentum beschreibt. Sie befindet sich im sogenannten »vierten Oktavheft«; sie ist am 25. Februar 1918 – einige Monate also nach der Niederschrift des *Landarztes* – verfaßt worden: »Es ist nicht Trägheit, böser Wille, Ungeschicklichkeit – wenn auch von alledem etwas dabei ist, weil ›das Ungeziefer aus dem Nichts geboren wird‹ – welche mir alles mißlingen oder nicht einmal mißlingen lassen: Familienleben, Freundschaft, Ehe, Beruf, Literatur, sondern es ist der Mangel des Bodens, der Luft, des Gebotes. Diese zu schaffen ist meine Aufgabe, nicht damit ich dann das Versäumte etwa nachholen kann, sondern damit ich nichts versäumt habe, denn die Aufgabe ist so gut wie eine andere«. Und weiter: »Mit der allgemeinen menschlichen Schwäche – in dieser Hinsicht ist es eine riesenhafte Kraft – habe ich das Negative meiner Zeit, die mir ja sehr nahe ist, die ich nie zu bekämpfen, sondern gewissermaßen zu vertreten das Recht habe, kräftig aufgenommen. [...] Ich bin nicht von der allerdings schon schwer sinkenden Hand des Christentums ins Leben geführt worden wie Kierkegaard und habe nicht den letzten Zipfel des davonfliegenden jüdischen Gebetmantels noch gefangen wie die Zionisten. Ich bin Ende oder Anfang.« Diese Stelle ist früher öfters zitiert worden, ist aber seit einiger Zeit wieder in Vergessenheit geraten. In diesem Selbstbildnis des Verfassers ist, glaube ich, die Ähnlichkeit mit dem Bild des Landarztes kaum zu verkennen. Seine Kraft schöpft er nur aus der allgemeinen menschlichen und aus seiner persönlichen Schwäche. Wie der Landarzt läßt er sich zu heiligen Zwecken verbrauchen, indem er Boden, Luft und Gebot zu schaffen als seine Aufgabe betrachtet. Er hat kaum den Glauben, dieser unmöglichen Aufgabe jemals genügen zu können, er will nur, wie der Mann vom Lande in der Parabel des Türhüters, »nichts versäumt haben«. Und doch besteht im Hintergrund immer noch eine Hoffnung: »so wie man beim Ersteigen einer luftdünnen Höhe plötzlich in den Schein der fernen Sonne treten kann.«[4] Diese Aufgabe, heißt es auch in der autobiographischen Aufzeichnung, ist nicht neu, »sie ist gewiß schon oft gestellt worden. Ob allerdings in solchem Ausmaß, weiß ich nicht.« Und zwar deshalb, weil wir in einer Zeit des Übergangs leben, wo der Schein der fernen Sonne noch nicht sichtbar geworden ist, wo ein Positives also kaum zu greifen ist, wo wir nur Mangel, Abwesenheit, Leere, höchstens Erwarten und Hoffnung feststellen können. Das Fragment endet mit einer bei Kafka ungewöhnlichen Zuversicht: »Ich bin Ende oder Anfang«.

Eine ähnliche Zuversicht, eine ähnliche Auffassung der Aufgabe des heutigen Dichters erscheinen in dem schönen Prosagedicht, das von den Herausgebern den Titel *Nachts* erhalten hat: während das Volk »unter kaltem Himmel auf kalter Erde, [...] die Stirn auf den Arm gedrückt, [...] ruhig atmend« schläft, wacht einer in der Nacht: »Und du wachst, bist einer der Wächter, findest den nächsten durch Schwenken des brennenden Holzes aus dem Reisighaufen neben dir. Warum wachst du? Einer muß wachen, heißt es. Einer muß da sein.«[5] Die Verwandtschaft mit Hölderlin kann hier, glaube ich, kaum verkannt werden. Allerdings wird einige Tage später diese Zuversicht zerstört: Kafka, der wahrscheinlich seinen Text wieder gelesen hat, ironisiert diese Sendung des Dichters und vermerkt in seinem Tagebuch: »Ein Wächter! Ein Wächter! was bewachst du? Wer hat dich angestellt? Nur um eines, um den Ekel vor dir selbst bist du reicher als die Mauerassel, die unter dem alten Stein liegt und wacht.«[6]

Die Idee, daß wir an einer Zeitwende stehen, erscheint sehr früh im Werke Kafkas. Schon im *Verschollenen*, in der Beschreibung des Landhauses in der New Yorker Umgebung finden sich einige Einzelheiten, die für die Entwicklung der Geschichte nicht unbedingt notwendig scheinen: einer der Diener in diesem Hause trägt einen langen schneeweißen Bart – bei seinem Anblick denkt Karl Roßmann, daß es sich um einen sehr treuen Diener handeln muß, da man ihm erlaubt, einen solchen Bart zu tragen. In diesem reichen Landhaus gibt es noch kein elektrisches Licht und man muß sich mit Kerzen behelfen. Das ganze Haus ist im Umbau begriffen; ganze Teile des ehemaligen Gebäudes werden vermauert, zum Beispiel eine alte Kapelle, um derentwillen früher das Haus gekauft worden war, für die sich aber niemand mehr interessiert. Die Arbeit geht langsam voran, und solange sie nicht beendet ist, zieht es überall in den riesigen Gängen. Das Haus gehört dem gutmütigen, sentimentalen, altmodischen Pollunder, der aus einem Roman von Dickens entnommen zu sein scheint; aber der Kauf ist seinerzeit nicht von ihm, sondern von Mack, dem Bräutigam der Tochter, einem sportlichen, gesunden, entschiedenen, im ganzen nicht unsympathischen, aber völlig geistlosen jungen Mann, der die Familie Pollunder unumschränkt beherrscht, beschlossen worden. Die amerikanische Technik hat sich noch nicht durchgesetzt – es handelt sich um die Zeit kurz vor dem Ersten Weltkrieg –, aber bald wird ihr Sieg endgültig sein. Die Welt, die dann entsteht, wird wahrscheinlich durchaus bewohnbar sein: als Karl Roßmann am Ende des für ihn verhängnisvollen Abends Mack und Klara auf einem Zimmer entdeckt, wundert er sich, daß es in diesem Haus so bequeme Räume gibt. Bald, wie Karl von Mack erfährt, wird die ganze Wohnung nach neuen Plänen eingerichtet und diesem Zimmer ähnlich sein, d. h. ohne unnötigen Luxus, aber allen Bedürfnissen des täglichen Lebens entsprechen. Wer in dieser künftigen Welt lebt, ohne Erinnerung an die frühere Zeit und ohne Heimweh, wird sicher sorgenlos und glücklich leben können. Weh dem aber, der zwischen den Zeiten geboren ist; wenn in den langen Gängen der Luftzug seine Kerze ausbläst, wird er von Angst ergriffen.

Die neue Zeit ist sachlicher, zweckmäßiger, die alte war kräftiger. Aus dem Bucephalus ist ein Rechtsgelehrter geworden. Die neue Zeit ist nicht menschlicher als die alte: »zu morden verstehen [noch] manche, und an Geschicklichkeit, über den Bankettisch hinweg den Freund zu treffen, fehlt es nicht.«[7] Ja, die Welt ist den Menschen so eng geworden, daß sie im Unfrieden leben, daß die Familienverhältnisse zerrüttet sind, daß manche sich am Heiligsten vergehen und den Vater verfluchen. Früher freilich war das gelobte Land nicht erreichbarer als heute, aber durch das Königsschwert war wenigstens eine Richtung bezeichnet. Heute vergeudet sich die Gewalt nutz- und sinnlos; mit dem Schwert weiß man nur zu fuchteln, alle Wege gleichzeitig bezeichnend, so daß der Blick sich verwirrt. Was bleibt dem alten Streitroß übrig, als sich in die Einsamkeit des Studierzimmers zurückzuziehen und sich dort mit den Büchern der Vergangenheit abzugeben? Im Gesetzbuch ist wenigstens noch ein schwacher Abglanz des Alten enthalten, in der gesetzlosen Zeit ein Trost und eine Stütze.

Die in der kurzen Erzählung *Der neue Advokat* angedeuteten Themen waren schon in der *Strafkolonie* ausführlicher behandelt worden. Auch hier geht es um eine Gegenüberstellung des Alten und des Neuen, verkörpert in den fast allegorischen Gestalten des alten und des neuen Kommandanten. Diese Zeitwende ist selbstverständlich mit der in dem amerikanischen Roman dargestellten nicht ganz identisch; dennoch besteht zwischen den beiden gewiß eine Beziehung. Auf der einen Seite eine theozentrische Zeit mit unerschütterlichen Glaubenssätzen, eine Lebensform, die nicht an den Verstand appellierte, aber wo jeder, selbst in der Revolte, innerhalb eines von jedem gekannten Gesetzes blieb, das von keinem in Frage gestellt werden konnte; ein hartes, unerbittliches Leben, in welchem aber Richter, Verurteilter und Henker eine unzerstörbare Einheit, eine Gesellschaft bildeten, wo Leiden und Tod noch einen Sinn hatten. Auf der anderen Seite eine von Humanitätsgefühlen verweichlichte Welt, in welcher die Damen der guten Gesellschaft die Verurteilten mit Zuckerwerk füttern, während diese sich bis dahin nur von stinkenden Fischen genährt hatten. In der aufgeklärten Gesellschaft herrschen nur noch Gier, Neid und Schmutz; der Verurteilte selber ist von Ekel erfüllt und erbricht sich. Seit langer Zeit schon ist die allgemeine Überzeugung, die früher der Foltermaschine ihre Macht und ihren Sinn gegeben hatte, verloren gegangen; doch konnte die Maschine eine Zeitlang noch weiter arbeiten und »für sich wirken«. In der Erzählung geht sie vor unseren Augen auseinander; die gewohnte Verklärung des Sterbenden findet nicht mehr statt. Was nun beginnt, ist das Reich der Schlange, der großen Madam. Und wir, die Steinzerklopfer, die wir alles zu Staub zerklopfen, sind die Wegbereiter.

Nichts scheint auf den ersten Blick eindeutiger als diese Geschichte. Und doch ist sie weder ein Lob der guten alten Zeit noch eine romantische Klage über den Verlust der Mitte noch eine ästhetisierende Verklärung der schönen Grausamkeit mit antidemokratischem Akzent, wie z. B. in Stefan Georges Vierzeiler des *Siebenten Rings* über die Rückkehr der Jesuiten nach Deutschland:

> Kehrt wieder kluge und gewandte väter!
> Auch euer gift und dolch ist bessre Sitte
> Als die der gleichheit – lobenden verräter.
> Kein schlimmrer feind der völker als DIE mitte!

Um die Demokratie hat sich Kafka niemals gekümmert, und die Grausamkeit der früheren Zeit ist nicht schön, die alte Zeit nicht gut gewesen. Wenn man den Reisenden fragt, ob er sich nicht für die Foltermaschine und die Tradition des alten Kommandanten einsetzen will, befindet er sich in einer Situation, die bei Kafka öfters vorkommt: er hat zwischen zwei Möglichkeiten die Wahl, keine von den beiden kann ihn befriedigen, und dennoch muß er wählen. Er wird selbstverständlich durch diese Wahl den Lauf der Welt nicht ändern. Aber er muß wählen, als ob tatsächlich alles von seiner Entscheidung abhinge. Der Reisende findet sich zwischen Grausen und Ekel eingeklemmt; weder die Foltermaschine noch die schmutzige Lässigkeit, die sie ersetzen soll, können ihm gefallen; dennoch zaudert er keinen Augenblick: »die Antwort, die er zu geben hatte, war für den Reisenden von allem Anfang an zweifellos«, heißt es im Text. »Ich bin«, sagt der Reisende zum Offizier, »ein Gegner dieses Verfahrens [...]; noch ehe Sie mich ins Vertrauen zogen, [...] habe ich schon überlegt, ob ich berechtigt wäre, gegen dieses Verfahren einzuschreiten«.[8] Auch der Reisende gehört zu den neuen Zeiten; vor der Foltermaschine empfindet auch er nur noch Entsetzen und Abscheu. Eine Restauration des Alten wäre sinnlos, sie ist weder denkbar noch erwünscht. Mit Scheinreligionen und privaten Kulten kann man sich nicht mehr wie die frühere Generation abfinden. Die Zeit kann nicht rückgängig gemacht werden. Schon der bloße Ablauf der Jahre hat vor dem kaiserlichen Palast den Bodensatz immer höher geschüttet, den Zugang zur Mitte der Welt immer schwieriger gemacht. Je älter die Menschheit wird, desto weniger kann mit dem fernen Kaiser eine Verbindung aufrechterhalten bleiben. Schon die Erdenschwere würde genügen, um die immer zunehmende Trägheit, die immer enger werdende Verkapselung der Menschheit zu erklären. Die Geschichte geht aber bei Kafka keinen regelmäßigen Gang; es gibt auch innerhalb des Geschehens mehr oder weniger plötzliche Wenden. Wann diese stattgefunden haben, wird selten gesagt. Sie reichen sicher weit in die Vergangenheit zurück. Nur einmal hat Kafka ein bestimmtes Datum genannt: in einem der Gracchus-Fragmente[9] heißt es, daß dieser Gracchus im 4. Jahrhundert gejagt hat, im 4. Jahrhundert im Schwarzwald gestürzt ist. Er ist gestürzt und war tot. Als ein halber Toter spukt er seitdem durch die Welt.

Es hat keine Zeit gegeben, wo das Gesetz verständlich war. Es hat aber eine Zeit gegeben, wo man das Gesetz am eigenen Fleisch erfuhr, wo man sich im Leiden mit dem Gesetz identifizieren konnte. Diese Identifizierung nennt Kafka »Glauben«. Ich erinnere an den Aphorismus: »Glauben heißt: das Unzerstörbare in sich befreien, oder richtiger, sich befreien, oder richtiger: unzerstörbar sein, oder richtiger: sein«.[10]

Seitdem die Götter verkommen sind, seitdem im Schloß nur ein trübsinniger Gast waltet, der viel besser täte, sich überhaupt nicht mehr zu zeigen, leben wir in der großen Zwischenzeit. Diese Zwischenzeit ist nicht auf einmal erschienen; vielleicht haben viele sie nicht einmal wahrgenommen. Erst nach und nach sind die Wirkungen in Erscheinung getreten. Wie aber soll und kann man in der dürftigen Zeit leben? Was kann in der geistlosen Zeit aus dem Geist werden?

Diese Frage wird in mehreren Texten aufgeworfen. Wahrscheinlich muß die Geschichte des Hungerkünstlers auch auf diese Weise verstanden werden. Es hat eine Zeit gegeben, in der man sich für die Rekorde der Hungerkünstler interessierte; dann ist aber ein Umschwung eingetreten, und die Menge hat sich von Schauspielen dieser Art abgewandt. Nun ist der an sich absurde Beruf des Hungerkünstlers ein Bild oder eine Karikatur des geistigen Lebens. Früher gab es für Mönche, Einsiedler, Anachoreten, Asketen jeder Art einen Platz irgendwo abseits von der allgemeinen Gesellschaft. Nach und nach bildet sich gegen das Schauhungern geradezu eine Abneigung. »Zwar war es sicher«, heißt es in der Geschichte, »daß einmal auch für das Hungern wieder die Zeit kommen werde, aber für die Lebenden war das kein Trost«.[11] Wieder befinden wir uns in der Situation des »Nicht mehr« und »Noch nicht«. Heute begeben sich die Zuschauer des Zirkus direkt zu der Menagerie, oder, so heißt es im Text, zu den Ställen, um sich am edlen Körper des Panthers zu weiden. Nur die Kinder haben für den vereinsamten Hungerkünstler noch einen zwar verständnislosen, aber doch wohlwollenden Blick: »in dem Glanz ihrer forschenden Augen [verriet sich] etwas von neuen, kommenden, gnädigeren Zeiten«.[12] Der Hungerkünstler hat kein Publikum mehr. Jetzt aber, nachdem seine Leistungen keiner Kontrolle mehr unterstellt sind, kann er endlich so lange hungern, wie ihm beliebt, so lange, wie er es früher erträumt hatte, »und es gelang ihm«, heißt es in der Geschichte, »ohne Mühe ganz so, wie er es damals vorausgesagt hatte.«[13] Zwar ist der Künstler um seinen Lohn betrogen; aber es sieht so aus, als ob gerade die Zeiten des Materialismus dem asketischen Leben zuträglich wären, wahrscheinlich weil sie die Prüfung verschärfen und den Einzelnen noch tiefer in die Einsamkeit zurückwerfen.

Ich glaube nicht zu irren, wenn ich im *Gruftwächter* ähnliche Themen erkenne. Die Hauptgestalt dieses dramatischen Fragments ist wieder ein Wächter. Dieser aber schaut nicht nach der Zukunft, um die ersten Anzeichen des Neuen zu erspähen: er lebt in der Gruft des

Mausoleums mit den Gespenstern der Vergangenheit. Obwohl kaum sechzigjährig, steht der Gruftwächter mit »Schaum vor dem Mund« und »jämmerlichem Rippenwerk« beinahe am Rand des Grabes. Man hält ihn, wie den Hungerkünstler, für einen verwirrten Greis, der nicht mehr ganz bei Verstand ist. Ich will freilich nicht behaupten, daß Kafka in dieser Gestalt sein eigenes Bild gezeichnet hat; aber in diesem Wächter, der, obwohl er nur Tagdienst haben sollte, jede Nacht mit Gespenstern umgeht, ist doch auch etwas von Kafkas Leben mit enthalten. Der Fürst, der den Wächter nicht kannte, versteht sofort, wenn er ihn sieht, daß dieser ihm »wichtige Auskunft«, nämlich Auskunft von »den seligen Vorfahren« [14] bringen kann. Hier erinnere man sich an die Hofintrige, die Kafka im zweiten Teil seines Textes skizziert hatte, um sie allerdings später zu streichen: es sollte am Hof zwei Parteien geben, die Partei des Prinzen und die der Prinzessin. Der Obersthofmeister, den die Prinzessin von dem fremden Hof mitgebracht hatte, will einen neuen, nur auf den Verstand gegründeten Staat herbeiführen, mit allen gegenwärtigen Machtmitteln das Volk bändigen und die Rechte des Herrschers behaupten. Der Prinz aber sucht in der Vergangenheit nach Verstärkung des Fundaments dieser Rechte, eines Fundaments, heißt es im Text, »das etwa für den Babylonischen Turm ausreichen« [15] könnte. Bei dieser Suche nach den Fundamenten der Macht, beim Umgang mit den Figuren der Vergangenheit, hat der Prinz im alten Wächter einen Verbündeten erkannt. Dieser ist tatsächlich derjenige, der pietätvoll über die Vergangenheit Wache hält, er ist die Verkörperung des geistigen Lebens, das in der neuen Zeit, wenn der Obersthofmeister den Sieg davontragen sollte, sehr gefährdet sein würde. Auch der alte Kammerherr mit seinem weißen Vollbart, in ein enges Jackett gezwängt, erinnert an den alten Diener im Haus Pollunder, auch er ist ein Zeuge und Überlebender einer bedrohten Zeit. Am Ende kniet der Prinz vor der Bahre, auf welche der schwerkranke Wächter gelegt worden ist, nieder. Aber für solche Wächter, für solche Maulwürfe, die, wie der Obersthofmeister sagt, »lange Gänge bauen, ehe sie hervorkommen« [16] und langsam den Boden unterminieren, gibt es keine Zukunft. Die letzten Worte des Fragments, in seiner ersten Fassung, lauten: »Ich weiß, es wird trüber und trüber. Es ist diesmal ein über alle Maßen trauriger Herbst.« [17]

Eine ähnliche Situation finden wir acht Jahre später in der Geschichte der Josefine. Auch dort wird eine Endzeit dargestellt, in welcher das, was früher möglich war, unmöglich geworden ist. Das Volk der Mäuse ist heute unmusikalisch. In der Vergangenheit war das anders. Es sind aus dieser Zeit sogar Lieder erhalten, aber niemand weiß sie jetzt zu singen. Von diesen alten Zeiten, als es noch Gesang gab, erzählen nur noch einige Sagen. Dank dieser Überlieferung versteht man jedoch oder ahnt man wenigstens, was die Musik bedeuten kann. Das Volk der Mäuse ist aber nicht mehr in der Lage, eine solche Musik zu spielen, nicht einmal sie zu genießen. Dazu sind die Gefahren, in denen es zu leben hat, zu groß. Statt der alten verlorenen Begabung hat sich eine gewisse praktische Schlauheit entwickelt, die über alles andere hinwegzutrösten vermag. Ähnlich wird in der *Chinesischen Mauer* erzählt, daß über den fernen Kaiser nur noch schöne Legenden umgehen, daß aber der »das ganze Jahr so abwechslungsreich und schön erfüllende Dienst«[18] meist nur den Feldgottheiten gilt. Die Bauern der südlichen Provinzen sind wie Stadtfremde und Zu-spätgekommene: von dem, was in der fernen Hauptstadt geschieht, können sie nichts erfahren. Für das Volk der Mäuse ist die Kunst der Musik nur noch eine blasse Erinnerung an sehr ferne Zeiten: »Wir sind zu alt für Musik«, heißt es, »ihre Erregung, ihr Aufschwung paßt nicht für unsere Schwere, müde winken wir ihr ab«.[19] Es kann sein, daß früher der Gesang Helden erstehen ließ und der Nation die nötige Kraft verlieh. Heute kann nur Josefine in ihrer unmäßigen Eitelkeit glauben, daß sie mit ihrem Gesang das Volk beschützt. Vielmehr geschieht öfters das Gegenteil; es kommt vor, daß der Feind in den Konzertsaal einbricht, in dem sich das Volk um Josefine geschart hat.

Obwohl das Volk der Mäuse unmusikalisch geworden ist, hat sich bei ihm doch etwas erhalten, das der Kunst ähnlich sieht. Selbst Josefinens schlimmste Feinde müssen erkennen, daß sie ihre Konzerte nicht entbehren könnten. Ihre Wirkung ist gewiß nicht die, die sie von ihrer Musik erhofft. Aber das Volk braucht ihre Konzerte und liebt Josefine auf seine Weise. Diese ihm kaum verständliche Musik übt auf das Volk fast dieselben Wirkungen aus wie die Kunst der besseren Zeit; sie macht es einen Augenblick frei von den Fesseln des täglichen Lebens; die feierliche Stille, die den Gesang Josefinens umgibt, bewirkt selbst bei den Taubsten und Gröbsten etwas, das mit Andacht verwandt ist. Es ist, sagt der Erzähler, »als tränken wir noch schnell gemeinsam einen Becher des Friedens vor dem Kampf«.[20] Freilich ist nicht jede Kunst zu jeder Zeit möglich: gerade weil sie nicht singt, sondern wie jede andere Maus ganz gewöhnlich pfeift, übt Josefine fast ungewollt diese Wirkungen aus. »Möge Josefine«, heißt es, »beschützt werden vor der Erkenntnis, daß die Tatsache, daß wir ihr zuhören, ein Beweis gegen ihren Gesang ist.« Diese Musik, welche die Eintönigkeit und Unfreiheit des gemeinen Lebens für einen Augenblick unterbricht, ist nur deshalb wirksam, weil sie sich von diesem gemeinen Leben nur wenig unterscheidet. Für heroischen Gesang und für hohe Lyrik kann es in der Spätzeit keinen Platz geben. Etwas Ähnliches war ein Jahr zuvor im Anfang der *Forschungen eines Hundes*, in der Begegnung des Erzählers mit den musizierenden Hunden, angedeutet worden. Der Erzähler empfand die Musik der Hunde als Indezenz, ja sogar als Verstoß gegen das Gesetz. Trotz des Lärms, der immer wieder von ihm Besitz ergreift und ihn fast in die Knie wirft, will er sie vor weiterer Versündigung abhalten: »So alte Hunde«, will er ihnen zurufen, »so alte Hunde!«[21] – Für alte Hunde und für alte Mäuse ist eine Kunst dieser Art nicht mehr erlaubt: nur die bescheidenste, vom Alltag kaum unterscheidbare Prosa, nur der Gesang, der »über die Grenzen des üblichen Pfeifens kaum hinauskommt«,[22] ist noch möglich. Josefine ist gewiß mit Kafka nicht identisch; doch muß Kafka mit dieser Definition der Spätkunst auch an sich selbst gedacht haben.

Aber Josefine wird auch als die Letzte dargestellt. »Mit ihrem Hingang«, heißt es, »wird die Musik – wer weiß wie lange – aus unserem Leben verschwinden«. Ein Wiederaufleben der Musik bleibt also als unbestimmte Möglichkeit in einer fernen Zukunft bestehen. Vorher aber muß Josefine verschwinden und das Volk ihren Verlust überwinden. »Leicht wird es uns ja nicht werden«, heißt es zunächst, dann aber: »War ihr wirkliches Pfeifen nennenswert lauter und lebendiger als die Erinnerung daran sein wird? War es denn noch bei ihren Lebzeiten mehr als eine bloße Erinnerung? [...] Vielleicht werden wir also gar nicht sehr viel entbehren.«[23]

In all den Texten, die hier betrachtet wurden, geschieht eine allmähliche Entfernung von dem Sinn. Die Geschichte scheint in dieser mythischen Auffassung eine zunehmend lähmende Wirkung auszuüben. Wie ist das geschehen? Ist das ein blindes Schicksal, das notwendige Ergebnis des Alterns, das unumgängliche Resultat einer gewissen Schwere des Daseins? Oder ist der Mensch an diesem Geschehen beteiligt? Ist er durch irgendein Vergehen oder einen Irrtum an der Entfernung des Sinnes mitverantwortlich? Beide Antworten finden sich in dem Werk. In der *Kaiserlichen Botschaft*, wie bereits gesagt, heißt es, daß die Residenzstadt, die dritte der Welt, »voll ihres Bodensatzes hochgeschüttet« sei. Jedes Geschlecht muß also seine eigenen Schlakken hinzufügen, den Haufen von Schmutz und Unrat immer höher machen. Durch eine gleichsam mechanische Wirkung wird der Weg immer weniger gangbar, und der kaiserliche Bote wird immer mehr Mühe haben, den fernen Untertan, dem die Botschaft gilt, zu erreichen. Einige Seiten weiter in der *Chinesischen Mauer*[24] wird aber die Frage aufgeworfen, warum die Bewohner der südlichen Provinzen so wenig vom Pekinger Kaiser wissen und warum dieser Kaiser in den fernen Dörfern nur noch eine illusorische Macht ausübt. Der Text gibt auf diese Frage eine doppelte Antwort: Zwar ist diese Situation »in der Hauptsache von der Regierung verschuldet, die im ältesten Reich der Erde bis heute nicht imstande war oder dies über anderem vernachlässigte, die Institution des Kaisertums zu solcher Klarheit auszubilden, daß sie bis an die fernsten Grenzen des Reiches unmittelbar und unablässig wirke.«[25] Dann heißt es aber: »Andererseits liegt doch auch darin eine Schwäche der Vorstellungs- oder Glaubenskraft beim Volke, welches nicht dazu gelangt, das Kaisertum aus der Pekinger Versunkenheit in aller Lebendigkeit und Gegenwärtigkeit an seine Untertanenbrust zu ziehen.«[26]

Dieselbe Frage wird in den *Forschungen eines Hundes* ein neues Mal gestellt, und wieder bekommt man die beiden Antworten zu hören, die aber in dieser späten Erzählung ausführlicher behandelt werden. Zunächst wird die Idee des Fortschritts in Zweifel gezogen. Gewiß gibt es einen Fortschritt der Wissenschaft, »aber was ist daran zu rühmen? Es ist so, als wenn man jemanden deshalb rühmen wollte, weil er mit zunehmenden Jahren älter wird«[27]: ein schließlich nur häßlicher Vorgang, von dem sich der Erzähler wenig beeindruckt fühlt. Er seinerseits sieht nur Verfall. Das soll nicht heißen, daß die älteren Generationen besser gewesen seien als das jetzige Geschlecht. Aber – wir erkennen hier die erste der beiden Antworten – »ihr Gedächtnis war noch nicht so überlastet wie das heutige, es war noch leichter, sie zum Sprechen zu bringen, und wenn es auch niemandem gelungen ist, die Möglichkeit war größer, diese größere Möglichkeit ist ja das, was uns beim Anhören jener alten, doch eigentlich einfältigen Geschichten so erregt. Hie und da hören wir ein andeutendes Wort und möchten fast aufspringen, fühlten wir nicht die Last der Jahrhunderte auf uns.«[28] Aber trotz der Last, die wir Heutigen zu tragen haben – hier fängt die zweite Antwort an –, waren die Vorfahren »viel schlechter und schwächer«, denn sie sind diejenigen gewesen, welche die Schuld begangen haben. Wir sind nur die Erben; uns ist keine Wahl gegeben worden;

aus diesem Grund sind wir auch unschuldiger. Was uns bezeichnet, ist das Vergessen, »das Vergessen eines vor tausend Nächten geträumten und tausendmal vergessenen Traumes. Wer [aber] will uns gerade wegen des tausendsten Vergessens zürnen?« Wie könnte uns dieses Vergessen als Fehler zugerechnet werden, da uns keine andere Möglichkeit belassen war? Die Urväter aber irrten ab: da »das wahre Wort« noch hätte eingreifen können, da »jenes Wort zumindest nahe [war], auf der Zungenspitze schwebte«,[29] haben sie als erste das Vergessen geübt und den folgenden Generationen als Erbstück vermacht. Die Darstellung der Ursünde, die darauf folgt, ist anscheinend nur eine freie Variation über den biblischen Text, verkündet aber in Wirklichkeit eine ganz andere Auffassung. Der Fehler der Urväter hat darin bestanden, daß sie zu früh und unvorsichtig vom Baum des Lebens haben essen wollen. »Sie dachten wohl kaum an ein endloses Irren, sie sahen ja förmlich noch den Kreuzweg, es war leicht, wann immer zurückzukehren, und wenn sie zurückzukehren zögerten, so nur deshalb, weil sie noch eine kurze Zeit sich des Hundelebens freuen wollten, es war noch gar kein eigentümliches Hundeleben und schon schien es ihnen berauschend schön [...].« Sie sind nicht ungehorsam gewesen, sie haben kein Verbot übertreten, kein Vergehen begangen, das nachher hätte gesühnt werden müssen: sie wollten nur das Leben genießen. Der Baum des Lebens ließ sie den Baum der Erkenntnis vor der Zeit vergessen. Sie ahnten nicht, »daß sie, als sie das Hundeleben zu freuen begann, schon eine recht althündische Seele haben mußten und gar nicht mehr so nahe dem Ausgangspunkt waren, wie ihnen schien [...]. Ihr einziger Ehrgeiz war leider darauf gerichtet, alte Hunde zu werden, etwas, was ihnen freilich nicht mißlingen konnte.«[30]

An diesem Vergessen leidet die heutige Generation – die letzte, wie Kafka sie nennt. Dieses Vergessen ist aber nicht mehr rückgängig zu machen. An einer anderen Stelle der *Forschungen eines Hundes* kommt Kafka noch einmal auf dieselbe Frage zurück und benützt die Gelegenheit, um seine eigene Stellung gegenüber der Tradition näher zu bestimmen. Ich halte, schreibt er, unsere Urväter »für schuld an allem, sie haben das Hundeleben verschuldet [...], aber vor ihrem Wissen beuge ich mich, es kam aus Quellen, die wir nicht mehr kennen, deshalb würde ich auch, so sehr es mich gegen sie anzukämpfen drängt, niemals ihre Gesetze geradezu überschreiten, nur durch die Gesetzeslücken, für die ich eine besondere Witterung habe, schwärme ich aus.«[31]

Zum Schluß soll noch eine letzte Erzählung erwähnt werden, in welcher ich ähnliche Gedankengänge zu erkennen glaube: *Das Stadtwappen*. Diese Geschichte handelt vom babylonischen Turmbau. Der Grund, warum der babylonische Turm niemals fertig gebaut wurde, ist gewiß nicht, daß der Himmel den Hochmut der Menschen hat strafen wollen, sondern nur, daß die Ordnung der Baumeister zu groß gewesen ist. Man hat sich Zeit genommen, man hat Arbeiterunterkünfte und Verbindungswege eingerichtet (in der *Strafkolonie* war ähnlich von neuen Hafenbauten die Rede), man hat dem Fortschritt getraut und nicht zu Unrecht gedacht, daß eine folgende Generation die Arbeit schneller und besser würde verrichten können. Inzwischen wurde das Hauptgeschäft vergessen. »Mehr als um den Turmbau kümmerte man sich um den Bau der Arbeiterstadt.«[32] Bis dann schon die zweite oder dritte Generation den Himmelsturmbau als ein sinnloses Unternehmen betrachtete.

Deshalb, heißt es im letzten Satz der kleinen Geschichte, hat die Stadt eine Faust im Wappen. Schon Max Brod hatte darauf aufmerksam gemacht, daß die Stadt Prag eine geballte Faust im Wappen führt. Bei Kafka ist die Faust aber nicht gegen den Himmel geballt: eine Riesenfaust soll, wie die Sagen und Lieder des Volkes prophezeien, am Schicksalstag in fünf kurz aufeinanderfolgenden Schlägen die Stadt zerschmettern. Nach diesem Tag der Zerstörung sehnen sich die Bewohner. Nachdem das Hauptgeschäft vergessen worden ist, ist nur noch für Verzweiflung und für Nihilismus Platz.

Anmerkungen

Die Kafka-Zitate beziehen sich auf die folgenden Ausgaben: *Erzählungen*, Frankfurt/Main 1965; *Beschreibung eines Kampfes,* Frankfurt/Main 1953; *Tagebücher 1910–1923*, Frankfurt/Main 1951; *Hochzeitsvorbereitungen auf dem Lande,* Frankfurt/Main 1953.

1 Tagebücher, S. 420.
2 Erzählungen, S. 153.
3 Ebd., S. 151.
4 Hochzeitsvorbereitungen, S. 120.
5 Beschreibung eines Kampfes, S. 116.
6 Hochzeitsvorbereitungen, S. 334.
7 Erzählungen, S. 145.

8 Ebd., S. 226.

9 Die Geschichte des Jägers Gracchus wird in drei verschiedenen Texten dargestellt, die alle drei fragmentarisch geblieben sind. Es handelt sich hier um den letzten dieser Texte, in *Beschreibung eines Kampfes*, S. 338.

10 Hochzeitsvorbereitungen, S. 89.

11 Erzählungen, S. 262.

12 Ebd., S. 265.

13 Ebd., S. 266.

14 Beschreibung eines Kampfes, S. 304.

15 Ebd., S. 315.

16 Ebd., S. 317.

17 Ebd., S. 319.

18 Ebd., S. 77.

19 Erzählungen, S. 281.

20 Ebd., S. 277.

21 Beschreibung eines Kampfes, S. 248.

22 Ebd., S. 270.

23 Ebd., S. 290.

24 Ebd., S. 76 ff.

25 Ebd., S. 83.

26 Ebd.

27 Beschreibung eines Kampfes, S. 267.

28 Ebd., S. 268.

29 Ebd.

30 Beschreibung eines Kampfes, S. 269.

31 Ebd., S. 281.

32 Ebd., S. 95.

ULRICH FÜLLEBORN

DER EINZELNE UND DIE »GEISTIGE WELT«

Zu Kafkas Romanen

I.

In Hermann Brochs *Tod des Vergil* hält Kaiser Augustus in einer großen Auseinandersetzung, in der er selber das Recht der empirischen Wirklichkeit, Vergil jedoch den Anspruch des Geistes vertritt, dem sterbenden Dichter vor:

»»[...] in einem Wust von Gleichnissen kann man nicht leben.‹ [...] ›Vergessen wir nicht, daß es auch Wirklichkeit gibt, mögen wir selbst darauf beschränkt sein, sie bloß im Gleichnis auszudrücken und zu gestalten... wir leben, und das ist Wirklichkeit, schlichte Wirklichkeit.‹«

Darauf Vergil, allerdings in der Form eines inneren Monologs, also ohne den Cäsar seiner Antwort zu würdigen:

»Nur im Gleichnis ist das Leben zu erfassen, nur im Gleichnis ist das Gleichnis auszudrücken; endlos ist die Gleichniskette, und gleichnislos ist bloß der Tod, zu dem sie sich hinspannt, als wäre er ihr letztes Glied, dennoch schon außerhalb der Kette – als wären all die Gleichnisse lediglich seinetwegen geformt, um seine Gleichnislosigkeit trotzdem zu erfassen [...]«[1]

In diesem thematisch und bildlich eindrucksvollen Passus aus dem Vergil-Roman deutet sich ein Sprach- und Dichtungsproblem an, das uns im folgenden beschäftigen wird. Es zeigt sich hier in derselben Doppelperspektive, die auch in Kafkas Prosastück *Von den Gleichnissen* (B 96)[2] begegnet. Denn Kaiser Augustus, die Welt der politischen Praxis repräsentierend, räumt zwar dem Dichter und seiner Gleichniswelt ein gewisses Daseinsrecht ein, aber das, was er Wirklichkeit und Leben nennt, hat für ihn, wie für die »vielen« in Kafkas Text, wenig damit zu tun; es besitzt seine eigenen, unabweislichen Gesetze. Vergil dagegen – dem bei Kafka der »eine« entspricht, der die Forderung der »Gleichnisse« vertritt – verkündet eine allumfassende Geltung der Gleichniswelt und deren Appell an jeden, auch den handelnden Menschen, um des Lebens und des rechten Sterbens willen.

Mit solch kühnem Anspruch stehen Broch und Kafka in der Literatur des 20. Jahrhunderts nicht allein. Man könnte die gesamte moderne Poesie auf eine prozessuale Formel bringen, die lauten würde: von Gleichnis zu Gleichnis, von Spiegel zu Spiegel, von Bild zu Bild –

> »Verweilung, auch am Vertrautesten nicht,
> ist uns gegeben; aus den erfüllten
> Bildern stürzt der Geist zu plötzlich zu füllenden [...]«[3]

Dennoch bestehen beträchtliche Unterschiede zwischen den einzelnen Vertretern der modernen Poesie. Hermann Brochs Vergil denkt, spricht und lebt als Dichter ganz in seinen Gleichnissen, spinnt sich in sie ein, gibt sich einer schwelgenden Bildersprache hin, die uns wie Musik zu betören vermag. Kafka indes scheint mit jedem Satz darauf hinweisen zu wollen, daß er die Sprache als zu unzulänglich ansieht, um aus ihr die ihm vorschwebende poetische Bilderwelt zu schaffen. Wir haben keine Sprache für unsere Gleichnisse, ist seine Grunderfahrung. Hierin zeigt sich die außerordentliche Zuspitzung des modernen Problems, Wirklichkeit in Sprache auszudrücken. Broch kann noch im einigermaßen gesicherten Besitz einer alten poetischen Semiotik schreiben, ihm ist der Symbolbegriff nicht verlorengegangen. Das heißt, die Wörter, die in der Gebrauchssprache allzu Sagbares reproduzieren, scheinen immer noch fähig, auch das schlechthin Unsagbare zu artikulieren, wenn nur künstlerisch deutlich gemacht wird – etwa mit musikalischen Mitteln –, daß sie nicht in ihrer eigentlichen, sondern in einer uneigentlichen Bedeutung zu lesen sind.

Obgleich sich nun Kafka der kaum zu behebenden Schwierigkeit gegenübersieht, daß der Poet die Sprache nicht mehr »vergleichsweise« (H 45, Nr. 57) gebrauchen kann, schreibt er dennoch Gleichniserzählungen bzw. Parabeln, worüber ein gewisser Konsens in der Forschung besteht. Man könnte die Parabel abgekürzt als eine Gleichniserzählung in praktischer Absicht bezeichnen. Denn ihr Text gipfelt jedesmal ausgesprochen oder unausgesprochen in dem Imperativ: »Folge mir nach«. Bei Kafka kommt dieser Imperativ an herausragender Stelle, nämlich im schon erwähnten Text *Von den Gleichnissen*, zur Sprache; es heißt dort:

»›[...] Würdet ihr den Gleichnissen folgen, dann wäret ihr selbst Gleichnisse geworden und damit schon der täglichen Mühe frei.‹« (B 96)

Die von solchen Gleichnissen qua Parabeln geforderte Nachfolge bedeutet also Bereitschaft zur Verwandlung. Rilke versteht alle Kunst in diesem Sinne, sonst hätte er nicht eins seiner Apollo-Sonette aus den *Neuen Gedichten* in dem Satz enden lassen:

>>Du mußt dein Leben ändern.<<[4]

Wenn wir uns des Inhalts der Kafkaschen Parabel *Von den Gleichnissen* noch etwas genauer entsinnen, so bemerken wir, daß dort die >>vielen<<, die sich gegen die Forderung der Gleichnisse wehren, ganz wie Augustus im *Tod des Vergil* argumentieren: Es mag ja Gleichnisse geben, aber vor allem gibt es die Wirklichkeit, und die ist nicht mit der Welt der Gleichnisse zu verwechseln; der handelnd im Leben Stehende kann den stets unbegreiflichen Gleichnissen nichts für seine Praxis entnehmen.

II.

Ich habe bereits früher in einem interpretatorischen Durchgang durch Kafkas Parabeln (das ist die Masse seiner Kurzprosa) und die parabolischen Erzählungen zu zeigen versucht, wie deren jeweilige Gleichniswelten beschaffen sind und wie sich der Einzelne zu ihnen verhält.[5] Dabei war eine immer andere Relation zwischen den mit Hilfe von psychologischem Perspektivismus dargestellten Figuren und der ihnen gegenüberstehenden Bildwelt zu konstatieren. Um an einen der bekanntesten Kafka-Texte zu erinnern: In der *Kaiserlichen Botschaft* (E 169 f.) sind zueinander in Beziehung gebracht eben jene Botschaft eines sterbenden Kaisers, die nie eintreffen wird, und ein Du als der Einzelne, für den sie bestimmt ist. Und dieser Einzelne folgt nun dem appellativen Sinn der Erzählung, indem er sich die Botschaft erträumt, was seinen Übergang ins Gleichnis bedeutet. Hier wird also innerhalb einer Kafkaschen Parabel selbst jenes Text-Leser-Verhältnis vorgeführt, das diese Gattung konstituiert. Auf der einen Seite haben wir die ganz auf den einzelnen Empfänger bezogene Botschaft, deren Inhalt in einer Gleichniserzählung verschlossen ist; auf der andern das Du, das sich die inhaltlich nicht verfügbare >>message<< träumend erschafft.

Wichtig ist, daß mit dieser Kafkaschen Variante der Parabel, die das Modell einer über Gleichnis und Traum vermittelten Kommunikation zwischen Text und Leser explizit in sich aufgenommen hat, die Grenzen der Gattung nicht überschritten sind. Denn der empirische Leser findet sich dadurch nicht etwa in ein nur ästhetisches Verhältnis zum Text gedrängt, sondern wird durch die Du-Anrede ja ausdrücklich aktiv einbezogen. Wer dem Wortlaut folgt und den Text nicht Lügen straft, der hat am Ende das Gleichnis und seinen Appell auf sich angewendet; so wie man voraussetzen darf, daß es auch schon Kafka im Akt des Schreibens getan hat. Das Wörtchen »du« schließt Autor und Leser zusammen, und das Medium, worin sie sich treffen, ist der Traum von der ganz persönlichen Bestimmung des Einzelnen. Um noch einmal Rilke zu zitieren:

> »Träum es nur, oder tu's –:
> beides heißt *sein*.«[6]

Die Grundzüge des parabolischen Kommunikationsmodells, das wir uns soeben verdeutlicht haben, finden wir nach meinem Urteil in den meisten Dichtungen Kafkas wieder, auch in den Romanen. Allerdings sind deren Hauptfiguren im Unterschied zum Du der *Kaiserlichen Botschaft* höchst widersprüchlich angelegt, und dem Leser wird das »Erträumen« der appellativen Botschaft aus der romanhaft erweiterten Gleichniswelt außerordentlich erschwert. Deshalb können einige der größeren parabolischen Erzählungen Kafkas, quasi als Zwischenglieder, für das Verständnis der Romane förderlich sein. Im *Urteil* (E 53 ff.) verwandelt sich z. B. Georg Bendemanns Umwelt, die er mit seinen rationalen Mitteln gut zu beherrschen schien, in eine ihm weit überlegene, nun nicht mehr sinnlich-empirische Gegenwelt, aus der ihn das »Folge mir nach« als ein Todesurteil trifft, das er ohne Zögern an sich vollstreckt. Der Bezug zu den Romanen ist offenkundig; die Erzählung antizipiert Josef K.s Prozeß im Zeitrafferstil, aber ohne jede Komplikation. Es scheint so, als öffneten sich die Türen in ein gleichnishaftes Drüben bei Kafka nur im Traum und im Tod.

Und doch sind die Gleichniswelten der Erzählungen oft die ganz konkreten Lebenswelten, in denen Menschen von vornherein existieren, den Sinn des Daseins vollziehen und einen sinnerfüllten Tod sterben. In der *Strafkolonie* (E 197 ff.) gilt das allgemein für die Vergangenheit, während wir als gegenwärtig die Krise und Vernichtung der dargestellten Welt berichtet bekommen. Der ihr nicht zugehörige Forschungsreisende, dessen Berufs- und Tätigkeitsbezeichnung uns schon an den Landvermesser K. erinnern darf, zerstört hier als aufgeklärter Einzelner mit seinem Urteil eine geschlossene geistig-gesellschaftliche

Welt, indem er deren letzten gläubigen Vertreter durch einen Schock des Bewußtseins ebenfalls zu einem Einzelnen macht, der deshalb nicht mehr im Tod durch die Maschine das finden kann, »was alle anderen« darin »gefunden hatten« (E 234). Der Geist wurde in einem revolutionären Akt aus der Gleichniswelt der Strafkolonie ausgetrieben, womit diese Welt selber aufgehört hat zu existieren.

Hier liegt also – als eine äußerste Möglichkeit Kafkas – ein rein antagonistisches Verhältnis zwischen dem Einzelnen (dem Forschungsreisenden) und einer ihm völlig unbegreiflichen Welt vor. Darüber hinaus wird noch am Offizier das Verlassen einer geistigen Welt, das Hinaustreten aus dem Gleichnis, gezeigt, was im Hinblick auf den »Kampf« der K.s im *Prozeß* und im *Schloß* von Bedeutung ist. Und ebenso klar wird in der *Strafkolonie* demonstriert, daß die gleichnishaft gestaltete Welt nicht auf eine zeitenthobene, ewige Sinnsphäre, etwa ein platonisch verstandenes Reich der Ideen, verweist, sondern daß sie in ihrer Dekadenz und Zerstörbarkeit selber geschichtliche Welt ist, insofern der Geist in ihr seine sinnstiftende, einen erlösenden Tod schenkende Funktion verlieren kann.

Zwischen den Polen des *Urteils* und der *Strafkolonie* zeigen Kafkas kleine Dichtungen noch viele weitere Möglichkeiten des In-Beziehung-Stehens eines Einzelnen zu einer empirisch-gesellschaftlichen Wirklichkeit sowie zu wirklichen (geschichtlichen) und möglichen Welten, die parabolisch, d. h. gleichnishaft appellativ, gestaltet sind. Im Fortgang des Kafkaschen Schaffens stellen die Erzählungen eine zunehmend engere Verbindung zwischen solchen parabolischen Welten und der empirischen Wirklichkeit her. Am Ende scheint der Nachdruck darauf zu liegen, daß es in jedem Fall nur eine Welt gibt, und daß diese in der Dichtung nicht anders denn als Gleichniswelt erscheinen kann. Auch die Einzelnen werden, immer noch als Einzelne, jetzt ganz in die Gleichniswelten einbezogen (*Der Bau*, *Josefine*). Hierin bekundet sich offenbar der universale Anspruch von Kafkas Dichtung und die Richtung seines Denkens in der spätneuzeitlichen Situation.

Da es für uns als Nachgeborene wohl weniger wichtig ist, uns auf die in der Tradition wurzelnden Hemmnisse, die es auf Kafkas Weg gab, zu fixieren, als seine Denk- und Schaffensrichtung möglichst klar zu erkennen, könnte sich der Zweifel melden, ob die Begriffe ›der Einzelne‹ und ›die geistige Welt‹ gerade dafür die tauglichen Mittel seien. Deshalb muß zum angemessenen Vorverständnis der beiden Termini noch etwas gesagt werden.

III.

Auf der Grundlage von Kafkas kleinen Dichtungen und im Hinblick auf seine Romane sollte man den Einzelnen nicht von vornherein als das neuzeitliche Individuum in seiner Isoliertheit, als das kartesianische Subjekt in seiner Weltlosigkeit verstehen. Er trägt zwar meist dessen Züge, und er erscheint als derjenige, der aus allen objektiven Bindungen herausgetreten ist und unter dem Zeichen des Auf-sich-Gestelltseins zu handeln und zu denken genötigt wird. Gleichwohl vollzieht er immer wieder jene Bewegung des Hinübergehens in eine ihm ganz fremde Welt, auf die er dann als sein Gegenüber unlösbar bezogen bleibt. Damit rückt er in die Nähe der Einzelnen Kierkegaards und Bubers. Doch darf uns auch diese Familienähnlichkeit nicht festlegen. Gerade weil die Figur des Einzelnen bei Kafka zweifellos in den genannten geschichtlichen Bezügen steht, möchte ich den Begriff des Einzelnen hier aus methodischen Gründen so leer wie möglich lassen, um Raum für die Konkretionen auszusparen, die er in den Romanen erfährt. Über die formale Gestaltung ist der Kafkasche Einzelne in seiner »Einzelnheit«[7] dem Leser ohnehin jederzeit zugänglich und einsichtig. Denn es wird ja überwiegend aus seiner Perspektive heraus erzählt. Freilich hebt diese Erzählhaltung auch jeden Abstand zwischen Leser und Romanfigur auf und erschwert somit die Erkenntnis.

Nun zur »geistigen Welt«: Der sprachliche Ausdruck ist ein Kafka-Zitat; ihm kommt in den Oktavheften von 1917/18 und der daraus zusammengestellten Aphorismensammlung eine große Bedeutung zu. »Welt« ist gar eines der in Kafkas Reflexionen am häufigsten begegnenden Wörter. Die unterschiedlichen attributiven Bestimmungen, die es erfährt, und die sonstigen Kontexte, in denen es steht, erlauben eine zureichende vorläufige Klärung auch des Begriffs »geistige Welt«.

Als scheinbar klare Gegenbegriffe sind zunächst auszumachen: die »sinnliche« (H45, Nr. 47; H49, Nr. 85), »körperliche« (H71f.) und »die ganze sichtbare Welt« (H49, Nr. 85). Das sieht nach einem Dualismus in idealistischer Tradition aus. Doch wenn »Welt« ohne Beiwort begegnet, ist die Zuordnung zu der einen oder der anderen Grundbedeutung nicht immer möglich, was daran liegt, daß Kafka nicht statisch, sondern dynamisch, in »gleitenden Paradoxen« denkt.[8] So kann es zur vollkommenen Streichung der semantischen Opposition, von der wir ausgingen, kommen, d. h. zur dialektischen Aufhebung der nicht-geistigen in der geistigen Welt:

>Es gibt nichts anderes als eine geistige Welt; was wir sinnliche Welt nennen, ist das Böse in der geistigen [...]« (H 44, Nr. 54; vgl. H 91)

Dieser Satz vom Dezember 1917, dem sich andere stützend an die Seite stellen ließen, bildet die genaue gedankliche Entsprechung zu unserer poetologischen Aussage, daß es am Ende von Kafkas Weg in den kleineren Dichtungen jeweils nur noch eine Welt gibt, die durchgehend parabolisch gestaltet ist. Außerdem scheint der Satz auch auf die Fortentwicklung der Kafkaschen Romanstruktur vorauszuweisen. Mit Sicherheit jedoch dürfen wir diejenige Dimension in den Romanen, die durch Kafkas Parabolik vermittelt wird, als deren »geistige Welt« bezeichnen, was zugleich bedeutet, daß sie sich begrifflicher Erfassung entzieht und keine Äquivalente in der empirischen Wirklichkeit besitzt. Wie dann dennoch die sinnliche Welt als »Böses« in die geistige einzugehen vermag, bleibt vorerst eine offene Frage.

Nur eine Bestimmung des »Geistigen« in den Romanwelten Kafkas soll noch angefügt werden. Das Geistige ist immer auch das Allgemeine als Gegenbegriff zum Einzelnen in seiner Sonderung. In Kafkas Sprache heißt das Allgemeine meist »das Gesetz«, das ja per definitionem Allgemeingültigkeit beansprucht. Die parabolischen Welten Kafkas sind denn auch zunehmend gemeinsamer Lebensraum von vielen, während der Einzelne in Spannung zur Parabelwelt existiert. Eine inhaltliche Füllung des darin herrschenden Allgemeinen, des Gesetzes, werden wir nicht erwarten, obgleich es als geheimes Zentrum und stärkster Bezugspunkt selbst für den Einzelnen wirkt.

IV.

Was wir im Blick auf Kafkas kleine Dichtungen gesagt und worüber wir uns im Vorgriff auf die Romane verständigt haben, das erweist sich bei genauerer Betrachtung der Romane selber als thematisch dominant und strukturbestimmend. Indem Einzelner und Welt dreimal nacheinander in einem je eigenen Roman modellhaft deutlich zueinander in Beziehung gebracht werden, kommt es zu wesentlichen Veränderungen dieser Relation, und zwar auf Seiten beider Kontrahenten. Das gilt es ins Auge zu fassen.

Dem Romanfragment *Der Verschollene* oder *Amerika* (unter welchem Titel es Max Brod ediert hat) liegt noch das Schema des realistischen Romans aus dem 19. Jahrhundert zugrunde. Kafka selbst hat auf *David Copperfield* von Dickens als seinen gattungsgeschichtlichen Bezugspunkt hingewiesen. Ein psychologisch verständlicher, weltunerfahrener und idealistischer Jüngling mit bürgerlich-deutscher Vorgeschichte (ein Jude sei er nicht, sagt Kafka[9]) wird in eine ihm fremde, aber soziologisch und historisch fixierbare Realität versetzt, das kapitalistische Amerika des frühen 20. Jahrhunderts. Und doch ist das Produkt des Erzählens von Anfang an kein realistischer Roman. Denn die einzelnen als Stationen von Karl Roßmanns Weg gereihten Episoden oder bestimmte Momente innerhalb dieser werden immer wieder in ein sur-reales Licht getaucht und teilweise in eine Sur-realität verwandelt. Darin deutet sich an, daß die Begegnungen und Erfahrungen Karl Roßmanns mehr sind als das, was in ihnen psychologisch und soziologisch rationalisierbar ist. Die Sinndimension des Geschehens erscheint so als bewußtseinstranszendent und nicht verstehbar. Kafka erreicht gelegentlich schon die semiotische Struktur der späteren Romane, z. B. in der Brunelda-Episode, dem siebenten und letzten der Ende 1912 geschriebenen Kapitel (A 234 ff.) mit den zugehörigen Paralipomena (A 335–355), wo die sprachlich-bildhaften Zeichen stark verfremdend wirken und ein hohes Maß an nicht zu fassender Bedeutsamkeit suggerieren.[10]

Trotzdem reichte dem Autor diese Art der Transformation der Realität ins »Gleichnis« offenbar nicht aus. Denn zwei Jahre später setzte er poetologisch noch einmal ganz neu an: Mit dem von Brod so benannten »Naturtheater von Oklahoma«, das wir in dessen Ausgabe als »letztes Kapitel« des Amerika-Romans lesen, schuf er eine höhere, von der empirischen Realität scharf abgehobene Erzählebene. Kafka ist hier der Allegorie und dem Märchen so nahe gekommen wie sonst nie, insofern bei der Formung der Bildwelt offenbar das volle Gewicht auf den geistigen Gehalten lag und insofern dem Helden innerhalb solch unwirklicher Welt nun in märchenhaft-wunderbaren Begegnungen all das Glück widerfährt oder widerfahren soll, um das ihn die wirkliche Welt betrogen hat. Die Ausgestaltung dieser Welt mit den Posaune blasenden Engeln auf hohen Postamenten, der Leere des überdimensionalen Sportstadions usf. weist Analogien zum frühen malerischen Surrealismus, zur fast gleichzeitig in Italien entstehenden pittura metafisica, auf. Sie dürfte die »geistigste« Richtung in der modernen Malerei des 20. Jahrhunderts gewesen sein. Weit davon entfernt, Sichtbares abbilden zu wollen, erhob sie beispielsweise leere italienische Marktplätze zum Schauplatz (theatrum) für das schlechthin Unsichtbare.

Für die Beurteilung Kafkas scheint mir diese Analogie wichtig genug; gleichwohl ist in ihr nicht der künftige Weg des Romanautors vorgezeichnet. Der führt vielmehr über dasjenige Verfahren weiter, das die früheren Kapitel des Amerika-Romans entwickelt haben. Allerdings wird der Übertritt der Hauptfigur in eine andere, nicht-empirische Welt, der im »Naturtheater«-Kapitel mit besonderem Nachdruck gestaltet ist, für die beiden folgenden Romane fundamental. Sehen wir uns den nächsten daraufhin an.

V.

Dem Bankbeamten Josef K., der sich auf einen gänzlich unbegreiflichen »Prozeß« einläßt, gilt die Aufforderung: »Folge den Gleichnissen!« im genauen Wortsinn. Denn ihm wird zur Korrektur seines Urteils über das »Gericht«, das niemand kennt, und damit seines ganzen Verhaltens, die Parabel *Vor dem Gesetz* erzählt. Die »Täuschung«, von der der Geistliche einleitend spricht und über die die Parabel K. belehren soll, kann wohl nur darin bestehen, daß K. die Verhaftung nicht als seine, nur ihm bestimmte Tür zum Gesetz erkennt und daß er das Gericht genauso falsch einschätzt und behandelt wie der Mann den Türhüter. Beide haben einen Schritt in eine fremde, geistige Welt getan – K. mit der Anerkennung seines Verhaftetseins –, aber beide denken und agieren weiter, wie sie es aus der Alltagswelt gewöhnt sind, und bringen sich damit um ihr Leben und einen sinnvollen Tod. Der Meinung, daß weder in der Parabel vom Türhüter noch im *Prozeß* eine Alternative angedeutet sei oder daß jede Alternative zum gleichen enttäuschenden Ergebnis führen müßte, soll mit zwei Hinweisen begegnet werden, die auf dem Hintergrund des bisher Gesagten wohl ausreichende Evidenz gewinnen.

1. Im letzten Kapitel des Romans gelingt Josef K. beinahe ein ebenso entschiedener Selbstvollzug des Urteils wie Georg Bendemann. In vollem Einverständnis mit seinen Henkern, die er sofort als für sich »bestimmt« (P 266) erkennt, überschreitet er eine Brücke – Kafka hat an analoger Stelle dasselbe Bildzeichen für einen Übergang

wie im *Urteil* eingesetzt – und eilt, den Weg von sich aus wählend, den beiden Herren voran. Aber nach dem Gesetz des paradoxen Zugleich von Gehorsam und Widerstand kommt es im letzten Augenblick noch einmal zu einem Umschlag: K. ist nicht bereit, wie es »seine Pflicht gewesen wäre« (P 271), sich den Tod selbst zu geben, und stirbt infolgedessen »wie ein Hund« (P 272).

2. Diesem tatsächlichen, mißglückten Tod hat Kafka in jenem Paralipomenon, das er der selbständigen Veröffentlichung im *Landarzt*-Band für wert befunden hat und das dort *Ein Traum* (E 181 ff.) überschrieben ist, einen »erträumten« vollkommenen Tod entgegengestellt. K. wird im Traum unbewußt angezogen von einem Grabhügel und einem Künstler, der eine Inschrift in den Grabstein zu meißeln beginnt. Und als er, nach einigen Schwierigkeiten und Verlegenheiten, plötzlich begreift, daß hier sein Tod von ihm gefordert ist, vollzieht er ihn, jetzt ganz analog zu Georg Bendemanns Handlungsweise, ohne jedes Zögern. In die Erde versinkend, von einer Strömung getragen, sieht er über sich, wie »sein Name mit mächtigen Zieraten über den Stein« (E 183) jagt, so wie über die Brücke, von der Georg Bendemann sich in den Fluß fallen läßt, ein »geradezu unendlicher Verkehr« (E 68) geht.

Warum gelingt K. nicht wachend, was er in solcher Vollkommenheit träumt? Es sei eine Antwort zur Diskussion gestellt, die sich auf den Gattungsunterschied zwischen den kleinen Prosaformen und dem Roman bei Kafka stützt. In den kurzen prägnanten Parabeln, aber auch noch in den parabolischen Erzählungen, wird von der Mannigfaltigkeit des gesellschaftlichen Lebens meistens abgesehen, werden vor allem die wenigen Grundfragen der menschlichen Existenz in urbildlicher Reinheit gleichnishaft gestaltet. Hier kann es dementsprechend noch zu Schulderkenntnis, klar ausgesprochenem Urteil und freiwilligem Vollzug des Urteils kommen. Der Roman dagegen, der als Gattung die Einbeziehung der Totalität der Welt fordert, zeigt bei Kafka ein so restlos gesellschaftlich vermitteltes Dasein, eine so korrupt erscheinende Welt – gegen die die Hauptfigur ankämpft, von der sie aber auch in ihrem Denken abhängt –, daß es dort weder im Leben noch im Sterben ungebrochene, unmittelbare Vollzüge gibt.

Und wie sind nun realistische und parabolische Gestaltung, d. h. empirische und geistige Welt, im *Prozeß* strukturell zueinander in Beziehung gesetzt? Sie bilden, auf den ersten Blick jedenfalls, zwei übereinanderliegende Stockwerke im Bau der gesamten Romanwirklichkeit. Das untere besteht aus der realen, alltäglichen Erfahrungswelt der Romanfigur, die rationaler Analyse voll zugänglich ist. In ihr wirken sehr konkrete gesellschaftliche Verhältnisse auf Josef K. ein; und wie er sich selber in der Berufswelt, der großen Bank mit ihrer Angestelltenhierarchie, bisher verhalten hat und weiter verhält, auch wie er als Privatmensch in seiner Pension lebte und lebt, wird zureichend deutlich: ein mittlerer Held in einem angepaßten Dasein, beruflich dank Strebsamkeit und berechnendem Agieren relativ erfolgreich, aber menschlich vereinsamt und verarmt.

Vom ersten Satz des Romans an tritt zu dieser Parterre-Wirklichkeit nun buchstäblich eine obere Etage hinzu. Denn gleich mit der Verhaftung K.s geschieht die Aufspaltung der Welt und des Ich in jenen Bereich, der für K. bisher die einzige Wirklichkeit war, und diejenige Sinnebene, in der es um Schuld oder Nichtschuld des Einzelnen geht und die in der parabolischen Welt der Gerichte mit ihrer Hierarchie der Richter, den Kanzleien, Advokaten, Zeugen und dem Publikum sichtbar gemacht wird.

Wie diese Aufspaltung in eine empirische und eine parabolische Welt im einzelnen geschieht, mag eine kurze Analyse des ersten Kapitels, das die »Verhaftung« und die beiden Gespräche mit der Zimmervermieterin Frau Grubach und der Zimmernachbarin Fräulein Bürstner enthält, verdeutlichen. Das Kapitel baut mit psychologisierenden Mitteln die Hauptfigur auf. Schon hier wäre ein sehr präzises Psychogramm Josef K.s anzufertigen, denn wir bekommen Einblick in die Denkschemata, die sein Reden bestimmen, und in sein Verhalten den Mitmenschen gegenüber; das sind die beiden genannten Frauen einerseits und drei niedere Beamte seiner Bank auf der anderen Seite. Aber all dies wird vorgeführt im Zusammenhang des Ereignisses der »Verhaftung«, das der erste Satz nennt und das zu szenischer Darstellung gelangt, obwohl es aufgrund vieler poetischer Zeichen, die der Autor einsetzt, nicht zur gleichen Realitätsebene gehört: Der erste Wächter, »schlank«, mit dem »anliegenden« Kleid der Kafkaschen Boten (= angeloi) bekleidet, geht über die Frage, wer er sei, hinweg, »als müsse man seine Erscheinung hinnehmen« (P 9); in dem mit Möbeln und Nippes überfüllten Wohnzimmer der Frau Grubach scheint »heute ein wenig mehr Raum als sonst« (P 10); der »Zuruf aus dem Nebenzimmer«: »Der Aufseher ruft Sie!« (P 18), der vom ersten Wächter ausgeht, erschreckt K. ganz ungewöhnlich usw.

Daß die Figuren dieser nicht-empirischen Handlungsebene des

Romans jedoch auf derselben Bühne wie die realistisch vermittelten Figuren und gleichzeitig mit ihnen auftreten können, ja daß es Beziehungen und Kommunikation zwischen den beiden Ebenen gibt, erschwert die Orientierung und Deutung für den Leser außerordentlich. Rein strukturell darf man von gleitenden Übergängen zwischen Realität und Sur-realität sprechen. (Aus der Romantik, besonders von E. T. A. Hoffmann, ist uns derartiges vertraut.) Dennoch sind die Grenzen zwischen den Bereichen genau erkennbar, die Wechselwirkungen zwischen ihnen allerdings kaum zu deuten. Zum Zwecke der Strukturanalyse kann man eine äußere Handlung (K. und seine Mitmenschen und K. in seiner Berufswelt) von der inneren Handlung (»Verhaftung« und »Prozeß«) unterscheiden. Die Interpretation sollte dadurch jedoch nicht präjudiziert werden. Eines steht indes von vornherein fest: Josef K. ist in beiden Handlungen die Hauptfigur, und der Zusammenhang zwischen ihnen scheint unauflösbar. Ein Weiteres sei hinzugefügt: Josef K. verhält sich der inneren Handlung gegenüber nicht anders als im alltäglichen Leben; er bemerkt vorerst den Unterschied kaum. Erstaunlich und paradox ist nur, daß K. die nicht-reale oder besser sur-reale »Verhaftung« akzeptiert, ja daß sie ihm überhaupt widerfährt – wofür immerhin die Voraussetzungen in ihm sein müssen –, daß er auf sie dann aber so reagiert, als handle es sich um eine Tatsache der empirischen Welt.

In diesem Widerspruch zeigt sich das unaufhebbare Dilemma des Einzelnen bei Kafka. Er wird zwar überhaupt erst Einzelner durch ein Ereignis, wie es unser Romananfang beschreibt. Zuvor war er einer der »vielen«, denen dergleichen nicht passiert, die ihr entfremdetes Dasein praktizieren, ohne ein Bedürfnis darüber hinaus zu haben. Aber er bleibt nur Einzelner, wenn er nach einer solchen Veränderung des Lebens wie der »Verhaftung« K.s sich nicht einfach passiv und demütig dem unerkennbaren Allgemeinen unterwirft. Damit ist die fundamentale Kampfsituation, die *Prozeß* und *Schloß* beherrscht, gegeben. Für sie bringen die K.s jedoch, als völlig untaugliches Mittel, nur ihren im Ringen um gesellschaftliche Macht geübten »berechnenden« Verstand mit, einen Verstand, der kleinste Vorteile erspäht, sich in schnellen Urteilen erschöpft und alles Begegnende, auch Menschen, zum Mittel für die Erreichung eigener Zwecke erniedrigt. Soweit bleibt der Einzelne bei Kafka immer noch Repräsentant der »vielen«. Nur deshalb kann man von ihm, wie wir es soeben andeutungsweise getan haben, ein Psychogramm anfertigen. Psychologie gehört für

Kafka ohnehin zur empirischen Welt und ist daher, wie einige Aufzeichnungen belegen,[11] zu überwinden. Daß Kafka in seinen Helden, wie übrigens auch in deren bürokratischer Gegenwelt, dem eigenen »Beamtenlaster der [...] Berechnungskunst« (T 510) den Prozeß macht, belegt eindrucksvoll eine Tagebuchaufzeichnung vom 27. August 1916:

»Dich bessere, der Beamtenhaftigkeit entlaufe, fange doch an zu sehn, wer du bist, statt zu rechnen, was du werden sollst [...] Laß auch den unsinnigen Irrtum, daß du Vergleiche anstellst, etwa mit Flaubert, Kierkegaard, Grillparzer. Das ist durchaus Knabenart. Als Glied in der Kette der Berechnungen sind die Beispiele gewiß zu brauchen oder vielmehr mit den ganzen Berechnungen unbrauchbar, einzeln in Vergleich gesetzt sind sie aber schon von vornherein unbrauchbar. Flaubert und Kierkegaard wußten ganz genau, wie es mit ihnen stand, hatten den geraden Willen, das war nicht Berechnung, sondern Tat. Bei dir aber eine ewige Folge von Berechnungen, ein ungeheuerlicher Wellengang von vier Jahren.« (T 511 f.)

Obgleich also Josef K. eben diese Berechnungswut in der Alltags- und parabolischen Welt zu demonstrieren hat, zeigt er doch auch in Ahnung, Traum und gewissen partiellen Einsichten Symptome einer Wandlung, deren Ergebnis die Szene unmittelbar vor der Tötung enthüllt. Dabei wird ihm von Beginn an sowohl durch seine Mitmenschen wie durch die in besonderer Beziehung zum Gericht stehenden Figuren Beistand und Rat zuteil, bis hin zu Titorellis Eröffnung: »Es gehört ja alles zum Gericht« (P 181). – Da diese Aussage vom Romanverlauf her kaum anzuzweifeln ist, da K.s Prozeß sich als sein Leben selbst erweist, erhebt sich die Frage, ob dann nicht die Romanwelt hätte insgesamt parabolisch dargestellt werden können. Vielleicht hat Kafka sich das nachträglich auch gefragt, denn mit seinem letzten Roman, dem wir uns nun zuwenden wollen, gibt er indirekt eine Antwort darauf.

VI.

Das Neue und Erstaunliche am Roman *Das Schloß* (niedergeschrieben 1922) ist, daß er nur noch eine einheitlich parabolische Welt umfaßt und daß der Einzelne, obgleich er wenig verändert erscheint, sie sofort und unwiderruflich betritt. Damit rückt natürlich das Zugleich des Übergangs in diese Welt und des Kampfes gegen sie in eine neue Beleuchtung. Die Brücke, die uns am Ende des *Urteils* und am Ende des *Prozesses* als Zeichen des endgültigen Hinübergehens begegnete, findet sich im *Schloß* bereits am Anfang. Sie trennt K.s bisherige Alltagswelt, die er hinter sich gelassen hat, von dem Dorf und dem Schloß, einem Raum, in welchem er das Leben mit all seinen Grundsituationen und Anforderungen noch einmal modellhaft, aber deshalb für ihn keineswegs durchschaubarer antrifft. Man kann den Roman wegen seiner Grundstruktur auch als Anti-*Strafkolonie* lesen, weil K. ebenfalls als ein aufgeklärter Fremder in eine ihm unverständliche Welt kommt, jedoch nicht um sie von einem Außensichtstandort her aufzulösen, sondern gerade um in ihr Fuß zu fassen. Die Grundparadoxie des Romans besteht darin, daß K. den Anspruch erhebt, ausgerechnet in einem Dorf, wo es nur Leibeigene des Schlosses gibt, als freier Landvermesser aufgenommen zu werden; daß er in enger Bindung ans Schloß und zugleich unabhängig von ihm existieren will, kurz: daß er ein vernünftiges Leben im absurden Gleichnis erstrebt.

Dem entspricht, daß der Roman von Anfang an ein prekäres Gleichgewicht, aber eben ein Gleichgewicht, zwischen der Welt und dem Einzelnen zeigt – die Welt sogleich repräsentiert durch die Bauern im Dorfwirtshaus, das durch ein Telefon mit dem Wirtshaus verbundene Schloß und den anwesenden Sohn des Kastellans Schwarzer. Dieser gibt eine Reihe von Informationen über die Schloßbehörde, nennt den Grafen Westwest, und er ist es, der telefonisch von der Zentralkanzlei zwei einander widersprechende Auskünfte erlangt, nachdem K. behauptet hatte, daß er der Landvermesser sei, »den der Graf hat kommen lassen« (S 11). Die erste Auskunft widerlegt: »Keine Spur von Landvermesser, ein gemeiner, lügnerischer Landstreicher [...]«, die zweite Auskunft hebt die erste als einen »Irrtum« auf (S 13). K. folgert daraus, daß das Schloß ihn also zum Landvermesser ernannt habe. Die Reaktion der Wirtsleute, der Bauern, des Sohnes vom Kastellan scheint das zu bestätigen.

Die Wiedergabe der Vorgänge, die im Grunde noch viel minutiöser erfolgen müßte, läßt erkennen, daß zwischen K. und dem Schloß eine Interaktion statthat, daß hier zwei Parteien aufeinandertreffen; das Schloß agiert oder reagiert vor den Augen und Ohren K.s. Das Entscheidende ist nun, daß diese Aktionen mehrdeutig und unverständlich sind. Trotzdem urteilt K. pausenlos über sie, das Geschehende als einen objektiven, den Verstandeskategorien zugänglichen Vorgang erachtend. Bei Schwarzer stellt er »Bosheit und Vorsicht« sowie »diplomatische Bildung« fest; die vermeintliche Ernennung zum Landvermesser sei einerseits »ungünstig«, denn man habe offenbar »die Kräfteverhältnisse abgewogen« und nehme »den Kampf lächelnd« auf, anderseits »günstig«, weil man ihn unterschätze und er »mehr Freiheit haben« werde, als zu hoffen war (S 13).

Hierin mag man bereits die Exposition für den gesamten Roman erblicken: K. beginnt einen wirklichen, von ihm als schwer beurteilten Kampf um die Anerkennung seines Landvermessertums, die er zugleich als geistige Überlegenheit der Gegenpartei werten muß bzw. müßte, als Überlegenheit, gegen die er sich zur Wehr setzen will. Das heißt, er wird die alte Ordnung von Schloß und Dorf, in die er eindringt, überhaupt bekämpfen. Denn sein Ziel ist Freiheit in einer Welt, deren Existenzbedingung in der Gebundenheit aller liegt. Die Urteils- und Zielsicherheit K.s, die auf vermeintlich rationaler Erkenntnis beruht und die die Welt, in der man immer schon lebt und handelt, zum Objekt vergegenständlicht, kontrastiert scharf mit dem Sachverhalt, daß für die Leser unentscheidbar bleibt, wer bei der Berufung K.s als Subjekt, wer als Objekt fungiert. Gerade dies hält Kafka bewußt in der Schwebe.

Hierzu wiederum fügt sich genau, daß im *Schloß* das spiegelbildliche Verhältnis zwischen dem Einzelnen und der dargestellten Welt noch erheblich weitergetrieben ist als im *Prozeß*. Auf beiden Seiten findet sich wieder das »Böse«, und zwar in der Form der Bestechungspraxis und des entfremdeten Sexus sowie der dem Leben inadäquaten Rationalität als »Beamtenlaster der [...] Berechnungskunst«. Doch selbst die Sehnsucht nach Freiheit bleibt nicht auf die Partei des Landvermessers beschränkt. Vielmehr erhält in der nächtlichen Begegnung K.s mit dem Verbindungssekretär Bürgel (S 338–357), die ich an anderer Stelle ausführlich interpretiert habe,[12] der Freiheitsanspruch K.s dadurch seine höchste Rechtfertigung, daß ihm von seiten der Beamtenschaft eine entsprechende Sehnsucht nach dem Ausbruch aus den komplizierten Vermittlungsstrukturen der Ämter in die Freiheit entgegenkommt. Bürgel malt das Bild der »Erlösung« beider Parteien als eine Zerstörung der bestehenden Welt und des Einzelnen in seiner begrenzten »Einzelnheit«. Da man die Voraussetzungen für einen solchen Umsturz jedoch weder kämpfend erlangen noch überhaupt »haben« kann, sind sie dem Einzelnen in der Gestalt des Landvermessers K. schlechterdings unzugänglich. Die Eröffnungen Bürgels erreichen ihn nicht einmal im Traum, geschweige denn auf der Bewußtseinsebene, weil er in einen Tiefschlaf fällt.

Wäre K. in jener Nacht nicht derart von Müdigkeit übermannt worden, was ihn dem Verbindungssekretär in die Arme trieb – Müdigkeit interpretiert Kafka einmal als Ungenügen an der Begrenztheit des Ich (H 109f.) –, so hätte er, wie er wollte und sollte, sein eigentliches Pendant in der Schloßbehörde, den Beamten Erlanger, rechtzeitig angetroffen. Dann wäre ihm vielleicht durch ihn eine ganz andere Rechtfertigung zuteil geworden. Wie Kafkas Aphorismen immer wieder Haben und Habenwollen in einen unausgleichbaren Gegensatz zum Sein, das Erlöstsein bedeutet, setzen, so stehen Erlanger und Bürgel für eine grundlegende und unüberwindbare Aporie im *Schloß*. Ich vermute, daß sie in dem Aphorismus Nr. 62 in aller Härte formuliert ist:

»Die Tatsache, daß es nichts anderes gibt als eine geistige Welt, nimmt uns die Hoffnung und gibt uns die Gewißheit.« (H 46)

Sie nimmt uns die Hoffnung, als Einzelne je wieder in einer gemeinsamen Welt zu leben, denn diese wäre immer geistige Welt und deshalb »um keinen Preis« mit den Mitteln des Einzelnen zu erlangen oder zu schaffen. Die Gewißheit beträfe dann vor allem die aporetische Lage des Einzelnen als eines Verstandesmenschen mit einer dennoch unaustilgbaren Sehnsucht nach sinnerfülltem Dasein bzw. selbständiger geistiger Existenzform, aber auch die Ausweglosigkeit der historisch gewordenen geistigen Welten, z. B. des orthodoxen Judentums, im Zeitalter der Aufklärung.

Die doppelte Aporie läßt sich zugespitzt folgendermaßen formulieren: Wie soll eine geistige Welt von der Art, wie sie der Roman *Das Schloß* gleichnishaft darstellt, zu Verstand kommen, ohne daß ihr aller Geist ausgetrieben wird? Und wie kann der Einzelne zu einer geistbezogenen Existenz finden, ohne den Verstand zu verlieren? Aber – um Kafkas Sprachfigur der nachträglichen Negation in Anwendung zu bringen – vielleicht sind auch diese Fragen falsch gestellt, vielleicht lebt K. schon im »Paradies« und weiß es nur nicht. Selbst für eine solche Auffassung liefern Kafkas Reflexionen über die Aporien des Daseins genügend Argumente.[13]

VII.

Einige Überlegungen zum Ganzen der Kafkaschen Romane mögen unsere Interpretationen abschließen. Zunächst: Was kann man über

Kafkas Romanwelten inhaltlich aussagen in der Hoffnung auf allgemeinen Konsens? Wahrscheinlich ruft es keinen Widerspruch hervor, wenn man davon ausgeht, daß Kafka eine sehr große Nähe zwischen sich und seinen Hauptfiguren hergestellt hat und daß der »Kampf«, den seine K.s führen, für ihn selber von höchster persönlicher Bedeutung ist. Wenn irgendwo, so sind wir hier berechtigt, von existentieller Dichtung zu sprechen.

Darum soll wenigstens noch kurz Kafkas Verhältnis zu Kierkegaard und der Existenzphilosophie des 20. Jahrhunderts gestreift werden. Das außerordentliche Gewicht, das dem Einzelnen in seiner »Einzelnheit« zukommt, weist zweifellos in diesen geschichtlichen Zusammenhang. Doch stilisierte die Existenzphilosophie von Kierkegaard bis Sartre, ganz im Gegensatz zu Kafka, den Einzelnen zu einer ahistorischen und z. T. übermenschlichen Größe. Kafka sagt von Kierkegaard:

»den gewöhnlichen Menschen [...] sieht er nicht und malt den ungeheueren Abraham in die Wolken.« (Br 235 f.)

Der Satz bezieht sich auf *Furcht und Zittern*, worin Abraham zum Urbild des »Glaubensritters«[14] erhoben wird. Der Einzelne Kafkas bleibt von solcher überzeitlichen Monumentalität weit entfernt. Er ist als Einzelner zugleich eine durch und durch historisch vermittelte Figur, erkennbar als Resultat geistes- und gesellschaftsgeschichtlicher Entwicklungen. Zudem findet er sich konfrontiert mit bestimmten Weltmodellen von geschichtlicher Eigenmächtigkeit. Die Stärke des Weltpols in Kafkas Romanen macht den wichtigsten Unterschied zu Kierkegaards Theologie aus. Kierkegaards »Glaubensritter« vollziehen hinsichtlich von Leben und Welt die »Bewegung« einer »unendlichen Resignation«, um dann mit einer weiteren »Bewegung« das im Opfer Dahingegebene »in kraft des Absurden« zurückzuempfangen.[15] Kafkas Romanfiguren dagegen kommen nicht über den Kampf hinaus, der zugunsten der Welt oder zumindest unentschieden endet. Das hat natürlich seinen Grund darin, daß Kafka gar nicht einseitig die Partei seiner Helden ergreift. Schließlich gilt auch für seinen eigenen »geistigen Kampf« (H 70), den ja die Romane insgesamt dokumentieren, der Satz (aus den Aphorismen):

»Im Kampf zwischen dir und der Welt sekundiere der Welt.« (H 44, Nr. 52; H 91)

Bis hierher blieb unsere Interpretation abstrakt genug, um vielleicht allgemein akzeptabel zu sein. Fragt man jedoch danach, welche Bedeutung, welches Ziel, welches Ergebnis der Kampf der K.s und derjenige Kafkas haben, so antworten darauf in den Romanen viele unübersetzbare Bilder und zahllose Reflexionen – auch außerhalb der Romane –, die in der Form des »gleitenden Paradox« jede positive Aussage in die Negation überführen. Dementsprechend mündeten unsere Gedanken zum *Schloß* in die Formulierung einer Aporie, aber selbst auf der wollte ich nicht beharren. Es geht einem mit Kafkas Romanen ähnlich wie dem Manne, von dem in *Furcht und Zittern* gesagt wird:

> »Je älter er wurde, desto öfter wandten seine Gedanken sich jener Geschichte [von Abraham] zu, seine Begeisterung wurde immer mächtiger, und doch vermochte er es immer weniger, die Geschichte zu verstehen.«[16]

Was sich indes zweifelsfrei erkennen läßt, ist der Prozeß, den Kafkas Dichtung in struktureller Hinsicht durchläuft.

Wie die Hauptfiguren der Romane jedesmal eine »Bewegung« vollziehen (dieses Leitwort Kierkegaards ist Kafka wichtig geworden[17]), und zwar die Bewegung aus einer normalen bürgerlichen Alltagswelt in eine »geistige Welt« hinein, so kann man an den drei Romanen, nimmt man sie zusammen, eine analoge Bewegung ihres Verfassers ablesen. Am sichtbarsten manifestiert sie sich in der von Werk zu Werk zunehmenden Parabolisierung der Romanwelten, die ich zu beschreiben suchte. Diese bedeutet keine Flucht in eine autonome Sphäre des Geistes, sondern eine entschiedenere Hinwendung zum Leben in seiner ganzen Breite. Um es konkreter zu sagen: Es handelt sich um ein wachsendes Interesse an den Lebensmöglichkeiten des spätneuzeitlichen Einzelnen innerhalb der noch existierenden Kulturgemeinschaften. Zugleich aber bedeutet die »Bewegung«, die Kafka von *Amerika* über den *Prozeß* zum *Schloß* vollzieht, auch eine Radikalisierung der Kritik an der gesellschaftlich-ökonomischen Realität des beginnenden 20. Jahrhunderts. Denn diese, im *Prozeß* immerhin als »sinnliche Welt« die Basis der Gestaltung bildend, ist im *Schloß* einer Darstellung als »Welt« nicht mehr würdig und fähig. Ihr fehlen offenbar alle Voraussetzungen, um ein Leben gemäß den menschlichen Bedürfnissen zu ermöglichen, die sich noch in Kafkas Landvermesser teils unbewußt, teils bewußt bekunden. Das »Böse« jener gesellschaftlichen Wirklichkeit bringt allerdings der Einzelne in Form seines Bewußtseins und seiner Handlungsweise mit, wohin er auch geht. Und dasselbe »Böse« erscheint sogar im Spiegel der im übrigen nach feudalistischem Muster strukturierten Gleichniswelt von Schloß und Dorf. Negativer hätte Kafka über seine Zeit nicht urteilen können.

Anmerkungen

1 Hermann Broch, Gesammelte Werke. Der Tod des Vergil, Zürich 1958, S. 393.

2 Kafka wird nach den Gesammelten Werken, hg. von Max Brod, New York/Frankfurt am Main 1950 ff., zitiert: A = Amerika (Der Verschollene), B = Beschreibung eines Kampfes, Br = Briefe 1902–1924, E = Erzählungen, H = Hochzeitsvorbereitungen auf dem Lande, P = Der Prozeß, S = Das Schloß, T = Tagebücher.

3 Rainer Maria Rilke, An Hölderlin. Sämtliche Werke. Besorgt durch Ernst Zinn, Wiesbaden 1955 ff., Bd. 2, S. 93.

4 Archaischer Torso Apollos. Sämtliche Werke, Bd. 1, S. 557.

5 Ulrich Fülleborn, Zum Verhältnis von Perspektivismus und Parabolik in der Dichtung Kafkas, in: Wissenschaft als Dialog. Festschrift für Wolfdietrich Rasch. Hg. von Renate von Heydebrand und Klaus Günther Just, Stuttgart 1969, S. 289–312. Das Nächstfolgende schließt sich an die Ausführungen dieses Aufsatzes an.

6 Aus dem *Briefwechsel in Gedichten mit Erika Mitterer*. Sämtliche Werke, Bd. 2, S. 305.

7 Ein zentraler Terminus Hegels (immer in dieser Wortform), der von Kierkegaard als »Enkelthed« übernommen wurde. Malcolm Pasley verdanke ich den Hinweis, daß in den Manuskripten Kafkas ebenfalls die Schreibung »Einzelnheit« begegnet.

8 Vgl. Gerhard Neumann, Umkehrung und Ablenkung: Franz Kafkas »Gleitendes Paradox«, in: Deutsche Vierteljahrsschrift für Literaturwissenschaft und Geistesgeschichte 42 (1968), S. 702–744. Wiederabgedruckt in: Franz Kafka. Hg. von Heinz Politzer, Darmstadt 1973, S. 459–515.

9 Gustav Janouch, Gespräche mit Kafka. Aufzeichnungen und Erinnerungen. Erweiterte Ausgabe, Frankfurt am Main 1968, S. 53.

10 Zum Verhältnis von Realismus bzw. Naturalismus und Surrealismus im *Verschollenen* vgl. Jörg Thalmann, Wege zu Kafka. Eine Interpretation des Amerikaromans, Frauenfeld und Stuttgart 1966.

11 Vgl. Fülleborn, Verhältnis, S. 310 und Anm. 32.

12 »Veränderung«. Zu Rilkes ›Malte‹ und Kafkas ›Schloß‹, in: Etudes Germaniques 30 (1975), S. 438–454.

13 Vgl. die Aphorismen über »unser« Verhältnis zum »Paradies«: H46, Nr. 64/65; H47, Nr. 74; H48f., Nr. 84.

14 Sören Kierkegaard, Gesammelte Werke. Vierte Abteilung: Furcht und Zittern. Übersetzt von Emanuel Hirsch. 7.–10. Tsd. Düsseldorf/Köln o. J., S. 57f., 47 und öfter.

15 Ebd., S. 57, 59; »Bewegung« und »unendliche Resignation« in der »Vorläufigen Expektoration« zu den »Problemata« (ebd., S. 33–66) passim.

16 Ebd., S. 17.

17 Kafka an Max Brod [Ende März 1918]: »Von diesem Begriff kann man geradewegs ins Glück des Erkennens getragen werden und noch einen Flügelschlag weiter« (Br 238).

HEINRICH HENEL

KAFKA MEISTERT DEN ROMAN

Im Nachwort zur ersten Ausgabe des *Prozeß*-Romans schrieb Max Brod, die drei Romane bildeten den kostbarsten Teil des Vermächtnisses seines Freundes. Aufgrund des bisher Veröffentlichten habe man ihn mit einigem Recht für einen Spezialisten, für einen Meister der Kleinkunst gehalten. Nun aber stelle sich heraus, daß Franz Kafkas eigentliche Bedeutung in der großen epischen Form liege. Das waren kühne Behauptungen und sind es noch heute, denn was Kafka hinterlassen hat, sind nicht drei Romane, sondern drei Romanfragmente. Die Arbeit an den ersten beiden, so glaube ich, hat Kafka aufgegeben, weil sie ihm verfehlt schienen. Das soll nicht heißen, daß er sie für wertlos hielt. Bedeutende Themen waren angeschlagen, neue Schreibweisen waren entwickelt und viele Einzelheiten waren trefflich gelungen. Verfehlt war der Plan, die Anlage als Ganzes. Kafka hat die Manuskripte aufgehoben, weil sie Brauchbares, künftig zu Verwertendes enthielten. Er hat die Romane nicht zu Ende geführt, weil der gegebene Rahmen, das bereits Geschriebene, nur eine unvollkommene Verwirklichung seines künstlerischen Willens erlaubt hätte. Mit dem dritten, dem *Schloß,* dem weitaus längsten Fragment, steht es anders. Der Plan ist so glücklich, die Ausführung so folgerecht, die Weiterführung so sorgfältig vorbereitet, daß kein Mißbehagen des Dichters die Vollendung verhindert haben kann. Vielmehr müssen es äußere Gründe gewesen sein, die Kafka veranlaßten, auch dieses Werk beiseite zu legen. Er wußte, daß er nicht mehr lange zu leben hatte und daß ihm wahrscheinlich nicht Zeit und Kraft genug verbleiben würden, den weitschichtigen Roman zu vollenden. Gleichzeitig mit dem Beginn der Arbeit am *Schloß* entstand seine geschlossenste Leistung, die Erzählung *Ein Hungerkünstler.* Seine Zufriedenheit mit ihr und seine Erwartung, daß ihm noch ein paar Erzählungen von gleicher Qualität gelingen würden, werden ihn veranlaßt haben, die Arbeit am *Schloß* abzubrechen. Daß der Entschluß richtig war, beweist vor allem *Der Bau*, daneben *Josefine, die Sängerin.*

Kafkas erster Roman, *Der Verschollene*, wurde im September 1912 in Angriff genommen und blieb im folgenden Jahr stecken. Mehr als zwanzig Monate später wandte sich der Dichter ihm nochmals zu, führte das letzte vorhandene Kapitel ein Stückchen weiter und schrieb dann fast gleichzeitig den Anfang von zwei weiteren Kapiteln, »Ausreise Bruneldas« und »Das Naturtheater von Oklahoma«. Das Brunelda-Kapitel war offensichtlich als Abschluß des Romans gedacht. Es zeigt dieselbe Manier wie das früher Geschriebene und bringt den Helden, Karl Roßmann, auf die tiefste Stufe seines Abstiegs. »So ein Fräulein ist das Fräulein?«, sagt der Polizist zu Roßmann, »Und Sie, Kleiner, besorgen die Vermittlung und den Transport?«. Mit diesem Schluß war Kafka nicht zufrieden. Er versuchte, den Roman zu retten, indem er ihm durch das »Naturtheater« thematisch eine andere Richtung und stilistisch einen anderen Charakter gab. Daß das Werk damit in zwei unverträgliche Teile zerfiel, hat Kafka sofort eingesehen. Er gab es verloren in der klaren Erkenntnis, daß weder der konsequente Abschluß noch der radikale Neuansatz das ausdrückte, was er zu sagen hatte.

Der zweite Roman, *Der Prozeß*, entstand mit nur geringen Unterbrechungen in rund fünf Monaten, zwischen August 1914 und Januar 1915. Trotzdem ist Kafka auch hier in eine falsche Bahn geraten. Das zeigt sich wieder an den letzten Kapiteln. Im achten, unvollendeten Kapitel sollte Josef K. seinen Advokaten entlassen und seine Verteidigung selbst in die Hand nehmen. Statt das Kapitel fertig zu machen und dann die Folgen des Entschlusses darzustellen, schrieb Kafka ein 9. Kapitel, worin unvermutet eine neue Figur, der Geistliche, auftritt und die Türhüter-Legende erzählt. Die Legende bildet einen Abschluß. Sie führt die Erzählung nicht weiter, sondern faßt Josef K.s Lage in einer Parabel zusammen. Wieder konnte sich Kafka mit dem Bruch in Thematik und Stil seines Werkes nicht zufrieden geben. Er griff voraus und schrieb ein letztes Kapitel, das, als Alternative zu Kapitel 9 gedacht, die bedingungslose Unterwerfung des Helden unter das Gericht darstellt. Aber nun bestand eine große Lücke zwischen der trotzigen Selbstbehauptung Josef K.s in Kapitel 8 und seiner willenlosen Selbstaufgabe in Kapitel 10. Daß Kafka die Lücke nicht ausfüllte, daß er die allmähliche Wandlung in der Haltung seines Helden nicht darstellte und motivierte, scheint zu beweisen, daß die konsequente Durchführung der Romanhandlung nicht dem entsprochen hätte, was der Romanheld für seinen Schöpfer bedeutete. Plan und Idee des

Werkes klafften auseinander. Roßmann endet als Gehilfe oder Gefangener einer Prostituierten, Josef K. stirbt »wie ein Hund«. Dieses Ende auf der tiefsten Stufe eines Abstiegs ist eine Vereinfachung, die dem Wert der beiden Gestalten nicht gerecht wird und nur ihren Unwert zur Geltung bringt.

Betrachtet man zunächst den Aufbau, so wird man bemerken, daß die Handlung im *Schloß* glatter verläuft und stetiger fortschreitet als im *Verschollenen* und im *Prozeß*. Jedes Ereignis, jedes Kapitel ist durch das vorhergehende vorbereitet und schließt sich sinnvoll daran an. Auch wenn der Leser zunächst nicht versteht, warum sich die Brückenhofwirtin Gardena im sechsten Kapitel ganz anders zu K. verhält als im vierten, ist es doch klar, daß der Grund der Veränderung in der dazwischenliegenden Unterredung K.s mit dem Gemeindevorsteher zu suchen ist. Eine selbständige Veröffentlichung einzelner Kapitel – wie des ersten Kapitels des *Verschollenen* als *Der Heizer* und des neunten des *Prozeß*-Romans als *Vor dem Gesetz* – wäre nicht möglich. Selbst das überlange Kapitel 15 mit seinen fünf Unterabteilungen ist keine abgerundete Digression oder selbständige Episode, denn es ist vorbereitet (um nur einiges zu nennen) durch den Haß Gardenas und Friedas auf die Familie Barnabas, durch die Figur des Boten, durch Friedas peitschenschwingende Vertreibung von Klamms Dienerschaft aus dem Ausschank in den Viehstall und durch Olgas übel zugerichtete Kleider und Haare in Kapitel 3 (S 57f., 61, 291f.),[1] und es bildet seinerseits den Anlaß zu Friedas Entführung durch den Gehilfen Jeremias und zu ihrer Rückkehr in den Herrenhof. Zweifel an der richtigen Anordnung der Kapitel, die beim *Prozeß* immerhin möglich waren, können beim *Schloß* nicht aufkommen.[2] Dazu kommt zweitens, daß die meisten Nebenfiguren, anders als in den beiden früheren Romanen, nicht auftreten und verschwinden, sondern, einmal dem Leser vorgestellt, nicht mehr aus dem Auge gelassen werden. Als K. im ersten Kapitel beim Gerbermeister Lasemann Obdach findet, trifft er den Schuster Otto Brunswick und dessen Frau und wird dann von dem Fuhrmann Gerstäcker zum Brückenhof zurückgebracht. Sie alle greifen in K.s Schicksal ein – der »jämmerliche aber unerbittliche Fuhrmann« (S 28) am wenigsten, der ehrgeizige Schuster mehr, seine Frau am meisten. Und dazu kommt drittens, daß das Interesse des Lesers nicht ausschließlich von der Hauptperson, sondern auch von den Nebenpersonen beansprucht wird. Der Lehrer, dem K. später notgedrungen dient, spricht bei der ersten Begegnung, als K. in naiver Un-

befangenheit nach dem Grafen fragt, den geheimnisvollen Satz:
»Nehmen Sie Rücksicht auf die Anwesenheit unschuldiger Kinder«
(S 19). Er hat dasselbe – K. fehlende – Wissen, das Gardena im 6. Kapitel zu der Bitte veranlaßt, K. möge Klamm nicht beim Namen nennen (S 117). Wichtiger ist, daß viele Nebenpersonen ihre eigenen Schicksale haben. Schwarzer, dessen Eingreifen am Anfang von K. selbstsicher verachtet, später für verhängnisvoll gehalten wird, ist der Lehrerin Gisa sexuell hörig. Als Gardena von ihrer weit zurückliegenden Liebschaft mit Klamm erzählt, bedrängt K. sie mit Fragen über ihr Verhältnis zu ihrem Mann, dem Brückenwirt Hans. Die Frau mit dem seidenen Kopftuch gibt sich bei der ersten Begegnung mit K. nicht als Frau Brunswick zu erkennen, sondern nennt sich »ein Mädchen aus dem Schloß« (S 24). Damit deutet sie ein Schicksal an, das sie vom Schloß ins Dorf führte, während Gardena an den drei unvergeßlichen Tagen ihres Lebens durch Klamm in die Nähe des Schlosses gerückt wurde. Jedenfalls fühlen sich beide Frauen nicht – oder nicht mehr – recht heimisch im Dorf und verachten ihre Männer. Und wie Gardena durch ihre Macht über Frieda, so bewirkt Frau Brunswick durch ihren Sohn Hans eine folgenschwere Wende in K.s Leben. Daß Pepi, Olga, Amalia und besonders Frieda Eigenwert, nicht nur Stellenwert in der Geschichte vom Landvermesser K. haben, ist so offensichtlich, daß es nicht ausgeführt zu werden braucht.

Kontinuierliche Handlung und Verflechtung mehrerer Handlungsstränge zu einem einheitlichen Ganzen sind zwei der wichtigsten Merkmale des klassischen Romans des 18. und 19. Jahrhunderts. Zumindest in dieser Hinsicht ist die Romanform im *Schloß* gemeistert. Diese Feststellung widerspricht Martin Walsers interessanter Theorie, die drei langen Werke Kafkas seien keine Romane, sondern Epen. Das Strukturprinzip der Homerischen Epen und des *Don Quichote* (auch, so dürfen wir hinzufügen, der Artusepen und in gewissem Maße noch des *Simplizissimus*) ist die bloße Reihung von Abenteuern. Addition genügt, Integration wird nicht angestrebt. Die gleiche Leerform kann mit beliebigen Inhalten gefüllt und beliebig oft wiederholt werden. Man wird bemerken, daß diese Beschreibung besser auf die *Odyssee* als auf die *Ilias* paßt. Die Irrfahrten des Odysseus führen ihn von einem Ort zum andern, er begegnet bei jedem seiner Abenteuer anderen Menschen oder Ungeheuern, und die Einheit des Epos besteht nur in der Person des Helden, der allmählich seine Kameraden verliert und schließlich allein in die Heimat gelangt. *Der Verschollene* ist auf die gleiche Weise gebaut. Der Schauplatz wechselt von einer Etappe des Geschehens zur nächsten, Karl Roßmann ist kaum einem Gegner entronnen, als er schon auf den nächsten trifft, und seine Bemühung, in der Neuen Welt Fuß zu fassen und eine neue Heimat zu finden, ist das einzige durchgängige Motiv der Erzählung.

Schon *Der Prozeß* bringt eine gewisse Konsolidierung. Die Geschichte spielt in *einer* Stadt, die jedoch in zwei Welten, eine alltägliche und eine unheimliche, zerfällt. Der Sitzungssaal des Gerichts liegt fünf Stockwerke hoch, und noch höher, auf dem Dachboden, befinden sich die Kanzleien. Die Irrfahrt Josef K.s führt nicht horizontal von Ort zu Ort, sondern vertikal über schwer auffindbare Treppen. Auch die Personen, denen K. begegnet, sind etwas enger miteinander verknüpft als die Personen im *Verschollenen*. Frau Grubach ist als Vermieterin mit ihren Mietern bekannt, der Hauptmann Lanz ist ihr Neffe, und Fräulein Bürstner ist mit Fräulein Montag befreundet. Der Direktor der Bank kennt natürlich seinen Stellvertreter, der Fabrikant verweist K. an den Maler, und der Maler unterhält wie der Advokat persönliche Beziehungen zu den Richtern. Aber die Bewohner der Pension und die Bankangehörigen treffen sich nicht, und das Personal der Szene im Sitzungssaal tritt bei K.s Gang durch die Kanzleien nicht wieder auf. Nur die Anwesenheit von drei Bankangestellten bei K.s Verhaftung und das Eindringen des Prüglers in die Bank schafft eine sporadische Verbindung zwischen den zwei Welten. Ein eigenes Interesse als Persönlichkeiten erregen die Nebenpersonen kaum, und ein eigenes Schicksal hat keine. Der Vergleich von Frau Grubach mit der Oberköchin im *Verschollenen* einerseits, mit Gardena im *Schloß* andererseits zeigt, wie gering der Fortschritt von der Epenstruktur zur Romanstruktur ist. Nur Leni ist lebendiger gezeichnet. Zwar hat auch sie kein eigenes Schicksal und will nicht wie Frieda durch K. befreit werden, aber sie ist eine kesse Marke und verführt ihr Opfer mit mehr Temperament und Witz als ihr Gegenstück im *Schloß*. Zusammenfassend darf man sagen, daß Walsers Epen-Theorie vom *Verschollenen* vollkommen, vom *Prozeß* weitgehend, vom *Schloß* dagegen durchaus nicht bestätigt wird.

Wendet man sich vom Aufbau zum Stil, so stellt sich die Abfolge der drei Werke nicht als gerade, sondern als zickzackförmige Linie dar. Mit dem *Verschollenen* suchte Kafka sich des Romans auf einem Umweg zu bemächtigen. Das Buch schließt sich eng an den traditionellen Roman an, es fesselt schon als fiktive oder mimetische Darstellung der

empirischen Welt, und es erregt auf weite Strecken hin keinen Arg-
wohn, daß es vielleicht nicht auf das Gesagte, sondern auf das damit
Gemeinte ankommt. Warnende Signale, wie die Freiheitsstatue mit
dem Schwert statt der Fackel in der Hand, finden sich anfangs selten.
Übertreibungen und Unwahrscheinlichkeiten sind zwar häufig, aber
erst in dem vorletzten Kapitel, dem Max Brod den ironischen Titel
»Ein Asyl« gegeben hat, steigern sich die Unwahrscheinlichkeiten zu
Unmöglichkeiten. Die Strategie des Romans läuft auf eine Überrum-
pelung des Lesers hinaus, der zunächst das beruhigende Gefühl hat, es
handle sich um eine Geschichte wie andere auch, und dann gewissermaßen aus dem Hinterhalt mit der Frage nach dem Sinn der Geschichte überfallen wird. In der kurzen Erzählung *Das Urteil* hatte sich
diese Strategie bewährt, in dem langen Roman hat sie versagt. Sie
führte nicht nur den Leser, sondern auch den Autor in eine Falle, aus
der er keinen Ausweg fand.

Der Prozeß hat von Anfang an Verweisungscharakter und behält
diesen Charakter bis zum Ende. Gleich im ersten Kapitel wird der Leser mit der Frage konfrontiert: Was bedeutet es, wenn ein Mensch
verhaftet wird und doch seine Freiheit behält? Es gibt kaum ein Ereignis, gewiß kein Kapitel, das nicht ähnliche Fragen aufwirft und ähnliche Paradoxa aufstellt. Der Leser wird ständig gewarnt, daß es nicht
auf die Personen und Vorgänge als solche, sondern auf ihre versteckte
Bedeutung ankommt. Kafka muß eingesehen haben, daß die Geheim-
nistuerei auf die Dauer langweilt. Deshalb brach er das Erzählen ab
und faßte den Sinn des Erzählten in einer Parabel, der Türhüter-Legende, zusammen. Der Stilbruch wäre vermieden, wenn der Advokat
wirklich entlassen würde, wenn Josef K. seine Verteidigung selbst
übernähme, wenn er sich vergeblich mit einer Eingabe an das Gericht
abmühte, wenn er *von sich aus* bei einem Geistlichen statt bei einem
Juristen Hilfe suchte und wenn er, von dem Geistlichen belehrt, sich
freiwillig dem Gericht unterwürfe. Dann wäre die Lücke gefüllt und
die Handlung des Romans zu einem folgerechten Abschluß gebracht.
Was eine solche erzählerische Lösung verhinderte, was Kafka nötigte,
stattdessen seine Karten plötzlich auf den Tisch zu legen und die Parabel zu bringen, war die doppelte Rolle Josef K.s als sein eigener Ankläger und Verteidiger. Darüber später mehr.[3]

Wenn der Pendel im *Verschollenen* zu weit nach der realistischen,
im *Prozeß* zu weit nach der parabolischen Seite ausschlägt, so kommt
er im *Schloß* zur Ruhe. Die Menschen im Dorf benehmen sich nicht

wunderlich wie Huld, Titorelli, Kaufmann Block und die kichernden Mädchen im *Prozeß*, sondern meist so, wie sich Menschen gewöhnlich benehmen. Die Motive ihres Handelns werden erklärt. Als Bewohner eines abgelegenen Dorfes sind sie mißtrauisch gegen Fremde; Frieda wirft sich K. an den Hals, weil Klamm sie verlassen hat (S 73, 76); Gardena schützt Frieda als ihre frühere Angestellte und liebt sie als ihre Nachfolgerin in Klamms Gunst; das Zimmermädchen Pepi ist neidisch auf das Ausschankmädchen Frieda; der Gemeindevorsteher sträubt sich gegen die Wiederaufnahme der lästigen Verhandlungen über die Berufung eines Landvermessers; und Barnabas will lieber ein ganz kleiner Angestellter einer Behörde als Dorfschuster sein: menschlich-allzumenschliche, aber verständliche Haltungen. Am deutlichsten greifbar wird der Unterschied zwischen *Prozeß* und *Schloß* vielleicht in dem Umstand, daß Josef K. eine der »realistischen« Figuren, seinen Onkel, »Das Gespenst vom Lande« nennt, während K. gerade von einer der unrealistischsten Figuren, dem Gehilfen Jeremias, den Eindruck hat, er sei »nicht recht lebendig« (P 112; S 311). In dem rein parabolischen Roman wirkt das Auftreten einer handfesten Gestalt gespenstisch, in dem weniger aufdringlich parabolischen Roman hat das Auftreten einer völlig phantastischen Gestalt die gleiche Wirkung. Daß auch die Schloßbeamten, nicht nur die Dorfbewohner, weitgehend wie gewöhnliche Menschen gezeichnet werden, kann nur eben angedeutet werden. Sordini ist ein Pedant; Momus ein eleganter Skeptiker oder Zyniker, wie schon seine Kleidung und sein Name – es ist der Name des Gottes des Spottes und des Tadels – verraten. Und Bürgel verbreitet sich mit derselben behaglichen Geschwätzigkeit wie der Vorsteher über die Nöte seines Berufes und fällt wie dieser damit K. zur Last.

Andererseits ist *Das Schloß* natürlich ebenso ein parabolischer Roman wie *Der Prozeß*. Eine Parabel, wenn der Begriff so lose gefaßt werden darf, ist eine angewandte Metapher; Kafkas Erzählungen (auch die frühen wie *Das Urteil, Die Verwandlung* und *In der Strafkolonie*) sind erweiterte Parabeln, und seine Romane sind noch stärker erweiterte parabolische Erzählungen. Je stärker die Erweiterung, um so schwieriger die schriftstellerische Aufgabe, sie zu meistern.[4] Ausschlaggebend für das Gelingen der Erweiterungen ist die Wahl der richtigen Metapher. Die herrschende Metapher in *Schakale und Araber* ist der Vergleich der Schakale mit Asketen, die den Genuß geschlachteten Fleisches als unrein verschmähen.[5] Der Vergleich hinkt ein wenig am Ende der sonst so glänzend gelungenen Erzählung, denn beim Zerreißen des in der vorangegangenen Nacht verendeten Kamels kann das Blut nicht in Lachen am Boden liegen und emporrauchen. (Zur Gallerte geronnenes Blut bildet keine Lachen und raucht nicht in der Hitze des Wüstentags.) Bild und Sache, das Gesagte und das Gemeinte, stimmen hier nicht überein. Um die Sache, die Gier der Schakale nach Speise und das Parasitentum der angeblichen Asketen, auszudrücken, nahm Kafka eine Unrichtigkeit des Bildes in Kauf. In der Erzählung ist diese Unstimmigkeit bloß ein Schönheitsfehler (wenn bei einem so grausigen Bild von Schönheit gesprochen werden darf), im *Prozeß* ist es dem ganzen Roman verderblich. Ein Prozeß ohne Ankläger und Richter, ein Prozeß, in dem der Angeklagte zugleich Kläger, Verteidiger und Richter ist – das ist eine verfehlte Metapher für das Hadern des Gewissens mit dem Selbsterhaltungstrieb. Deshalb ist Kafka ständig genötigt, die Metapher zu modifizieren und sogar zu entstellen. Die Schuld, wofür Josef K. zur Rechenschaft gezogen wird, ist kein spezifisches Vergehen, und das geheime Gericht (P 143), das von seiner Schuld angezogen wird, ist kein gewöhnliches Gericht. Alles, so erklärt Titorelli, gehört zu dem geheimen Gericht (P 181). Eine Verteidigung ist »nicht eigentlich gestattet, sondern nur geduldet«. »Alles soll auf den Angeklagten selbst gestellt sein« (P 139–141). Die Hilfe erfahrener Juristen ist nutzlos. Das erkennt Josef K. schon bei der Verhaftung, als er plötzlich und scheinbar ganz unmotiviert darauf verzichtet, den Staatsanwalt Hasterer anzurufen (P 22); und es wird bestätigt von dem Verteidiger Dr. Huld, der sich, allerdings nur in trüben Stunden, eingesteht, daß der Ausgang der Prozesse vor dem geheimen Gericht vorherbestimmt ist, so daß alle seine Bemühungen nichts fruchten (P 147). Dr. Huld ist Armenanwalt und hat an gewöhnlichen Gerichten Klienten (P 127), aber bei Fällen vor dem geheimen Gericht verläßt er sich auf seine persönlichen Beziehungen zu dem Kanzleidirektor und zu Richtern der unteren Instanzen. Auch Hasterer scheint, wie das ihm gewidmete unvollendete Kapitel andeutet, nicht nur ein geachteter Staatsanwalt zu sein, sondern auch Mitglied des geheimen Gerichts. Seine riesige Gestalt, sein bauschiger Radmantel (in dem er Josef K. leicht verbergen könnte), besonders seine Art, Kollegen, die er bei juristischen Gesprächen nicht überzeugen kann, in Furcht zu versetzen, stützen die Vermutung (P 284). Jedenfalls ist der Josef K. wohlgesinnte Bankdirektor sehr besorgt, als er von der Freundschaft seines Prokuristen mit Hasterer erfährt (P 288 f.). Und daß Hasterer ein ebenso schlimmes Luderleben mit Frauen führt wie Josef K. und (deshalb?) Bruderschaft mit ihm trinkt (P 287), kommt einer Identifizierung von Staatsanwalt und Angeklagtem gleich. Deutlicher könnte der Zusammenbruch der Metapher eines Gerichtsverfahrens kaum werden.

Im *Schloß* ist die herrschende Metapher glücklich gewählt, Bild und Sache stimmen überein. Der Roman handelt nicht von einem inneren Vorgang, dem Widerstreit zwischen dem Gewissen und dem vitalen Lebenswillen des Helden, sondern von einem äußeren, dem Verlangen des Individuums nach Anerkennung seiner Existenzberechtigung. Die Gegenwelt des Helden ist keine Projektion einer Seite seines Bewußtseins, sondern eine von ihm unabhängige Macht. Diese Macht, die allgemeine Weltordnung, ist durch das Bild einer mit sich selbst beschäftigten, in ihren Akten kramenden, das Verhalten des Einzelnen registrierenden, aber nicht richtenden Behörde treffend erfaßt. Wir alle haben beim Umgang mit Behörden erfahren, daß unsere Eingaben als Störung empfunden werden, daß uns statt Antworten auf spezifische Fragen allgemein abgefaßte Merkblätter in die Hand gedrückt werden, daß uns Fragebögen vorgelegt werden, die nicht auf unseren Fall passen. Den Behörden kommt es nicht auf den Einzelfall, sondern auf Erhaltung der allgemeinen Ordnung an. Ganz ebenso geht es K. mit den Angehörigen des Schlosses. Das macht ihn unsicher. Einmal fürchtet er, daß die Behörde, »gleichsam gegen ihren Willen, aber im Namen irgendeiner ihm unbekannten öffentlichen Ordnung« kommen muß, »um ihn aus dem Weg zu räumen«; ein andermal erklärt er, daß ihm die Aufenthaltsgenehmigung als sein Recht erteilt werden muß (S 81, 102). In Wirklichkeit verhält sich die Behörde neutral; sie ist K. weder freundlich noch feindlich gesinnt. Ein Kampf besteht nur in den Augen K.s, aber da von seinem Standpunkt aus erzählt wird, versetzt sich der Leser zunächst in seine Lage. Erst im Laufe des Romans stellt sich heraus, daß das Schloß nicht, wie K. ganz am Anfang sagt, den Kampf lächelnd aufgenommen hat. Es mag über ihn lächeln, aber es widersteht ihm nicht, sondern entzieht sich ihm. Das wird am deutlichsten in der Szene, wo K. dem Beamten Klamm vergeblich auflauert, um ihn zur Rede zu stellen.

Der Verschollene wurde im Oktober 1914 endgültig aufgegeben, *Der Prozeß* im Januar 1915. Bald danach, am 9. Februar 1915, schrieb Kafka in sein Tagebuch: »Wenn sich die beiden Elemente – am ausgeprägtesten im *Heizer* und in der *Strafkolonie* – nicht vereinigen, bin ich am Ende«. Man darf vermuten, daß sich der Eintrag auf das Scheitern der beiden Romane bezieht und daß die erhoffte Vereinigung ein Programm für Kafkas künftige Arbeiten aufstellt. Aber wie ist der Satz zu verstehen, und welche Elemente sind gemeint? Nimmt man an, daß das eine Element im *Heizer*, das andere in der *Strafkolonie* ausgeprägt ist, so ist an den Gegensatz zwischen erfahrener und konstruierter Welt zu denken. Im *Verschollenen* ist die Vereinigung nicht gelungen, denn der Roman beginnt als Darstellung der empirischen Welt und wird erst gegen Ende zur Darstellung einer phantastischen. Auch im *Prozeß* sind die beiden Welten nicht vereinigt; sie sind einander gegenübergestellt. In der Bank, meint Josef K., hätte etwas wie seine Verhaftung unmöglich geschehen können, denn dort ist er immerfort im Zusammenhang der Arbeit (P31). Dem ersten Roman wurde die weitgehende Beschränkung auf die erfahrene Welt zum Verhängnis, dem zweiten die weitgehende Trennung von erfahrener und geschaffener Welt. Was Kafka zu sagen hatte, ließ sich weder auf die eine noch auf die andere Art ausdrücken. Erst im *Schloß* ist die Vereinigung vollzogen. Das Schloß liegt zwar höher als das Dorf (so wie das Gericht höher liegt als Josef K.s Alltagswelt), aber der Unterschied zwischen Schloß und Dorf ist nicht groß, wie es einmal ausdrücklich heißt. Was K. in dem Dorf zu sehen bekommt und was er über das Schloß erfährt, ist eine zugleich wohlvertraute und völlig unbegreifliche Welt. Der gewissenhafte Pedant Sordini (der Name ist wohl von italienisch *sordo*, ›taub‹, ›dumpf‹ abgeleitet) oben im Schloß ist eine uns ebenso bekannte Erscheinung wie der tyrannische Lehrer unten im Dorf. Und Sordinis Fast-Namensvetter Sortini (wohl als Ableitung von italienisch *sorte*, ›Schicksal‹ zu verstehen), der beim Feuerwehrfest über eine Deichsel springt, um Amalia näher zu sein, ist nicht unheimlicher als Gardena, deren Leib manchmal zu Überlebensgröße anschwillt. Die meisten Ereignisse, ob im Schloß oder im Dorf, haben einen doppelten Aspekt. Sie sind interessant als reale Vorgänge wie die Vorgänge im *Heizer*, und sie sind bedeutend als metaphorische Vorgänge wie die Vorgänge in der *Strafkolonie*. Um ein ganz bescheidenes Beispiel zu nennen: daß der Lehrer die Kinder ein jäh abfallendes Gäßchen hinunterführt, beschreibt die Topographie der Ortschaft, gibt aber zugleich dem Lehrer den Anflug eines Verderbers der Jugend.

Der Eintrag im Tagebuch läßt sich auch anders verstehen, nämlich so: im *Heizer* und in der *Strafkolonie* sind dieselben zwei Elemente ausgeprägt, aber in keiner der beiden Erzählungen sind sie vereinigt.

Im *Heizer* werden die Elemente von Roßmanns Onkel, dem Senator Jakob, namhaft gemacht. »Es handelt sich«, sagt der Senator, »vielleicht um eine Sache der Gerechtigkeit, aber gleichzeitig um eine Sache der Disziplin« (V 39). In der *Strafkolonie* werden die Elemente auf den Blättern genannt, die in den Apparat gelegt werden. »Ehre deinen Vorgesetzten!« soll dem Verurteilten auf den Leib geschrieben werden; »Sei gerecht!« will der Offizier sich selbst auf den Leib schreiben lassen (E 205, 228). Im *Heizer* wird die Vereinigung der beiden Forderungen dem Kapitän überlassen, aber die Mühe wird ihm erspart, denn der Heizer hat bereits den Dienst gekündigt und untersteht nicht mehr der Disziplin des Schiffes; und Roßmann, der Anwalt der Gerechtigkeit, wird von seinem Onkel – einem wahren deus ex machina – dem ganzen Handel entzogen. Auch in der *Strafkolonie* kommt es zu keiner Vereinigung. Für den Offizier ist der Vollzug der Strafe zwar zugleich ein Triumph der Gerechtigkeit, denn der Verurteilte wird durch das Erleiden der Strafe von seiner Schuld gereinigt und verklärt. Aber dieser Glaube an das automatische Zusammenfallen von Disziplinierung und Gerechtigkeit erweist sich als naiv. Die Maschine, der Automat, bewährt sich, wenn nach der Berechtigung der Strafe gefragt wird, aber sie zerbricht bei der Frage nach der Gerechtigkeit des Urteilenden. Die Erzählung entläßt uns mit einem Paradox. Alle Menschen sind sündig und verdienen Strafe, aber kein Mensch kann gerecht über andere urteilen.

Das problematische Verhältnis von Gehorsam und Gerechtigkeit im gesellschaftlichen Leben ist nur *eine* Ausprägung der problematischen Situation, in die der Mensch nach Kafka mit seiner Geburt hineingestellt ist. Im privaten Leben äußert sie sich als die Haßliebe von Vater und Sohn oder Alter und Jugend, im moralischen Leben als das widersprüchliche Bedürfnis nach Askese und Genuß oder Selbstaufgabe und Selbstbehauptung, und im Dasein überhaupt in dem Paradox, daß das Allgemeine aus Einzelwesen besteht, die ihm kollektiv unentbehrlich, individuell entbehrlich sind. Von den drei Romanen handelt der erste hauptsächlich von dem sozialen Problem, der zweite vorwiegend von dem moralischen und der dritte von dem existentiellen. So betrachtet nimmt das Wort »vereinigen« des Tagebucheintrags eine andere Bedeutung an. Nicht Ausgleich oder Synthese ist gemeint, sondern Aufrechterhaltung der Spannung. Von den *Elf Söhnen* – die Erzählung entstand Ende März 1917 und darf als knapp gefaßte Verwirklichung des Programms gelten, das in der Tagebuchnotiz aufgestellt wurde – sagt Claude David: »Jeder ist auf die Welt mit seiner eigenen Natur gekommen; jeder ist seinen eigenen Weg gegangen. Am Ende wird keiner ausdrücklich verworfen, keiner aber auch endgültig freigesprochen«.[6] Was Kafka an den beiden älteren Romanen bemängelte, war demnach die zu speziell gefaßte Thematik und die daraus folgende Lösung, die Niederlage des Helden. Und was er mit dem *Schloß* unternahm, war die Darstellung des Problems in seiner allgemeinsten Form und in seiner Unlösbarkeit. In allen drei Werken ist der Held ungleich schwächer als die Macht, auf die er stößt. Im *Verschollenen* verficht er das höhere Prinzip – und unterliegt. Im *Prozeß* stemmt er sich gegen das höhere Prinzip – und unterliegt auch. Erst im *Schloß* ist er weder besser noch schlechter als die Gegenwelt, steht ihr gleichberechtigt gegenüber und weiß sich trotz seiner Schwäche gegen sie zu behaupten. Die schier unlösbare schriftstellerische Aufgabe, die sich Kafka in den Romanen stellte, war die Darstellung eines Zustands als Handlung.[7] Er hat sie gelöst, indem er die Romane vom Standpunkt des Helden erzählt und ihm so einen Vorsprung gibt, den er allmählich verliert. Der Held genießt anfangs die Sympathie und das Vertrauen des Lesers, aber er büßt sie zunehmend ein – vollständig im *Verschollenen* und im *Prozeß*, teilweise im *Schloß*.

Gehen wir die drei Romane nochmals unter diesen Gesichtspunkten durch. Karl Roßmann, kaum sechzehn Jahre alt, ein halbes Kind noch, von seinen Eltern verstoßen, springt dem Heizer bei, weil er in ihm einen Leidensgenossen, die verfolgte Unschuld, zu erkennen glaubt. Er ist für die Gerechtigkeit und gegen die Obrigkeit und kümmert sich nicht darum, ob der Obermaschinist Schubal wirklich ungerecht gehandelt hat und welche Verluste und Gefahren ihm selbst durch seine voreilige, übereifrige Parteinahme drohen. Nach der Landung wird das anders. Im fremden Amerika ist Roßmann genötigt, sich in eine bestehende Ordnung einzufügen und zugleich seine persönliche und moralische Selbstbestimmung zu verteidigen. Integration contra Integrität, wie John Sandford vor kurzem formuliert hat.[8] Roßmanns einzige Waffe ist sein scharfer, advokatenhafter Verstand. Sie genügt für die Einsicht, daß die Hilfe des Onkels mit völliger Unterwerfung bezahlt werden muß. Sie genügt auch für die Entlarvung eines zweiten unehrlichen Helfers, des Herrn Green. Aber schon gegenüber den Landstreichern Delamarche und Robinson versagt sie, und gegen den brutalen Oberportier hilft keine noch so kluge Verteidigung. Von jetzt ab ist Roßmann kein Kämpfer für die Gerechtigkeit mehr, sondern ein

Flüchtiger, der schließlich wieder, wie bei dem Onkel, in einem Gefängnis endet. Sinnbild dafür ist das Balkongitter, wogegen er von Brunelda gedrückt wird (V 242, 248).

Es besteht kein Grund zu der Annahme, daß die Alternativlösung, die Kafka mit dem »Naturtheater« versuchte, die Spannung zwischen Selbstrespekt und Respekt vor der Obrigkeit aufrechterhalten sollte. »Aufgenommen« ist Roßmann auch bei dem Onkel, bei Herrn Pollunder, im Hotel Occidental und bei Brunelda, aber unter immer entwürdigenderen Bedingungen. Von dem Werber wird Roßmann »aus dem Schauspielerstand unter die technischen Arbeiter geschoben«; daß der »Engel« Fanny bereits abgereist ist, »war die erste Enttäuschung, die er in diesem Unternehmen erlebte«; und dem Führer des Reisetransports, so erklärt der Personalchef, sind die Aufgenommenen Gehorsam schuldig (V 281, 282, 286). Das ist eine Sprache, die keinen Zweifel daran läßt, wohin der Transport geht: zu immer schlimmeren Demütigungen, zum Zertreten der Persönlichkeit, in die Gefangenschaft, wahrscheinlich in den Tod – wie ein Tagebucheintrag vom 30. September 1915 erklärt.

Josef K.s Problem ist spezieller als das Problem Karl Roßmanns, aber dafür hält er die Spannung länger aus – bis zum Ende, wenn »Im Dom« als Schlußkapitel angesehen wird. Seine Verhaftung ist die erste Regung seines Gewissens, ein erstes Sichsträuben seines Rechtsgefühls gegen seinen Lebenswandel. Fast alle Menschen haben solche Anwandlungen, aber gesunde Naturen setzen sich schnell darüber hinweg. Die Verhaftung, meint Frau Grubach, ist nicht »etwas besonders Schlimmes […] Es kommt mir wie etwas Gelehrtes vor« (P 30). »Etwas Gelehrtes«: damit meint die im praktischen Leben stehende Vermieterin etwas Abstraktes, Theoretisches, Prinzipielles, dem nur Gebildete nachhängen und Einfluß auf sich gewähren. Die meisten Menschen, die in den Kanzleien des Gerichts warten, gehören den höheren Klassen an und sind so empfindlich, daß sie, wenn auch nur leicht angefaßt, laut aufschreien (P 80–82). Der Gerichtsdiener, ein noch einfacherer Mensch als Frau Grubach, hält eine solche Zartheit des Gewissens für eine Verirrung. Als Josef K. nach dem Ausgang fragt, antwortet der Diener: »Sie haben sich doch nicht schon verirrt?« (P 83). Ja, er hat sich schon verirrt, er hat in den Wartenden seine Kollegen erkannt und wird sich bald ebenso tief wie sie in den Prozeß verstricken, den das Gewissen gegen den Lebenswillen führt. Als Bankprokurist weiß er, daß die Praxis des Geschäftslebens vor moralischen

Skrupeln schützt; und als Weltmann weiß er, wie man den Anfechtungen des Gewissens trotzt. Er macht der Kellnerin Elsa regelmäßige Besuche (P 28, 34, 75, 133 f.), er wird das kleine Schreibmaschinenfräulein Bürstner bei nächster Gelegenheit verführen (P 101), er findet »trotz allem Nachdenken keinen haltbaren Grund dafür, warum er der Verlockung [durch die schöne Wäscherin] nicht nachgeben sollte« (P 72), und auch der Verlockung durch die Geliebte seines Advokaten gibt er sehr leicht nach (P 135 f.). »Ich werbe Helferinnen«, sagt er in tragikomischer Verblendung, indem er seine Eroberungen aufzählt (P 133). Aber das bewährte Mittel verfängt diesmal nicht. Josefs Liebschaften helfen seinem Schuldbewußtsein, nicht seinem Widerstand gegen die Gewissensbisse. Gerade weil sein Gewissen zart ist, ist es stärker als seine Weltklugheit. Das ist der Sinn der Szene, in der der Student (auch er ist »etwas Gelehrtes«!) ihm die schöne Wäscherin wegnimmt und zum Untersuchungsrichter trägt, obwohl man dem »kleinen Scheusal« die Kraft dazu nicht zugetraut hätte (P 74 f.).

Beim ersten Lesen versteht man die frühen Kapitel des Romans anders. Da erscheint Frau Grubach als vernünftige Ratgeberin, Fräulein Bürstner als Mädchen von losen Sitten, der Student als kleiner, krummbeiniger Kerl, der sich mit seinem Vollbart eine falsche Würde gibt (P 71 f.), Dr. Huld (schon wieder »etwas Gelehrtes«!) als kränklicher Trottel, der als Rache für den Verlust Lenis seinen Klienten demütigt (P 138), und der Untersuchungsrichter als Verfasser von Lügenberichten (P 73), der zur Erholung von der Arbeit schmutzige Bücher mit unanständigen Illustrationen liest (P 67). Das ist Kafkas bekannte Technik der Umkehrung geläufiger Vorstellungen, die in Prägungen wie *Der Schacht von Babel* und *Das Schweigen der Sirenen* zum Ausdruck kommt. Erst nachdem der Leser sein Vertrauen zu Josef K. verloren hat, erkennt er, daß er die Dinge mit dessen Augen, also verkehrt, gesehen hat.

Im *Verschollenen* geht die Spannung verloren, weil der Held, ein feinsinniger Knabe, zu schwach ist, um den Kampf zwischen Rechtsgefühl und Selbsterhaltungstrieb durchzustehen. Im *Prozeß* geht sie verloren (wenn die Hinrichtung als Ende angesehen wird), weil Josef K. nur noch die Stimme seines Gewissens hört und seinen Lebenswillen erstickt. Anders im *Schloß*. Der Roman ist nicht auf Sieg oder Niederlage, sondern auf Behauptung der Gegensätze angelegt. Genau genommen bestehen nicht einmal Gegensätze, sondern völlig verschiedene Interessen. Der Lehrer (S 20), Frieda (S 73) und Olga (S 260,

266, 271) sind davon überzeugt, daß das Dorf vom Schloß abhängt, daß alles vom Schloß ausgeht. Die Bemerkungen des Dorfsekretärs Momus (S 156) und die Berichte des Boten Barnabas dagegen erwecken den Eindruck, daß das Schloß gegen die Nichtigkeiten (S 69, 156, 399) des Lebens im Dorf ebenso gleichgültig ist »wie die Sterne oben gegen den Sturmwind hier unten« (161; vgl. Olga 274). Der bei Kafka seltene Gebrauch einer Metapher hebt die Stelle hervor und gibt der zweiten Meinung den Vorzug. Auch K. ist dem Schloß gleichgültig. »Die Behörden hatten«, so lesen wir, »immer nur im Namen entlegener, unsichtbarer Herren entlegene, unsichtbare Dinge zu verteidigen, während K. für etwas lebendigst Nahes kämpfte, für sich selbst« (S 80). Als der Gemeindevorsteher umständlich davon erzählt, »was innerhalb der Ämter vorgeht«, möchte K. »ein Wort über mich hören«, über »meine wirkliche Person«, die »außerhalb der Ämter« steht (S 91). Alle Berührungen K.s mit dem Schloß, so erklärt der Vorsteher, sind nur scheinbar, nicht wirklich (S 99). Daß K. ein Recht auf den Aufenthalt im Dorf zu haben glaubt (S 102), ist strikte *seine* Meinung. Die Behörde will ihn weder aufnehmen noch hinauswerfen (S 102). Vielmehr ist die Beweislast dafür, daß er aufgenommen ist, ihm selber auferlegt (S 98). Für K. steht »die Existenz eines Menschen« auf dem Spiel (S 88, vgl. 122), aber die allgemeine Weltordnung kümmert sich nicht darum. Sie kann das Einzelwesen aufnehmen und sie kann es fallenlassen, sie kann es dulden und sie kann es entbehren.

Das Schloß ist ein merkwürdiges Gebäude, das »den Charakter des Provisorischen und des sehr Alten« vereinigt (S 19). Weil die Welt alt ist, beharrt sie auf dem Bestehenden, und weil sie provisorisch ist, sind ihre Ordnungen nicht unumstößlich. Wenn der junge Barnabas den Beruf seines Vaters schmutzig findet und Kanzleiangestellter werden will (S 298 f.), so mag er es versuchen. Und wenn K. sich als Landvermesser ausgibt, so soll er es beweisen. Man widerspricht ihm nicht, aber man nimmt ihn beim Wort. Die Grenzen der Liegenschaften im Dorf sind zwar abgesteckt und ins Grundbuch eingetragen, so daß man keinen Landvermesser braucht (S 82, 130). Andererseits kam vor Jahren einmal ein Erlaß vom Schloß, daß ein Landvermesser berufen werden solle (S 83). K. ist nicht berufen, und er ist kein gelernter Landvermesser. Er ist ein Fremder, der das Recht seiner Individualität geltend macht oder, um im Bilde zu bleiben, das Land auf seine Weise neu vermessen will. Das Recht dazu wird ihm weder gewährt noch bestritten. Obwohl K. keinerlei Landvermesserarbeiten ausgeführt hat, lobt Klamms zweiter Brief ihn für eben diese Arbeiten. »Lassen Sie nicht nach in Ihrem Eifer!« setzt der Brief hinzu (S 160). Offensichtlich versteht Klamm K.s vorgeblichen Beruf als Metapher für seine Anstrengungen, sich zu behaupten. Dasselbe bedeutet die höflich-ironische Anrede, »Ah, der Herr Landvermesser«, mit der er von jedermann bei der ersten Begegnung begrüßt wird.

Der Glaube des Einzelwesens, daß mit ihm etwas Neues und Besseres in die Welt eintritt, hat etwas Kindliches, und er ist gefährlich. Das Individuum kann sich sein Leben lang abrackern, alt und müde werden und am Ende aus Erschöpfung seine Eigenart aufgeben. So geht es meistens, aber so muß es nicht gehen. Barnabas wird bei dem zwei Jahre langen Herumwarten auf einen Auftrag vom Schloß vorzeitig alt, aber als er die Briefe an K. zu bestellen bekommt, ist er »wieder ein glückliches Kind«, »wieder der kleine Junge von ehemals« (S 300, 302). Auch K. wird seine Kindlichkeit öfter vorgehalten. Er ist unerfahren und unwissend wie ein Kind, meint Gardena. Alle seine Bemühungen schlagen fehl; Gardena, Frieda, die Gehilfen geben ihn verloren, aber seine kindliche Zuversicht schützt ihn vor dem Verzagen. Seine Kindlichkeit ist seine Schwäche und seine Stärke. Als die Herrenhofwirtin ihm ihre altmodischen Kleider zeigt, kritisiert er sie mit der Unbefangenheit eines Kindes. Ob er sich diesmal gegen das Alte durchsetzen wird, bleibt offen, denn hier endet das Romanfragment. Sicher ist nur, daß die Spannung zwischen dem Bestehenden und dem Neuen, dem Universum und dem Individuum erhalten bleibt.

Der weitgespannten Thematik entsprechend spielen Schuld und Unschuld im *Schloß* keine Rolle. Amalias Vater will für die Beleidigung von Sortinis Boten um Verzeihung bitten, aber da die Ämter (zu Recht) ableugnen, daß das Mädchen eine Schuld auf sich geladen hat, ist die Absicht des Vaters »ein Plan ohne allen Verstand« (S 282–285). Barnabas hat »keine Fähigkeit [...] zwischen Wahrem und Erlogenem zu unterscheiden« (S 296). Olga ist »imstande, zu täuschen, zu lügen, zu betrügen, alles Böse zu tun, wenn es nur hilft« (S 303). Und K. gesteht offen, daß er, wäre Verleumdung ein geeignetes Mittel, Frieda zurückzugewinnen, nicht zögern würde, Jeremias zu verleumden (S 332). Auch seine Notlüge, er sei Landvermesser, wird ihm nicht verübelt. Bei dem Bemühen des Einzelnen, sich gegen die Übermacht des Allgemeinen zu behaupten, ist Lügen ein zwar nutzloses, aber verzeihliches Vergehen. Kafka tat den entscheidenden Schritt zur Beherrschung der neuen, ihm eigentümlichen Form des Romans, indem er statt des Problems der Schuld das Problem der individuellen Existenz zu seinem Gegenstand machte. Erst durch diesen Schritt hat er den Roman gemeistert.

Zum Schluß eine kurze Überlegung über die Schwierigkeiten der Kafka-Interpretation. Ein paar Zitate aus dem *Schloß* mögen zur Orientierung (oder Desorientierung) dienen. Die Argumente des Vorstehers für die Anstellung K.s als Schuldiener werden von dem Lehrer »mit Leichtigkeit« widerlegt. Erst als der Vorsteher einen Spaß macht, gibt der Lehrer nach, denn »gegen Späße gibt es keine Einwände« (S 125). »Gewiß«, sagt Frieda in ihrem letzten Gespräch mit K., »du kannst alles widerlegen, aber zum Schluß ist gar nichts widerlegt« (S 336). Daß Klamm seine Geliebte völlig vergißt, erklärt K. für »unbeweisbar«; und als Gardena einwendet, ihre Behauptung sei »der allgemeinen Erfahrung entnommen«, entgegnet K., »Also auch durch neue Erfahrung zu widerlegen« (S 114–117). Gardena und Momus kommen bei ihren Spekulationen über Klamms »große Empfindlichkeit« zu dem Schluß: »Wie es sich aber in Wirklichkeit verhält, wissen wir nicht [...] Zumindest läßt es sich nicht beweisen« (S 148f.). »Es läßt sich auch anders deuten«, räumt K. ein, nachdem er Charakter und Benehmen des Jeremias auf seine Weise gedeutet hat (S 332). Als Olga erzählt, man wisse oft nicht, ob Amalia ernst oder ironisch spreche, und hinzufügt: »Meistens ist es ja ernst, aber es klingt ironisch«, fällt K. ihr wütend ins Wort mit dem Ausruf: »Laß die Deutungen!« (S 272). Der Vorsteher deutet nach K.s Meinung Klamms Brief so gut, »daß schließlich nichts anderes übrigbleibt, als die Unterschrift auf einem leeren Blatt Papier« (S 98). Und Olgas Nachdenken über die richtige Beurteilung von Klamms Briefen führt zu dem Ergebnis, daß die Briefe zu endlosen Überlegungen Anlaß geben, so daß nur der Zufall bestimmt, wo man dabei gerade haltmacht, also auch die Meinung eine zufällige ist (S 304).

Fast möchte man glauben, diese Aussprüche seien nicht von den Personen des Romans aneinander gerichtet, sondern von Kafka an seine Leser. Aber wie sind die Aussprüche zu verstehen? Es ergeben sich drei Möglichkeiten. Entweder sind alle Deutungen Kafkascher Texte verboten, so daß der Kommentator sich auf die Analyse ihrer formalen Struktur, ihrer Sprache und ihres Stils, zu beschränken hat. Oder die Texte verlangen zwar nach Deutung, aber die beste Deutung läßt nichts übrig als ein leeres Blatt Papier. Oder es gibt keine beste

Deutung, sondern nur widerlegbare und unbeweisbare Deutungen. Die Kafka-Interpretation hat alle drei Möglichkeiten erwogen. Die erste impliziert die Behauptung, daß Kafka nichts über die Welt, in der wir leben, zu sagen hatte oder sagen wollte. Dem widersprechen seine Aphorismen. Die zweite impliziert die Behauptung, daß Kafkas Werke die Sinnlosigkeit des Daseins im allgemeinen und aller Daseinsformen im besonderen darstellen. Dem widersprechen seine Parabeln. Und die dritte impliziert die Behauptung, daß er nicht die Sinnlosigkeit, sondern die Unerforschlichkeit des Daseins dargestellt hat. Da ich diese Behauptung für richtig halte, habe ich den dritten Weg eingeschlagen. Damit soll nicht gesagt sein, daß die Wissenschaft den Forschern nichts zu verdanken hat, die den ersten oder zweiten Weg gegangen sind. Die reinen Formanalysen haben, wider Willen sozusagen, die Voraussetzung für das Verständnis von Kafkas Dichtungen geschaffen; und die Versuche, die Absurdität seiner Welt zu beweisen, haben zu der Einsicht geführt, daß er zwar kein Nihilist, aber ein Skeptiker war. Die Erkenntnis der perspektivischen Sicht vom Standpunkt des Helden hat uns gelehrt, keine vereinzelte Aussage für zuverlässig oder wahr zu halten. Und die Deutung von Kafkas Welt als sinnlos mußte unternommen werden, denn sie untersucht die Frage, ob nicht vielleicht auch alle Aussagen zusammengenommen dem Dasein jeglichen Sinn absprechen. Nur weil dies nicht der Fall ist, ist es erlaubt, die ontologische Deutung durch die anthropologische zu ersetzen und zu behaupten, daß Unwissenheit und Verzweiflung nicht dem Wesen der Welt, sondern dem Wesen des Menschen entspringen. Kafkas Welt ist nicht sinnlos, aber der Verstand des Menschen reicht nicht dazu aus, sie zu begreifen. Weder die Meinung, bei der Deutung von Kafkas Werken bleibe nichts übrig als der Name des Autors und leeres Papier, noch die Meinung, der Zufall entscheide darüber, auf welche Stelle oder Stellen in den Werken sich der Interpret stützt, ist berechtigt. Beide Meinungen sind zu radikal. Man kann an wichtigen und weniger wichtigen Stellen haltmachen, und darüber entscheidet nicht der Zufall, sondern die Einsicht des jeweiligen Kritikers. Richtig ist, daß alle Interpretationen eines Kafkaschen Werkes in gewissem Sinn Späße sind, weil keine je völlig genügt. Er hat seine Werke so angelegt, daß sie das Verhältnis des Menschen zur Welt spiegeln. Wie der Denker über das ungeheure Ganze des Daseins Behauptungen aufstellt, die zwar auf Erfahrung gründen, aber durch neue Erfahrung widerlegbar sind, so kommt Kafkas Leser immer nur zu Teilansichten, die eben wegen ihrer Unvollständigkeit Ergänzung durch Widerspruch verlangen. Oder, als Regeldetri ausgedrückt: der Leser verhält sich zu Kafkas Dichtung wie der Mensch zum Universum. In der Algebra läßt sich eine Unbekannte durch die Regeldetri errechnen (a : x = b : c). Meine Formel dagegen enthält zwei Unbekannte, Kafkas Dichtung und das Universum (a : x = b : y). Deshalb läßt sich die Unbekannte, der Sinn von Kafkas Dichtung, nicht eindeutig bestimmen. Wenn ich demnach die Berechtigung jedes Einwands, sogar jeder Widerlegung meiner Ansichten im voraus zugebe, so halte ich doch eine Behauptung für unangreifbar. Jeder der Romane entnimmt dem vorhergehenden eine große Zahl von Motiven, plündert ihn aus, benutzt ihn als Steinbruch. Deshalb hätte Kafka nicht alle drei Romane fertigstellen und veröffentlichen können, sondern nur einen, den letzten, meisterhaften.

Anmerkungen

1 Kafka-Zitate im Text werden durch die in der Kafka-Literatur eingebürgerten Siglen gekennzeichnet. Die Seitenzahlen beziehen sich auf folgende Ausgaben: E = *Erzählungen*, Schocken Books New York, Dritte Ausgabe, o. J.; P = *Der Prozeß*, Frankfurt/M. 1953; S = *Das Schloß*, Frankfurt/M. o. J. (9.–13. Tausend); T = *Tagebücher,* Frankfurt/M. 1954; V = *Amerika (Der Verschollene)*, Schocken Books New York, Dritte Ausgabe, o. J.

2 Auf die Sekundärliteratur wird nur in Ausnahmefällen verwiesen. Sie ist zusammengestellt in (1) Hartmut Binder, Kafka-Kommentar zu sämtlichen Erzählungen, München 1975; (2) Hartmut Binder, Kafka-Kommentar zu den Romanen, Rezensionen, Aphorismen und zum Brief an den Vater, München 1976; (3) Kafka, Œuvres complètes, Bd. I, Paris 1976. Für die Anordnung der Kapitel von P siehe Binder in (2), S. 160–180, und: Claude David in (3), S. 968–972.

3 Auch Beda Allemann (*Kafka. Der Prozeß*, in: Der deutsche Roman, hg. v. Benno von Wiese, Bd. II, Düsseldorf 1963, S. 264) kommt, obwohl aus ganz anderer Sicht, zu dem Schluß, daß sich *Der Prozeß* nicht in sinnvoller Weise abschließen ließ. Er wendet Kafkas Beschreibung seines Lebens (T 560, 23. Januar 1922) auf die Struktur des Romans an und findet, daß das »Aufbauprinzip der ›abgebrochenen Radien‹ [...], daß das Strukturgesetz der Prozeßwelt als einer Romanwelt sich gegen sich selbst kehrt, indem es einen Umschwung der Handlung in der Richtung auf einen motivierten Abschluß vereitelt«.

4 Lessing und A. W. Schlegel haben La Fontaine vorgeworfen, er habe die Äsopische Fabel verdorben, indem er sie in geschwätzige Verse gebracht habe.

Fabeln seien Beispiele, Exempla, die nur so viel erzählen dürften, wie zur Darstellung der in ihnen enthaltenen Lehre nötig sei. (Vgl. Helmuth Himmel, Geschichte der deutschen Novelle, Bern und München 1963, S. 21 f.) Der Vorwurf ist unbillig, denn er verkennt, daß La Fontaine Kurzgeschichten, nicht Fabeln hat schreiben wollen. An seinen Beschreibungen und Ausschmückungen ist nichts auszusetzen, solange sie der Moral der Geschichte nicht widersprechen. Daß jede Einzelheit der Darstellung der Lehre dient, kann nicht verlangt werden. Dasselbe gilt von Kafkas Erzählungen und Romanen. Als erweiterte Parabeln dürfen sie zwar das Gemeinte niemals verdunkeln, brauchen sich aber nicht an jedem Punkt darauf zu beziehen.

5 Walter H. Sokel, Das Verhältnis der Erzählperspektive zu Erzählgeschehen und Sinngehalt in *Vor dem Gesetz, Schakale und Araber* und *Der Prozeß*, in: Zeitschrift für deutsche Philologie, Band 86 (1967), S. 267–300, besonders S. 282–288.

6 Claude David, Zu Franz Kafkas Erzählung *Elf Söhne*, in: The Discontinuous Tradition. Studies in German Literature in Honour of Ernest Ludwig Stahl, hg. v. P. F. Ganz, Oxford 1971, S. 255.

7 Beda Allemann (s. Anm. 3), S. 260, hat die Handlung des *Prozeß*-Romans mit einem Ausdruck Kafkas (T 169, 19. November 1911) als stehenden Sturmlauf beschrieben. Claude David (s. Anm. 6), S. 967 f., meint dagegen, daß sich Josef K. im Laufe der Zeit und durch den Verlauf des Prozesses allmählich verändert. Mir scheint an beiden Meinungen etwas Richtiges zu sein: nicht Josef K., wohl aber der Leser wird durch den Gang der Handlung zu einer besseren Einsicht in den Sinn des Geschehens geführt.

8 John Sandford, Kafka as Myth-Maker: Some Approaches to *Vor dem Gesetz*, in: German Life and Letters, N. S. Bd. 29 (1975), S. 137.

CLAUDINE RABOIN

DIE GESTALTEN AN DER GRENZE

Zu den Erzählungen und Fragmenten 1916–1918

In Kafkas Erzählungen und erzählerischen Fragmenten aus den Jahren 1916 bis 1918 begegnet man einer Reihe von Gestalten, die charakterisiert, daß sie ihr kümmerliches Dasein in Form einer unmöglichen Existenz an der Grenze fristen. Entweder müssen sie dort – so der Gruftwächter in dem gleichnamigen dramatischen Fragment – Wache stehen, oder der Grenzbereich zwischen Leben und Tod, zwischen Diesseits und Jenseits ist ihnen aufgrund einer mehr oder weniger erklärbaren Schuld als letzter Wohnort zugewiesen, wie dies beim Jäger Gracchus[1] und beim Landarzt[2] der Fall ist. Und »die Grenzkämpfe hören niemals auf«, heißt es noch 1920 in der *Truppenaushebung*,[3] einer Erzählung, in der die ganze Atmosphäre der *Chinesischen Mauer*[4] wieder auflebt. Auch sie, die Chinesische Mauer, war als Grenze gedacht; die seltsamen Wesen des Grenzbereichs heißen dort die Nordvölker, ihre Existenzform ist die der Nomaden oder der Barbaren. Die Frage scheint also berechtigt, ob zwischen den nächtlichen Ringkämpfen des Gruftwächters und den die Existenzform einer ganzen Bevölkerung bestimmenden Grenzkämpfen ein Zusammenhang besteht. Die Versuchung ist groß, dies durch eine Motivuntersuchung zu klären. Das Motiv des Kampfes etwa bietet sich dafür gleichsam von selbst an, taucht zudem auch in den autobiographischen und philosophischen Schriften Kafkas häufig auf. Eine Untersuchung der Gestalten an der Grenze unter diesem Gesichtspunkt würde zur Erkenntnis eines besonderen Aspekts der Kafkaschen Problematik allerdings nur insoweit beitragen, als die Existenz im Grenzgebiet ohne Kampf oder Kämpfe nicht denkbar ist.

Bei solchen Motivuntersuchungen weiß man aber oft nicht, ob das Leben das dichterische Werk erklären soll oder ob das dichterische Werk umgekehrt als biographisches Dokument verstanden wird.[5] Vor allem jedoch muß man sich fragen, was es erbrächte, die verschiedenen Gestalten, die in Kafkas Erzählungen im kalten Grenzbereich leben, gewissermaßen auf einen gemeinsamen Nenner bringen zu wollen. Ergäbe es einen Sinn, wenn man aus Kafkas erzählerischem Werk alle Stellen heraussortierte, in denen das Wort Grenze vorkommt, und diese dann vergliche? Der besondere Charakter des Gegenstandes und Kafkas eigentümliche Schaffensweise fordern unseres Erachtens ein anderes Vorgehen als die übliche Motivuntersuchung. Im erzählerischen Werk der Jahre 1916–1918 – hierauf beschränkt sich unser Beitrag – sind die Wächter- oder Kämpfergestalten an Grenzgebieten der Menschheit die auffälligsten dichterischen Schöpfungen. Als wahre »Gesichter der Verdammnis«,[6] wie sie in der *Chinesischen Mauer* bezeichnet werden, sind sie eine differenzierte Darstellung der schriftstellerischen Existenz, wie Kafka sie in jenen fruchtbaren Jahren empfand und erlebte. Aber bevor die Gestalten an der Grenze als Schriftstellergestalten interpretiert werden können, sind erst noch einige Überlegungen über die in Betracht kommenden Werke und über das Wort »Gestalt« erforderlich.

Gegenstand dieser Studie sind die nachgelassenen Fragmente des Jahres 1916 und die acht Blauen Oktavhefte aus den Jahren 1916 bis 1918, gedruckt in dem Nachlaßband *Hochzeitsvorbereitungen auf dem Lande*,[7] die Erzählungen des von Kafka selbst veröffentlichten Bandes *Ein Landarzt*[8] sowie noch einige Erzählungen aus dem Nachlaß, die in dem Band *Beschreibung eines Kampfes* erschienen sind, die sich ursprünglich aber in den erwähnten Oktavheften befanden. Dabei stützen wir uns auf die Datierung, die Pasley und Wagenbach 1965 im *Kafka-Symposion*[9] veröffentlicht haben. Nach den dort angegebenen Entstehungsdaten läßt sich eine Art fiktives Manuskript konstruieren, das Kafkas gesamtes dichterisches Schaffen in der hier in Betracht kommenden Zeit enthält. Für die Erzählungen des *Landarzt*-Bandes fehlen Anhaltspunkte für eine genaue Datierung;[10] trotzdem lassen sie sich ungefähr einordnen, und wenn man alle Texte der Reihe nach liest, wird ihr Zusammenhang deutlich und zeichnet sich, auch wenn ein paar Elemente fehlen, ein ziemlich kohärentes Untersuchungsfeld ab. Aber selbst wenn man diesen Zusammenhang für fraglich hält, muß man die auffälligen Ähnlichkeiten zwischen den einzelnen Erzählungen und Fragmenten bemerken. Viele scheinen miteinander verwandt zu sein, und sie sind es in der Tat. Aber was kann man über die Verwandtschaft Kafkascher Texte sagen, wenn man über einen oberflächlichen Hinweis hinausgehen will? Und was erbringt es, dafür das

gesamte dichterische Schaffen in seiner chronologischen Folge heran-
zuziehen?

Eine Gesamtinterpretation der erzählerischen Texte Kafkas, die
den Zusammenhang zwischen den Fragmenten der Nachlaßbände und
den bekannteren, an anderer Stelle gedruckten Erzählungen untersucht, gibt es unseres Wissens noch nicht. Die Nachlaßbände, insbe-
sondere die *Hochzeitsvorbereitungen auf dem Lande*, werden fast
selbstverständlich nur als dokumentierendes Material benutzt und für
die Interpretation der anderen Erzählungen ausgewertet. Natürlich
befindet sich unter diesen Fragmenten viel Unfertiges, viel Unvoll-
kommenes. Aber sie sind weder eine Reihe mißlungener Versuche
oder überholter Vorstufen noch ein Vorrat von Bildern und Gedanken, die gleichsam darauf warten, anderswo noch verwendet zu werden. Zwar tragen alle Spuren des Kampfes um die Gestaltung, aber die
Vervollkommnung vollzieht sich nur selten in wiederholten Ansätzen,
von denen der zweite unbedingt eine »Verbesserung« des ersten ist.[11]
Der dichterische Schaffensprozeß, den man auf diesen aufschlußrei-
chen Seiten beobachten kann, geht eher in Sprüngen vor sich, so als
begönne mit jedem neuen Fragment auch der Akt des Schreibens von
neuem, und zwar selbst dann, wenn der Gedankengang sich von einem
Fragment zum anderen sehr deutlich verfolgen läßt. Die ungleich langen Fragmente zeigen die ›Entwicklung‹ eines Gedankens, der eine
Zeitlang um eine zentrale bildliche Vorstellung kreist, so z. B. um die
hier interessierende, sehr konkrete Vorstellung eines »Lebens an der
Grenze«. Keineswegs zwingend ist es, einen dieser Texte – gleichgültig
ob fertige Erzählung oder Fragment – als Vorstufe eines anderen zu
betrachten. Die Erzählung *Auf dem Dachboden*[12] in Heft A ist keine
Vorstufe zur Gracchus-Erzählung in Heft B,[13] obwohl die Gemeinsamkeiten offensichtlich sind. Es sind verschiedene Gestalten und
Situationen, die den dynamischen Erzählkern der beiden Geschichten bilden, und die neue Gestalt ist es, die die Wiederholung des
Schreibaktes auslöst und einen neuen Anfang verlangt.

In fast jedem neuen Ansatz hat man einen neuen konkreten Einfall
in Form einer neuen Gestalt vor sich, sei es der »Gruftwächter«,[14] sei
es der »Invalide« im *Zerrissenen Traum*,[15] der »badische Jäger« Hans
Schlag[16] oder der »Mameluck«[17] oder seien es ihre zahlreichen Brü-
der. Sie alle existieren unabhängig nebeneinander in Erzählungen, die
dadurch miteinander verwandt sind, daß sie zu einem bei Kafka allerdings nirgends zu findenden Archetyp in Beziehung stehen, den es tat-

sächlich auch nur in der Theorie geben kann. Hier nennen wir sie »Gestalten an der Grenze«. Die manchmal recht verwirrenden Beziehungen zwischen weit auseinanderliegenden Texten und die zuweilen seltsamen Wiederholungen, die trotz der Nähe der Texte im Manuskript keine sinnvolle Interpretation zulassen, sind letztlich aus Kafkas Schreibweise zu erklären. Man muß immer berücksichtigen, daß die Elemente der fiktionalen Texte bei Kafka sehr beweglich sind und daß er von der Freiheit, über diese Elemente zu verfügen, einen uneingeschränkten, manchmal ans Spielerische grenzenden Gebrauch machte. Ferner ist zu beachten, daß er jeden neuen Einfall in der Niederschrift grundsätzlich und sofort erschöpft; deshalb ist jedes Fragment ein Ganzes, auch wenn es nicht zu Ende geschrieben ist und obwohl es nur selten zu einem wirklichen Abschluß kommt.

Darum scheint es geboten, sich möglichst weitgehend an den dichterischen Schaffensprozeß zu halten und die Gestalten einzeln, für sich zu untersuchen. Daß wir uns dabei hauptsächlich an den Bildern orientieren, bedeutet natürlich nicht, daß wir auf die theoretische Analyse verzichten. Auch wollen wir die Motivuntersuchung nicht durch die Untersuchung eines bevorzugten Bildes ersetzen. Im übrigen ziehen wir dem Begriff Bild das Wort »Gestalt« vor, weil dieses eben an die Gestaltung erinnert, die stattgefunden hat, während »Bild« trotz des allgemein üblichen und selbstverständlichen Gebrauchs in der Literaturkritik auf das sprachlich noch nicht Gestaltete, auf das – im ganz wörtlichen Sinne – nur Gesehene weist. Bilder sind zwar etwas Konkretes, Anschauliches – und Konkretheit und Anschaulichkeit sind ein Grundzug der Prosa Kafkas. Aber die Konkretheit der Gestalten an der Grenze ist von anderer Art: es ist die des sprachlich Gestalteten, des Textes und des poetischen Gegenstandes.

Diese Gestalten an der Grenze folgen in den erzählerischen Fragmenten und Erzählungen der Jahre 1916–18 aufeinander und lösen einander ab, ohne deshalb austauschbar zu sein. Jede neue Gestalt forderte von ihrem Autor eine besondere Behandlung, die uns zwingt, alle Texte als gleichberechtigt zu betrachten. Auch wissen wir, wie es sich für Kafka mit der Wahrheit verhält: »Erst im Chor mag eine gewisse Wahrheit liegen«.[18] Den »Chor« bilden nicht nur die bekannten Erzählungen, sondern auch die nachgelassenen Fragmente.

Der »Gruftwächter«

Die erste Gestalt, die Kafka in der dichterischen Fiktion an die Grenze stellt,[19] ist ein Wächter, der sich nachts mit Gespenstern auseinandersetzen soll. Jenseits der Grenze, die er bewacht, befinden sich die toten Ahnen des jungen Fürsten, und er soll verhindern, daß sie nachts aus dem Park, der ihre Gruft umgibt, herauskommen. Wenn er dem Fürsten von seinen nächtlichen Ringkämpfen berichtet, gewinnt man indessen immer mehr den Eindruck, daß er stellvertretend für den Fürsten die Verbindung mit dem Jenseits aufrecht erhält. Daß diese Verbindung mit dem Jenseits, hier zugleich mit der Vergangenheit, nur die Form einer schmerzhaften nächtlichen Auseinandersetzung haben kann, ist der eigentliche Gegenstand des dramatischen Fragments.

Der langen Beschreibung der Ringkämpfe mit den Ahnen, die kein anderer als der Fürst selbst aus der Gruft gelockt hat, geht eine kurze Schilderung des Amtes voran, das man dem Wächter ursprünglich übertragen hatte. Der Tagdienst ist vom Nachtdienst nicht zu trennen und macht diesen erst möglich: »Es ist Tagdienst. Ein Faulenzerposten. Man sitzt vor der Haustür und hält im Sonnenschein den Mund offen«.[20] In diesen ruhigen Stunden kann er den Atem wiederfinden, den er im nächtlichen Kampf verloren hat. Hier wird zum ersten Mal in der dichterischen Fiktion die Existenzform gestaltet, die Kafka früher oder später als die ihm eigene anerkennen mußte. Die Vorstellung, daß man ganze Nachmittage auf dem Sofa »faulenzen« könne, um dann nachts die Auseinandersetzung mit den Gebilden der Phantasie bis zur Erschöpfung auszutragen, mag zwar ein »Wunschtraum« sein, sie stimmt aber. Wenn Kafka sich 1916 in einem Brief aus Marienbad,[21] in dem er sich das zukünftige Leben mit Felice in nicht gerade idyllischen Zügen ausmalt, als den »unmoralischen Mann« beschreibt, der den ganzen Tag auf dem Kanapee liegen und sich strecken würde, brauchen wir das nicht wörtlich zu nehmen.[22] Es geht uns auch nicht um eine genaue Entsprechung zwischen der im Brief phantasierten Situation und der poetischen Darstellung, ebensowenig gehen wir von einem kausalen Zusammenhang zwischen Erlebtem und Geschriebenem aus. Wichtig ist die Situation, auf die in der Fiktion Nachdruck gelegt wird, nämlich die gespaltene Existenz und die Nachtkämpfe. Dieser »Faulenzer« – das Wort darf man freilich nur in Anführungsstrichen weiterverwenden, denn die zahlreichen Andeutungen und Hinweise auf das lästige Berufsleben, die wir in den Tagebüchern lesen, verbieten natürlich, so direkt von der Fiktion auf das Leben zu schließen – ist derjenige, der sich schon 1910 im Tagebuch gelobte, »jeden Tag zumindest eine Zeile gegen sich zu richten«,[23] und der 1914 das Schreiben als seinen »Kampf um die Selbsterhaltung«[24] betrachtete. Wie beim Gruftwächter wechseln sich auch bei Kafka Tag- und Nachtdienst ab.

Bevor der Wächter selbst auftritt, gibt der Fürst eine nur scheinbar klare Definition der Grenze, die dieser bewachen soll: es ist die Grenze »zwischen dem Menschlichen und dem Anderen«.[25] Der Text gibt über die Bedeutung dieses »Anderen« Aufschluß: es ist das Reich der Toten, und es sind »unwirkliche, dem Menschlichen entrückte Dinge«.[26] Eine ausführliche Erklärung liefert jedoch erst eine im Manuskript gestrichene Stelle; sie steht in dem politischen Gespräch über den Fürsten, das zwischen dem Obersthofmeister und dem Kammerherrn stattfindet. Mit einer betrügerisch schönen Formel spricht der Obersthofmeister von der »höchstgespannten Verantwortung (des Fürsten) vor Gott und den Menschen«,[27] der dieser erst dann genügen könne, wenn er allein seine »gegenwärtigen« Machtmittel gebrauche und auf die Verbindung mit der Vergangenheit verzichte. Als Anhänger der modernen Zeit betrachtet der Obersthofmeister den Verkehr mit den seligen Ahnen als eine Beschäftigung, die das Gleichgewicht des gegenwärtigen Lebens gefährdet und zur Tyrannei führt. Der Fürst aber hat nicht die Wahl zwischen der modernen Zeit und der Vergangenheit. Die Spannung, in der er lebt, ist die Bedingung seiner Existenz. Wenn er die Menschen regiert, so verdankt er seine Macht allein dieser Verbindung mit der Vergangenheit und den »seligen Ahnen«, deren Erbe er ist. Er kann weder den einen oder den anderen Bereich wählen noch kann er das mittelmäßige Gleichgewicht eines Mittelweges suchen; beides, das Menschliche und das Nichtmenschliche, ist gegeben. Daraus entsteht der unmenschliche Kampf an der Grenze, den der Wächter allein, in der völligen Isolierung der Nacht bestehen muß. Die Unerbittlichkeit und die Grausamkeit der Existenz an der Grenze wird im ersten Teil des Fragments besonders betont.

Der »Jäger Gracchus«

In der Gestalt des Jäger Gracchus, dessen Geschichte in mehreren Fragmenten der Hefte B und D erscheint,[28] glaubt man zunächst eine jener verdammten Seelen zu erkennen, mit denen der Gruftwächter zu kämpfen hatte. Denn auch er ist ein Gespenst aus der Vergangenheit, das seiner Erlösung harrt. Die eigentliche Ähnlichkeit mit der Situation des dramatischen Fragments besteht jedoch eher darin, daß das elende Leben, das er an der Grenze zwischen Leben und Tod fristet, zum Charakteristikum der Schriftstellerexistenz gemacht wird.

Die Entstehungsgeschichte der Gracchusgestalt kann man in Heft A verfolgen. In der sogenannten *Erzählung des Großvaters*[29] spaltet sich die Figur des Mausoleumswächters in zwei Gestalten: der Wächter selbst ist zu einem alten bärtigen Herrn im Schlafrock geworden, der in der kleinen Stube des Wächterhauses »bei einem sehr ordentlich mit Büchern bedeckten Tisch« sitzt,[30] während draußen, auf einer Steinbank neben der Tür, der Mameluck mit starrem Blick sitzt. Wer ist dieser Mameluck mit seiner charakteristischen Mütze aus Krimmerpelz? Ist er ein Gespenst, das der Wächter aus der Gruft hat entkommen lassen und das sich in unserer Welt nicht zurechtfindet? Aber wieviel bringt es, zu dem früheren Fragment zurückzublicken? Im darauf folgenden wird aus dem Mameluck der badische Jäger Hans Schlag, im nächsten Oktavheft (Heft B) finden wir den Jäger Gracchus mit seiner Legende vom verfehlten Tod und den endlosen Irrfahrten im steuerlosen Kahn, der »mit dem Wind fährt, der in den untersten Regionen des Todes bläst«.[31] Obwohl sich diese neue Figur ohne weiteres aus der alten ableiten läßt, gibt es keinen eigentlichen Übergang von der Gruftwächter-Geschichte zu den Gracchus-Fragmenten. Trotzdem kann man behaupten, daß beide Geschichten ein prägnantes Bild der Schriftstellerexistenz bieten.[32]

Natürlich ist der Jäger Gracchus weit mehr als nur eine Schriftstellergestalt. Das Problem der Erlösung in diesen Fragmenten z. B. bezieht sich nicht nur auf die Problematik des Schriftstellers, auch wenn dieser zunächst als unerlöste Seele durch die Welt irrt. Aber die Gracchus-Geschichte ist keine einheitliche Erzählung. Es scheint vielmehr so zu sein, daß Kafka mit dem grünen Jäger eine Gestalt geschaffen hatte, die sich nicht in einer einzigen Erzählung bewältigen ließ. Trotz wiederholter Ansätze kam das Werk jedoch nicht zustande. Wir beschränken uns auf die Aspekte der Schriftstellerproblematik, die hier zu erkennen sind, und berufen uns dabei auf das Fragment Nummer 2 in der englischen Ausgabe von Malcolm Pasley.[33] Es beginnt mit den Zeilen »Niemand wird lesen, was ich schreibe«. Ihnen folgt am Anfang des zweiten Abschnitts (mit der neuen Lesart): »Das weiß ich und schreibe (statt: »schreie«) also nicht um Hilfe herbeizurufen«.

Lesen, schreiben: fast hört sich das wie eine direkte Leseranrede an, so daß die Frage berechtigt ist, ob der Übergang zum Monolog nicht ein Fiktionsbruch ist, zumal der Erzähler in einem Nebensatz von sich selbst behauptet, »unbeherrscht« zu schreiben: »Ich schreibe also nicht um Hilfe herbeizurufen, selbst wenn ich in Augenblicken – unbeherrscht wie ich bin, zum Beispiel gerade jetzt – stark daran denke«.[34] Oder ist das bloß eine Selbstberichtigung, ein Verweis, mit dem sich Kafka dafür tadelt, daß er Geschichten schreibt, die ihm zu schmerzhaft die Wahrheit seiner damaligen realen Situation vor Augen führten? Um seine Situation der völligen Trennung von den Menschen, der totalen Isolierung in diesem ihm aufgezwungenen Kampf, der ihn immer mehr die »Richtung aus der Menschheit«[35] einschlagen läßt, zu verdeutlichen, schafft Kafka Gestalten, die er in diesen Jahren im Grenzgebiet zwischen Leben und Tod ansiedelt. Viel später erst, 1921, formuliert er im *Tagebuch* gleichsam die Theorie dieser Situation: »Derjenige, der mit dem Leben nicht lebendig fertig wird, braucht die eine Hand, um die Verzweiflung über sein Schicksal ein wenig abzuwehren – es geschieht sehr unvollkommen –, mit der anderen Hand aber kann er eintragen, was er unter den Trümmern sieht, denn er sieht anderes und mehr als die anderen, er ist doch tot zu Lebzeiten und der eigentlich Überlebende«.[36]

Die bildliche Ausformung des Gedankens ist hier zwar anders, aber es ist noch immer die gleiche poetische Vorstellung der Spannung zwischen den Forderungen des normalen, menschlichen Lebens (»mit dem Leben lebendig fertig zu werden«) und der einzigen Lösung, die dieser nach außen hin völlig verkümmerten Existenz übrigbleibt, nämlich der Möglichkeit, darüber zu schreiben. Allerdings scheint der Schriftsteller mehr zu wissen als die übrigen Menschen – der Satz endet mit der Perspektive des »eigentlich Überlebenden«. Das mag eine spätere Erkenntnis sein; keimhaft war sie aber vielleicht schon in den Gracchus-Erzählungen der Jahre 1916–17 enthalten. Immerhin besitzt Gracchus z. B. Kenntnis der Welt und ihrer Geschichte, ein Wissen, das ihn zum Vermittler und Dolmetscher zwischen den Generationen hätte machen können.[37] Dieses Wissen aber wird stets mit dem Preis des Lebens erkauft. Auf jeden Fall ist Gracchus in dieser Situation eine häßliche Erscheinung, ein kranker Greis, der im schmutzigen Totenhemd auf einer Pritsche liegend die Welt in einem schiffbrüchigen Kahn bereist. Diese Beschreibung steht in allen Gracchus-Fragmenten im Vordergrund. Es ist das Leiden des nichtgelebten Lebens, wie Kafka es Mitte November 1917 in einem Brief an Max Brod schildert; es hat seinen Ursprung in der Tatsache des »Sich-nicht-Bewährens«, »in der Stadt, in der Familie, dem Beruf, der Gesellschaft, der Liebesbeziehung, der bestehenden oder zu erstrebenden Volksgemeinschaft«.[38]

Dies ist der Ursprung des Leidens, nicht seine Ursache. Denn ein Schicksal wie das des Jäger Gracchus ist nicht Strafe für eine moralische Schuld, sondern eine Verurteilung, die sein Wesen betrifft. Es gibt in diesen Oktavheften des Winters 1916/17 drei Gestalten, die dasselbe Schicksal erleiden, nur weil sie ihre ursprüngliche Bestimmung erfüllen. Es sind die »Brücke«, d. h. der Brückenmensch, der Jäger Gracchus und der Landarzt. Alle drei büßen ihre metaphysische Schuld in der öden Einsamkeit eines eiskalten Grenzgebiets der Menschheit.

Die Brücke,[39] die noch in keiner Karte eingezeichnet ist, was wohl bedeutet, daß eine solche Situation kaum vorstellbar ist, verbindet in »unwegsamer Höhe« das Diesseits mit dem Jenseits. Diese »Spannung«, die uns bekannt vorkommt, bleibt theoretischer Art, solange sie nicht auf die Probe gestellt wird. Als sich eines Abends ein Mann anschickt, den Weg zu gehen, den die Brücke ermöglichen soll, diese Verbindung also verwirklichen und das Jenseits erkennen will, erträgt die Brücke die Spannung plötzlich nicht mehr, sie stürzt ein und hört auf zu sein. Der unbekannte Mann, der ihre Zerstörung herbeiführt, verkörpert im Grunde nur den der Gestalt innewohnenden Gedanken des Übergangs ins Jenseits, d. h. der Erkenntnis, und ist als Figur der Erzählung ebensowenig selbständig wie der Bootsführer, der den Todeskahn des Jägers nicht ins Jenseits steuert. Die Brücke versagt in dem Augenblick, in dem sie ihre Aufgabe erfüllen soll. Der Brückenmensch ist keine Schriftstellergestalt wie der Gruftwächter und der Jäger Gracchus im zweiten Fragment seiner Geschichte. Aber die Erzählung stellt auf radikale Weise die Unmöglichkeit der Existenz an der Grenze dar: die Erfüllung der Aufgabe zieht die Verurteilung unausweichlich nach sich.

Der Landarzt,[40] der gleichfalls seine Pflicht tut, wird am Ende seiner Geschichte zur grotesk-phantastischen Gestalt, die »mit irdischem Wagen und unirdischen Pferden« »in dem Froste dieses unglückseligen Zeitalters« ewig umherirrt. Die Beziehungen zur Gracchus-Geschichte sind zahlreich, angefangen bei der Kälte der nächtlichen Landschaft und der Gleichgültigkeit der Mitmenschen; die Bezeichnung der Erde als einer »nächtlichen Herberge« (*Jäger Gracchus*)[41] kann für beide Erzählungen gelten. Die religiöse Problematik in den beiden Texten bringt uns in der Interpretation dieser Grenzgestalten einen Schritt weiter.

In beiden Geschichten hat man das Beispiel einer Religion vor Augen, die mehr oder minder in Vergessenheit geraten ist und nur noch in erstarrten Formen weiterlebt. Den Menschen vermag sie weder Trost noch Erlösung zu bringen. In dieser Situation fällt dem Landarzt eine Funktion zu, die er nicht erfüllen kann, weil er als Einzelner der Aufgabe nicht gewachsen ist. Was ihm auferlegt ist, ist vielleicht noch mehr, als einer Menschheit, die inzwischen mehr der Wissenschaft vertraut als der Religion, den Priester zu ersetzen. Die Patienten glauben »irrtümlich«[42], daß der Arzt sie retten kann. Aber in der Erzählung ist die Rede von einer Aufgabe, die »höhern Orts«[43] angeordnet sein könnte. Der Landarzt glaubt an seine Bestimmung, an seine Berufung, und erfüllt sie mit den Mitteln, die ihm zur Verfügung stehen, mit »unirdischen« Pferden. Die Interpretation dieser Pferde als Symbol für die dichterische Phantasie, von der sich der Held hinreißen läßt, befremdet vielleicht zunächst. Natürlich will der Landarzt seinen jungen Patienten nicht mit Literatur heilen. Es begegnet hier aber der schon bekannte Sachverhalt: der Held gibt sich seiner Berufung hin, hat dabei nicht mehr die Zeit, mit Bewußtsein die schmerzliche Wahl zu treffen, und opfert, den Pferden folgend, Haus und Dienstmädchen, die für das »normale« Leben stehen, von dem er jetzt endgültig ausgeschlossen ist. Auch er ist, jedenfalls bis zu einem gewissen Grade, mit den Schriftstellergestalten verwandt. Die neue Dimension, die in dieser Erzählung hinzukommt, ist die Verbindung der Schriftstellerproblematik mit dem Appell anderer, höherer Mächte, die man zunächst freilich nicht näher definieren kann.[44]

Die »Nordvölker«

Die Nordvölker, die letzte Verkörperung jener Grenzfiguren aus den Jahren 1916–17, haben keinerlei Aufgabe; daß sie eine Bestimmung erfüllen, ist nicht zu erkennen. Sie versinnbildlichen das völlige Ausgeschlossensein aus der Gemeinschaft, die an den Grenzen des Reiches eine Mauer baut, um sich gegen sie zu schützen. Im Hauptfragment der Erzählung *Beim Bau der Chinesischen Mauer*[45] werden sie nur flüchtig erwähnt, und sie scheinen eher lächerlich als gefährlich zu sein. Dafür werden sie in *Ein altes Blatt*,[46] einer selbständigen Geschichte, die unmittelbar an die *Chinesische Mauer* anknüpft, ausführlich beschrieben.

Die Situation ist der in der *Chinesischen Mauer* genau entgegengesetzt. Geschildert wird, was geschehen kann, wenn die Verteidigung des Vaterlandes vernachlässigt wird. Die Nomaden, vom kaiserlichen Palast angelockt, haben sich in der Hauptstadt einquartiert und führen dort das instinkthaft-primitive Leben, das ihrer Natur entspricht. Obwohl sie außerhalb des Gesetzes leben, wollen sie sich dem Kaiser nähern. Eine besonders schauerliche Einzelheit, die von ihnen berichtet wird, ist ihre unverständliche Sprache: »Untereinander verständigen sie sich ähnlich wie Dohlen. Immer wieder hört man diesen Schrei der Dohlen«.[47] Wer ist es, der mit so abstoßenden Zügen porträtiert wird? Die Betonung der Unmöglichkeit, mit den Nomaden zu sprechen, und die Anspielung auf den Familiennamen Kafkas erlaubt, diese Nomaden aus dem Norden als Darstellung der Menschen zu interpretieren, die außerhalb des religiösen Gesetzes ihres Volkes leben.[48] Diesmal wird ihnen sogar eine ganze Geschichte gewidmet, die zeigt, was für eine schreckliche Existenz sie führen. Wie die Grenzfiguren der anderen Geschichten haben sie keinen festen Wohnsitz. Aber sie werden nicht in dem Grenzgebiet gezeigt, in dem sie beheimatet sind, sondern vor dem Hintergrund einer Gemeinschaft, die aus Handwerkern, bescheidenen Leuten mit einfacher Lebensweise, besteht, die in der größten Ehrfurcht vor dem Kaiser leben. Daß dieser – genauer gesagt: der kaiserliche Palast – nicht imstande ist, die Stadt gegen die Nomaden zu verteidigen und sie wieder zu vertreiben, ist ein Hinweis auf die geistige Situation der Zeit, die in der Erzählung *Beim Bau der Chinesischen Mauer* ausführlich geschildert wird.

Die barbarischen Nomaden aus dem Norden sind die letzte prägnante Gestaltung der Existenzform an der Grenze. Noch immer bedeutet das Grenzgebiet ein unmenschliches Leben, das hier aber mit der Darstellung des normalen menschlichen Lebens verbunden wird, von dem die Nomaden ausgeschlossen sind. In einigen Erzählungen des Jahres 1920, in denen Themen aus dem Umkreis der *Chinesischen Mauer* wiederaufgenommen werden, tauchen noch einmal Gestalten auf, die von den Grenzfiguren der Oktavhefte-Erzählungen einige charakteristische Merkmale geerbt haben; so gibt es in der *Truppen-*

aushebung[49] und in der *Abweisung*[50] häßliche Soldaten, die einen unverständlichen Dialekt sprechen. Aber die starken Bilder aus den Oktavheften sind verblaßt, an die Stelle der erzählerischen Ausformung der Existenz an der Grenze sind bereits in den beiden letzten Oktavheften Aphorismen über den »unmöglichen Tod« getreten. Zwar begegnet man immer noch prägnanten Bildern, sie geben aber nicht mehr den dynamischen Kern einer Erzählung ab.

Die Untersuchung der Gestalten, die in den Erzählungen und erzählerischen Fragmenten der Jahre 1916–1918 an der Grenze zwischen Leben und Tod, zwischen Diesseits und Jenseits angesiedelt sind, ergibt kein eindeutiges Bild. Diese Gestalten stehen zwar in enger Beziehung zueinander und haben gemeinsame Züge, aber sie haben keine einheitliche Bedeutung. Unzweifelhaft ist die Existenz an der Grenze jedoch ein Charakteristikum mehrerer, in derselben Zeit entstandener Geschichten. Die Auseinandersetzung mit der Geschichte (*Der Gruftwächter*), mit dem Problem der Erlösung (*Der Jäger Gracchus*) und dem der Erkenntnis (*Die Brücke*), mit der Berufung zum Dienst an der Menschheit (*Ein Landarzt*) und mit der Frage der Haltung zu Gott in der Moderne (*Ein altes Blatt*) hat jene Gestalten hervorgebracht, die als Wächter, Schriftsteller oder Kämpfer auf die Frage der Existenz in dieser Zeit immer nur die eine verzweifelte Antwort wissen: den Kampf. Die Soldatengestalten in den Texten von 1920 führen diesen Kampf fort, sie haben ihn gleichsam schon in den Geschichten der Oktavhefte geprobt. In diesen aber tritt am deutlichsten die Existenzform hervor, die in ihrer tödlichen Spannung für den Schriftsteller Kafka typisch ist. Sie rief Gestalten ins Leben, die zu den eindrucksvollsten erzählerischen Schöpfungen Kafkas in diesen Jahren gehören. Es sind Geschichten, in denen der Schriftsteller nicht direkt dargestellt, in denen jedoch seine Lebensform gestaltet wird. Sie umfaßt ebenso die Ringkämpfe im Schloßpark wie den »Ansturm gegen die letzte irdische Grenze«.[51]

Anmerkungen

1 Der Jäger Gracchus (Januar/Mai 1917), in: Kafka, Beschreibung eines Kampfes, hg. v. Max Brod, Frankfurt/M. 1954, S. 99–105 u. 334–339.
2 Ein Landarzt (1917), in: Kafka, Erzählungen, hg. v. Max Brod, Frankfurt/M. 1967, S. 146–153.

3 Die Truppenaushebung (Spätherbst 1920), in: Beschreibung eines Kampfes, S. 330–333.

4 Beim Bau der Chinesischen Mauer (März/April 1917), in: Beschreibung eines Kampfes, S. 67–83.

5 Was dazu zu sagen ist, hat Martin Walser gesagt: »Bei Kafka muß man das Leben aus dem Werk erklären, während das Werk auf die Erhellung durch die biographische Wirklichkeit verzichten kann.«, in: M. Walser, Beschreibung einer Form, München 1961, S. 17.

6 Beschreibung eines Kampfes, S. 71.

7 Hochzeitsvorbereitungen auf dem Lande und andere Prosa aus dem Nachlaß, hg. v. Max Brod, Frankfurt/M. (1953) 1966; weiter zitiert: H., hier: Fragmente 1916 (H. 224–240) und: Die acht blauen Oktavhefte (H. 55–161).

8 Ein Landarzt. Kleine Erzählungen, München und Leipzig 1919.

9 M. Pasley/K. Wagenbach: Datierung sämtlicher Texte Kafkas, in: J. Born/L. Dietz/M. Pasley/P. Raabe/K. Wagenbach, Kafka-Symposion, Berlin 1965; (Taschenbuchausgabe:) München 1969, S. 43.

10 Kafka-Symposion, S. 52.

11 Die nachgelassenen Fragmente und Oktavhefte zeigen, daß Kafka zwei- und dreimal zu einer einzigen Geschichte angesetzt hat, selten aber ist der Fall der Fragmente H. 283–284 »Es war nach dem Abendessen [...]« und H. 284–285 »Es war eine sehr schwere Aufgabe [...]«, die H. Hillmann (Franz Kafka. Dichtungstheorie und Dichtungsgehalt, Bonn 1973 [2], S. 153–160) u. E. zu Unrecht als für Kafkas Schreibweise charakteristisch betrachtet.

12 Heft A: Das siebente Oktavheft (vgl. Pasley/Wagenbach, Datierung, S. 59), H. 146–152. Auf dem Dachboden: H. 149–150 (Winter 1916–17).

13 Heft B: Das erste Oktavheft (vgl. Pasley/Wagenbach, Datierung, S. 59), H. 55–65; Der Jäger Gracchus (B. 99–105) befand sich ursprünglich in diesem Heft (Datierung des Heftes: Januar/Februar 1917).

14 Der Gruftwächter (Beschreibung eines Kampfes, S. 302 ff.) befand sich ursprünglich in Heft A.

15 Zerrissener Traum, H. 146–147 (Heft A).

16 Auf dem Dachboden, H. 149–150 (Heft A).

17 Die Erzählung des Großvaters, H. 147–149 (Heft A).

18 H. 343 (Fragmente, 1920).

19 Vgl. Anm. 14.

20 Beschreibung eines Kampfes, S. 293.

21 Kafka, Briefe, Frankfurt/M. 1958, S. 140 (an Max Brod, Marienbad, Mitte Juli 1916).

22 Die Tatsache, daß der Brief vor der Erzählung geschrieben wurde, müßte eigentlich jedem Anhänger der »biographischen Methode« zu denken geben. Bei der Erklärung des Werkes aus dem Leben müßte er davon ausgehen, daß Kafka nicht einen biographischen Sachverhalt, ein reales »Erlebnis« verarbeitet hat, sondern eine phantasierte Vorstellung von seinem Leben, die er sich

dann zum Vorwurf macht und für die er – in der Wirklichkeit wie in der Phantasie – durch die sehr realen nächtlichen Kämpfe büßen muß.

23 Kafka, Tagebücher. 1910–1923, Frankfurt/M. o. J., S. 12 (weiter zitiert: T.).

24 T. 418.

25 Beschreibung eines Kampfes, S. 303.

26 Ebd.

27 Ebd., S. 315.

28 Vgl. Anm. 13; Heft D: Das zweite Oktavheft (H. 65–69). Fragment zum Jäger Gracchus, in: Beschreibung eines Kampfes, S. 334–339, in Heft D auf »[...] Station.« (H. 67) folgend.

29 H. 147–149.

30 H. 148.

31 Beschreibung eines Kampfes, S. 107.

32 Wir vermeiden hier absichtlich das Wort »Dichter« und sprechen von »Schriftsteller«. Auf die Frage: »Ihr wißt nicht, was das ist, ein Dichter?« antwortet Rilke in den *Aufzeichnungen des Malte Laurids Brigge* (1904–1910) mit der Beschreibung eines »ganz anderen« Dichters: »Einer, der ein stilles Haus hat im Gebirge... Ein glücklicher Dichter, der von seinem Fenster erzählt und von den Glastüren seines Bücherschrankes, die eine liebe, einsame Weite nachdenklich spiegeln«. Von einer solchen Vorstellung vom Dichter und auch von anderen zeitgenössischen ist die Existenz an der Grenze, von der wir ausgehen, um zur Schriftstellerfigur zu gelangen, weit entfernt. (R. M. Rilke, Die Aufzeichnungen des Malte Laurids Brigge, in: Sämtliche Werke, VI. Band, Frankfurt/M. 1966, S. 745.)

33 Kafka, Shorter Works, Volume I, Translated from the German and edited by Malcolm Pasley, London 1973, S. 52–60. Fragment 2: Beschreibung eines Kampfes, S. 107 (»Niemand wird lesen [...] seit Jahrhunderten wohne«) und ebd., S. 105–106 (»Ich liege auf einer Holzpritsche [...] Dann geschah das Unglück«).

34 Beschreibung eines Kampfes, S. 107.

35 T. 552.

36 T. 545. Von dieser Tagebuchstelle könnte eine Untersuchung der expliziten Schriftstellerproblematik bei Kafka ausgehen. Unsere Betrachtung, die sich bewußt auf einen ganz konkreten Aspekt der Auseinandersetzung mit dem »Anderen« beschränkt, würde auch eine Untersuchung der an einem Tisch sitzenden und schreibenden Figuren ergänzen, die ebenfalls in den Fragmenten von 1916 begegnen (ähnliche Gestalten begegnen in den Tagebüchern, z. B. die zahlreichen Studenten). Dies könnte zu weit ausgreifenden Überlegungen über den Gegensatz zwischen dem »normalen« Leben in der menschlichen Gemeinschaft und der Literatur führen – ein Gegensatz, den man keinesfalls auf den Gegensatz zwischen Kunst und Leben reduzieren sollte.

37 Vgl. Beschreibung eines Kampfes, S. 332.

38 Briefe, S. 195.

39 Die Brücke, in: Beschreibung eines Kampfes, S. 111–112; ursprünglich in Heft B (Das erste Oktavheft).

40 Erzählungen, S. 153.

41 Beschreibung eines Kampfes, S. 107.

42 Erzählungen, S. 153.

43 Ebd., S. 150.

44 Das »höhern Orts« kann natürlich auch bitter-ironisch verstanden werden. Selbst dann aber wäre die Erwähnung eines möglichen Ursprungs der Berufung von Bedeutung. Im übrigen bedeutet das »höhern Orts« natürlich nicht: »Wer hat mich hierher gerufen?« oder »Wer lenkt meine Pferde?« – eine ebenso überflüssige und sinnlose Frage wie etwa »Wer hat die Nachtglocke geläutet?« –, sondern es ist wichtig für die allgemeine Problematik der Berufung, nicht etwa zu einer höheren Aufgabe, sondern vorerst zum verfehlten Leben.

45 Beim Bau der chinesischen Mauer, in: Beschreibung eines Kampfes, S. 67–82; ursprünglich in Heft C (Das sechste Oktavheft).

46 Ein altes Blatt, in: Erzählungen, S. 155–158.

47 Ebd., S. 156.

48 Uns ist bewußt, daß die Interpretation der rohes Fleisch verschlingenden Barbaren als Selbstporträt des Schriftstellers Kafka gewagt ist. Jedenfalls aber stehen sie für eine Generation, die in einer Zeit der Wende in völliger Unkenntnis der Tradition und eben »barbarisch« lebt, weil sie nicht mehr in einer Gemeinschaft lebt, obwohl diese noch existiert. In dieser Situation gibt es nur die zwei Möglichkeiten: ein Verhalten wie das der Handwerker, das pietätvolle, aber ängstliche Festhalten an der unwirksam gewordenen Tradition, oder den Angriff auf den Palast. Das ist ein pietätloses Unternehmen, bei dem der Angreifer so häßliche Züge annimmt.

49 Die Truppenaushebung, in: Beschreibung eines Kampfes, S. 330–334.

50 Die Abweisung, in: ebd., S. 84–90.

51 T.553.

BERNHARD BÖSCHENSTEIN

ELF SÖHNE

Die drei Interpreten, die sich bis jetzt ausführlich mit den *Elf Söhnen* beschäftigt haben – Malcolm Pasley,[1] Claude David[2] und Breon Mitchell[3] – sind in der Hauptsache mit der Fragestellung befaßt gewesen, ob mit den elf Söhnen, gemäß Kafkas Aussage gegenüber Brod, »elf Geschichten« gemeint seien, an denen er »jetzt gerade arbeite«,[4] und mit welchen Geschichten die Söhne allenfalls identifiziert werden könnten. Die Divergenzen zwischen den Auffassungen – darf man dies tun oder nicht? – und in bezug auf die Reihenfolge, in der elf Erzählungen aus dem Band *Ein Landarzt* zu berücksichtigen sind, sind in Ermangelung explizit bekanntgegebener Annäherung oder Differenzierung oder Weiterentwicklung der Standpunkte weithin stehengeblieben. Diese Diskussion soll hier wieder aufgenommen werden, aber nicht ausschließlich in der Perspektive der Tauglichkeit dieses Ansatzes, sondern auch im Hinblick auf eine Würdigung der wechselseitigen Beziehungen, d. h. Analogien und Gegensätze, zwischen den elf Söhnen und schließlich ihres Status als von einem näher zu bestimmenden Vater-Erzähler abhängige Beurteilte. Dabei soll auch der Stellenwert des Übertragungsvorgangs als solcher erörtert werden.

Einerseits kann kein Interpret den von Brod überlieferten Satz ungeschehen machen, er müßte denn erklären können, warum er diesen Satz nicht für bedeutsam hält. Anderseits kann gleichfalls kein Interpret leugnen, daß die Beziehung zwischen den einzelnen Söhnen und der – noch zu begründenden – Reihenfolge der ihnen zugeordneten Erzählungen stets nur einzelne Züge aus den Beschreibungen der Söhne, niemals alle, und schon gar nicht eine einheitliche Kategorie ihrer Beurteilung erfassen kann. Somit heißt Auslegung dieses Textes zugleich: Reflexion über den Modus und den Status dieser Auslegung.

Im Rahmen dieser Darlegung werden nur diejenigen Züge der *Elf Söhne* hervorgehoben werden, die sich auf Erzählungen übertragen lassen; die übrigen bleiben hier ausgespart. Aber bevor dieser im gleichen Atemzug konstruktive und sich selber einschränkende Leseversuch vorgelegt wird, muß die Entscheidung für eine der verschiedenen bestehenden Listen von Erzählungen des *Landarzt*-Bandes und für deren vorgezeichnete Reihenfolge begründet werden. Gegen Malcolm Pasley gebe ich Breon Mitchell recht, wenn er die Ziffern 1 und 11 rechts neben dem *Neuen Advokaten* bzw. *Ein Traum* als Anweisung versteht, die Liste in *Hochzeitsvorbereitungen* (Seite 447), deren Facsimile im *Kafka-Symposion*[5] veröffentlicht ist, von unten nach oben zu benutzen. Im Anschluß an Hartmut Binder[6] halte ich die Umstellung *Der neue Advokat – Ein Brudermord* für notwendig wegen der Stelle, an der die 1 angebracht ist. So wären Mitchells Resultate für die erste und zweite Geschichte zu korrigieren.

Um die Übersicht über das Folgende zu erleichtern, seien die Zuordnungen vorweggenommen:

Dem ersten Sohn entspricht *Der neue Advokat*, dem zweiten Sohn *Ein Brudermord*, dem dritten Sohn *Ein Landarzt*, dem vierten Sohn *Der Kübelreiter*, dem fünften Sohn *Auf der Galerie*, dem sechsten *Schakale und Araber*, dem siebten *Ein altes Blatt*, dem achten *Das nächste Dorf*, dem neunten *Eine Kaiserliche Botschaft*, dem zehnten *Vor dem Gesetz*, dem elften und letzten *Ein Traum*.

Bei der Behandlung der elf Söhne und der elf Geschichten wird es unumgänglich sein, oft von beiden Texten im gleichen Satz zu handeln, was vom Leser gelegentlich einen raschen Perspektivenwechsel erfordert. Aber gerade um den thematischen Zusammenfall zweier Perspektiven zu einer einzigen handelt es sich ja hier immer von neuem.

Mitchell hat sich mit einer Skizze begnügt, wie auch schon Pasley. Ich möchte ausführlicher werden, weil mir die Durchführung einer solchen Parallele deutlicher ihre Tragweite und ihre Grenzen anzuzeigen scheint.

Der Erzähler wird durch den elften Sohn explizit relativiert, der ihn in den nicht irdischen Bereich, zu dem er hinzufliegen bereit wäre, mitzuführen scheint. Der Vater könnte, liest man die elfte Beschreibung, seine autoritäre Stellung einbüßen, er könnte in die Abhängigkeit vom schwächsten Sohn geraten. Die vorher gefällten Urteile nehmen sich indes als Urteile eines Unangefochtenen aus, der beschreibt, zu loben scheint, Schwächen entdeckt, Gesamtverurteilungen ausspricht und sich öfters als den einzigen bezeichnet, der den allwissenden Blick auf die negativen Seiten seiner Geschöpfe zu werfen vermag.

Nun müßte selbstverständlich der Stellenwert solchen Urteilens behandelt und die Form der Beurteilung erörtert werden. Es handelt sich nie um Begründungen, nur um Festlegungen, wobei qualifizierende Adjektive meist den Anfang machen und kennzeichnende Situationen, die als Gesamtporträt gemeint sind, für den Sohn als Ganzes einzustehen haben. Diese Form der zweifellosen Bestimmung destruierte sich selbst, wenn sie einem Wesen in den Mund gelegt wäre, dessen Rang gleich dem der beurteilten Söhne wäre. Wenn freilich ein qualitativer Sprung vom Erzähler-Vater zu den Söhnen vorstellbar wäre, ließe sich die aburteilende Diktion aus der Analogie des Verhältnisses eines Allmächtigen zu seinen ganz von ihm abhängigen Geschöpfen herleiten, wie es etwa ein Schriftsteller seinen Produkten gegenüber einhalten könnte. Nebeneinander stehen als Beurteilungsmodelle also der sich nie – außer bei der Beschreibung des letzten Sohnes – in Frage stellende Vater, der über eine monströse gottähnliche Sicherheit verfügt, und die diesem ganz überantworteten Söhne, die sich ihm gegenüber niemals äußern, sowie ein Schriftsteller, der seine eigenen Werke als von ihm erzeugte Söhne freimütig und souverän zu beurteilen und zu verurteilen sich ermächtigt fühlt. Diese beiden Ebenen der Relation eines Vaters zu seinen Söhnen können gleichzeitig gegenwärtig sein: es kann eine väterliche Allmacht denn auch sowohl anerkannt wie in Frage gestellt sein, je nachdem, ob man in ihr den kritischen Niederschlag einer selbsterlittenen Unterworfenheit unter undifferenziert zuschlagende väterliche Autorität oder die analoge Anwendung dieses Verhältnisses auf eine tatsächlich vom Erzeuger abhängige Form des Erzeugnisses sieht.

Ich halte es für möglich, daß jede Aussage über die elf Söhne sowohl Urteile des Dichters Kafka über seine elf Erzählungen wie die Aufhebung eben dieser Urteile enthält, indem dem Vater die Legitimität seiner willkürlichen Verfahrensweise abgesprochen wird.

Der erste Sohn wird als »zu einfach« verurteilt (140).[7] Aber die Art des Vorgehens zeugt nun, in spiegelbildlicher Entsprechung, von der gleichen Einfachheit: den weder rechts noch links noch in die Weite blickenden Sohn erfaßt ein Beurteilungssystem, das seinerseits bei einfachen Behauptungen stehenbleibt. Es gibt hier also einen Zirkel von Begründungsweise und Ergebnis, der die Reduktion als Perspektive des Zugriffs wie als dessen Ergebnis ausweist. Diese Reduktion unterscheidet zwischen äußeren und inneren Eigenschaften. Die äußeren, die mit dem Wort »unansehnlich« zusammengefaßt werden, lassen ex negativo eine Perspektive aufscheinen, bei der das äußerlich Ansehnliche, Schaubare, körperlich Ausgedrückte Geltung besäße, wogegen jetzt ein entgegengesetztes Wertsystem herrscht, das die lebendig schöne Außenseite gegen Vergeistigung eintauscht. Ebendies nun ließe sich auf den *Neuen Advokaten* anwenden, wenn wir den Gegensatz zwischen der einstigen weltgeschichtlichen Rolle des Streitrosses Alexanders des Großen und seinem jetzigen bürokratischen Status bedenken. So könnte der Verzicht auf die Weite daran erinnern, daß jetzt »niemand [...] nach Indien führen [kann]« (123), und als »kleiner Gedankenkreis« (140) bezeichnet werden, daß sich Bucephalus nur »in die Gesetzbücher« versenkt, »bei stiller Lampe«, wobei er liest und die »Blätter unserer alten Bücher« wendet (124). In diesem Wenden liegt vielleicht eine Analogie zum Sichdrehen des ersten Sohns, es liegt hier aber auch eine für Kafka typische Form des Anschlusses vor, wenn von den »Seiten«, die »von den Lenden des Reiters« »*unbedrückt*« sind, der Weg gefunden wird zu den »*Blättern*« der »alten Bücher«, die nun *bedruckt* sind:[8] der Doppelsinn von »Seite« impliziert den Umschlag vom Roß zum Buch und vom Schenkeldruck zum Buchdruck. Ebendiese von der Sprache mitgesteuerte Folge des Erzählten kann auch für den ersten Sohn in Anspruch genommen werden, wo, in umgekehrter Richtung, der Weg von Bucephalus' Wenden der Blätter zum Sichdrehen des Sohns wieder neue Konkretheit erlangt. Die Aburteilung aber wird relativiert durch ihre in ihrer Einfachheit durchsichtige Methode, so daß das negative Urteil auch wieder gegengewogen, ja aufgehoben wird.

Ich schlage deshalb vor, hier gleichzeitig mit dem Vater und gegen den Vater zu urteilen, mit ihm den Niedergang einer alten Welt der heroischen körperlichen Schönheit und räumlichen Weite der kriegerischen Unternehmungen zu beklagen und gegen ihn den Ersatz in Gestalt ernsthaften Studiums der Gesetzbücher als notwendig und sinnvoll anzusehen.

Dem zweiten Sohn wird die antike Gebärde der Schönheit und der körperlichen Geschicklichkeit im Gegensatz zum ersten zuerkannt. »Fechterstellung« und unnachahmlicher »Kunstsprung ins Wasser« sind gerade Formen, sich auszuzeichnen, die in der bürokratischen Welt des *Neuen Advokaten* an Bedeutung verloren haben. Dieser zweite Sohn wirkt daher zunächst geschlossen, er scheint einem physiognomischen Modell der Übereinstimmung des Äußeren mit dem Inneren zu entsprechen, welches indes gerade im Hinblick auf die beim ersten Sohn aufgerissene Kluft zwischen Äußerem und Innerem angefochten werden könnte. Denn daß man anhand eines körperlichen Fehlers einen geistigen feststellen kann, müßte die für den ersten Sohn angewandte Methode gerade in Frage stellen. Wieso wird nun auf den zweiten Sohn der Maßstab einer physiognomischen Analogie angewandt? Es handelt sich um *Ein Brudermord*. Wenn der Mörder, »auf den Fußspitzen stehend, den Arm aufgereckt« (145), auf sein Opfer wartet, so denkt man an die »Fechterstellung« des Sohnes, die »entzückt« (wobei man hier, laut Kafkas Bemerkung zum Rezitator Ludwig Hardt,[9] das gezückte Schwert vor sich sehen darf). Er heißt Schmar, eine Nebenform von »Schmarre«, »Schramme«, im Sinn von Hieb, Stich, und wartet auf Wese, Nebenform von »Waise«, mit der Bedeutung »im *Stich* Gelassener«. Der Kunstsprung ins Wasser könnte auf die Kette von Wasservorstellungen hindeuten, die den Mord begleiten: »*Wasser*ratten [...] geben einen ähnlichen Laut von sich wie Wese.« Schmar »wirft das Messer, den über*flüssigen* blutigen Ballast«, weg, das »Fließen des fremden Blutes« beflügelt ihn, Wese »*versickert* im Straßengrund« (145).[10] Schließlich erinnert das Gift im Blut des zweiten Sohns, das ihn hindert, die »Anlage seines Lebens [...] zu vollenden«, an Pallas, der »alles Gift durcheinander« würgt in seinem Leib und Schmar bei der gegenseitigen Prüfung »zu keinem Ende« (145) kommen läßt, ihn, der nur dann seine Wünsche erfüllt gesehen hätte, wenn er den Rest des Toten hätte zum Verschwinden bringen können. Die nicht mögliche Reduktion Weses auf eine »*gefüllte* Blase« äußert sich als Ausbleiben des »*erfüllten*« Wunsches (wie nochmals in der Zeile aus Goethes *Prometheus* von den »Blütenträumen«).[11] Der Mord ist demnach nicht ganz perfekt, es bleibt ein »Erdenrest«, der eine Art Grabhügel bildet.

Der zweite Sohn wird also vom Vater verurteilt, weil er als Fechter und Kunstspringer nicht ganz vollendete körperliche Züge aufweist. Die »stumme Frage« des Toten ist das »Gift«, ist die »Unregelmäßigkeit«, die dem Vater auffällt. Wäre sie nicht, wäre dieser Sohn fraglos, wäre er »*unanfechtbar*«,[12] wie der siebente, wo ja die Nomaden alles Fleisch verschlingen, so wären wir in einem Wertsystem, das im makellosen Vollzug äußerer Handlungen aufginge. Den Vater stört der »körperliche Fehler« und die in ihm erscheinende »Unregelmäßigkeit«. Dem implizierten Kritiker des Vaters könnte gerade diese Kritik zum Ausgangspunkt für seine Rechtfertigung des zweiten Sohnes dienen.

Ebenso erscheint dem Vater am dritten Sohn als ausschließlich negativ, was von einer Gegenperspektive aus Qualitäten bezeichnet, nämlich das lyrisch-träumerische Wesen der Erzählung *Ein Landarzt*, deren Protagonisten theatralisches Wirkungsbedürfnis und mangelnde Ausdauer vorgehalten werden. Daß der Arzt nicht durchhält, daß ihn der Junge, die Familie, die Dorfältesten, der Schulchor in Frage stellen, wäre durch seine nicht tragfähigen Beine, seinen mangelnden Atem (das »Veratmen« der Stimme) bezeichnet. Daß ihn der Vater gegen naheliegende Gründe versteckt, kann mit Kafkas strikter Bitte an den Verlag Kurt Wolff zusammenhängen, ihn in dem nach ihm benannten Band nicht an erster Stelle zu drucken.[13]

Unschuld wird hier von diesem Vater, wie beim fünften Sohn, negativ beurteilt, gleichwie die Fremdheit gegenüber der eigenen Zeit (sie charakterisiert den Landarzt am Schluß der Erzählung), die auch den achten Sohn kennzeichnet. Der implizierte Kritiker des Vaters wird gerade diese Unschuld und Lebensfremdheit lieben und von ihr aus den träumerischen Sänger rechtfertigen. Indes gibt es sicher im Autor Kafka eine Stimme, die das poetisch traumhafte Erfinden zugunsten asketisch durchgeführter Parabolik zurücknehmen möchte, wie es die positive Beurteilung des *Brudermords* und später des *Nächsten Dorfs* gegenüber dem *Landarzt* anzeigt. Mit auf solcher Doppelsinnigkeit der Bewertung gründet die Struktur der meisten dieser »elf Söhne«.

Den vierten Sohn mit dem *Kübelreiter* zu verknüpfen, fällt besonders leicht, indem das »wahre Kind seiner Zeit«, das, »jedermann verständlich«, »auf dem allen gemeinsamen Boden« steht, selbstverständlich, wie Mitchell betont,[14] auf den kohlenarmen Winter 1916/17 anspielt und der bewundernswerte Absprung sowie das Teilen der Luft die Auffahrt des Kübels und sein Schweben in der Höhe spiegelt. Und der Vorwurf der zu großen Leichtigkeit kann sich gleichermaßen auf den zu leichten Kübel und auf die Gründe beziehen, die Kafka zur Entfernung der Geschichte aus dem Band veranlaßt haben. Wie der Sohn im öden Staube, endet der Kübelreiter in den Eisgebirgen. Die Niederlage, die sein Nichts offenbart, wäre nun freilich, von einem andern Standpunkt aus, seine Wahrheit. Der Vater scheint einerseits die gängigen Urteile der vielen zu bestätigen, andererseits gerade zurückzuweisen, und der Kunstsprung in die Luft, der dem Kunstsprung ins Wasser des zweiten Sohns entspricht, nötigt ihm Bewunderung ab, die alsogleich in Vernichtung umschlägt, wie beim zweiten Sohn die virtuose Leistung den Umschlag zur Erkenntnis des Fehlers einleitet. Gegen den Vater ließe sich jeweils einwenden, daß gerade die Kunst scheinbar ist und die bei ihrem Vollzug erkennbaren

Mängel das Wahre sichtbar machen als »Gift« im »Blut« des zweiten Sohns, als die Galle, die die Freude »vergällt«, beim vierten. Mit dem dritten Sohn hat der fünfte die Unschuld, mit dem vierten die allzu leicht errungene Zustimmung und das schließlich zutage tretende Nichtige gemeinsam. Wenn *Auf der Galerie* damit gemeint sein soll, so wäre wohl zugleich der »durch das Toben der Elemente in dieser Welt« als durch das »Brausen des Orchesters« und das »anschwellende Beifallsklatschen der Hände« (129) dringende Blick der Unschuld des Galeriebesuchers und seine Wirkungslosigkeit aus zu großer Freundlichkeit gemeint, wenn er sich zuletzt mit dem Versinken in Traum und Weinen begnügt und nicht anwesend ist, nicht begreift, was ihn unsichtbar, ohne Gegenwart erscheinen läßt. Die Negativität des Urteils ist hier, wie beim ersten Sohn, an die Armut des vom Vater an konkreter Realität Mitgeteilten gebunden. Wieder ist die Perspektive der Beurteilung und ihr Ergebnis korrelativ zueinander zu sehen. Warum wird nun dem Gehalt der Erzählung keine Aufmerksamkeit geschenkt, nur dem Mangel an Gegenwart dieses unschuldigen Sohns? Unschuld wird hier, wie beim dritten Sohn, negativ beurteilt als Mangel an Bewußtsein. In dieser Geschichte triumphiert die Verfallenheit an den Schein über die Erkenntnis der Wahrheit, die sich nicht durchsetzt. Die allzu große Freundlichkeit des Sohnes, den alle loben, könnte nun auch auf die Willfährigkeit des Publikums gegenüber der vorgetäuschten Hingabe des Direktors an das falsche Glück der Kunstreiterin hinweisen, dem kein Halt geboten wird. Das Umspringen von der Perspektive des Galeriebesuchers zu der des Publikums gehört zu der oft feststellbaren Inkongruenz bei der Verwendung von Bauelementen der Landarztgeschichten zur Konstituierung der *Elf Söhne* und stellt jede Interpretation, die sich so auf verschiedenen Ebenen einzurichten hat, vor unlösbare Schwierigkeiten.

Genau das Gegenteil solcher Abwesenheit konsequenter Selbstbehauptung, die schon den Landarzt kennzeichnete, eignet nun aber dem sechsten Sohn, der für *Schakale und Araber* steht. Die Schakale, die sich »bei hellem Tag« »durch das Denken« kämpfen »wie im Traum« (142), vermögen ihre tiefere Wahrheit trotz der Erscheinungen zu verfolgen, weg von den Arabern, die sie hassen und von denen sie den Horizont reinigen möchten, hin zur »atembaren« (134) Wüstenluft, in »selbstvergessener Leidenschaft« (142). Andererseits wird ihr Taumel beschrieben, wenn sie, »halb in Rausch und Ohnmacht« (135), ein verendetes Kamel wie einen rauchenden Brand belagern. Die durchgängige physiognomische Unstimmigkeit des sechsten Sohns mag sich auch darauf beziehen, daß die Schakale ausschließlich das Gebiß für die Erreichung ihrer Ziele zur Verfügung haben. Das närrisch Hoffende dieser Tiere gibt ihnen den Tiefsinn ein, der sie auch zwischen Unter- und Überlegenheit hin- und herschwanken läßt, so daß sie den Nordländer bald als Heiland, bald als Unwissenden behandeln. Die Gebärde des Kopfhängens ist der deutlichste Beweis für die Übereinstimmung zwischen dem sechsten Sohn und den Schakalen. [15] Aber die Verurteilung des Körpers, die ja zum einseitigen Tiefsinn paßt, könnte darauf zielen, daß hier nicht, wie im *Brudermord* oder im *Nächsten Dorf*, alles Erzählte sich in eine aus Fakten bestehende Oberfläche zurückziehen kann, sondern daß ein theologisches Ansinnen sich fast unvermittelt ausspricht, auch daß die Deutung sich vom Berichteten lostrennt und ein zu großes Eigenleben gewinnt, z. B. in der Beurteilung der Schakale durch den Araber. Das Gericht über den eigenen Text meint vielleicht das Mißverhältnis von emanzipierter Bedeutung und angestrebter Äußerlichkeit der Darbietung.

Der siebente und der achte Sohn sind beide dem Vater am engsten verbunden. Beide tun indes nicht, was der Vater wünscht. Und gerade um dieses Gegensatzes willen scheint er sie um so mehr zu lieben. Im Gegensatz zum vierten und fünften Sohn wird der siebente von der Welt nicht verstanden. Daß er als »Ganzes« dem Vater als »unanfechtbar« (142) gilt, kann als Unangreifbarkeit der epischen Durchführung verstanden werden: hier wird nicht durch Überbetonung und Verselbständigung des Sinns der erzählerische Körper aus seinem Gleichgewicht gebracht.

Die fleischvertilgenden Nomaden, die den kaiserlichen Platz mit Unrat bedecken, sprechen die Dohlensprache, d. h. die Kafka-Sprache (*Ein altes Blatt*). Hängt sie zusammen mit der »besonderen Art von Witz«, die die Welt nicht versteht? Entsprechend verstehen sie hinwiederum die Welt nicht. Das Gleichgewicht zwischen »Unruhe« und »Ehrfurcht vor der Überlieferung« ist hier in der Gegenüberstellung von Eindringlingen und Alteingesessenen zu finden, die ihrem Kaiser verpflichtet sind. Dessen Erscheinung an einem Fenster des Palastes »mit gesenktem Kopf« (131), wie die Schakale, beweist eine Beunruhigung, die in die Schlußfrage mündet: »Wie wird es werden?« Zwischen dem Fleischer, der einen Ochsen für die Nomaden beschafft, und dem Araber, der ein Kamel für die Schakale bereitstellt, gibt es eine Analogie, aber die Nomaden kommen aus dem Norden wie der

Erzähler der *Schakale und Araber*, was andererseits zu einer deutlichen Kontrapunktik führt. Der neue Advokat Bucephalus wendete »die Blätter unserer alten Bücher« (124) und stieß dabei vielleicht auf ein »altes Blatt« wie dieses, wo von der Schwierigkeit, das Alte zu verteidigen, die Rede ist. Der kaiserliche Palast, das älteste Gebäude auf dem Platz, lockt diese neuen Menschen an, die nie mehr weggehen werden. In dieser Weise hält sich Altes und Neues, Ehrfurcht vor der Überlieferung und Unruhe, die Waage. Dieser Sohn besteht aus einer hoffnungsreichen Anlage und aus der Gleichgültigkeit, sich fortzuzeugen. Dieses Gleichgewicht aus Zukunft und Zukunftslosigkeit mündet nun freilich in Unfruchtbarkeit, wie auch diese Geschichte mit der Aussicht auf den Untergang der Vaterlandsretter endet.

Aber ebensogut könnte mit dem negativen Ende der Beschreibung des siebenten kinderlosen Sohns die Klage darüber verknüpft sein, daß diese Geschichte in Kafkas Werk singulär geblieben ist, zumal sie doch ein Gleichgewicht zwischen zwei entgegengesetzten Tendenzen durchzuhalten trachtete.

Wie der siebente ist auch der achte Sohn ohne Kontakt, jedoch nicht mit der Welt, wie jener, sondern mit dem Vater. Und wieder liebt ihn der Vater um so mehr, findet er sich doch offenbar in dieser Emanzipation selber gespiegelt: Die Zeit ist hier das Hauptthema: diejenige, die, seit er seinen eigenen Weg geht, vergangen ist und manches eingerenkt hat, was zunächst Fremdheit auslöste. Der *kleine*[16] Mann, mit einem Schädel und einem Körper, die Durchsetzungsvermögen anzeigen, und dazu der Vollbart, der die physische Unbeträchtlichkeit wettmacht, unterstützen die Annahme, es handele sich hier um die weitaus kürzeste Erzählung *Das nächste Dorf*, die vorher zwei andere Titel getragen hatte. Die Großvaterperspektive drängt den Lebensrückblick zu solch ungewöhnlicher Kürze zusammen. Wie der Großvater aus seiner Ferne den Lebensweg des Enkels betrachten mag, so blickt der Vater mit Zittern auf alles, was dieser von ihm getrennte kleine Sohn durchmachen könnte. Der Vollbart könnte darauf hinweisen, daß nur dieser Sohn sich ganz selbständig gemacht hat. Und diese Selbständigkeit könnte auch mit dem Zitatcharakter der Erzählung zusammenhängen, die auf einer älteren Erzählung beruht. Der Erzähler ist Enkel und in den *Elf Söhnen* Vater, die Perspektive dreht sich um, vergleichbar ist die Art der Zuwendung des Älteren zum Jüngeren: beide sind liebevoll besorgt.

Der neunte Sohn hat mit dem siebenten die Gleichgültigkeit gegen die Fortzeugung seinesgleichen gemeinsam. Seine Unbeweglichkeit macht aus ihm einen Residierenden, einen stets am gleichen Ort Festgehaltenen. Und davon handelt auch die Geschichte *Eine kaiserliche Botschaft*: Der Bote verläßt nie die Höfe der Residenzstadt, die übrigens voll »Bodensatz« (139) daliegt, voll Residuum. Der die Botschaft empfangen sollte, ist gleichfalls ein Sitzender, abends, am Fenster, während er, als fernster Schatten, seine Sonne erwartet, die in der Vermittlung durch den mit dem Sonnenzeichen behafteten Boten vom Morgen des Aufgangs zum Abend unterwegs ist. Den Glanz, den diese kaiserliche Sonne sendet, kann man freilich mit einem »nassen Schwamm« (143) wegwischen, so wenig verläßlich ist er. Dieser Glanz der kaiserlichen Sonne ist im verführerischen Auge des Sohnes nur potentiell vorhanden. In Wahrheit schließt er lieber die Augen. Dann ist der Zustand erreicht, den das Du am Abend kennt, wenn es sich die Botschaft nur mehr erträumt. Als erträumte wird ihr Eintreffen vorweggenommen, aber sie verbleibt ja immer nur in den »engen Grenzen« (143) der Residenzstadt, die nie verlassen wird. Wir haben es hier, wie beim folgenden Sohn, mit einer Täuschung zu tun, und in der Tat ist diese Erzählung, mit ihrem repräsentativen Aufwand, dem nichts Substantielles entspricht, eine Mystifikation, wie sie der scheinbar verführerische, niemandem bestimmte Blick dieses Sohnes bestätigt.

Auch der zehnte Sohn täuscht etwas vor, auch er repräsentiert, was er nicht ist, mit seiner Feierlichkeit, seinem Zeremoniell, der Unbewegtheit seiner Mimik. Er ist das Gegenteil der Kopfhänger, die im sechsten Sohn und in der siebenten Erzählung sichtbar wurden, da sein Hals gestrafft ist und sein Kopf erhoben. Diese Sicherheit geht auch von seinem Wort aus, das gleichfalls heuchlerisch zu sein scheint. Das Weltganze, mit dem er übereinstimmt, hat ihn in der Erzählung *Vor dem Gesetz* zum Türhüter bestimmt, welcher Funktion er durchaus genügt. Das Respekt einflößende Äußere des Türhüters ist der Feierlichkeit des festgeschlossenen Gehrocks dieses Sohns analog. Beide sind kurz angebunden, verstehen es, unbequemen Fragen zu begegnen. Die Verhöre des Türhüters und die boshaft und sicher Fragen durchkreuzende Rede des Sohns können füreinander stehen. Auch daß sein Äußeres abstößt, läßt sich auf den Türhüter übertragen. Und daß sein Wort nicht die Wahrheit vermittelt, zeigt der Schluß, der den Anfang Lügen straft. In diesem Sohn hat man es mit einer langen Wartefrist bis zum Tod zu tun. Der letzte Sohn handelt nun vom Tod selber, was die Position an der letzten Stelle unterstreicht.

Die Schwäche, die Grund legt, ist, wenn sie als Bereitschaft verstanden wird, den Erdboden zu verlassen, zerstörerisch für irdische Fortsetzungen, aber von einer andern Sicht aus keine Schwäche. Er ist der Letzte in doppelter Hinsicht: ihm traut der Vater, der Familie will, zuletzt. Aber: »Du wärst der Letzte« (144) kann zweierlei heißen: in der bekannten Redensart heißt es: dir traue ich am wenigsten. Wörtlich genommen dagegen: als Letztem werde ich mich dir vertrauen, d. h. wenn die Stunde des Todes kommt. Und der Sohn bestätigt dies mit seiner Antwort: »Mag ich also wenigstens der Letzte sein«, wodurch die Redensart sich als wörtlich verstandene ausweist. Damit ist die Sohnesfolge nun abgeschlossen, es kann nach diesem Todesgeleiter kein weiterer Sohn mehr kommen. Und mehrere Interpreten haben die Unvollkommenheit, ja die Sündigkeit der Zahl »elf« betont.[17]

Der *Traum* Josef K.s stimmt in den Grundzügen mit dem elften Sohn überein. Die schwebende Haltung K.s, die Fahnentücher, die aneinanderschlagen, der in der Luft gehaltene Grabstein, die in der Luft beschriebenen Figuren des Künstlers weisen zudem noch auf die »Flugbereitschaft« des elften Sohns hin. Die Grablegung kann als Grundlegung für eine spätere Entwicklung gelesen werden.

Mitchell weist mit Recht auf die Übereinstimmung dieses elften Sohns mit Jakobs elftem Sohn Joseph hin, dem Träumer, der gleichfalls in ein großes Loch fiel.[18] Daß der zwölfte Sohn ausbleibt, bestätigt die Zukunftslosigkeit, die Kafka seinem Schreiben zusprach.

Zart, schwach ist dieser elfte Sohn ja auch, weil er nur ein »Traum« ist. Und andererseits ist er dadurch auch »grundlegend«, daß er von besonderer Freiheit gegenüber den raum-zeitlichen Schranken einer traumlosen Welt zeugt. »Nur auf diesem unsern Erdboden« meint nicht nur den Gegensatz zum Tod, sondern auch zum Traum.

Nur dieser letzte Sohn redet den Vater an und führt ihn dazu, von sich in der dritten Person zu reden. So endet die Folge der Sohnesporträts mit einer Schwächung, fast Ablösung der väterlichen Autorität. Und diese Entwicklung läßt rückwirkend die väterlichen Urteile in einem Zwielicht erscheinen, das alles, was der Vater an Stärke an den Söhnen gerühmt hat, auch als Begrenzung, alles, was er ihnen an Schwäche vorhielt, auch als Stärke erscheinen läßt. In diesem Geist haben wir die Lektüre der vorangehenden Söhne bereits angebahnt. Der Vater schien uns durch den letzten Sohn im voraus zerstört zu sein, nämlich von dem Grund seiner Autorität abgetrennt. Mit den Augen des ihn relativierenden elften Sohns konnten deshalb die zehn andern Söhne betrachtet werden und als Vorläufer dieses elften Sohns gelten, insofern sie auch schon wenig zur Stärkung der Familie beigetragen zu haben schienen. Jeder war auf seine Art dem Vater inkonsistent vorgekommen, dessen Maßstab der Familientauglichkeit in einem fort desavouiert wurde. Diese Aberkennung aber wird durch den letzten Sohn legitimiert, da sie auf Eigenschaften beruhen kann, die den Grund zu einer andern als der irdischen Laufbahn legen.

Der erste Sohn vertauscht Ansehnlichkeit mit Klugheit, der zweite vermag sich nicht zu vollenden, der dritte hat schwache, nicht tragfähige Beine, der vierte zu wenig spezifisches Gewicht, der fünfte ist vor Bedeutungslosigkeit kaum gegenwärtig, der sechste körperlich nicht ausgewogen, der siebente ohne Zeugungswunsch, der achte klein und unschön, der neunte schläfrig-untätig, der zehnte vermutlich unwahr. Zu diesen zehn Schwachen gesellt sich der elfte, der als einziger nicht auch noch schwach, sondern von Grund auf schwach ist, worin gerade seine Stärke liegt. Diese Stärke kehrt die Perspektive in Richtung auf die andern Söhne um, deren Stärke durch ihre Schwächen zwar desavouiert, aber dergestalt modifiziert wird, daß sie als die Schwäche gegenüber der Stärke der Schwäche des letzten Sohns erscheint. Denn von einem andern Gesichtspunkt als dem dem Erdboden angemessenen aus ist die Schwäche auch der andern Söhne ein Indiz dafür, daß sie anderswohin als auf die Erde weisen, der sie nicht geben, was von ihnen erwartet wird. Die Letzten werden die Ersten sein, wenn es um den andern Blickwinkel geht, den des Todes.

Die zehn ersten Söhne werden vom Vater so beschrieben, als besäße er sie. Nur der elfte könnte das Besitzverhältnis ernsthaft antasten. Zwischen der Besitzerperspektive und der Tatsache, daß uns von diesen Söhnen nur auf sprachliche Weise Kunde gegeben ist, besteht ein Zusammenhang. Die Söhne können so in ihrem *Wesen* nicht dargestellt werden, nur in ihrer »sinnlichen« Erscheinung, entsprechend dem Geltungsbereich der Sprache, die »außerhalb der sinnlichen Welt nur andeutungsweise, niemals auch nur annähernd vergleichsweise gebraucht werden« kann.[19] »Entsprechend der sinnlichen Welt« handelt die Sprache ja »nur vom Besitz und seinen Beziehungen«. Daher sind alle Vergleiche der Erzählungen mit den Söhnen eingeschränkt auf die vom väterlichen Besitz aus feststehenden Beziehungen und ausgeführt nur innerhalb sinnlicher Bezüge, die selbstverständlich eine Übersetzung notwendig gemacht haben. Die Übersetzung der Erzählungen in Söhne, die in der Relation von Besitztümern des Vaters erscheinen und nur von ihrer Zugehörigkeit zur sinnlich darstellbaren Welt her erfaßt werden können, bildet eine so radikale Einschränkung des Darzustellenden, daß diese Darstellungsform in jedem ihrer Schritte ausgehöhlt, ja ruiniert werden könnte, wodurch die Auslegung den Abstand zu dem Darzustellenden offenhielte. Der Herstellung dieses Abstands diente die Form spezifischer Vergegenständlichung von Sohneseigenschaften in Gestalt körperlicher Merkmale und sinnlich dargestellter Lebensgewohnheiten, die wir deshalb im Rückblick als durchaus ironisch gemeint verstehen können. Der Anstoß zu der Übersetzung von elf Erzählungen in elf Söhne kann in der von vornherein feststehenden Unmöglichkeit bestanden haben, die Essenz von Erzählungen im Gewand der Sprache auszudrücken, deren einschränkende Gesetze zu thematisieren und damit zu sprengen waren. Daß die physiognomische Methode in den Sohnesporträts zu kurz griff, um ein Äquivalent zu den Erzählungen zu schaffen, wäre gerade das thematische Erfordernis dieser elf Beschreibungen.

Aber läßt sich dieses Problem nun nicht auch verschieben zu den Erzählungen selber hin? Sind nicht auch sie, mutatis mutandis, elf in den Zwang zu versinnlichender Besitz-Beziehungen eingelassene Zeugnisse gleichartiger Unmöglichkeit, auszusagen, was die Kompetenz von Sprachlichkeit stets überschreitet?

Von den elf Söhnen, an denen der absurd verkürzte Charakter als hauptsächliche Gemeinsamkeit hervortritt, fällt der Blick notwendig auf die elf Erzählungen, deren inadäquate Illustration sie sind, um auch auf die Inadäquatheit der Erzählungen selber hinzudeuten, die für anderes, nicht adäquat Darstellbares stehen. Insofern kommt der spielerisch vorgetragenen Einschränkungsstrategie eine Erkenntnis aufschließende Funktion zu, die den Stellenwert der Erzählungen in bezug auf die Wahrheit, die sie andeuten, festhält.

Der allwissende Besitzer-Vater ist seinerseits an das Funktionieren einer Art von Relation zu seinen Erzeugnissen gebunden, die ihn mit in die ihm auferlegten Vereinfachungszwänge hereinzieht. Daß er die Söhne nicht nur so darstellen, sondern nun auch noch so beurteilen muß, entspringt seinerseits einem Zwang zu fixierender Taxierung, die den Sohn als Kapitalanlage einstuft. Denn der Beurteilungsmodus ist vom Ertrag des Sohnes abhängig, der nach dem Gesichtspunkt der tadellosen Ware und der Produktivität hinsichtlich weiterer gleichartiger Söhne beurteilt wird. Der Vater ist also auch ein kaufmännischer Vater, der vor allem die Echtheit, die Ausgewogenheit, die Kräftigkeit, die Vielseitigkeit und die Fruchtbarkeit seiner Erzeugnisse zum Maßstab seiner Beurteilung macht. All diese Kriterien sind aber wiederum solche des Besitzerstolzes bzw. des Besitzerverdrusses. Nur der elfte Sohn ist so schwach, daß auf ihn ein andrer Maßstab angewandt werden muß, der dazu verhilft, den Maßstab für die anderen zehn aus den Angeln zu heben.

Mit diesem Hinweis auf die gewollte, thematisierte Inadäquatheit sinnlicher und besitzanzeigender sprachlicher Darstellung für einen die Kompetenz der sprachlichen Mittel transzendierenden Sachverhalt wird rückwirkend der Sinn unserer Analyse bestimmt. Sie sollte die Formen der Entsprechung und Nichtentsprechung sprachgewordener Gestaltung im Spiegelbild eines andern sprachlichen Mediums zum Ausdruck bringen, was darauf hinauslief, Inhalte und formale Eigentümlichkeiten sowie entstehungsgeschichtliche Daten der Erzählungen zu einem neuen Ganzen zu verbinden, das nicht umhin konnte, das so Erzeugte als Besitz, nicht als Sein zu deklarieren und dadurch zu denaturieren. Wenn Sprache Besitzverhältnisse verwaltet, dann ist der Erzeuger sprachlicher Söhne, sofern er sich als sprachliches Wesen darstellt, dem Besitzzwang, den seine Sprachlichkeit ihm vorzeichnet, auch in der Übersetzung in die Porträtähnlichkeit ausgesetzt, die den Verfügungscharakter des Schriftstellers über Sprache insofern umkehrt, als die Sprache den Schriftsteller in ihrer Gewalt hat und mit ihm seine Geschöpfe. Der hier offenbarte Zwang, den der Vater auf die Söhne übt, ist mithin der von der Sprache dem Autor auferlegte Zwang über seine Aussagen, die in der Perspektive von Besitz innerhalb sinnlicher Vorstellungen der qualitativen Verengung unterworfen werden, von der die Geschichte der *Elf Söhne* genau so wie die ihr zugrundeliegenden elf Erzählungen Zeugnis ablegen. Freilich bildet der Übergang von den elf Erzählungen zu ihrer Übertragung in elf Söhne die Verengung der Verengung ab, indem sie den Besitzcharakter sinnlicher Vorstellungen des sprachlich Geäußerten karikaturistisch hervortreibt. Diese Verkürzung als Erkenntnis über sprachliches Erzeugen ex negativo zu verstehen, scheint mir der Sinn eines affirmativen Nachweises möglichst zahlreicher Entsprechungen zwischen den Söhnen und den Erzählungen zu sein. Bei diesen Nachweisen stellt sich die – von uns nicht eigens dargestellte – grundsätzliche Nichtübereinstimmung jedesmal ironisch zwischen die Versuche und höhlt ihre Stimmigkeit aus. Kafka wollte sich diese Unmöglichkeit als durchgängiges Thema der *Elf Söhne* vordemonstrieren, um seine Aporie als Schriftsteller in der Darstellung der Aporie der sinnlich-besitzanzeigend verfahrenden Sprachlichkeit auszudrücken.

Anmerkungen

1 Malcolm Pasley, Two Kafka Enigmas: »Elf Söhne« und »Die Sorge des Hausvaters«, in: Modern Language Review 59 (1964), S. 73–81; ders., Drei literarische Mystifikationen Kafkas, in: Kafka-Symposion, (Taschenbuchausgabe:) München 1969, S. 17–29; ders., Kafka's Semi-private Games, in: Oxford German Studies 6 (1971/72), S. 112–131, wieder abgedruckt in: The Kafka Debate. New Perspectives for Our Time, hg. v. Angel Flores, Staten Island, N.Y. 1978, S. 188–205.

2 Claude David, Zu Franz Kafkas Erzählung »Elf Söhne«, in: The Discontinuous Tradition. Studies in German Literature in Honour of Ernest Ludwig Stahl, Oxford 1970, S. 247–259.

3 Breon Mitchell, Franz Kafka's »Elf Söhne«: A New Look at the Puzzle, in: German Quarterly 47 (1974), S. 191–203.

4 Max Brod, Über Franz Kafka, (Taschenbuchausgabe:) Frankfurt a. M. 1966, S. 122.

5 Kafka-Symposion, S. 18.

6 Hartmut Binder, Kafka-Kommentar zu sämtlichen Erzählungen, München 1975, S. 223.

7 Franz Kafka, Sämtliche Erzählungen, hg. v. Paul Raabe, (Taschenbuchausgabe:) Frankfurt a. M. 1970. Zitate aus diesem Band werden im Text nachgewiesen, die Seitenzahlen stehen jeweils in Klammern, außer meistens bei den *Elf Söhnen* selber.

8 Hervorhebung vom Verfasser.

9 Nach Binder, Kafka-Kommentar, S. 224.

10 Hervorhebung vom Verfasser.

11 Hervorhebung vom Verfasser.

12 Hervorhebung vom Verfasser.

13 Brief an den Verlag Kurt Wolff vom 27. 1. 1918, in: Briefe 1902–1924, S. 228.

14 Mitchell, Franz Kafka's »Elf Söhne«, S. 195.

15 Nur für diesen Sohn folge ich Pasley, der diese Parallele anführt, in: Two Kafka Enigmas, S. 74.

16 Hervorhebung vom Verfasser.

17 So Claude David bereits in seinem Motto aus Schillers Wallenstein, in: Zu Franz Kafkas Erzählung »Elf Söhne«, S. 247.

18 Mitchell, Franz Kafka's »Elf Söhne«, S. 199.

19 [Betrachtungen über Sünde, Leid, Hoffnung und den wahren Weg] Nr. 57, Hochzeitsvorbereitungen auf dem Lande, S. 45.

BEDA ALLEMANN

KLEIST UND KAFKA

Ein Strukturvergleich*

Eine erschöpfende Behandlung des Themas »Kleist und Kafka« ist auf wenigen Seiten nicht möglich. Es ist zu komplex dafür. Das bedeutet unter anderem, daß ich ohne einen relativ hohen Anteil an methodologischen und literaturtheoretischen Vor- und Zwischenbemerkungen nicht auskommen werde. Dringlicher als die Ablieferung fertig verpackter Ergebnisse scheint mir im Falle der Konfrontation von Kafka und Kleist die korrekte Fragestellung zu sein. Ihr gilt in erster Linie meine Bemühung.

Die etwas zu anspruchsvolle Formulierung des Untertitels bedarf der Nachsicht. Ein strukturanalytischer Vergleich im vollen Sinn und Umfang ist im Rahmen dieses Beitrages nicht zu leisten. Allenfalls kann es sich um die Skizze eines solchen Vergleichs handeln, um ein Abtasten der Präliminarien. Selbst was der vorsichtig in ein Kompositum verpackte Begriff der Struktur besagen will, wird erst noch erläutert werden müssen.

Zuvor ein kurzer Rückblick in die Forschungsgeschichte; er wird durchaus punktuell bleiben. Im Sommer 1916 ließ Oskar Walzel die erste ausführliche Besprechung von Erzählungen Kafkas erscheinen, die überhaupt von fachgermanistischer Seite vorliegt. Sie galt dem *Heizer* und der *Verwandlung*.[1] Sie setzt mit einem sanften Paukenschlag ein; ihr erster Satz lautet:

»Feinfühlige, denen ich Franz Kafkas *Heizer* vorlas, bestätigten mir, was mir beim Vorlesen noch stärker auffiel als beim stillen Lesen: die kleine Erzählung hat etwas Kleistisches.«

Walzel läßt es nicht bei der Behauptung bewenden. Nachdem er den Inhalt skizziert und Kafka in den Kreis der österreichischen Zeitgenossen kurz einzuordnen versucht hat, kommt er auf seine These vom Kleistischen bei Kafka zurück. Die Analyse besticht durch die Präzision, mit der sie signifikante Details der Erzählweise Kafkas herauszuheben und mit jener Kleists in Beziehung zu setzen weiß. Es finden sich hier Beobachtungen, die nach mehr als sechzig Jahren keineswegs überholt wirken, auch wenn sie inzwischen zum Allgemeingut der Forschung geworden sind – so der nachdrückliche Hinweis auf die Rolle der gestikulatorischen Momente im Erzählen Kafkas wie auch Kleists.

»So steht am Anfang des »Kohlhaas« der Junker Wenzel v. Tronka bei der Verhandlung mit dem Roßkamm vor uns, da eben das Wetter wieder zu stürmen anfängt und seine dürren Glieder durchsaust, er aber die Wamsschöße frierend sich vor den Leib hält. Solche Spielanweisungen kehren bei Kafka wieder. Aber deutlicher noch als bei Kleist wird bei ihm die Neigung fühlbar, all das Viele, schier Nebensächliche abzuzeichnen, das man in Augenblicken der Erregung beihin mit kaum glaublicher Schärfe erblickt.«

Es folgt ein Beispiel aus dem Gespräch mit dem Kapitän aus dem *Heizer*. Hinweise dieser und ähnlicher Art finden sich seither in der Kafka-Literatur immer wieder, gelegentlich werden sie auch nur wiederholt.[2]

Zu den wiederkehrenden Erfahrungen in Kafka- wie in Kleist-Seminaren gehört es aber auch, daß früher oder später ein besonders begabter Student sich zu Wort meldet und fragt: Ließe sich Ähnliches nicht auch bei Kleist (respektive bei Kafka) feststellen? Es braucht nicht immer wie bei Walzel um die Rolle der Gestik und der marginalen Wahrnehmungen zu gehen, obwohl das gewiß die Punkte sind, an denen eine eigentümliche Verwandtschaft zwischen Kleist und Kafka am ehesten faßbar wird.

Soweit sich solche direkten thematischen Parallelen nachweisen lassen, haben sie etwas Verblüffendes an sich und lösen den Aha-Effekt aus. Wie lassen sich Übereinstimmungen dieser Art über den zeitlichen Abstand und die sehr unterschiedliche Umwelt hinweg erklären? Ist Kafka bei Kleist in die Schule gegangen, wie einst Kleist bei Molière? Völlig auszuschließen ist das gewiß nicht, zumal wenn man weiß, daß der Autor des *Kohlhaas* zur engsten Gruppe von Lieblingsschriftstellern Kafkas gehörte, zur Gruppe jener, die er seine *Blutsverwandten* nannte.[3]

Doch die Frage selbständig denkender und wißbegieriger Literatur-Studenten ist wohl fundamentaler gemeint, als daß sie sich mit schlichter Einflußforschung beantworten ließe. Kafkas eigne Metapher von der Blutsverwandtschaft weist in eine Dimension, in der mit prästabilierten Übereinstimmungen zu rechnen ist, die andrerseits keine sozusagen wörtlichen Übereinstimmungen zu sein brauchen. Die Analyse des Bezugs wird dadurch nicht erleichtert. Welches ist der gemeinsame Referenzpunkt? Und ist die so oft behauptete, von den »Feinfühligen« Walzels früh schon für gewiß gehaltene Verwandtschaft zwischen Kleist und Kafka nicht tatsächlich eher dem Gefühlsurteil überlassen als wissenschaftlich verifizierbar? Oder weniger ausschließlich formuliert: Ist jede gelehrte Nachprüfung in einem solchen Fall nicht doch primär an die unmittelbare Evidenz zurückgebunden, die sich als solche schwer artikulieren läßt?

Das würde bedeuten, daß jeder Verwandtschaftsnachweis hier notwendig den Charakter einer – um wieder eine Wendung Kafkas zu benutzen, auch wenn er selbst sie in ganz anderen Zusammenhängen brauchte – bloß »nachträglichen Rechtfertigung« hätte? Das schlimmste wäre das wohl nicht. Wohl aber entspräche es einer bestimmten geisteswissenschaftlichen Problematik, die bei manchen Kennern, die sich über das Thema »Kleist und Kafka« ihre Gedanken machten, möglicherweise einen Hauptanreiz für das möglicherweise aussichtslose Unterfangen bildete.

Max Brod hat sich in seiner Biographie und anderen Schriften zu Kafka der Verlegenheit entzogen, indem er, einem alten Brauch der Literaturwissenschaft folgend, die Gemeinsamkeit der beiden Dichter unmittelbar biographisch zu begründen suchte. Beide haben sie, Kleist und Kafka, in einem Konflikt mit ihrer engsten sozialen Umwelt gelebt, Kleist mit seiner Familie, Kafka mit dem Vater. Beide haben sie sich zeitlebens eine Sehnsucht nach der Kindheit bewahrt und hatten deshalb noch als Erwachsene ein halbkindliches Aussehen, beide gerieten sie bei bestimmten Gelegenheiten ins Stottern. Gegen den von Brod in diesem Zusammenhang gebrauchten und verwässerten Terminus technicus des Infantilismus hat schon Heinz Politzer das Nötige vorgebracht.[4] Aber im Ernste: eine monokausale Ableitung von Stilmerkmalen unmittelbar aus den biographischen Gegebenheiten, ihren psychologischen Konsequenzen und den mit ihnen gegebenen »Weltanschauungen« scheitert schon daran, daß sie der Gegenprobe nicht standhält.

Die eigentliche Aufgabe, das sieht wohl auch Brod, wäre der reine Stilvergleich. Aber eben damit hat es seine Schwierigkeiten. Bereits der Satzbau Kleists und derjenige Kafkas sind schwerlich miteinander vergleichbar.[5] Im Bereich des satzübergreifenden Textaufbaus hat

Hartmut Binder den Nachweis geführt und mit einer graphischen Darstellung an bestimmten Novellen veranschaulicht, daß die Erzählabläufe bei Kafka und Kleist eher gegensätzlich organisiert sind.[6]

Welchen Stellenwert man solchen Befunden immer einräumen mag – sie zeigen auf jeden Fall, daß zwischen der intuitiv erfaßten und von Kafka bestätigten »Blutsverwandtschaft« und ihrem konkreten Nachweis durch Textvergleichung eine Diskrepanz besteht. Sie spiegelt sich getreulich in dem Umstand, daß auf die eigentümliche Nähe Kafkas zu Kleist immer wieder einmal hingewiesen worden ist, ein überzeugender Verwandtschaftsnachweis aber meines Wissens nicht vorliegt. Das braucht keineswegs gegen die Verwandtschaft zu sprechen. Es könnte schließlich auch am Ansatz und der Methode der Verifizierungsversuche liegen.[7]

Die folgenden Anregungen erheben nicht den (leichtsinnigen) Anspruch, das auf die Spitze gestellte Ei des Kolumbus in dieser Frage zu präsentieren. Ihr Zweck wäre mehr als erfüllt, wenn es ihnen gelingen würde, eine zusätzliche Dimension in die Fragestellung einzubringen.

Sie gehen von der Hypothese aus, daß auf der rein thematischen Ebene eine Übereinstimmung zwischen den je für sich hochdifferenzierten Werken zweier großer Dichter nicht aufzuweisen ist. Man kann das auch andersherum so ausdrücken: Wo eine solche Übereinstimmung rein thematischer Art, in Form oder Inhalt also, vorliegt, bleibt sie notwendigerweise zufällig. In der Tat, was besagt es schon bei näherem Zusehen, daß es zwischen Kleist und Kafka eine auffallende Affinität in der erzählerischen Hervorhebung des gestischen Details gibt? Eigentlich nichts, als daß hier eine historische Koinzidenz vorliegt – und es hieße einen schiefen und flachen Begriff von Historizität voraussetzen, wollte man in solchen Zusammenfällen die Substanz geschichtlicher Beziehungen erkennen. In einer Besprechung von 1916 hatte es durchaus seinen Sinn, auf einen solch merkwürdig gemeinsamen Zug aufmerksam zu machen, um das Interesse an Kafkas Erzählungen zu wecken und den Rang zu signalisieren, den man ihnen einräumte. Auch noch heute kann uns das Phänomen nicht unberührt lassen, insofern es uns auf den Gedanken an einen gründlicheren Zusammenhang zwischen Kafka und Kleist bringen kann, oder diesem Gedanken, wenn er schon Fuß gefaßt hat, eine vorläufige Bestätigung gibt. Aber alles muß gerade in diesem Fall darauf ankommen, eine umfassendere Begründung für die vermutete und spätestens seit der Publikation der Briefe an Felice durch eine ausdrückliche Äußerung

Kafkas belegbare »Blutsverwandtschaft« zu finden. Aber eben damit, daß Kafka selbst von einer solchen gesprochen hat, dürfen wir uns auch nicht zufrieden geben; wir würden damit nur das literaturkritische Geschäft an die Selbstinterpretation des Autors delegieren, und wie verfänglich diese gerade im Falle Kafkas sein kann, ist kein Geheimnis – er selbst hat bei Gelegenheit der Türhüter-Legende darauf hingewiesen.

Wenn unsere Hypothese zutrifft, daß thematische Deckungsgleichheiten nur soviel besagen, wie ihnen an zusätzlicher Begründung mitgegeben werden kann, um ein geschärftes Erkenntnisinteresse zu befriedigen, so drängt sich die Konsequenz auf, diese Begründung in einer Art von Tiefenstruktur der zur Diskussion stehenden Werke zu suchen. Das wäre allerdings seinerseits nicht unproblematisch, denn nirgends trifft so sehr der Satz zu wie auf die Literatur, daß sich ihr Geheimnis an der Oberfläche verbirgt.

Deshalb ist eine kurze Verständigung über den hier vorauszusetzenden Begriff der Struktur unerläßlich. Der Begriff – oder seien wir aufrichtig: die Metapher – »Struktur« ist seit vielen Jahrzehnten, wir wissen es, in der Literaturwissenschaft stark belastet, oft auch überbelastet worden, und der Rückschlag aus den Strukturalismen der sechziger Jahre in die Literaturkritik hat in dieser Hinsicht nur eine längst sich anbahnende Inflation besiegelt. Ich will hier kein weiteres Signifié-Signifiant-Spiel vorführen. Wenn ich dennoch am Ausdruck Struktur festhalte, so nicht zuletzt eben wegen seiner Geläufigkeit, um nicht zu sagen Abgeschliffenheit. Es wäre Selbsttäuschung, an seine Stelle einen Terminus setzen zu wollen, der mit *einem* Wort den gemeinten Begriff präziser bezeichnen würde. Die Metapher »Struktur« ist genau so schwer zu fassen wie der Inbegriff der Werkanlage, der mit ihr exponiert werden soll. Das heißt gewiß auch, daß Struktur nicht so einfach zu definieren ist, wie die Literaturwissenschaft lange glauben mochte: als schlichte Übereinstimmung von Inhalt und Form. Solche Stimmigkeit als Grundmoment der Hervorbringung anzusetzen, will zumal bei Autoren mit stark gegenklassischem Einschlag wie Kleist und Kafka von vornherein nicht recht überzeugen; bei näherem Zusehen gilt das selbst für die Werke der Klassiker, d. h. der zu Klassikern erklärten Autoren – ein Schicksal, dem ja auch Kleist und Kafka nicht entgangen sind.

Mehr zu versprechen scheint mir für die Erhellung von Strukturen das Prinzip der *Opposition*, wie es zunächst im Bereich der Phonologie entwickelt wurde und wie es Lévy-Strauss in die Ethnologie übertragen hat. Auch ein solcher Begriff, zum strukturalistischen Methodenprinzip erhoben, ist allerdings der Gefahr einer bloß formalistischen Weiterverwendung ausgesetzt. In literarischen Analysen wird man darauf achten müssen, ihn nicht für die Bezeichnung sekundärer Gegensätze zu verschleißen, die keine wirklich strukturierende Funktion haben. Ich würde es denn auch vorziehen, hier an seiner Stelle den Begriff der *Spannung* zu verwenden, der im literaturkritischen Sprachgebrauch von seiner banalsten bis zur sublimsten Bedeutung eine beträchtliche Bandbreite aufweist, immer aber auf das Werk in seiner Totalität, die Rezeption inbegriffen, bezogen bleibt.

Das theoretische Problem, das hinter solchen Überlegungen steht? Es ergibt sich, wie angedeutet, aus dem Versuch, den Stellenwert und die Funktion der thematischen Aspekte von literarischen Werken zu bestimmen. Die Literaturwissenschaft findet im allgemeinen nichts dabei, sich exklusiv an die Thematik der von ihr analysierten Werke zu halten. Sie legt sich diese Ausrichtung sogar als besondere Textnähe und Texttreue aus. In letzter Konsequenz müßte sie eigentlich zur strikten Beschränkung auf Formbeschreibung und Inhaltsparaphrase führen. Weil man sich dazu nun auch wieder nicht gerne versteht, neigt die Interpretation fast zwangsläufig zur Überinterpretation. Es scheint, gemäß dem alten hermeneutischen Leitsatz, darum zu gehen, den Autor besser zu verstehen, als er sich selbst verstanden hat: seine Thematik noch zu präzisieren und voll auszuarbeiten.

Von der These her gesehen, daß die Thematik für sich genommen keine ausreichende Basis für die Begründung einer sozusagen subkutanen Gemeinsamkeit zwischen bedeutenden Werken liefert, käme es hingegen darauf an, ihre Thematik nicht besser, wohl aber funktional zu verstehen: als Funktion im Koordinatensystem struktureller Spannungen.

Ich muß es bei diesem etwas unvermittelten und abstrakten Hinweis bewenden lassen. Die Notwendigkeit eines ausgreifenden strukturanalytischen Ansatzes darzulegen, wenn die in der einfachen Zusammen-Nennung »Kleist und Kafka« enthaltene Frage herausgearbeitet werden soll, schien mir indes nicht möglich ohne Rekurs auf eine theoretische Grundsatzfrage des Sprechens über Literatur.

Ist sie erst einmal beherzigt, beginnen die Schwierigkeiten erst. Die Thematik eines Werkes funktional betrachten, kann bestimmt nicht heißen, sich über sie hinwegzusetzen, im Gegenteil. Die Strukturanalyse muß sich noch entschiedener an den Text halten, als es das rein thematische Interesse verlangen würde. Der Text selbst als Artikulationsvorgang ist auf Thematisierung angewiesen. In ihr schlagen sich die Strukturspannungen nieder. An ihr müßten sie für den Rezipienten, zumal den Kritiker, erkennbar sein. Das heißt aber gerade nicht, daß der Text ausdrücklich von ihnen spricht. Die Beispiele, denen ich mich jetzt zuwende, werden das verdeutlichen können.

Als exemplarischen Einstieg wähle ich eine bestimmte Form der Temporalanalyse Kleistscher und Kafkascher Werke. Es kann einem im Umgang mit Dichtung auffallen, daß Dichter ihre eigene Zeit-Konzeption haben. Gelegentlich wird sie unmittelbar thematisch: etwa in Gottfried Kellers bekanntem Gedicht *Die Zeit geht nicht*, oder in manchen Äußerungen Rilkes über eine senkrecht stehende Zeit.

Kleist und Kafka gehören nicht, oder höchstens am Rande, zu den Autoren, die ausdrücklich auf das Phänomen Zeit reflektiert haben. Kleists Gespräch *Über das Marionettentheater* ist sowenig ein Gegenbeleg wie die Notizen Kafkas in den Oktavheften es sind, die offensichtlich von Kierkegaards Gedanken über Zeit und Ewigkeit angeregt wurden. Das schließt aber keineswegs aus, daß auch in ihren Werken ein sehr eigentümlicher Zeit-Begriff zum Vorschein kommt, wenn man erst sein Augenmerk darauf richtet. Es geht dabei wohlverstanden nicht um eine bestimmte »Zeit-Auffassung«, die sie »vertreten« hätten und die gar Bestandteil ihrer »Weltanschauung« bilden würde. Es geht um eine strukturelle Spannung, die sich als Paradoxie des unausdrücklich vorausgesetzten Zeit-Begriffs fassen und analysieren läßt.

Es handelt sich nicht um ein rein erzähltechnisches Spezifikum etwa der erzählten Zeit nur. Im dramatischen Werk Kleists findet es sich in bestimmter Hinsicht sogar deutlicher ausgeprägt, weshalb ich als Demonstrationsbeispiel bewußt sein letztes Schauspiel wähle, *Prinz Friedrich von Homburg*. Daß ich dabei manches in Abbreviatur und gelegentlich etwas apodiktischer Tonart vorlegen muß, versteht sich wohl von selbst.

Die erste Szene des *Prinzen* kehrt bekanntlich in gewisser Weise am Ende des Schauspiels wieder. Was am Beginn ein höfischer Scherz und für den Helden eine Trance-Vision war, setzt sich am Ende in der Bühnenrealität vor den versammelten Offizieren fort: die Sieger-Krönung des Prinzen durch die Hand der geliebten Prinzessin und auf Veranlassung des Kurfürsten. Ob man, wie in den Anfängen der

Kleist-Rezeption, diese Rahmen-Szenen für eine entbehrliche Zutat hielt oder, wie später üblich wurde, ihre formale Bedeutung für die geschlossene Wirkung des Ganzen hervorhob: die immerhin nicht ganz selbstverständliche Tatsache, daß ein dramatischer Ablauf am Ende an seinen traumhaft vorweggenommenen Anfang zurückkehrt, scheint als solche wenig bedacht worden zu sein. Ich sage ausdrücklich: an seinen Anfang zurückkehrt, denn am Ende ist tatsächlich alles wieder genau so offen und ungewiß wie am Beginn der dramatischen Handlung, *vor* der Schlacht bei Fehrbellin. Die entscheidende Frage des Kurfürsten an die Offiziere, als er sich anschickt, das gegen den Prinzen verhängte Todesurteil zu zerreißen, lautet ausdrücklich:

> *Wollt ihrs zum vierten Male mit ihm wagen?«* (v. 1823)

Durch »Trotz und Leichtsinn« hat der Prinz den Kurfürsten schon dreimal um den Sieg gebracht oder, wie zuletzt noch bei Fehrbellin, die endgültige Niederlage der Schweden verhindert.

Kottwitz versichert sogleich, daß der Prinz bestimmt nie mehr ohne Befehl vorpreschen werde, und insofern könnte man behaupten, daß eine entscheidende Voraussetzung sich eben doch verändert und der Prinz nun seine Lektion endlich gelernt habe. Aber derselbe Obrist Kottwitz hat zuvor im Streitgespräch mit dem Kurfürsten ebenso ausdrücklich erklärt, er selbst würde des Prinzen Tat in der Schlacht munter wiederholen.

Was gilt nun? Der Prinz selbst mag von Begnadigung und einem vierten Versuch mit ihm nichts hören. Er hat seine Todesfurcht hinter sich gelassen und will sich die Unsterblichkeit, die er zuvor im Schlachtenruhm suchte, durch einen freien Tod zur Verherrlichung des von ihm verletzten Kriegsgesetzes sichern. Von einer »Schuld«, die er auf sich geladen hätte, spricht er freilich auch jetzt nur im Konditionalis (1768 ff.). Lange genug war ihm der Gedanke an sie fremd geblieben, und noch die Zitierung vors Kriegsgericht vermochte ihn nicht bedenklich zu stimmen, er tat sie als Formsache ab.

Dennoch gilt es in der Kleist-Interpretation allgemein als erwiesen, daß der Prinz zu einem nicht näher bezeichneten Zeitpunkt seine Schuld eingesehen hat, in sich gegangen ist und in jedem Fall eine »Entwicklung« im Lauf des Schauspiels durchmacht. Nur so scheint es erklärlich, daß zum guten Ende doch noch Gnade vor Recht ergeht. Dies ist übrigens auch die Auffassung, die, sei es mit negativer Akzentuierung, dem bekannten Sonett über den Kleistschen Prinzen von Bert Brecht[8] zugrundeliegt:

>*Rückgrat, zerbrochen mit dem Lorbeerstock!*« (V. 5)

Walter H. Sokel hat in seinem Kafka-Buch darauf aufmerksam gemacht, daß auch bei Kafka »Schuld« nicht im gängigen Sinne zu verstehen ist, sondern als ein komplexes Verhängnis, wie es die Helden – das ist Sokels ausdrücklicher Hinweis – der klassischen Tragödie von Aischylos bis Kleist kennzeichnet.[9] Ich würde dem höchstens hinzufügen, daß diese komplexe Weise von unschuldig-schuldiger Verstrickung in den Dramen Kleists auf einen Höhepunkt gelangt und sich sozusagen potenziert, und das auch noch im *Prinzen von Homburg*, der keine Tragödie mehr, sondern ein Schauspiel ist, das sich allerdings bis knapp vor die Schlußszene als fast reine Tragödie zu entfalten scheint und zudem eine Todesdrohung enthält, die härter ist als mancher faktische Bühnentod in konventionellen Tragödien.

Die Kleistschen Helden sind dadurch potenzierte Dramenhelden, daß sie mit letzter Konsequenz, weil gleichsam unbewußt, dem Gesetz folgen, nach dem sie angetreten sind, und dieses Gesetz ist identisch mit dem Ziel, das sie sich gesetzt haben. Über ihre Schuld oder Unschuld zu rechten, führt zu nichts; das gilt für die sanfte Alkmene der *Amphitryon*-Bearbeitung wie für den selbstbewußten, aber traumwandelnden General der Reuterei. Die Interventionen der Offiziere zu seinen Gunsten führen konsequenterweise auch zu nichts, oder genauer gesprochen: nur dahin, daß der Kurfürst den Prinzen selbst in eigener Person gegen sie als Kronzeugen für die Notwendigkeit der Verurteilung auftreten läßt, so daß sich ihre gutgemeinten Argumente von selbst aufheben.

Deshalb kann der Prinz auch nicht begnadigt werden. Könnte er es, würde der ständig mit Papieren beschäftigte[10] Kurfürst kaum verfehlt haben, den Begnadigungsakt streng förmlich zu vollziehen. Stattdessen tut er das für ihn Ungewöhnliche, wenn auch in seiner Machtvollkommenheit Stehende: er zerreißt das Todesurteil ohne ausdrückliche Begründung und Kommentar, lediglich mit der gesprochenen Regieanweisung:

>*So folgt, ihr Freunde, in den Garten mir!*« (v. 1829)

Damit hebt sich der äußere Handlungsablauf mit seinem Konflikt zwischen Staatsgesetz und impulsiver Neigung buchstäblich in sich selber auf und muß in die nächtliche Vision des Anfangs zurückmünden. Alles kann von vorn beginnen, und der entscheidende Sieg muß erst noch erfochten werden. Das ist der nüchterne Sinn des *Homburg*-Schlusses, wenn man sich von der Rhetorik der Generale nicht fortreißen läßt zu der Täuschung, dieser Sieg sei schon errungen. Der Konflikt hat sich als unlösbar erwiesen, weder die kalte und vom Kurfürsten bis zuletzt verbal verteidigte Staatsräson noch jene lieblichen Gefühle, von denen die Prinzessin Natalie sprach, konnten sich durchsetzen. Ein Konsensus war nicht zu erreichen, am wenigsten mit dem Prinzen selbst, der zum Schluß förmlich überrumpelt werden muß, um ihn seiner absoluten Todesbereitschaft zu entreißen und ins Leben zurückzuzwingen. Die Versuche seiner Freunde, einen Ausgleich im Interessenkonflikt herbeizuführen, hatten zuletzt verzweifelte Formen angenommen; dazu gehört nicht nur die kühne Beweisführung Hohenzollerns, der dem Kurfürsten selbst die ganze Schuld an der Insubordination des Prinzen zuschiebt, sondern vor allem auch die hinter die Szene verlegte, aber eindeutig hochverräterische Aktion der Prinzessin, die gegen den Willen des kurfürstlichen Oheims ihr Leibregiment anrücken läßt – ein objektiv betrachtet ungleich schwererer, weil vorsätzlicher Verstoß gegen das Gesetz als der des Prinzen in der Schlacht. Der Kurfürst läßt ihn, als er den Zusammenhang erkennt, schweigend durchgehen.

Ein Kleistscher Held hat im entscheidenden Punkt seiner Bühnenexistenz keinen Bewegungsspielraum. Auch der Prinz befindet sich grundsätzlich in der Situation Penthesileas, die immer nur noch einmal versuchen kann, trotz aller Abstürze, die Felswand hinaufzureiten, über der sich der strahlende Achill in seine Quadriga verstrickt hat. »Entwickeln« im üblichen figurenpsychologischen Sinne kann auch er sich nicht. Er kann sein Ziel, den Ruhm und die Unsterblichkeit, ins Jenseits verlagern, als er sich den Weg dahin in diesem Leben durch den eignen Ehrenkodex und das Kriegsrecht verlegt sieht. Er kann im Dienste dieses Zieles sogar seine eigne Todesfurcht überwinden, die ihn so grimmig angefallen hat. Das Ziel loslassen oder auch nur abweichen von ihm kann er nicht.

Diese charakteristische Unbedingtheit in der Disposition der Heldenfiguren, die ihnen nur die sture Wahl zwischen Allem und Nichts läßt, wirkt einerseits hochdramatisch, führt andrerseits aber auf bestimmte dramaturgische Probleme, die hier nicht mehr erörtert werden sollen. Die Helden, indem sie so bedingungslos ihr Ziel verfolgen, blockieren sich selbst.

Unter dem von uns angesteuerten temporalanalytischen Gesichtspunkt besagt das, daß der dramatische Vorgriff auf die Zukunft, die Antizipation des Zieles, sich paradoxerweise zugleich auch als Blokkierung und Arretierung des Helden und seiner dramatischen Aktion enthüllt. Daraus ergibt sich eine fundamentale Struktur-Spannung, die sich in Kleists Werk, in modifizierter Weise auch in den Erzählungen, bis ins Detail hinein auswirkt.

Die Zukunft als die spezifisch dramatische Zeitdimension kehrt sich beim Über-Dramatiker Kleist gegen sich selbst. Die Handlung im hergebrachten Sinn eines dramatischen Ablaufs wird in sich selbst zurückgetrieben. Der Begriff der Entwicklung bleibt den Heldenfiguren grundsätzlich fremd. Im letzten und reifsten Schauspiel Kleists wird das unmittelbar auch am formalen Aufbau ablesbar. In *Penthesilea* deutete sich diese formale Konsequenz schon an: die Amazonenfürstin bringt sich selber erstaunlicherweise nicht mit einem Bühnendolch, sondern mit einer Metapher um. Die Szenenreprise im *Prinzen* könnte in diesem Sinn als die Metapher der zum Stehen gebrachten dramatischen Präzipitation bezeichnet werden. [11]

Ich gehe zu Franz Kafkas Werk über und muß mich hier kurz fassen. Die Erscheinung im Werk Kafkas, die mir unter temporalanalytischem Gesichtspunkt zentral zu sein scheint, hat Kafka selbst auf die Formel eines *stehenden Sturmlaufs* gebracht. [12] Sie ist paradox – wie so vieles in diesem Werk, das möglicherweise einen seiner Grundzüge in eben solcher Paradoxie hat.

Stehender Sturmlauf: das ist heftigste, angestrengteste, zielstrebigste Bewegung (Sturmlauf) und absolute Statik, Ereignislosigkeit, Nicht-von-der-Stelle-Kommen zugleich (stehend). In der geläufigen Vorstellung einer linear ablaufenden Zeit läßt sich diese Paradoxie offenbar nicht unterbringen; eher scheint es ihre Absicht zu sein, unmißverständlich dagegen zu verstoßen.

Dem Wort nach ist der eigentümliche Sachverhalt bekannt. Die einschlägigen Äußerungen Kafkas gehören zu den meistzitierten, so etwa der einprägsame Aphorismus:

>*Es gibt ein Ziel, aber keinen Weg; was wir Weg nennen, ist Zögern.*« (HL 42, 83, vgl. 303)

Oder die aus dem Zusammenhang gelöste Wendung über die »aufbauende Zerstörung der Welt« (HL 125). Ich selbst habe öfters, in gedruckten und ungedruckten Arbeiten zu Kafka, auf diese gezielte Paradoxie im Zeit- und Geschichtsverständnis Kafkas hingewiesen.[13] Aber ich habe nicht den Eindruck, daß es schon gelungen ist, den komplexen Sachverhalt völlig transparent zu machen, oder daß die Forschung gar die grundsätzliche Bedeutung wahrgenommen hat, die er für die Analyse des Werkes besitzt. Eingeschliffene und als selbstverständlich geltende Denkweisen scheinen uns daran zu hindern, den paradoxen Zeitbegriff Kafkas zu erkennen, und selbst wenn er in seiner Befremdlichkeit gesehen wird, verführen sie uns dazu, ihn nur als Abweichung von der Norm, nicht in seiner Eigenständigkeit zu verstehen. Da diese Bemerkung nicht zuletzt auch selbstkritisch gemeint ist, mag es erlaubt sein, die Frage noch einmal aufzunehmen. Vielleicht gewinnt sie aus der Konfrontation mit dem Werk Kleists etwas zusätzliches Licht.

Allerdings muß eingeräumt werden, daß im Roman, der literarischen Großform, mit der er so lange gekämpft hat, Kafka der Durchbruch zu einer formalen Umsetzung der für ihn maßgebenden Strukturspannung nicht gelungen ist. Es wird kein Zufall sein, daß es in allen drei Fällen die Romanschlüsse waren, die das Scheitern definitiv zum Vorschein brachten. (Daß mit dem Begriff des Scheiterns hier nicht etwa ein negatives Werturteil gefällt ist, ganz im Gegenteil, braucht wohl nicht eigens betont zu werden.)

Die Romane konnten unter Kafkaschen Voraussetzungen buchstäblich deshalb nicht zum strukturell adäquaten Ende kommen, weil es ein Ziel gibt, aber keinen Weg dahin. In den Erzählungen ist dieser eigentümliche und für den Zeitbegriff Kafkas grundlegende Sachverhalt wohl am direktesten thematisiert in *Eine kaiserliche Botschaft*. Es ist ausdrücklich der Bodensatz der Jahrtausende, den der Bote niemals durchdringen wird.

Der Schwierigkeit des Endes korrespondiert in Kafkas Erzählen folgerichtig die Schwierigkeit des Anfangs, worauf hier ebenfalls nur summarisch hingewiesen werden kann. Das Tagebuch spricht unter dem Datum des 16. Oktobers 1921 vom »Unglück des Anfangs« und bestimmt es als »das Fehlen der Täuschung darüber, daß alles nur ein Anfang und nicht einmal ein Anfang ist, die Narrheit der andern, die das nicht wissen und zum Beispiel Fußball spielen, um endlich einmal »vorwärts zu kommen« […]« (T 542).

Ob Kafka sich mit einem in der ersten Klasse sitzengebliebenen Schüler vergleicht, der immer noch, während seine Kameraden bereits die Abschlußprüfung bestehen, seine ersten Rechenfehler weiter vertieft,[14] oder ob er seine Verfassung auf die prägnante Formel »Das Zögern vor der Geburt« bringt (T561), stets gilt der grundlegende Satz aus dem Oktavheft G:

> *Der entscheidende Augenblick der menschlichen Entwicklung ist immerwährend.«* (HL39f., 73)

Samt dem hintergründigen Zusatz:

> *Darum sind die revolutionären geistigen Bewegungen, welche alles Frühere für nichtig erklären, im Recht, denn es ist noch nichts geschehen.«* (Ebda.)

Darum ist auch die Vertreibung aus dem Paradies ein ewiger, das heißt ewig sich wiederholender Vorgang, mit allen radikalen Konsequenzen, die das für Kafkas Bewußtsein der eignen Situation hat (HL46, 94); darum auch ist das Jüngste Gericht eigentlich ein Standrecht (HL43, 88); darum schließlich wird, mit einer für Kafka charakteristischen logisch-paradoxen Schlußfolgerung, der Messias »nicht am letzten Tag kommen, sondern am allerletzten«, denn er wird »erst kommen, wenn er nicht mehr nötig sein wird, er wird erst einen Tag nach seiner Ankunft kommen« (HL90).

Man kann nicht sagen, daß die eschatologische Heilserwartung des Juden- wie des Christentums durch Kafka schlicht negiert werde, wohl aber, daß er sie in eine Dimension der absoluten Unerreichbarkeit rückt. Die Ankunft des Messias würde buchstäblich voraussetzen, daß er schon da ist, und die Paradoxie dieses Sachverhalts wird nicht dadurch gemildert, daß wir möglicherweise das Paradies gar nie verlassen haben, »gleichgültig ob wir es hier wissen oder nicht« (HL46, 94).

Ebenso dringlich wie die Hoffnung auf Erlösung und ebenso aussichtslos ist die Suche nach dem Ursprung, wie sie im Werk Kafkas immer wieder, besonders eindrücklich in den *Forschungen eines Hundes* demonstriert wird. Das Immerwähren des entscheidenden Augenblicks und das daraus hervorgehende Nicht-Geschehen besagt nicht etwa, daß die Momente dessen, was wir gemeinhin Geschichte nennen, in höherer Simultaneität ständig präsent wären. Vielmehr müßte, bevor ein Schritt in die Zukunft getan werden könnte, erst das Genie des Autors »die alten Jahrhunderte neu erschafft« haben (T553).

Es ist hier nicht der Ort, die Konsequenzen weiter auszuführen, die diese Grundstellung Kafkas für sein dichterisches Werk hat. Die Behauptung scheint mir immerhin nicht aus der Luft gegriffen, daß der adäquat und in seiner vollen Paradoxie erfaßte Zeit- und Geschichts-

Begriff Kafkas einen Schlüssel anbieten würde zu einer vollständigen Interpretation dieses Werkes, die mehr wäre als Paraphrase oder Weiterdichtung, nämlich zugleich Strukturanalyse.

Auf Kleists wie auf Kafkas Werk ließe sich in meinen Augen mit besonderem Recht eine Definition der »dichterischen Zeit« überhaupt beziehen, die Franz Werfel im Jahre 1917 vorgelegt hat und in der er von dieser sagt, sie »läuft ab, ohne sich von der Stelle zu rühren. Sie rennt, ohne vom Fleck zu kommen, bis an ihr Ende. Sie ist eine tumultuare Dauer.« Im selben Zusammenhang spricht Werfel vom »Bann des Träumenden, der das Ereignis vollbringt, ohne sich bewegen zu können.«[15]

Dieser Satz läßt sich anwenden auf die Rahmenszenen des *Prinzen von Homburg*: am Anfang des Schauspiels befindet der Held sich in somnambuler Trance, unfähig, das ihm vorschwebende Glück zu ergreifen; am Ende fällt er, als seine Vision sich erfüllt, in Ohnmacht. Er läßt sich aber auch anwenden auf die vielberufene »traumhafte« Verfassung Kafkascher Helden, die von dieser eigentümlichen Struktur der »dichterischen Zeit« her erst ihre poetologische Begründung erfährt, genau wie der ebenfalls schon oft bemerkte Umstand, daß *Der Prozeß* wie *Das Schloß* in einer Art von vermeintlich »zeitlosem« Mittelalter spielen. Was dem trivialen Dichtungsverständnis gern als »zeitlos« erscheint, ist die eigentümlich paradoxe und spannungsreiche Verfassung der »dichterischen Zeit«, die mit der Zeit der Chronometer und Chronologien nur noch mittelbar zu tun hat, selbst dort, wo die Dichtung – so ausdrücklich in Kleists *Michael Kohlhaas – Aus einer alten Chronik* zu schöpfen vorgibt.

Der Widerspruch der Zeit-Begriffe kann sich in einer thematisch eindeutig faßbaren Opposition niederschlagen wie in Kafkas kurzer, von Max Brod fälschlich mit *Eine alltägliche Verwirrung* überschriebener Nachlaß-Skizze, in der die Zeiterfahrung des Helden A, weil sie offenbar der inneren Uhr seiner momentanen Stimmungen und seines Wunschdenkens entspricht, mit der seines Geschäftspartners B nicht in Übereinstimmung zu bringen ist, so daß die beiden sich notwendig verfehlen, so dringend sie die Begegnung wünschen. Die Paradoxie der »dichterischen Zeit« kann sich aber auch weniger sinnfällig manifestieren, so daß sie wie bei Kleist durch eine sorgfältige Analyse der Grundthematik des Werkes erst herausgearbeitet werden muß. In jedem Fall aber bietet sie eine das Werk strukturierende Grundspannung an, die nicht leicht zu übertreffen sein dürfte, weil sie die Situation des denkenden und träumenden Menschen in der Zeit als solche betrifft und damit seine Geschichtlichkeit, durch die er sich vom bloßen animal rationale, dem vernünftigen Tier der Philosophen unterscheidet.

Wenn es eine »Blutsverwandtschaft« zwischen Kleist und Kafka gibt, so scheint sie mir am ehesten von der völlig unorthodoxen Zeitkonzeption her analysierbar zu sein, die den Werken beider als Voraussetzung zugrunde liegt. Das soll nicht heißen, daß bei ihnen schlicht in einer anderen Kategorie von Zeit gedacht und geschrieben wird. Wohl aber, daß in beiden Fällen die Diskrepanz zwischen einem uns geläufigen aristotelisch-neuzeitlichen Zeitverständnis und einem ganz anderen, von da her nur mit Paradoxien umschreibbaren, aufgebrochen ist – und zwar als Strukturspannung, die das Oeuvre in beiden Fällen bestimmt.

Wenn es darüber hinaus zu punktuellen thematischen Übereinstimmungen im Sinn von gemeinsamen Stilmerkmalen kommt, wie im Fall der schon von Walzel beobachteten Vorliebe für die gestikulatorischen Beiläufigkeiten und das Ablenken der Aufmerksamkeit gerade in Momenten der Erregung, so ist diese Übereinstimmung als thematische zunächst zufällig und dürfte keinesfalls zu voreiligen Schlußfolgerungen verführen. Das wiederum schließt keineswegs aus, daß man die Erscheinung in letzter Instanz auf die strukturelle Grundspannung zurückführt – wenn es nur mit der nötigen Vorsicht geschieht.

So hielte ich es für denkbar, daß jenes Ausweichen vor der expliziten Begründung bei Kleist (»So folgt, ihr Freunde, in den Garten mir!«) wie bei Kafka (Karl Roßmann, anstatt sich auf die Unterredung mit dem Kapitän zu konzentrieren, nimmt das geschäftige Leben im New Yorker Hafen wahr) ein unmittelbarer Reflex der temporalen Opposition ist: ein impliziter und darum um so nachdrücklicherer Protest gegen die stur linear ablaufende Handlungszeit des Dramas wie der Erzählung zugunsten eines gespannteren Zeitbegriffs, in dem Stillstand und Sturmlauf im immerwährenden Augenblick vereinigt sind.

Schon Walzel waren die Widersprüche aufgefallen, mit denen Kafka arbeitet. Sie nicht zuletzt scheinen in ihm die Assoziation mit Kleist ausgelöst zu haben. Er hatte dabei thematische Gegensätze im Auge, aber nichts hindert uns daran, sie als Reflexe einer strukturellen Spannung aufzufassen. Es gilt dabei allerdings zu beachten, daß die Relation zwischen Thematik und Struktur nicht ohne weiteres umkehrbar ist. Mit anderen Worten: die thematischen Auswirkungen einer bestimmten strukturellen Grundspannung brauchen keineswegs identisch zu sein, sie können sogar sehr verschiedenartig, geradezu gegensätzlich ausfallen.

Dieser Sachverhalt ist als solcher nicht schwer zu verstehen, aber er muß eigens reflektiert werden, wenn er zugleich eine Erklärung dafür hergeben soll, daß wir die »Blutsverwandtschaft« zwischen Kafka und Kleist intuitiv zu erkennen glauben und dennoch mit den thematischen Begründungen, die man dafür finden kann, unsere Schwierigkeiten haben. Die Erklärung ist darin zu sehen, daß eine Strukturanalogie sich eben nicht unmittelbar in thematischen Übereinstimmungen niederschlagen muß. Es genügt, daß die thematischen Oppositionen, unterschiedlich wie sie sein mögen, sich auf jene Analogie zurückführen lassen.

Zur Veranschaulichung dieses literaturtheoretischen Befunds greife ich noch einmal auf den Satzbau bei Kleist und Kafka als Beispiel zurück. Die strukturelle Spannung kristallisiert sich bei Kleist in eine gespannte, gestaute, gleichsam in sich selber quergestellte Syntax aus. Das ist in der Kleistforschung oft betont und hinreichend beschrieben worden. Bei Kafka findet sich kein unmittelbar vergleichbarer Sprachduktus. Eine entsprechende syntaktische Auswirkung der Grundspannung ist bei ihm rein satzgrammatisch gar nicht mehr zu fassen. Sie muß satzübergreifend, das heißt textanalytisch verifiziert werden und führt dann auf jenes Phänomen, das man als grundsätzliche Hypothetizität aller Erzählsätze bezeichnen kann. Das von ihnen als ihre Voraussetzung Suggerierte wird im Textverlauf relativiert, wenn nicht völlig zurückgenommen. Das besonders transparente Musterbeispiel dafür bietet *Josefine, die Sängerin*. Die einzelnen Erzählsätze Kafkas dagegen klingen, wenn man sie isoliert betrachtet, in der Regel unverfänglich.

Das hat dazu geführt, daß die Zeitgenossen Kleists dem von ihnen wenig verstandenen Dichter seinen zerhackten Stil glaubten vorwerfen zu müssen, während die Zeitgenossen Kafkas, so weit sie auf ihn aufmerksam wurden, gerade die förmliche Klassizität seiner Schreibweise hervorhoben. Wer aus einem an sich durchaus korrekten Einzelbefund dieser Art indes schließen wollte, Kafka und Kleist ließen sich überhaupt nicht vergleichen, befindet sich im Irrtum. In der Perspektive, die ich hier in der gebotenen Kürze zu skizzieren suchte, ist, wenn nicht ein Vergleich im üblichen literaturhistorischen Sinne, so doch eine strukturanalytische Rückführung der beiden Dichter durchaus sinnvoll. Sie eröffnet den Blick auf eine strukturale Analogie.

Anmerkungen

* Für die Drucklegung wurde der Text leicht überarbeitet, der ursprüngliche Vortragscharakter aber bewußt beibehalten. Für Hilfe bei der Materialsammlung und Zusammenstellung der Anmerkungen danke ich Herrn Stefan Ormanns.

Zitiert wird für *Kleist* nach der Ausgabe der Sämtlichen Werke und Briefe, hrsg. von Helmut Sembdner, München 1961 (6. Auflage 1977); für *Kafka* nach den Gesammelten Werken, hrsg. von Max Brod, mit folgenden Siglen und Seitenzahl:

HL = Hochzeitsvorbereitungen auf dem Lande und andere Prosa aus dem Nachlaß. [Frankfurt/M. 1953]

T = Tagebücher 1910–1923. [Frankfurt/M. 1951]

1 Oskar Walzel, Logik im Wunderbaren, in: Berliner Tageblatt (6. Juli 1916). Wieder abgedruckt in: Jürgen Born u. a. (Hrsg.), Kafka-Symposion, Berlin 1965, S. 140–146. Auch in: Heinz Politzer (Hrsg.), Franz Kafka. Darmstadt 1973 (= Wege der Forschung, Bd. CCCXXII), S. 33–38. Zuletzt in: Franz Kafka. Kritik und Rezeption zu seinen Lebzeiten 1912–1924. Hrsg. v. Jürgen Born unter Mitwirkung v. Herbert Mühlfeit u. Friedemann Spicher. Frankfurt/M. 1979, S. 143–148.

2 Unlängst ist diese Thematik ins Zentrum einer vergleichenden Untersuchung gerückt worden: David Edward Smith, Gesture as a Stylistic Device in Kleist's »Michael Kohlhaas« and Kafka's »Der Prozeß«, Frankfurt/M.–Bern 1976 (= Stanford German Studies, Vol. 11). Unter den rezenteren Publikationen sind im Hinblick auf die einschlägige Fragestellung zu erwähnen: Jörg Dittkrist, Vergleichende Untersuchungen zu Heinrich von Kleist und Franz Kafka, Mainz, Aachen 1971 (= Diss. Köln 1971), S. 178–183, sowie Hartmut Binder, Kafka in neuer Sicht. Mimik, Gestik und Personengefüge als Darstellungsformen des Autobiographischen, Stuttgart 1976. Zum Vergleich Kleist-Kafka s. bei Binder S. 73 f., 138 ff., 143, 164, 558. In seiner frühesten Buchveröffentlichung zu Kafka hatte Binder noch behauptet, »daß sich für die vielberufene Verwandtschaft zwischen Kafka und Kleist überhaupt nichts Beweiskräftiges beibringen läßt.« Hartmut Binder, Motiv und Gestaltung bei Franz Kafka, Bonn 1966 (Abhandlungen zur Kunst-, Musik- und Literaturwissenschaft, Band 37), S. 157. Vgl. dazu die Bemerkung schon im Vorwort derselben Publikation: »Kafka und Kleist, deren Gemeinsamkeit – grundlos, wie ich glaube – oft betont wird [...]« (ebda. S. V).

3 Vgl. den Brief an Felice vom 2. 9. 1913, in: Franz Kafka, Briefe an Felice und andere Korrespondenz aus der Verlobungszeit. Hrsg. von Erich Heller und Jürgen Born. Mit einer Einleitung von Erich Heller, Frankfurt/M. 1967, S. 460.

4 Vgl. Max Brod, Franz Kafka. Eine Biographie, in: Max Brod, Über Franz Kafka, Frankfurt/M. 1966, S. 37 ff.; Heinz Politzer, Franz Kafka, der Künstler, Frankfurt/M. 1965, S. 193.

5 Die bislang besonders an Beispielen aus *Michael Kohlhaas* und *Amerika* durchgeführten vergleichenden Satzanalysen haben keine befriedigende Klärung gebracht. Vgl. dazu vor allem: Wolfgang Jahn, Kafkas Roman »Der Verschollene« (»Amerika«), Stuttgart 1965 (= Germanistische Abhandlungen 11), S. 79–83; Jörg Dittkrist, Vergleichende Untersuchungen, bes. S. 184–191; Jörgen Kobs, Kafka. Untersuchungen zu Bewußtsein und Sprache seiner Gestalten. Hrsg. v. Ursula Brech, Bad Homburg v. d. H. 1970, S. 116–123, 479–481.

6 Vgl. Hartmut Binder, Motiv und Gestaltung bei Franz Kafka, S. 279–286. Binder analysiert paradigmatisch den Anfang der Erzählungen *Das Erdbeben in Chili* und *Die Verwandlung*.

7 Mit vorsichtiger Übertreibung ließe sich sagen, daß die Forschung, jedenfalls was den Vergleich Kleist-Kafka betrifft, bisher aus den von Max Brod vorgespurten Bahnen nur schwer hat austreten können. Dies gilt besonders für die zahlreichen Veröffentlichungen, in denen en passant ein summarischer Hinweis auf Beziehungen zwischen beiden Autoren abzufallen pflegt, nicht minder aber auch für einen guten Teil der Abhandlungen, die den Vergleich explizit thematisieren.

Eine deutliche Präokkupation durch Brods These von der »seelischen Nähe der Grundhaltung« (vgl. Brod, Franz Kafka, S. 40) läßt sich vor allem bei den Arbeiten feststellen, die den Vergleich auf einer nicht selten vagen, weltanschaulich-existentiellen Ebene ansiedeln. In diesem Zusammenhang wären zu nennen die Studien von Heinz Friedrich, Heinrich von Kleist und Franz Kafka, in: Berliner Hefte für geistiges Leben 4, Nr. 11 (1949), S. 440–448; Franz Hebel, Kafka: »Zur Frage der Gesetze« und Kleist: »Michael Kohlhaas«, in: Pädagogische Provinz 12 (1956), S. 632–638, sowie die auf Kleist und Kafka bezogenen Passagen in Bert Nagels Buch: Kafka und Goethe. Stufen der Wandlung von der Klassik zur Moderne, Berlin 1977 (vgl. S. 69–72, 84–87, 181–186, 190 f., 243 f.). Bei aller Vehemenz, mit der er Brods These von einer geistig-weltanschaulichen Affinität ablehnt, ist auch Hermann Pongs' Exkurs: Kleist und Kafka (in: H. Pongs, Im Umbruch der Zeit. Das Romanschaffen der Gegenwart, Göttingen 1952, S. 81–85) prinzipiell dem gleichen Ansatz verpflichtet.

Vermeintlich solider fundiert, wenn auch nicht immer frei von »weltanschaulichen« Implikationen präsentieren sich Untersuchungen, die Kleist und Kafka auf einer thematischen Vergleichsebene konfrontieren. Den Anfang machte

169

auch hier Max Brod (vgl. Brod, Franz Kafka, S. 39). In der Reihe der thematisch akzentuierten Arbeiten (Rainer Gruenter, Beitrag zur Kafka-Deutung, in: Merkur 25 [1950], H. 3, S. 278–287; J. M. Lindsay, Kohlhaas and K. Two Men in Search for Justice, in: German Life and Letters 13 [1959/60], S. 190–194; Erich L. Marson, Justice and the Obsessed Character in »Michael Kohlhaas«, »Der Prozeß« and »L`Étranger«, in: Seminar 2 [1966], S. 21–33) fällt der umfangreichere Aufsatz von Fred G. Peters auf: Kafka and Kleist: A Literary Relationship, in: Oxford German Studies 1 (1966), S. 114–162. Peters gibt einleitend eine knappe Zusammenstellung der biographischen Fakten (bis auf die wichtigen Hinweise aus den damals noch nicht veröffentlichten Briefen an Felice), die Kafkas Kleist-Kenntnis belegen. Ein direkter Werk-Vergleich (*Der Findling – Das Urteil, Die Marquise von O. – Die Verwandlung, Michael Kohlhaas – Das Schloß*) führt zur Abgrenzung bestimmter Themenkomplexe (»Rejection«, »Love and sex«, »Confused and ambivalent feelings«), die als solche noch einmal durch das jeweilige Oeuvre verfolgt werden. So reich an Detailbeobachtungen die Studie auch ist, zeigt sich an ihr doch deutlich eine Tendenz zur Hypertrophie des Vergleichens, die unmittelbar mit der grundsätzlichen methodologischen Schwäche ausschließlich thematisch fundierter Untersuchungen zusammenhängt: Die Gefahr besteht, daß der Aufweis thematischer Übereinstimmungen bereits als Beweis für einen Sachverhalt angesehen wird, der einer fundamentaleren Begründung bedürfte.

Weniger auf einzelne thematische Parallelen als auf die Skizzierung grundlegender Aspekte des gemeinsamen Dichtungs- und Weltverständnisses kommt es dagegen Wilhelm Emrich an. Vgl. Wilhelm Emrich, Kleist und die moderne Literatur, in: Heinrich von Kleist. Vier Reden zu seinem Gedächtnis. Hrsg. v. Walter Müller-Seidel, Berlin 1962, S. 9–25. Funktion und Stellenwert der romantischen Reflexionsproblematik im Werk Kleists und Kafkas diskutieren Ralf R. Nicolai, Kafkas Stellung zu Kleist und der Romantik, in: Studia Neophilologica 45 (1973), S. 80–103, sowie Manfred Frank und Gerhard Kurz, Ordo inversus. Zu einer Reflexionsfigur bei Novalis, Hölderlin, Kleist und Kafka, in: Geist und Zeichen. Festschrift für Arthur Henkel zu seinem 60. Geburtstag dargebracht von Freunden u. Schülern u. hrsg. v. Herbert Anton [u. a.], Heidelberg 1977, S. 75–97.

Vergleichende Analysen der Erzählhaltung und Erzähltechnik finden sich in den schon erwähnten Arbeiten von Jahn, Binder, Kobs und Smith. Daneben seien noch genannt: Siegfried Walter, Die Rolle der führenden und schwellenden Elemente in Erzählungen des 19. und 20. Jahrhunderts, Masch.-Diss. Bonn 1951. Walter untersucht u. a. *Das Erdbeben in Chili* und *Der Hungerkünstler*. Eher am Rande (vgl. S. 27 f.) geht Friedrich Beißner in seinem Vortrag: Der Erzähler Franz Kafka, Stuttgart 1952, auf Parallelen des Prosastils beider Autoren ein. Helmut Lamprecht, Mühe und Kunst des Anfangs. Ein Versuch über Kafka und Kleist, in: Neue deutsche Hefte 6 (1959/60), S. 935–940, weist an Hand einiger Erzählanfänge Kafkas (*Vor dem Gesetz, Der*

Prozeß, Die Verwandlung) und Kleists (*Die Marquise von O., Michael Kohlhaas*) auf deren antizipatorische Tendenz hin. Sie ergibt sich für Kafka wie für Kleist aus der Einsicht in die – von ihnen auch theoretisch reflektierte – Notwendigkeit, die »fertige Organisation« (940) des Textes schon mit dem Einsatz des Erzählens in nuce erscheinen zu lassen. Jörg Dittkrist endlich hat sich in seiner bereits zitierten Dissertation bemüht, dem Vergleich Kleist–Kafka auf möglichst breiter Ebene nachzugehen, indem er nahezu allen bis dato von der einschlägigen Sekundärliteratur vorgeschlagenen Anregungen gerecht zu werden versucht. So interessant dies im Hinblick auf Detailprobleme sein mag, so zwiespältig ist doch der Gesamteindruck der Arbeit, die angesichts des allzu unvermittelten Nebeneinanders biographischer, thematischer und erzähltheoretischer Ansätze einer gewissen heuristischen Beliebigkeit nicht enträt und eine entschiedene Reflexion auf eine die mannigfachen Vergleiche begründende Vergleichshinsicht vermissen läßt.

8 Bertolt Brecht, Über Kleists Stück »Der Prinz von Homburg«, in: Bertolt Brecht, Gesammelte Werke in 20 Bänden. Hrsg. vom Suhrkamp Verlag in Zusammenarbeit mit Elisabeth Hauptmann, Frankfurt/M. 1967, hier: Band 9 (Gedichte 2), S. 612f.

9 Vgl. Walter H. Sokel, Franz Kafka – Tragik und Ironie. Zur Struktur seiner Kunst, München–Wien 1964, S. 18.

10 Auf diesen für das Verständnis der Figur des Kurfürsten signifikanten Detailzug hat Emil Staiger aufmerksam gemacht. Vgl. Emil Staiger, Heinrich von Kleist, in: Heinrich von Kleist. Vier Reden zu seinem Gedächtnis. Hrsg. v. Walter Müller-Seidel, Berlin 1962, S. 45–62, hier: S. 59.

11 Eine ausführliche Darstellung der dramatischen Struktur bei Kleist wird mein im Druck befindliches Buch enthalten: Heinrich von Kleist. Ein dramaturgisches Modell.

12 Tagebucheintragung vom 20. November 1911 (T 168 f.). Vgl. dazu meinen Vortrag: Kafka: Von den Gleichnissen, in: ZfdPh 83 (1964), Sonderheft zur Tagung der deutschen Hochschulgermanisten vom 27. bis 31. Oktober 1963 in Bonn, S. 97–106, speziell S. 103. – Es handelt sich um eine der seltenen Aufzeichnungen Kafkas von unmittelbar poetologischem Charakter – ohne den Umweg über sein »traumhaftes inneres Leben« oder äußere biographische Umstände, die Kafka sonst, dem Dichtungsverständnis seiner Zeit entsprechend, gerne vorschiebt, wo er sich über die Bedingungen der eigenen Produktion äußert (Beispiele für beides bieten die unmittelbar vorausgehende und nachfolgende Tagebuchnotiz vom selben Tag). Ebenfalls auf seinen Lebenslauf, und damit nur mittelbar – dies allerdings recht eindeutig – auf sein Werk bezieht Kafka die verwandte, wenn auch weniger pointierte Formulierung »ein stehendes Marschieren« noch ein volles Jahrzehnt später in der Aufzeichnung vom 23. Januar 1922 (T 559 f.). Wieweit eine entsprechende Formulierung, nun allerdings auf die modernen Massen und ihren »Sturmschritt durch die Zeit« bezogen: »Dabei stürzen sie – auf der Stelle marschierend – nur ins Lee-

re« als einigermaßen authentisch gelten kann, muß nach den Bedenken, die Eduard Goldstücker gegen die Glaubwürdigkeit Janouchs vorgetragen hat, offen bleiben. (Vgl. Gustav Janouch, Gespräche mit Kafka. Erweiterte Ausgabe, Frankfurt/M. 1968, S. 232.)

13 So zunächst in einer Rundfunksendung im Januar 1962 (Abendstudio des Hessischen Rundfunks) unter dem Titel: Stehender Sturmlauf. Zeit und Geschichte im Werke Kafkas. Und zuletzt noch in dem Festschriftbeitrag *Kafka et l'histoire*, in: L'Endurance de la pensée. Pour saluer Jean Beaufret, Paris 1968, S. 75–89. Zum poetologischen Konzept des »Stehenden Sturmlaufs« vgl. auch Dieter Hasselblatt, Zauber und Logik. Eine Kafka-Studie, Köln 1964, vor allem S. 58–63.

14 Vgl. Kafkas Bemerkungen in den Briefen an Max Brod vom 13. 1. 1921 und vom 8. 2. 1922, in: Franz Kafka, Briefe 1902–1924. Hrsg. v. Max Brod, [Frankfurt/M. 1958], S. 290 und 370 f. Dazu ferner: Franz Kafka, Briefe an Milena. Hrsg. v. Willy Haas, [Frankfurt/M. 1952], S. 30.

15 Franz Werfel, Substantiv und Verbum. Notiz zu einer Poetik, in: Die Aktion VII (1917), Nr. 1/2, Sp. 4–8. Wieder in: Paul Pörtner (Hrsg.), Literatur-Revolution 1910–1925. Dokumente, Manifeste, Programme. I: Zur Ästhetik und Poetik, Darmstadt-Neuwied-Berlin 1960, S. 182–188, hier: S. 184. Jetzt auch in: Otto F. Best (Hrsg.), Theorie des Expressionismus. Stuttgart 1976, S. 157–163.

DOMINIQUE IEHL

DIE BESTIMMTE UNBESTIMMTHEIT BEI KAFKA UND BECKETT

Es ist ein zugleich verlockendes und bedenkliches Unternehmen, Kafka und Beckett miteinander zu vergleichen. Denn es gibt wenig konkrete Anhaltspunkte für einen Vergleich, und zunächst muß man sie in ihrer Verschiedenheit einander gegenüberstellen. Beckett hat Kafka gelesen, und *Das Schloß* wirft ein Licht auf *Watt*. Von einem direkten Einfluß aber kann nicht die Rede sein. Wenige Künstler sind so leidenschaftlich unabhängig und so entschieden in ihre Welt eingeschlossen wie Kafka und Beckett. Für beide ist die Kunst zunächst soviel wie ein Gefängnis, in dem sie wie Murphy oder Gregor Samsa ein Monadendasein führen. Man hat sie trotzdem miteinander verglichen, weil sie in gleicher Weise anziehend, rätselhaft und eine Herausforderung sind. Offensichtlich sind ihnen manche Motive gemeinsam, ohne daß sich dies allein durch ihre Zugehörigkeit zu einer Literatur des »Nihilismus« oder des »Existentialismus« erklären ließe. Ihre wirkliche Verwandtschaft liegt in der eigentümlichen Art, wie sie diese Motive in die Darstellung des gewöhnlichsten Alltags einbeziehen und sich zugleich an den Grenzen des Sinns und der Sprache bewegen. Schuld und Lähmung, Einkerkerung und Verschüttung sind für beide – wenn auch nicht nur für sie – charakteristische Erfahrungen. Was sie auszeichnet, ist die Meisterschaft, mit der sie die vielfältigen Erscheinungsformen des bedrohten und verstümmelten Daseins untersuchen. Um ihre Komplementarität aufzuzeigen, bedienen wir uns hier der vielleicht gefährlichen Kategorie der »Unbestimmtheit«. Unbestimmtheit nicht im Sinne des Dunklen, Rätselhaften, Unentscheidbaren, sondern als noch unerforschte Genauigkeit – etwa wie, seit Heisenberg, von Unbestimmtheitsrelation gesprochen wird. Von hier aus dürfte sich die Unbestimmtheit als eine komplementäre Form der Bestimmtheit erweisen. Kafka und Beckett bieten dafür ein weites Feld faszinierender Variationen. Beckett beginnt dort, wo Kafka aufhört; er entwickelt und vollendet einige Aspekte der Kunst Kafkas, und die besondere Art dieser Fortsetzung beleuchtet gleichsam rückspiegelnd wesentliche Züge von Kafkas Kunst.

Der immer noch lebendige Zauber Kafkas beruht vielleicht in erster Linie auf dem Widerstand, den er seinen Interpreten entgegensetzt. Zu den bevorzugten Problemen der Deutung gehört nach wie vor das der Sinngebung. Wir beschränken uns hier auf die Darstellung einiger »Figuren«, um dann, von der Betrachtung der bildlichen Gestaltung und der sich daraus ergebenden Spannung ausgehend, die Erzählbewegung bei Kafka und Beckett zu vergleichen. Dadurch bietet sich vielleicht die Möglichkeit, einige Punkte der Kafkaforschung von einer anderen Warte aus zu erhellen.

Eine oft wiederkehrende Figur in Kafkas Werk ist die des Kreises, oder, wie Heinz Politzer anläßlich der *Verwandlung* schreibt, eine »Bewegung ohne Ursprung und ohne Ziel«.[1] Diese Formel erfaßt sehr treffend die Erscheinung des Käfers, der aus dem Nichts auftaucht und ins Nichts zurücksinkt. Dies ist wohl die äußerste Form der Unbestimmtheit. Es gibt noch andere, weniger radikale Figuren des Unbestimmten. Eine oft vorkommende ist die Bewegung, in der sich der Ursprung und das Ziel allmählich verwischen. So sind in vielen Novellen Ursprung und Ziel nur am Anfang deutlich, zum Beispiel in der *Kaiserlichen Botschaft*, in der eigentlich alles zwischen einem Ausgangspunkt und einem Endpunkt ablaufen soll. Im Verlauf der Reise verliert der Ausgangspunkt jedoch seine Realität, und die Botschaft kann ihr Ziel nicht erreichen. Sie hatte einen Sinn, als der Kaiser noch am Leben war. Aber als der Bote kurz vor dem Ziele steht, ist der Kaiser gestorben, und wir erfahren, daß »niemand hier und gar mit der Botschaft eines Toten durchdringt«.[2]

Hier erkennt man die Figur des Auf-der-Stelle-Tretens, des Sich-Bewegens ohne Bewegung, das Spannung und Lähmung in sich vereinigt. Ein weiteres Beispiel dafür ist die endlose Rückfahrt durch die Schneewüste im *Landarzt*. In einigen Novellen Kafkas geht es um Aufträge, deren Sinn, zuerst halb verstanden, bald immer dunkler und unverständlicher wird; der Bote kommt allmählich nicht mehr von der Stelle oder ist zu einem ziellosen Fortschreiten verurteilt. Denn zur Rückkehr ist es zu spät, und der verlorene Sinn läßt sich nicht mehr wiederherstellen. Eine logisch aussehende, »normale« Situation führt so in totale Ratlosigkeit und Unsicherheit. Dabei verschieben sich deutlich die Bewußtseinsebenen; das bewußte Leben verliert plötzlich seinen Sinn und Zusammenhang, und diese Verwirrung ist heillos.

Denn im Gegensatz zum romantischen Helden kann sich der Held Kafkas nicht von der Unsicherheit des Bewußtseins in die Sicherheit des Unbewußten retten. Die Unbestimmtheit drückt sich als Lähmung aus. In manchen Novellen wird diese Lähmung durch eine Bewegung abgelöst, die, ohne aufzuhören, durch Wiederholung zunichte wird. Diese Figur des Hin- und Herpendelns ist eine weitere Form der Unbestimmtheit. Man begegnet ihr im *Schloß*, im *Prozeß*, in vielen Novellen, am ausgeprägtesten vielleicht im *Jäger Gracchus*, wo das Hin und Her zum absoluten Gesetz erhoben wird. In dieser Welt, die auf den gegenwärtigen Augenblick konzentriert ist, gibt es keine Kontinuität des Erinnerns, so daß manches, weil sich der ursprüngliche Sinn verhüllt, übersehen oder gar verpaßt wird. Es ist die Situation des Mißverständnisses, eine für Kafkas Novellen typische Situation, die auf einen nahen Sinn hinweist, der jedoch durch ein letztes Hindernis unerreichbar wird.

Das leitet zu dem immer noch aktuellen Problem der Bildlichkeit bei Kafka über. Die Diskussionen darüber sind zu keinem befriedigenden Ergebnis gekommen. Wir begnügen uns hier damit, und zwar schon mit dem Blick auf Beckett, einige wenige Aspekte hervorzuheben. Seit dem Buch Wilhelm Emrichs sind sich die meisten Interpreten darin einig, daß das Symbol bei Kafka nicht mehr wie bei Goethe eine lebendige Synthese zwischen Besonderem und Allgemeinem ist.[3] Hier wird wiederum eine Form der Unbestimmtheit erkennbar. Andererseits erfreut sich die allegorische Deutung anhaltender Beliebtheit. Dabei handelt es sich heute nicht mehr um ein genaues Allegorisieren wie in den Interpretationen Max Brods, aber immerhin um ein dringendes Suchen nach dem Sinn, als Kompensation für die verlorene Einheit und Harmonie. Diese Form des Allegorisierens sieht die innere Spannung und betont deshalb das »Aktive« und »Funktionelle« in Kafkas Bildern.[4] Zu erwähnen ist hier auch der von Marthe Robert als Ersatz für das trügerisch gewordene »Symbol« verwendete Begriff der »Anspielung«. Die »Anspielungen« werden nicht einzeln ausgeformt, als Ganzes aber stellen sie den Versuch einer neuen Bildersprache dar.[5] Von den willkürlichen innerlichen Symbolen der Symbolisten unterscheiden sich die Bilder Kafkas ebenso wie sie nicht ganz der Praxis der Surrealisten entsprechen: der Projektion eines Sinnes durch die Phantasie. Marache deutet die Kafkaschen Bilder als Allegorien, jedoch ohne sie auf eine einzige Bedeutung zu reduzieren.[6] Das Allegorische liegt in der strengen Spannung des auf ein Ziel hinsteuernden

Geistes, nicht in der Übereinstimmung zwischen dem Bild und einem Inhalt. So ist die Brücke in der gleichnamigen Novelle Versinnbildlichung einer Tat, eines geistigen Prozesses, und kein fertiges Bild.[7] In dieser Brücke, die Erfahrung sammeln, Getrenntes verbinden will und in ihren Bemühungen am Ende scheitert, kann man alle Möglichkeiten und Schwierigkeiten der bildlichen Darstellung bei Kafka erkennen. Sie stellt die für ihn typische Suche nach dem Sinn des Bildes im Bilde selber dar. Denn das Bild ist für ihn zugleich ein konkretes, »dinghaftes« Symbol und eine nie fertige, sinnträchtige Allegorie. Die in der Novelle *Ein altes Blatt* beschriebene Situation (das Auftauchen der Nomaden) ist gewissermaßen viel wirklicher und banaler als die Situation in Ionescos *Nashörner*. Ionescos fast surrealistische Vision stellt jedoch nur ein Phänomen dar, mit dem uns die moderne Geschichte vertraut gemacht hat. Mit der Symbolik in *Ein altes Blatt* hingegen wird man nie fertig. Kein beschränkter Sinn kann sie erschöpfen. Über die Hinweise auf das Umsichgreifen der Gewalt hinaus fragt man sich nach dem Sinn dieses »Mißverständnisses«,[8] dessen Folgen den Kaiser, die Handwerker, die ganze Zivilisation betreffen.

Der Begriff der Unbestimmtheit gewinnt damit jetzt eine neue Bedeutung. Die Betrachtung der Bildlichkeit Kafkas zeigt, daß die Spannung bei der Suche für ihn ebenso wichtig ist wie die Pole, zwischen denen sie sich bewegt. Nach der leeren Unbestimmtheit der zuerst erwähnten Figuren wird hier eine aktive, dynamische Unbestimmtheit sichtbar. Man könnte eine Art Dialektik erkennen, die über Gegensatz und Aufhebung auf ein Ziel zuschreitet, das am Ende der Widersprüche steht. Aber Kafka warnt uns vor einer solchen Auslegung: »Es gibt ein Ziel, aber keinen Weg, was wir Weg nennen ist Zögern.«[9] Das Ziel bleibt wesentlich, wir können es aber nicht durch die einfache List der Dialektik erreichen. Gerhard Neumanns Studie *Kafkas gleitendes Paradox* beschreibt die besondere Art, wie sich bei Kafka das dialektische Umschlagen mit einer Ablenkung verbindet, die das dialektische Schema zerstört.[10] Diese »Brechungen« haben eine neue Beziehung zur Folge, die weder Widerspruch noch Ausgleich ist. Dieses Verhältnis darf man als eine subtile Form der Unbestimmtheit auffassen, in der die Schärfe des Denkens sich mit der Geschmeidigkeit des Fühlens verbindet: »Besondere Methode des Denkens, gefühlsmäßig verbunden. Alles fühlt sich als Gedanke, selbst im Unbestimmtesten.«[11] Am Ende dieser Aufzeichnung im Tagebuch steht der Name Dostojewski. Aber sie erinnert auch deutlich an Kierkegaards Weg des Denkens, den Kafka vielleicht vorschnell mit einem einfachen dialektischen Umschlagen, mit einem »zum Positiven umkippenden Negativen« gleichsetzt.[12]

Kafkas Denkweise steht zwischen der Spannung des Bildes und dem »Zögern« des Rhythmus. Aber es handelt sich um kein passives Zögern, um keine bloße Ambiguität. Das Zögern ist die Form der sich auf ein Ziel richtenden Spannung. Der von Kafka geschätzte Perspektivismus, seine Art, mehrere symbolische Dimensionen miteinander zu verknüpfen, könnte zunächst an Goethe gemahnen, der einen Sinn immer durch einen anderen ergänzt und die psychologische Perspektive durch die soziale, kosmische oder metaphysische erweitert. Aber Goethes Denkweise ist Ausdruck eines Strebens nach Totalität, das die verschiedenen Deutungsmöglichkeiten auf ein einziges Ziel lenkt. Kafka dagegen weist auf einen neuen Sinn hin, um von dem, den er eben fixiert hat und der ihn in dieser Form nicht mehr befriedigt, wieder Abstand zu gewinnen. Das verrät Unsicherheit, ist aber eine Unsicherheit, die weder Ohnmacht noch Verwirrung bedeutet. Sie hängt zwar mit Kafkas seelischer Eigenart zusammen, geht jedoch darüber und über seine individuelle Angst weit hinaus und entspricht den Ansprüchen und Bedürfnissen moderner Gestaltung der Wirklichkeit. Wie Heisenbergs »Unbestimmtheitsrelation« die Zulänglichkeit der Kausalitätsvorstellung in Frage stellt, wird in der Kunst die Gültigkeit der symbolischen Verknüpfung in Zweifel gezogen. Nicht ohne Grund werden neue Methoden bildlichen Erfassens erprobt, in denen die direkte Darstellung zunehmend von einer indirekten abgelöst wird. Unsicherheit ist hier die Erscheinungsform einer neuen Genauigkeit. Einem Sinn einen anderen, einer Perspektive eine andere gegenüberzustellen, das entspricht jener Hellsichtigkeit, die den Geist zum ständigen Reflektieren über seine Methode und deren Unvollkommenheit zwingt. Diese »bestimmte Unbestimmtheit« läßt sich sehr gut auf die für das Verständnis der Kafkaschen Welt aufschlußreiche Figur des »stehenden Sturmlaufes« beziehen, auf die sich Beda Allemann in seiner Analyse des *Prozeß* beruft.[13] Nötig ist aber vielleicht, mehr als er das tut, den dynamischen Charakter dieser Struktur zu betonen, die Sturm und Unbeweglichkeit, Macht und Ohnmacht zugleich in sich vereint. Hier handelt es sich nicht mehr um die vorn erwähnte Bewegung des Kreisens, sondern um eine qualitative Dialektik, in der sich die Verwandtschaft Kafkas mit Kierkegaard vielleicht deutlicher erweist als in der Analyse ihrer sehr unterschiedlichen Glaubensvorstellungen. Ingeborg Henel spricht sehr treffend von einer Dialektik ohne Synthese.[14] Auf jeden Fall ist diese undialektische Dialektik eine aktive und auflösende Form der Unbestimmtheit. Das Wesentliche liegt für Kafka immer zwischen dem Ja und dem Nein, in dem vielgestaltigen Reich, das man zu Unrecht als das Leere bezeichnen würde. Das Leere ist für Kafka keine für sich bestehende Dimension, sondern, wie Claude David sagt, der Ort einer ununterbrochenen Untersuchung.[15]

Hier beginnt die Möglichkeit, Kafka und Beckett zu vergleichen. Ein Vergleich von Motiven lohnt sich aber nur, wenn man diese nicht von der besonderen Bewegung des Denkens trennt, das sie trägt und gestaltet. Von *Watt* an und noch deutlicher in *Molloy, Malone stirbt* und *Der Namenlose* gewinnen Becketts Phantasmen im Lichte Kafkas einen neuen Sinn.

In *Murphy* hatte Beckett mit außergewöhnlichem Talent eine Form des parodistischen Romans geschaffen und eine ironische Philosophie des Verhältnisses zwischen Geist und Körper entsprechend der abendländischen Tradition entworfen. Aber *Murphy* war ein Roman mit noch traditionellen Gestalten und Situationen, während *Watt* »zugleich ein Experimentieren mit dem Vitalen und ein metaphysisches Mysterium darstellt. [...] Watt begibt sich in das Haus Knotts wie ein Soldat zu seiner Einheit. Knott ist, wenn nicht Gott, so doch eine Art vermittelnde Gestalt wie der Graf in Kafkas *Schloß*.«[16]

So Jean Jacques Mayoux, der, wie vor ihm Ruby Cohn, der Verwandtschaft zwischen den beiden Werken nachgeht.[17] Tatsächlich wird in beiden die mit der Ohnmacht des Helden verbundene Erfolglosigkeit einer Suche gezeigt. Von nun an gibt es zwischen Kafka und Beckett eine Übereinstimmung in einigen Motiven, die sie mit außergewöhnlicher Intensität behandeln. Vor allem gilt das für das Motiv der nicht gelingenden Kommunikation. Noch deutlicher als die Romane Kafkas sind die Becketts Kommunikationsparodien. Aus dem Versagen der Kommunikation des Herzens, der Sinne, des Geistes ergibt sich für beide das Bild einer zugleich tragischen und grotesken Einsamkeit. Sie wird in Gestalten vergegenwärtigt, die sich in ihren Körper wie in ein Grab verkriechen, allmählich erlahmen und erstarren, wie Gregor Samsa in seinem Tierpanzer, oder nur noch als menschlicher Abfall weiterleben wie im *Endspiel*. Dieses bei Beckett immer wiederkehrende Motiv des Abfalls finden wir schon bei Kafka. Das ganze Dasein erscheint als ein Prozeß unerbittlicher Reduktion bis zum Tod oder zur Bewegungslosigkeit. Der Protestantismus Dub-

178

lins übertrifft hier freilich noch die Härte des Prager Judaismus. Das Leben ist nur noch eine Kette von Qualen, die von Macmann in *Malone stirbt* folgendermaßen beschrieben werden: »Und ohne zu wissen, wo seine Schuld lag, fühlte er wohl, daß das Leben keine zureichende Qual sei, und daß diese Qual an sich schon eine Schuld sei, die weitere Qualen herbeiführt und so weiter, als könnte es für die Lebenden etwas anderes geben als Leben.«[18]

Hier erscheint die schon für Kafka charakteristische Gleichsetzung von Leben und Schuld als ein umfassendes, alle Formen des Daseins bestimmendes Verhängnis. Aber diese Einsicht führt nicht zu einer entsprechenden Nachsicht gegenüber den Lebenden. Kafkas Verknüpfung von Schuld und Irrtum begegnet man auch in einigen Werken Becketts, die man als unerbittliche Entlarvung der menschlichen Schwäche und Lüge auslegen darf. So meint Peter Brook, der Mensch Beckett sei mit seinem Schicksal einverstanden, und seine Versklavung sei Frucht der eigenen Feigheit und Blindheit.[19] Winnies Optimismus in *Happy Days* sei keine Form des Muts, sondern nur das Prinzip, das sie für ihr Schicksal blind macht.

Dies ist die erste Ebene, auf der sich Kafka und Beckett begegnen. Schon auf ihr beleuchtet Beckett Kafka, indem er dessen Welt radikalisiert, jedenfalls in einer Richtung. Er führt sie an den Punkt, an dem das Spiel, das die Kafkaschen Helden noch zu spielen versuchen, sich in ein Endspiel verwandelt.

Aber das Wesentliche liegt wohl nicht in einer Verwandtschaft von Motiven. In einer Mitteilung an eine amerikanische Zeitschrift unterstreicht Beckett das Klassische in Kafkas Form: »Es besteht noch viel Kohärenz in der Haltung der Helden Kafkas; sie sind zwar verloren, aber geistig nicht ohne Halt und fallen nicht auseinander, während meine Gestalten vollkommen zerfallen. Noch ein weiterer Unterschied: Beachten Sie, wie klassisch Kafkas Form ist. Sie bewegt sich wie eine Dampfwalze, fast mit Heiterkeit. Sie scheint ständig bedroht, aber die Bestürzung liegt in der Form. In meinem Werk liegt die Bestürzung hinter der Form, nicht in der Form.«[20] Beckett unterscheidet hier deutlich eine Welt, die noch Zusammenhang zeigt, nämlich die Welt Kafkas, von einer Welt ohne Zusammenhalt, seiner eigenen Welt, deren Teile auseinanderfallen. Dieser Zerfall hat jedoch Logik. In einem Zerstörungsprozeß treibt Beckett Kafkas Tragik bis an die Grenze, wo sie in dieser Form nicht fortbestehen kann und sich ins Groteske verwandelt.

Dieser Umschlag ins Groteske findet sich auch schon bei Kafka, aber in weniger radikaler Weise. Das Groteske erscheint bei ihm noch in kühler, gedämpfter Form; bei Beckett dagegen ist die Vision von Anfang an grotesk und parodistisch. Im Gegensatz zum wuchernden Grotesken der Renaissance ist das Groteske bei ihm ein Prozeß allmählicher Verdünnung und Verringerung bis zum totalen Verschwinden. Diese fortschreitende Reduktion beginnt mit dem Körper, erstreckt sich aber bald auf alle Lebensbereiche. Das Leben endet in einem unbestimmten Unterschlupf, in einem Loch, einer Höhle, einem Schiffswrack oder gar im Mülleimer: armselige Äquivalente für den mütterlichen Schoß, in dem das Abenteuer unseres Lebens beginnt.

Deutlich unterscheidet sich Beckett von Kafka in der Art, wie er sich zum Sinn verhält. Kafka richtet sich auf Umwegen nach einem Sinn, den er unmittelbar nicht erfassen kann. Beckett dagegen verzichtet fast ganz auf Sinn und schränkt ihn überdies durch Parodie ungeheuer ein. Das ist ein allgemeiner Aspekt seiner Kunst, aber dieser Aspekt ist nicht endgültig. Er entspricht auch weniger einem Zerstörungstrieb als einem Bedürfnis nach Befreiung. Alle Gestalten Becketts kennen die Qual, die durch die Suche nach Sinn auferlegt wird. Watt, der »seit dem Alter von 14 oder 15 Jahren kein Symbol gesehen und keine Interpretation vorgenommen hatte,«[21] fühlt sich wider seinen Willen gezwungen, nach Zeichen und Bedeutungen zu suchen. Auf eine ähnliche Weise fragen sich Hamm und Clov unruhig, »ob sie nicht im Begriff sind, etwas zu bedeuten.«[22]

In dieser Angst vor dem Sinn folgen Becketts Gestalten dem Beispiel Belacquas, einer Gestalt Dantes, die in seinen Romanen unter verschiedenen Masken auftaucht. Belacqua weigert sich, ins Paradies zu kommen, und zieht es vor, in der unverständlichen Welt eines Vor-Fegefeuers zu bleiben. Der Verzicht auf Sinn und Bewußtsein wird von den Beckettschen Gestalten nicht als Mangel oder Frustration empfunden. Anstatt wie die Helden Kafkas nach einer Lösung ihrer Probleme zu suchen, genießen sie das Glück des In-der-Schwebe-Bleibens. Sie suchen nicht mehr, sie haben nichts mehr zu erwarten und sind nicht einmal durch eine Form bestimmt. Watt könnte »ein Gepäck sein, ein Teppich zum Beispiel oder eine Rolle geteerter Leinwand, in braunes Papier eingewickelt und mit einer Schnur zusammengebunden.«[23]

Hier führt die Parodie nicht zu einer radikalen Verneinung, sondern zu einem Verzicht auf Sinn, zu einer neuen Form von Unbestimmtheit.

Man denkt an Kafkas Odradek. Aber Odradek hat eine Bedeutung, die in *Watt* fehlt. Odradeks Aussehen gibt im seltsamen Durcheinander seiner Elemente (Spule, Zwirnstücke, Querstäbchen) dem Leser Rätsel auf. Marache sieht darin eine Allegorie des modernen plastischen Kunstwerks, das durch die Unbestimmtheit der Form die Materie befreit. Durch diese Festlegung auf einen bestimmten, umgrenzten Sinn scheint Marache hier wie an anderen Stellen seiner eigenen Theorie der Allegorie bei Kafka untreu zu werden, aber mit Recht erkennt er in Odradek die Erscheinung des Unbestimmten: »Die Einheit seiner Form, wie seine Tätigkeit, ist reine Verneinung, reine Unbestimmtheit.«[24] Tatsächlich ist Odradek wohl weniger eine Negation im Sinne einer Parodie (etwa der zwecklosen Zweckmäßigkeit) als eine bildliche Darstellung der Struktur der Unbestimmtheit. Man erkennt hier die Wege der Versinnbildlichung bei Kafka. Es geht darum, das Unbestimmte zu bestimmen, die Form des Ungenauen genauer zu fixieren.

Gerade das Gegenteil schlägt uns Beckett vor. Die Suche Watts ist beschränkter und strenger als diejenige K.s im *Schloß*. Mit seinen dürftigen Mitteln nimmt Watt im Hause Knotts eine systematische Untersuchung, eine auf Geist und Sinn gegründete Analyse vor. Aber es gelingt ihm nicht, einen »semantischen Trost«[25] zu finden. Die Form der Suche, auf einen absurden Schematismus reduziert, beweist deren Eitelkeit. Im Gegensatz zu *Odradek* zeigt *Watt* die Unbestimmtheit der sich für bestimmt haltenden Mächte (hier des Geistes) und die Ungenauigkeit der vermeintlichen Genauigkeit.

In diesem Sinn ist Watt eine Parodie der Suche und teilweise auch eine Parodie des *Schlosses*. Watts Grübelei steht jenseits aller Sinngebung. So findet er am Ende des Romans durch Verzicht auf jede Deutung seine Heiterkeit wieder. »Watt litt weder an der Gegenwart noch an der Abwesenheit Mr. Knotts. Wenn er bei ihm war, war er froh, bei ihm zu sein; war er weit weg von ihm, so war er froh, von ihm weit weg zu sein. Diese Ataraxie verbreitete sich über das ganze Haus.«[26]

Auch Kafkas Affe im *Bericht für eine Akademie* erreicht eine große innere Ruhe, aber nur als Folge eines Zwanges. Das menschliche Dasein, mit dem er sich abfindet, ist für ihn nur ein Ersatz und die Heiterkeit nur ein Kompromiß. Sie hat nichts mit dem Glück der Unbestimmtheit zu tun, zu dem Becketts arme Strolche am Ende ihres reduzierten Daseins manchmal gelangen. Sie scheinen dann vor lauter Nichtbesitzen ihrem kümmerlichen Dasein eine gewisse Realität zu verleihen, während die Askese Kafkas Helden manchmal in eine groteske Situation führt.[27] Für Malone bedeutet der Verlust der Identität den Zugang zur echten Identität. Er vertieft sich mit Wonne »in seine wie ein Trog ausgehöhlte Matratze«.[28] »Ich suche mich nicht mehr, ich bin in der Welt vergraben, ich wußte, daß ich einst in ihr meinen Platz finden würde, die alte sieghafte Welt schützt mich.«[29]

So hat die Unbestimmtheit bei Kafka und Beckett zunächst einen sehr unterschiedlichen Sinn. Bei Beckett taucht sie am Ende der Parodie auf, wie eine letzte undefinierbare Zuflucht, deren ideale Form die Abwesenheit wäre. Beckett scheint von vornherein die Pole abgeschafft zu haben, zwischen denen Kafkas Denken hin- und herschwankt: kein Ich und keine Welt, kein Diesseits und Jenseits, kein Sprechen und Schreiben. »Ich bin weder auf einer Seite noch auf der anderen, ich bin in der Mitte, ich bin die Wand, habe zwei Flächen und keine Dichte.«[30]

Aber diese Worte beschreiben nur eine ideale Situation. Mit dem *Namenlosen* beginnt bei Beckett eine neue Form der Unbestimmtheit, die ihn in die Nähe Kafkas rückt. In *Molloy* und *Malone* verband ihn mit der Romanwelt nur eine Konvention, die er ironisch gelten ließ. Die Sprache selbst vermied es, sich als fertige Sprache festzulegen. Sie blieb auf halbem Wege, in einem Bereich verbaler Unbestimmtheit, die zu den Konstruktionen des vollendeten Redens in einem vorsätzlich negativen Verhältnis stand. Das war eine originelle Art, den Kafkaschen Konflikt zwischen Schreiben und Sprechen durch ein Nichtunterscheiden beider Sphären zu überwinden.

Aber im *Namenlosen* scheint sich die Sprache zu rächen. Die Unbestimmtheit, zu der sie der Verfasser verurteilt hatte, wird zu einer Quelle ununterbrochener Qual. Sie bedeutet einerseits das Unvermögen, ein Ende zu setzen, andererseits die Notwendigkeit, weiterzugehen. An die Stelle der scheinbaren Nachlässigkeit tritt nun ein gespannter, atemloser Rhythmus, in einer Reihe von Anläufen, die sich immer wiederholen und nie zur Ruhe kommen. Reden und Schreiben, Sinn und Wort sind wohl eins geworden, aber dadurch wird die Spannung nicht abgeschafft. Die Selbstauflösung des Schriftstellers führt zu seiner tragischen Steigerung, und die Bewegung des gegenstandslosen Erzählens ist die eines fortgesetzten Todeskampfes. Es ist der Kampf des Ichs, das immer weiterredet und doch nicht reden möchte, das die romanhaften Fiktionen, die es eben aufgebaut hat, eine nach der anderen zerstört, das sich selbst zerstört und die Aufgabe, die ihm auferlegt wurde, gewaltsam von sich weist: »Diese Geschichte einer Aufgabe, die ich verrichten muß, um aufhören zu können, [...] einer auferlegten, erkannten, versäumten, vergessenen Aufgabe, die ich nun erfüllen müßte, um nicht mehr reden, nicht mehr hören zu müssen, ich habe sie erfunden, in der Hoffnung, mich zu trösten, mich zum Weitermachen anzuspornen, mich irgendwo zu glauben, auf dem Wege zwischen einem Anfang und einem Ende, bald vorwärts, bald rückwärts, bald seitwärts gehend, aber letzten Endes immer an Boden gewinnend. Weg damit!«[31]

Diese hellsichtige Selbstanklage erinnert an die Kafkas in der späten Novelle *Der Bau*. In beiden Werken wird die Strategie des schöpferischen Geistes als eine Illusion entlarvt. Illusorisch ist der Glaube, daß der Künstler einen endgültigen Zufluchtsort finden könnte. Die einzige Wirklichkeit ist und bleibt das ewige Graben und Suchen nach einem immer zurückweichenden Ziel. Ähnlich beschreibt Beckett die Qual einer Schöpfung, die sich nicht mehr als solche erkennt, einer Sprache, die sich von jedem Gegenstand befreien möchte, um zu einer reinen, in der Stille ruhenden Sprache zu werden. Aber die wandernde Stimme hört nie auf, und der Roman verwandelt sich in ein ewiges Auf-der-Stelle-Treten: »Es hat nie etwas gegeben, niemanden als ich, mit mir von mir redend; unmöglich aufzuhören, unmöglich, weiterzumachen, ohne Hilfe, nur mit mir allein, mit dieser meiner Stimme.«[32] Diese neue Spannung drückt sich auch in den Bildern aus. Das parodistische Spiel verwandelt sich in einen grausamen Humor, in dem ein zunehmender Abstand sich mit einer Art Verstümmelungswut verbindet. So wird das Bild Christi in verschiedenen Romanen immer wieder aufgenommen und systematisch verzerrt. Der mythische Hintergrund blieb noch traditionell im Bild des mit ausgestreckten Armen durch den Wald wandernden Molloy. Er verzerrt sich schon stark in *Malone stirbt*, wo der einzige Zahn der alten Moll in Form eines gekreuzigten Christus geschnitten ist. Eine weitere, in ihrer Art neue Christusanspielung bietet das Bild Mahoods im *Namenlosen*. Es entsteht aus der grotesken Zusammenfügung eines mit Pusteln bedeckten Hauptes und eines gliedlosen Rumpfes, der »wie eine Garbe in einem tiefen Gefäß steckt, dessen Ränder ihm bis an den Mund reichen.«[33] Er wird vor einem Gasthaus ausgestellt, in einer verkehrsarmen Straße, in der Nähe des Schlachthofes. Die Gasthausbesitzerin, eine gewisse Magdalena, wirft eine Plane über ihn, wenn es schneit. Der Hang zur Verzerrung und Verstümmelung gipfelt in diesem seltsamen Bild, das mit dem Ich, der Wirklichkeit und ihrer Geschichte Schluß machen will.

Von einer bloßen Karikatur ist das Groteske hier weit enfernt. Es vereinigt widersprechende Tendenzen. Die systematische Verunstaltung hat Unbestimmtheit zur Folge, aber das Beharren auf denselben, immer mehr verstümmelten Bildern weist zugleich in eine ganz andere Richtung, die etwas von der Spannung der Kafkaschen Bilder in sich birgt. Es wäre interessant, die parodierten Mythen bei beiden Schriftstellern zu vergleichen. Bei Kafka sind die »Anspielungen« immer auf der Suche nach einem verlorenen Sinn,[34] während der von Beckett in Bild und Syntax systematisch gepflegte Widerspruch einen einzigen Wunsch ausdrückt: die Welt der Literatur zu reduzieren und ihre Unverträglichkeit mit der Wahrheit zu zeigen. Nach Mahood erschafft Beckett die mit dem Nichts verwandte Gestalt des Worm, der unfähig ist, etwas »aufzuschreiben«, und nur noch aus einem »Termitengeräusch«[35] besteht. Dieses Geräusch hört aber nicht auf, nachdem Beckett sich dieser embryonalen Gestalt entledigt hat. Es greift um sich und kann nicht aufgehalten werden. Die Literatur will aufhören, aber sie ist zu einem endlosen Weiterreden verurteilt. »Wenn diese Stimme nur aufhören könnte, die keinerlei Sinn hat, die einen hindert, ins Nichts und Nirgends aufzugehen, die einen schlecht daran hindert, nur gerade genug, um diese kleine Flamme aufrecht zu erhalten, die sich schwach und keuchend nach allen Seiten wirft, als versuche sie, sich von ihrem Docht zu befreien. Komische kleine Flamme, man durfte sie nicht anzünden, oder man mußte sie unterhalten, oder man mußte sie auslöschen, man mußte sie auslöschen, sie mußte von selbst ausgehen.«[36]

Diese Spannung zwischen einem Nichtmehrschreibenwollen und Immernochschreibenmüssen führt uns noch einmal zu Kafka zurück. Maurice Blanchot, der in Becketts »neutralem Reden« eine direkte Antwort auf die Bedürfnisse der kommenden Literatur sah, entdeckte in Kafkas Bilderwelt ähnliche Tendenzen: »Diese mächtige Bilderwelt stellt nicht die Wahrheit einer höheren Welt dar, sie versinnbildlicht vielmehr das Glück und Unglück des Darstellens, dieses Bedürfnisses, das den Menschen des Exils dazu zwingt, im Irrtum einen Weg zur Wahrheit und in dem, was ihn unaufhörlich betrügt, eine letzte Möglichkeit zu entdecken, an das Unendliche heranzukommen.«[37]

Wir können aber weder Kafka noch Beckett in dieses vielleicht nicht ganz zeitgemäße Paradox einer Literatur einschließen, die durch ihren

Willen zu enden zur Endlosigkeit verurteilt ist. Zum Schluß sei vielmehr eine Dimension erwähnt, in der sich Kafka und Beckett noch einmal begegnen.

Die parodistische Reduktion, die Unbestimmtheit der endlosen Rede sind nicht Becketts letzte Botschaft. Er befreit sich davon dort, wo bei ihm das Theater den Roman ablöst; im dramatischen Spiel entdeckt er die so lange gesuchte Zuflucht. Jetzt gewinnt die Unbestimmtheit bei ihm ihren vollen Sinn. Die Zerstörung der Bedeutungen hat in der epischen und dramatischen Welt nicht dieselbe Bedeutung. Das, wonach Beckett im *Namenlosen* vergebens strebte, wird in *Warten auf Godot* Wirklichkeit. Der wahre Gegenstand dieses Stücks ist, wie man gesagt hat, »das Sich-Aufrollen der reinen Rede, die jetzt an die Stelle der als notwendiger Inhalt des Theaters anerkannten Begebenheit tritt.«[38] Nichts geschieht auf der Bühne, und diese Leere ist der Stoff, aus dem das Schauspiel entsteht. Es handelt sich wohl um einen in Becketts Werk einzigartigen Augenblick. Die auf die Bühne projizierte Abwesenheit behält alle ihre Dimensionen, der Zuschauer kann sie nach Belieben entfalten und deuten. Kafka war nur Romancier, aber die Vielfalt seines Humors erlaubt ihm manchmal, eine Dimension zu erreichen, die etwas von der Freiheit des Beckettschen Spiels hat. Seine Bilder werden dann scheinbar autonom, und es sieht aus, als verzichte er eine Zeitlang darauf, ihnen einen symbolischen Sinn zu unterlegen. So etwa in der *Verwandlung*, wo das spielerische Element die Angstmotive trägt. Es ist noch deutlicher in Novellen wie *Forschungen eines Hundes*, wo das Bild in seiner naiven Genauigkeit nur noch für sich zu bestehen scheint. Gerade dieses Ernstnehmen der Worte ist – wie in Becketts Stücken – Anlaß zur freiesten Entfaltung des Sinnes.[39] Aber niemals erreicht Kafka jene höchste Befreiung, die Beckett zuteil wurde, als er seine Redequal in die Sprache der Bühne übersetzte.

So verwirklichen Kafka und Beckett verschiedene Ausdrucksweisen, in denen die besondere Form ihrer Komplementarität sichtbar wird. Die tragische Spannung Kafkas, die subtile Bewegung des kaum merklichen Fortschreitens bei ihm haben sicher auf Beckett eingewirkt. Aber Beckett beleuchtet auch Kafkas paradoxe Verfahrensweise, indem er sie einerseits in ein systematisches Auf-der-Stelle-Treten verwandelt und sie andererseits in eine Unbestimmtheit münden läßt, in der für ihn Fluch und Segen der Sprache liegen.

Die zwei Dimensionen Becketts, das Spiel und die Parodie, sind zweifellos auch Dimensionen der Kafkaschen Welt, aber ihre Konstellation ist eine andere. Beckett gehört zu einer anderen Zeit als Kafka, doch mit anderen Waffen führt er denselben Kampf, der weder Kompromisse noch Erlösung kennt. Schließlich erweist sich die Unbestimmtheit, über alle existentiellen Gründe hinaus, als die Form eines hoch raffinierten und bei aller scheinbaren Isoliertheit unendlich offenen künstlerischen Bewußtseins. In einer Aufzeichnung über Bram van Velde unterstreicht Beckett die »zwischen Darstellung und Dargestelltem immer zunehmende Unsicherheit des Verhältnisses. Dieses Verhältnis wird immer mehr verdunkelt durch unser Bewußtsein seiner Ungültigkeit, seiner Dürftigkeit, durch die verbissene Art, in der es auf Kosten all dessen besteht, was es ausschließt und wofür es uns blind macht.«[40]

Diese Bemerkung, die auch von Kafka stammen könnte, zeigt zugleich die Bescheidenheit und die Hellsichtigkeit Becketts. Die Unbestimmtheit erscheint danach nicht als ein Kunststück Dekadenter, sondern als eine entscheidende Form der modernen Kunst, die man, wie Kafka es von sich selber sagt, als ein Ende bezeichnen darf, das zugleich auch einen Anfang bedeutet.

Anmerkungen

1 Heinz Politzer, Franz Kafka, der Künstler, Frankfurt/M. 1965, S. 23.

2 Franz Kafka, Erzählungen, Frankfurt/M. 1935, S. 170.

3 Wilhelm Emrich, Franz Kafka, Frankfurt/M. 1970, S. 79–81.

4 Max Bense, Die Theorie Kafkas, Köln 1952.

5 Marthe Robert, Kafka, Paris 1960, S. 117 ff.

6 Maurice Marache, La Métaphore dans l'oeuvre de Kafka, in: Etudes Germaniques, Janvier-Mars 1964, S. 23–24.

7 Ebd., S. 30.

8 Franz Kafka, Erzählungen, S. 158.

9 Franz Kafka, Hochzeitsvorbereitungen auf dem Lande (weiter zitiert: HL), S. 43, 83.

10 Gerhard Neumann, Umkehrung und Ablenkung. Franz Kafkas »Gleitendes Paradox«, in: Franz Kafka, Darmstadt 1973, S. 478 ff.

11 Franz Kafka, Tagebücher, Frankfurt/M. 1951, S. 310.

12 HL, S. 121.

13 Beda Allemann, Kafka, Der Prozeß, in: Der deutsche Roman, hg. v. B. v. Wiese, Düsseldorf 1963, S. 260. Mit diesem (Kafkas Tagebüchern entlehnten)

Ausdruck beschreibt Allemann auf sehr überzeugende Weise die zwecklose Anstrengung Joseph K.s in seinem Ringen um Rechtfertigung. Er wendet ihn auch auf die Liebesszenen (S. 277) und auf die Temporalstruktur als »stehendes Marschieren« (S. 282) an und betont immer wieder das Kreisförmige in dem Roman, das Befangensein im »geschlossenen Leerlauf« (S. 279), die »ausweglose Wiederholung« (S. 286). Man darf sich aber fragen, ob die Wiederholung bei Kafka wirklich nicht über die Ausweglosigkeit hinausgeht. Hier drängt sich die Kierkegaardsche Auffassung der Wiederholung im Sinne eines paradoxen Fortschritts auf. Aus dieser Perspektive erscheint die Wiederholung nicht mehr als Sackgasse, sondern als möglicher Lebensweg. Ein Vergleich zwischen Kafka und Kierkegaard wird sinnvoller, wenn man davon absieht, ihre sehr unterschiedlichen religiösen Verhaltensweisen gegenüberzustellen, und den Akzent mehr auf die Verwandtschaft ihres dialektisch-undialektischen Reflektierens legt.

14 Ingeborg Henel, Die Deutbarkeit von Kafkas Werken, in: Franz Kafka, Darmstadt 1973, S. 425. In dieser zuerst 1967 veröffentlichten Studie untersucht I. Henel – anhand einer Auseinandersetzung mit W. Emrich und M. Walser – Kafkas paradoxe Erzählhaltung als eine dialektische Haltung, die aber zu keiner dialektischen Synthese führt.

15 Kafka, Œuvres complètes, Paris 1977, Bd. 1, S. 1138. »Il cherche et il a le sentiment de ne trouver que le vide, il explore le vide.«

16 J. J. Mayoux: Vorwort zu Samuel Beckett Paroles et Musique. Dis Joe, Paris 1972, S. 28.

17 Ruby Cohn, Watt in the Light of the Castle, in: Comparative Literature XIII (1961), S. 154–166. (Zitate hier nach der etwas erweiterten französischen Fassung in: Cahiers de l'Herne: Beckett, Paris 1976, S. 306–317); weiter zitiert: Herne.

18 Samuel Beckett, Malone meurt, Paris 1951, S. 108.

19 Peter Brook, Dire oui à la boue, in: Herne, S. 234.

20 Zitiert von Ruby Cohn, in: Herne, S. 306.

21 Samuel Beckett, Watt, Paris 1968, S. 73.

22 Samuel Beckett, Fin de Partie, Paris 1957, S. 49.

23 Beckett, Watt, S. 17.

24 Marache, La Métaphore, S. 41.

25 Beckett, Watt, S. 83.

26 Ebd., S. 215.

27 So im Fall des Hungerkünstlers oder des Offiziers in der Strafkolonie, trotz der Anspielungen Kafkas im Tagebuch des Jahres 1917 auf die Notwendigkeit einer Entsühnung. Tatsächlich haben fast alle von den Helden Kafkas erlittenen Strafen groteske Züge.

28 Beckett, Malone meurt, S. 39.

29 Ebd.

30 Beckett, L'Innommable, Paris 1965, S. 196.

31 Ebd., S. 55. Das hier beschriebene illusorische Bemühen ähnelt dem des Tieres in Kafkas Novelle *Der Bau*.

32 Ebd., S. 222.

33 Ebd., S. 81. Hier ist das Bild mehr grotesk als parodistisch, mit einem Zug grausamen Humors, der bei Beckett nie fehlt. Die Wut, mit der er das Bild Christi und das des Menschen verstümmelt, entspricht einer vielleicht mehr expressionistischen als surrealistischen Tendenz.

34 Einige Bilder Kafkas grenzen an Parodie. So im *Landarzt* das Bild der von Würmern wimmelnden Wunde oder des von der Schwester geschwenkten blutigen Handtuchs. Vor allem aber drücken diese Bilder Kafkas Ratlosigkeit angesichts der alten Symbole aus.

35 Beckett, L'Innommable, S. 107.

36 Ebd., S. 171.

37 Maurice Blanchot, L'Espace Littéraire, Paris 1955, S. 94.

38 Jean Vannier, Fin de Partie, in: Les critiques de notre temps et Beckett, Paris 1971, S. 139.

39 Dieser Zug wird z. B. von Michel Dentan (in: Humour et création littéraire dans l'oeuvre de Kafka, Genève 1961) erwähnt. Klaus Wagenbach sieht darin einen Wesenszug, der vielleicht mit dem Einfluß des Prager Deutsch zusammenhängt. Dieses trockene, papierene Deutsch wirkt nämlich zuerst verfremdend, zugleich bewirkt es ein distanziertes, systematisch untersuchendes Verhältnis zum Wortschatz. Daher die Bedeutung der isolierten Worte für Kafka. Becketts Situation zwischen dem Englischen und dem Französischen könnte auf ähnliche Weise seine Vorliebe für Wort und Wortspiel erklären.

40 Herne, S. 67.

ROGER BAUER

K. UND DAS UNGEHEUER:
FRANZ KAFKA ÜBER FRANZ WERFEL

Angeregt von Eduard Goldstücker wurden im Mai 1963 und im November 1965 die bereits legendären »Konferenzen« über »das Werk Franz Kafkas« und »die Prager deutsche Literatur« abgehalten, von denen die Forschung so entscheidende Impulse empfing. Unter den Titeln *Franz Kafka aus Prager Sicht* und *Weltfreunde* erschienen dann 1965 und 1967 die gesammelten Referate.[1] Wenngleich durch diese Überschrift zumindest die zweite dieser Tagungen unter dem Zeichen des Dichters von *Der Weltfreund* stand, kam auf Schloß Liblice nur gelegentlich die Rede auf Werfel. Dieses Auslassen müßte befremden, wären die Gründe nicht offenkundig: Schon damals – inzwischen hat sich nur wenig geändert – fehlten Voruntersuchungen über die Werke Werfels und der anderen Prager Freunde Kafkas und über die ästhetischen, sozialen und ideologischen Implikationen einer für uns problematisch gewordenen Bewunderung. Werfel selbst aber, dessen schwer zugänglicher Nachlaß brachliegt, haben Kritiker und Literaturhistoriker allzu vorschnell abgeschrieben. Dabei sollte sein einstiger Ruhm genügen, unser Interesse wachzuhalten.

Aus den uns zugänglichen Dokumenten geht hervor, daß Werfel unter jenen Prager Freunden (die keine geschlossene Gruppe bildeten) einen bedeutenden Platz einnahm. An ihm (und gelegentlich gegen ihn) glaubte Kafka sich messen zu müssen. Den immer wieder aufflammenden Auseinandersetzungen[1a] soll hier nachgespürt werden: sie sind für Kafka Anlaß zu Zweifel und Kritik am eigenen Werk, aber auch, und immer wieder, Gelegenheit zur Selbstfindung und Selbstbestätigung.

Werfel, primus inter pares

In Kafkas Berichten aus dem Freundeskreis ist häufig von Werfel die Rede. So liest man am 27. Mai 1912 in den Tagebüchern: »Gestern

Pfingstsonntag, kaltes Wetter, nicht schöner Ausflug mit Max [Brod] und Welsch, abends Kaffeehaus. Werfel gibt mir ›Besuch aus dem Elysium‹«.[2] Nicht nur die Nennung in fine, d. h. an betonter Stelle, hebt jedoch Werfel aus der Gruppe heraus: er allein tritt in diesem Bericht als »Dichter« auf (als Autor eines – winzigen und eigentlich unbedeutenden – »romantischen Dramas in einem Aufzug«). An anderer Stelle heißt es in einem Brief an Felice: »ich habe ein Rendezvous mit Werfel und andern« (22. Juni 1913).[3] Wenn sich Werfel für den jiddischen Schauspieler Jizchak Löwy (bei den »anderen«, Brod z. B., findet Kafka das selbstverständlich) einsetzt, ist Kafka gerührt: Werfel hat verdient, »belohnt« zu werden, schreibt er der Braut und schenkt ihr die Gedichte des Freundes! (8. April 1913)[4] Überhaupt kehrt Werfels Name besonders häufig in der Korrespondenz mit Felice wieder. Kafka berichtet ihr von Zusammenkünften mit Werfel, schickt ihr seine Bücher zur Beurteilung (26. April 1914, 25. Januar 1915, 11. Februar, usw.).[5] Berichte und Büchergeschenke sind aber vielleicht auch nur ein Alibi, ein (unbewußtes) Strategem, um der Braut zu imponieren, ihr zu zeigen, von wievielen und welchen Freunden *er* umgeben ist! Die Beziehung zu dem jungen, erfolgreichen Autor könnte somit auch dieselbe securisierende Funktion gehabt haben wie die sehr problematische Bindung an die Braut.

Völlig entrückt, in einer Art Trance schreibt Kafka *Das Urteil* nieder, liest es tags darauf den Freunden vor und bemerkt dazu: »Diese Geschichte [...] habe ich in der Nacht vom 22. bis 23. [September 1912] von zehn Uhr abends bis sechs Uhr früh in einem Zug geschrieben. [...] *Nur so* kann geschrieben werden.« Nicht minder bedeutend ist die Aufzählung der »viele[n] während des Schreibens mitgeführte[n] Gefühle«. Dazu gehören »die Freude, daß ich etwas Schönes für Maxens ›Arcadia‹ haben werde [...]« und »Gedanken an Freud natürlich, an einer Stelle an ›Arnold Beer‹ [von Brod], an einer anderen an Wassermann, an einer an Werfels ›Riesin‹, natürlich auch an meine ›Die städtische Welt‹« (Tagebücher, 23. September 1912).[6] Selbst an dieser so wichtigen Stelle betont er die Zugehörigkeit der eigenen literarischen Produktion zu der der Freunde... und Jakob Wassermanns. (Aber Werfel beschließt die Reihe der Zitierten!)

Besonders in seiner frühen Schaffensperiode ist Kafka froh und stolz auf solche Gemeinsamkeiten und äußerst interessiert an den literarischen Bekanntschaften, die ihm neben Brod vor allem Werfel vermittelte. Über Werfel laufen die so wichtigen Fäden zu Kurt Wolff und dem Rowohlt-Verlag; durch Werfel wird er über den letzten literarischen Tratsch auf dem laufenden gehalten.[7] Werfel ist zuweilen eine blind befolgte Autorität: Kafka kann die Lasker-Schüler und deren Gedichte »nicht leiden«; dann scheint er aber seine Bedenken zurückstellen zu wollen: »Werfel z. B. [!] spricht von ihr nur mit Begeisterung«. (An Felice, 12./13. Februar 1913)[8] Der zurückgedrängte Mißmut gewinnt allerdings bald wieder die Oberhand, wenn er an einem Tage, an dem er sowieso am liebsten ausbrechen, die Freunde fliehen möchte, zusehen muß, wie »die Lasker-Schüler« Werfel »belegt«. (Tagebücher, 30. Juni 1914)[9]

Kafkas Zuneigung unterliegt allen diesem Gefühl eigenen Schwankungen: Neid, Eifersucht und Kränkung; nie wird sie aber ernstlich in Frage gestellt. Der Todkranke macht sich und den anderen nichts vor, spielt keine Komödie, wenn er sich auf Werfels Besuche, selbst auf die nur angekündigten, herzlich freut, oder wenn er aufrichtig bedauert, Werfels Einladungen auf den Semmering, nach Venedig, nicht folgen zu können.[10] Genauso herzlich freut er sich über den Strauß Rosen oder den Verdi-Roman, den ihm der Freund ins Sanatorium von Kierling schickt.[11]

Krisen

Nur diese Konstanz einer nie verleugneten Zuneigung kann die »Krisen« erklären, die sie immer wieder trübten. Den gleichsam gesetzmäßigen Mechanismus dieser Krisen illustriert bereits der Brief an Felice vom 27./28. Februar 1913. Kafka berichtet ihr von einem abendlichen Spaziergang durch die Straßen Prags in Gesellschaft von Robert Welsch. Er hat Welsch soeben nach Hause begleitet und erwägt, »ins Kaffeehaus zu gehn«: »ich hätte dort Werfel treffen können und andere«. (Bezeichnenderweise werden erneut diese »anderen« nicht genannt!) Diesen Plan läßt er aber gleich wieder fallen, mit folgender Begründung: »mir graute auch wieder davor und nach einigen unentschlossenen Drehungen wollte ich nachhause gehn«.[12]

Auf der »literarischen« Ebene spiegelt sich diese Ambivalenz der Gefühle und Stimmungen im plötzlichen Umschlag von enthusiastischer Bewunderung in kritische Distanz. In dem Brief an Felice vom 28. Mai 1916 (?) steht – paradigmatisch – zu lesen: »Warst Du bei den ›Troerinnen‹? Werfels Arbeit ist außerordentlich, darüber kein

Wort«. Es schließt sich dann aber ein mehr als reserviertes Urteil über die Aufführung des Stückes im Lessingtheater an: Kafkas Mißmut wendet sich gegen Regisseur und Schauspieler, um den Freund nicht kritisieren zu müssen.[13]

In einer ersten, frühen Periode überwiegt nämlich lange die Bewunderung für dessen »außerordentliche« Begabung. Kafka findet dieselbe poetische Eingebung als Initialkraft wie bei sich selbst, in glücklichen Augenblicken. Der Gedanke klang bereits an in der Tagebuchstelle über die Niederschrift des *Urteils* und über die Lesung vor den Freunden am 23. September 1912.[14] Am 2. Dezember 1914 berichtet Kafka von einer anderen, ähnlichen Lesung. Nun ist allerdings die Freude bereits getrübt: durch Zweifel, die offenkundig in Verbindung stehen mit der tristen Stimmung, von der einige Tage vorher (am 30. November) die Rede war: »Ich kann nicht mehr weiterschreiben. Ich bin an der endgültigen Grenze« usw.[15] An diesem 2. Dezember 1914 liest auch Werfel aus seinen Werken vor, und zwar so überzeugend, daß der mit dem eigenen *In der Strafkolonie* »nicht ganz unzufriedene« Kafka entzückt ist von den Gedichten des Freundes und vom 2. Akt der *Esther, Kaiserin von Persien.* (In zwei bildhaften Formulierungen klingt seine Begeisterung nach: »Die Akte fortreißend« und »als es über mich herfiel«.) Gleichzeitig ist er aber auf der Hut, voller Mißtrauen, nicht zuletzt gegen sich selbst: »Ich lasse mich aber leicht verwirren«. Vor allem aber muß er einsehen, daß seine »Verwirrung« nur »während des Zuhörens dauerte«. Als »Ergebnis des Tages« notiert er: »schon vor Werfel [d. h. vor der zuerst mit Bewunderung verfolgten Lesung]: Unbedingt weiterarbeiten, traurig, daß es heute nicht möglich ist, denn ich bin müde und habe Kopfschmerzen«.[16] Absage also an die Idealvorstellung einer beglückenden Inspiration? So apodiktisch räsonniert Kafka nicht, wie aus folgenden oft zitierten Stellen hervorgeht. (Vor allem an dem mehrmals wiederholten »ungeheuer« haben sich die Kommentatoren gestoßen.)

Der »ungeheuere« Werfel

Bereits in den »Aufzeichnungen aus dem Jahre 1911« heißt es: »Durch Werfels Gedichte hatte ich den ganzen [...] Vormittag den Kopf wie von Dampf erfüllt«. Diese Metapher drückt bereits das Ambivalente und Widersprüchliche in Kafkas Urteil aus: »Einen Augenblick fürchtete ich, die Begeisterung werde mich ohne Aufenthalt bis in den Unsinn mit fortreißen«. (Was mit »Unsinn« gemeint ist, ergibt sich aus dem Kontext: wenige Zeilen vorher wurde als ein »Vorteil des Tagebuchführens« gepriesen, daß dieses uns zwingt, »mit Klarheit der Wandlungen bewußt« zu werden, »denen man unaufhörlich unterliegt«, ohne sie meistern zu können.)[17]

Von derselben Erfahrung – einer nun dubios, problematisch gewordenen Inspiration – ist bald darauf im Tagebuch vom 30. August 1912 die Rede: »Vorigen Samstag rezitierte Werfel im Arco die ›Lebenslieder‹ und das ›Opfer‹. Ein Ungeheuer! Aber ich sah ihm in die Augen und hielt seinen Blick den ganzen Abend«. Offenkundig bezieht sich hier das Substantiv *Ungeheuer* auf den Eindruck des Großen, Gigantischen und zugleich Monströsen, Andersartigen. Dem entsprechen die Reaktionen Kafkas während und nach Werfels »Rezitation«: »Wie zerworfen und erhoben ich nach dem Anhören von Werfel war! Wie ich mich nachher geradezu wild und ohne Fehler in die Gesellschaft bei den L. hinlegte«.[18] Der »Zerworfene« fühlt sich zugleich erhoben, entrückt. Gleich darauf ironisiert er dann aber wieder dieses plötzliche und trügerische Gefühl glücklicher Gelöstheit und ertrotzter Ebenbürtigkeit.

Das zentrale Wort *Ungeheuer* kehrt noch mehrmals wieder. Am 12. Dezember 1913 (d. h. immerhin fast ein halbes Jahr nach der vorher zitierten Tagebucheintragung) heißt es in einem Brief an Felice: »Der Mensch kann *Ungeheueres*«. Nun ist die negative Konnotation des Gefährlichen, Beängstigenden (jetzt bezogen auf die Produkte des Freundes) offensichtlich fast ganz verwischt: nur noch in der Formulierung »der Mensch« für Werfel klingt die alte Ambivalenz nach! Für diese Interpretation sprechen noch andere Stellen desselben Briefes, dessen Adressatin die Braut ist: »Weißt Du, Felice, Werfel ist tatsächlich ein Wunder; als ich sein Buch ›Der Weltfreund‹ zum ersten Mal las (ich hatte ihn schon früher Gedichte vortragen hören) dachte ich, die Begeisterung für ihn werde mich bis zum Unsinn fortreißen«: Wie in jener älteren Tagebuchaufzeichnung aus dem Jahre 1911 werden die Vokabeln »Begeisterung« und »Unsinn« (hier eindeutig in der Bedeutung von Unbeherrschtheit, Sich-gehen-lassen) nebeneinander gebraucht. Hingegen ist die etwas brutale Metapher des »Dampfes« verschwunden. Mit milder Ironie heißt es weiter, Werfel sei ja bereits für all dies »belohnt« worden…, als er zum Lektor bei Rowohlt avancierte! Diese amüsiert-kritische Note fehlt dann wieder in den darauffolgenden Sätzen, die nur noch die von Eifersucht getrübte Bewunderung für den sieben Jahre jüngeren und erfolgreicheren Freund ausdrücken: »[Der Mensch] hat in einem Alter von etwa 24 Jahren völlige Freiheit des Lebens und Schreibens. Was da für Dinge aus ihm hervorkommen werden!«[19]

In einem weiteren – um anderthalb Monate späteren – Brief an Felice (vom 1./2. Februar 1913) kehrt das Wort *ungeheuer* ein letztes Mal wieder. Wie in der schon zitierten Tagebuchnotiz ist es, nun als Adjektiv, auf die Person Werfels bezogen: »Ich habe den ganzen Nachmittag mit Werfel, den Abend mit Max [Brod] verbracht und bin zermartert von Müdigkeit und Spannungen im Kopf [...] Werfel hat mir neue Gedichte vorgelesen, die wieder zweifellos aus einer ungeheueren Natur herkommen«.[20] Wie aus dem Kontext hervorgeht, bedeutet *ungeheuer* hier soviel wie unmeßbar, vielleicht auch bedrükkend, gewaltsam. Entscheidend ist freilich, daß die ungeheuere Natur Werfels gleichbedeutend ist mit einer naiven Kraft, fähig, in sich geschlossene Werke hervorzubringen. (Man fühlt sich erinnert an das »Nur so kann geschrieben werden« vom 23. September 1912).

Der schöne, junge Werfel

Die soeben zitierte Stelle aus dem Brief an Felice vom 1./2. Februar 1913 lautet weiter: »[Werfel hat mir neue Gedichte vorgelesen, die wieder zweifellos aus einer ungeheueren Natur herkommen.] Wie ein solches Gedicht, den ihm eingeborenen Schluß in seinem Anfang tragend, sich erhebt, mit einer ununterbrochenen, innern, strömenden Entwicklung – wie reißt man da, auf dem Kanapee zusammengekrümmt, die Augen auf! Und der Junge ist schön geworden und liest mit einer Wildheit [...] Er kann alles, was er je geschrieben hat, auswendig und scheint sich beim Vorlesen zerfetzen zu wollen, so setzt das Feuer diesen schweren Körper, diese große Brust, die runden Wangen in Brand [...]«.[20a] Bemerkenswert ist noch an diesem Satz, daß alle Eigenschaften, über die sich die Zeitgenossen – Anton Kuh,[21] Karl Kraus,[22] Robert Musil,[23] Milena Jesenska[24] – mokierten, nämlich Werfels Beleibtheit, seine zu laute Stimme, sein Übereifer, hier vom Freund staunend bewundert werden.

Die von Werfel ausgehende Faszination bleibt selbst noch im Traume wirksam! Mit den damals aktuellen Spekulationen der Psychologen und Psychoanalytiker vertraut, ist sich Kafka gleichwohl des Bedenklichen bewußt. In einem Brief an Max Brod von Mitte November 1917 heißt es: »Wie verhältst Du Dich zum ›Daimon‹ [des Dr. Jakob Moreno-Levy]? Schreibe mir bitte die Adresse von Werfel. Wenn mir eine Zeitschrift längere Zeit hindurch verlockend schien, [...] so war es die von Dr. [Otto] Groß [...] Wenn ich jetzt noch hinzufüge, daß ich vor einiger Zeit Werfel im Traum einen Kuß gegeben habe, falle ich mitten in das Blühersche Buch hinein«.[25] (Gemeint ist die »jugendbewegte« Deutung der männlichen Homoerotik als gesellschaftsbildende Kraft durch Hans Blüher in dessen vielgelesenem Buch *Die Rolle der Erotik in der männlichen Gesellschaft*.)[26]

Die Bewunderung für den Freund ist überhaupt mit halberotischen Affekten beladen: nur so lassen sich die ernsten Krisen, die dieses Verhältnis immer wieder trübten, erklären. Die verweigerte Identifikation mit dem Anderen kommt einer Selbstbezichtigung und Selbsterniedrigung gleich. Hierzu einige Belege:

Am 19. Januar 1913 berichtet Kafka an Felice von der baldigen Abreise Werfels nach Leipzig und bemerkt: »Ich habe den Jungen [!] täglich lieber«.[27] Im nächsten Brief, vom 20./21. Januar, erscheint Werfel erneut als »der schöne [!] Faulenzer, der er ist«.[28] Im Brief vom 1./2. Februar steht dann der bereits zitierte Ausruf: »Und der Junge ist schön geworden [...]«.[29] Aber selbst noch in den erneut von Zweifeln und Mißstimmungen getrübten Tagebuchaufzeichnungen von Anfang April 1914 ist die Rede vom »schönen« Werfel: »Heute im Kaffeehaus mit Werfel. Wie er von der Ferne beim Kaffeehaustisch aussieht. Geduckt, selbst im Holzsessel halb liegend, das im Profil schöne [!] Gesicht an sich gedrückt, vor Fülle (nicht eigentlich Dicke) [!] fast schnaufend, ganz und gar unabhängig von der Umgebung, unartig und fehlerlos«.[30] (Für Kafka, der zur gleichen Zeit davon träumt, nach Berlin zu fliehen und »selbständig zu werden, von Tag zu Tag zu leben [...], seine [...] Kraft ausströmen« zu lassen – so am 5. April in den Tagebüchern[31] –, inkarniert Werfel gleichsam dieses Lebensideal des Gesundseins. Auch die geplante Osterreise nach Berlin, um dort mit Felice zusammenzutreffen, gehört zu diesem Komplex von Flucht- und Erfüllungsphantasien).[32] Aber noch in späteren Jahren, als die Faszination, die vom zugleich verehrten und »ungeheuren« Freund ausgeht, geringer geworden ist, bewundert ihn Kafka immer noch. Weil Milena einmal von Werfel als dem »Dicken« gesprochen hat, macht er ihr Vorwürfe: solche Redensarten zeugten von mangelnder

»Menschenkenntnis« oder, vielleicht, von »mißverstehender« Liebe. Und gleich darauf heißt es wie einst: »Werfel wird mir schöner und liebenswerter von Jahr zu Jahr [...]« (1920).[33] Noch mehr und Wichtigeres enthüllt ein Brief an Max Brod von Anfang Februar 1921 aus dem Sanatorium Matliary. Kafka berichtet von seiner ersten Begegnung mit Robert Klopstock, dem Freund der letzten Tage: »Gestern abend wurde ich gestört, aber freundlich, es ist ein 21 jähriger Medizinstudent da, Budapester Jude, sehr strebend, klug, auch sehr literarisch, äußerlich übrigens trotz gröberen [!] Gesamtbildes Werfel ähnlich [...]«.[34]

Für und wider den Dichter Werfel

Den Freunden oder Bekannten wird jede negative Äußerung über Werfel übelgenommen: »Recht miserabel-geistreich« habe Kuh über Werfel geschrieben, rügt Kafka in einem Brief an Brod von Mitte Oktober 1917.[35] Umgekehrt, wenn eine kritische Äußerung über Brods letztes Buch dessen Replik erwarten läßt, versucht Kafka, im voraus gleichsam prophylaktisch – den zu erwartenden Streit zu schlichten: »Das, was Werfel [über Brods *Jüdinnen*] sagte, ist gewiß nur flüchtig gesagt«, worauf dann unmittelbar eine Rechtfertigung der poetischen Eigenart Werfels folgt. Sie sei im Grunde gar nicht verschieden von der eigenen und von der der Freunde: »Er [Werfel] beruft sich stillschweigend auf den Augenblick des Gedichtes, ebenso wie ich und Du und alle [...]«. Eine andere Stelle desselben Briefes an Max Brod (vom Januar 1918) lautet: »Brüderlich-verräterisch übrigens auch jenes: ›nur leere Tage sind unerträglich‹«![36] Hier fühlt man sich an die bekannte Stelle von September 1912 erinnert, wo das »Arbeiten« als Erfüllung der beglückenden Illumination gepriesen wurde: »unbedingt weiterarbeiten, traurig, daß es heute nicht möglich ist«! Zugleich distanziert sich aber Kafka auch von diesem – seinem früheren und Werfels – Ideal des sich im »Augenblick« entfaltenden Gedichts. Er setzt dagegen einen höheren Zwang: den der moralischen oder sogar religiösen Verantwortung. In extenso lautet der bisher auszugsweise zitierte Satz: »Er [Werfel] beruft sich stillschweigend auf den Augenblick des Gedichtes, ebenso wie ich und Du und alle, so als ob hier etwas wäre, worauf man sich zu berufen hätte und wovon man nicht vielmehr den Blick abzulenken suchen sollte, dann wenn man sich zu verantworten hat«.[36a]

Rigoroser als je zuvor werden in diesem Plädoyer des Freundes für den Freund die literarisch-ästhetischen Gemeinsamkeiten betont: vielleicht weil sie bereits nicht mehr stimmen.

Die literarische Entfremdung ist allerdings schon früh als Möglichkeit nachzuweisen. Bereits in einer Tagebuchaufzeichnung vom 18. Dezember 1911 sind erste Bedenken spürbar. (Diese Aufzeichnung fehlt – leider – in der deutschen Ausgabe.) Geplagt von der eigenen Schwere und Unfähigkeit spricht Kafka bewundernd und neidisch-wehmütig vom Erfolgreichen: »Er hat früh und leicht mit musikalischem Sinn sehr Gutes geschrieben, das glücklichste Leben hat er hinter sich und vor sich, ich arbeite mit Gewichten, die ich nicht loswerden kann«.[37] Später verwandelt sich dann die unterschwellige Eifersucht in eine vorwurfsvolle Resignation. Angesprochen und sogar betroffen fühlt sich Kafka zum Beispiel von Werfels Vorwort zu *Das Vermächtnis eines Jünglings* von Karl Brand (Wien 1920).[38] »Werfels sehr einfache und schreckliche Wahrheit«[39] über diesen jungen Autor gilt auch für ihn: mit dem »Zeichen der Schwindsucht« im Gesicht, »heimatlos in der Welt«, fühlt sich Karl Brand nur »im Traum« geborgen, und »schmerzlich« außerdem.[40] Als »wahr« und »unheimlich« zugleich berührt Kafka die Stelle, wo der glückliche, arrivierte Werfel seiner Gegenwart Maßstab sein will: »Die Kraft der Generation [...] war das Bekenntnis zum Schiffbruch, war der besessene, der unbedingte Sprung ins Meer. Diese Menschen haben nichts ›Bleibendes‹, keine Vollendung geschaffen [...] Sie wissen alle, daß ihnen versagt bleibt die Unsterblichkeit, die nur dem Heitern winkt, die Liebe, die nur der Selig-selbst-umfriedete erntet, das Lebensglück, das der freudig Luggewillte, der Gläubige allein gewinnt. Sie haben verzichtet. Sie wurden verzichtet«.[41]

Eifersucht setzt immer Liebe voraus, nur will der Liebende den Geliebten zu sich, in sein Elend ziehen. Sich mit ihm zu identifizieren, heißt nun nicht mehr, ihn bewundern, sondern ihn erniedrigen, verspotten. Dies gilt selbst im Bereich der Literatur. In einem Brief an Milena heißt es von einem Gedicht Werfels, es sei »wie ein Porträt, das jeden ansieht, auch mich sieht es an, und vor allem [!] den Bösen, der es auch gar noch geschrieben hat«.[42] In *Spiegelmensch* (1920) bewundert Kafka immer noch Werfels »Fülle von Lebenskraft«. An »einer Stelle« erscheint ihm jedoch diese Kraft »ein wenig angekränkelt«, denn bei Werfel hat selbst die Krankheit die Tendenz, »üppig« zu werden![43] In einem der letzten Briefe an Max Brod (Januar 1924) bedankt sich Kafka für die lobende Besprechung, die dieser über eine Prager Aufführung von Werfels *Schweiger* veröffentlicht hat: »Sehr schön, sehr aufmunternd, kraftgebend und mehrmals zu lesen ist das, was Du über Werfel schreibst. Aber warum heroisch? Eher genießerisch, nein doch heroisch, heroisches Genießen. Wäre nur nicht der Wurm in allen Äpfeln der eigentliche Genießer«.[44]

Die in den autobiographischen Dokumenten meist nur vorsichtig und verstohlen angedeutete kritische Distanz konnte erst im Werk klar und eindeutig eingestanden werden: sich selber und – möglicherweise – einigen wenigen Eingeweihten gegenüber. Der schützende Mantel der Parabel garantiert nun eine äußere Diskretion und ermöglicht eine sonst unterdrückte Freimütigkeit!

Kurt Krolops Hypothese, das Ende von *Ein Hungerkünstler* sei auf die Person Werfels zu beziehen,[45] ist zumindest verlockend. Der auf seinen Beruf – das »Hungern« – einst so stolze Hungerkünstler vegetiert, von niemandem beachtet, in der Menagerie eines Zirkus, wo er trotz allem noch versucht, seine Kunst vorzuführen: »So hungerte zwar der Hungerkünstler weiter, wie er es früher einmal erträumt hatte, und es gelang ihm ohne Mühe ganz so, wie er damals vorausgesagt hatte, aber niemand zählte die Tage, niemand, nicht einmal der Hungerkünstler selbst wußte, wie groß die Leistung schon war, und sein Herz wurde schwer«. Nach seinem Tode aber – denn er konnte »nicht die Speise finden [...], die [ihm] schmeckte« – gibt man einen »jungen« Panther in seinen Käfig: »Die Nahrung, die ihm schmeckte, brachten ihm ohne langes Nachdenken die Wächter; nicht einmal die Freiheit schien er zu vermissen; dieser edle, mit allem Nötigen bis knapp zum Zerreißen ausgestattete Körper schien auch die Freiheit mit sich herumzutragen [...] und die Freude am Leben kam mit derart starker Glut aus seinem Rachen, daß es für die Zuschauer nicht leicht war, ihr standzuhalten. Aber sie überwanden sich, umdrängten den Käfig und wollten sich gar nicht fortrühren«.[46]

Eine ähnliche indirekte – weil parabolische – Auseinandersetzung mit Werfel (dem Menschen und dem Dichter zugleich, wie immer) finden wir in einem Brief an Robert Klopstock von Juni 1921.

Kafka läßt mehrere »Abrahame« auftreten, an die der Befehl ergeht, den Sohn – Isaac – zu opfern. Mit dem einen dieser Abrahame ist offensichtlich Kafka selber gemeint. Er ist einer, »der durchaus richtig opfern will und überhaupt die richtige Witterung für die ganze Sache hat, aber nicht glauben kann, daß er gemeint ist, er, der widerliche alte Mann und sein Kind, der schmutzige Junge. Ihm fehlt nicht der wahre Glauben, diesen Glauben hat er, er würde in der richtigen Verfassung opfern, wenn er nur glauben könnte, daß er gemeint ist«. Umgekehrt dürfen, müssen wir an Werfel denken, wenn anschließend von den »oberen Abrahame[n]« die Rede ist: »[sie] stehn auf ihrem Bauplatz und sollen nun plötzlich auf den Berg Morija; womöglich haben sie noch nicht einmal einen Sohn und sollen ihn schon opfern. Das sind Unmöglichkeiten und Sarah hat Recht, wenn sie lacht. Bleibt also nur der Verdacht, daß diese Männer absichtlich mit ihrem Haus nicht fertig werden und – um ein sehr großes Beispiel zu nennen – das Gesicht in magische Trilogien verstecken, um es nicht heben zu müssen und den Berg zu sehn, der in der Ferne steht [...]«.[47] Daß sich Kafka sonstwo – die entsprechende Briefstelle wurde bereits zitiert[48] – trotz aller Reserven eher positiv über Werfels »magische Trilogie« *Spiegelmensch* äußert, läßt die Schwere des hier gefällten Verdikts um so stärker hervortreten: hier, das heißt unter dem Schutz (oder dem Alibi) der verhüllenden, verallgemeinernden und zugleich verabsolutierenden poetischen Diktion...

Der Fall »Schweiger«

Wenn dann aber, ausnahmsweise, dieselben herben Vorwürfe unmittelbar vorgetragen werden, so unterstreicht dies die Bedeutung des Anlasses. Wie stark selbst dann noch die Hemmungen sind, zeigt ein von Dora Dymant nacherzählter Vorfall: »Einmal kam Werfel, um Kafka aus seinem neuesten Buch vorzulesen. Nachdem sie lange zusammen gewesen waren, sah ich Werfel unter Tränen fortgehen. Als ich ins Zimmer kam, saß Kafka dort vollkommen zerschlagen und murmelte ein paarmal vor sich hin: ›Daß es etwas so Entsetzliches geben kann!‹ Auch er weinte. Er hatte Werfel fortgehen lassen, ohne ihm ein einziges Wort über sein Buch sagen zu können«.[49]

Von dieser aufwühlenden Krise berichten noch folgende Dokumente:

A. Ein nicht abgeschlossenes Konzept eines Entschuldigungsbriefes an Werfel. (Es ist nachzulesen in dem Bande *Hochzeitsvorbereitungen auf dem Lande,* unter der Rubrik »Fragmente aus Heften und losen Blättern«).[50]

B. Ein abgeschlossener, aber – nach Brod – nicht abgeschickter Brief
an Werfel. (Sein Text deckt sich z. T. mit dem des zuerst genannten
und vermutlich älteren Dokumentes).[51]

C. Ein Brief an Brod, der diesen über das Vorgefallene informiert in
der Hoffnung, daß Werfel auf diese Weise alles erfahren wird.[52]

Im zuerst genannten Konzept (A) versucht Kafka das Ungehörige
seines Betragens zu entschuldigen. Er gesteht, beruft sich auf seine an-
geborene »Schwäche«, sein Unvermögen, die eigenen »Einwände [...]
begreiflich [zu] machen«, und schämt sich wegen seines Geschwätzes
(auch im »Brief« an Werfel (B) kehrt dieser Selbstvorwurf des
»Schwätzens« wieder). Die Entschuldigung mit der »Fragwürdigkeit«
der eigenen Grundsätze und Überzeugungen mündet zuletzt in ein
(Quasi-) Kompliment im Brief an Brod (C): »Was sollte ich Werfel sagen, den ich bewundere, den ich sogar in diesem Stück bewundere«.
(Im Nachsatz heißt es freilich dann wieder: »Hier allerdings nur wegen
der Kraft, diesen dreiaktigen Schlamm zu durchwaten«.)

Nach und neben diesen Ausreden und halbherzigen Komplimenten
fällt die Entschiedenheit, mit der das Stück am Ende doch abgelehnt
wird, um so stärker auf. Es war kein »gewöhnliches Mißfallen« (B/C),
das er empfand! Dieses hätte er darlegen, rechtfertigen können, nicht
aber das, was er im Fragment (A) »Beleidigtsein« nennt, im Brief an
Werfel (B) »Entsetzen« und im Brief an Brod (C) »Widerwillen« und
»Ekel«.

Zum besseren Verständnis von Kafkas leidenschaftlichen Argumenten ist es hier nötig, den Inhalt von Werfels Stück kurz zu skizzieren.

Wie *Spiegelmensch* und *Bocksgesang*[53] ist das – um dieselbe Zeit
entstandene – »Trauerspiel« *Schweiger* eine Parabel von der Un-
trennbarkeit, der Verflechtung von Gut und Böse, von Weisheit und
Wahnsinn, von Tod und Erlösung. In einem Augenblick geistiger
Verwirrung hat ein junger Gelehrter (Dr. Forster) auf vorbeigehende
Kinder geschossen. Seinem Psychiater ist es gelungen, die Erinnerung
an dieses Verbrechen aus seinem Bewußtsein zu löschen. Seitdem lebt
Dr. Forster, unter dem Namen Schweiger, als Uhrmacher in einer
kleinen österreichischen Provinzstadt. Es umgibt ihn eine Aura des
Geheimnisvollen und Ungeheueren. Die Spiritisten sehen in ihm einen
Quasi-Heiligen; die Sozialdemokraten möchten ihn zum Kandidaten
für die kommende Wahl gewinnen, denn er entspricht genau ihrem

Ideal eines »neuen Führertypus«. Anna, seine junge Frau, liebt ihn, kann aber das Gefühl nicht loswerden, »daß etwas Unüberwindbares« sie trennt. Das Glück an der Seite der »Mutterbraut« (Anna erwartet endlich ein Kind) wird gestört durch den Psychiater Forsters, Prof. Dr. Burghart von Viereck. Dessen »völkische Überzeugung« ist stärker als die »ärztliche Pflicht«: um zu verhindern, daß sich der gescheite Forster-Schweiger »der jüdisch-sozialistischen Bewegung« verschreibe, verrät er Anna das einst Vorgefallene. Sie verläßt ihren Mann, angeblich, um ihre kranke Mutter zu pflegen. Schweiger wartet ungeduldig und glücklich auf ihre Wiederkehr. Die Drohungen Vierecks lassen ihn kalt! Schweiger, der inzwischen Schulkinder von ihrem brennenden Ferienschiff gerettet hat, glaubt, sein einstiges Verbrechen sei nun getilgt. Anna kehrt zurück, eröffnet ihm, daß sie sich ihr Kind hat nehmen lassen... Der alte Wahnsinn bricht wieder aus. Mit der Pistole, deren sich ein anderer Patient Vierecks bediente, um diesen seinen Peiniger zu töten, schießt er auf die von ihm geretteten Kinder. Anna, die abermals geflohen ist, kehrt zu spät zurück, um endgültig bei Schweiger zu bleiben: er hat sich aus dem Fenster gestürzt. Die Deutung des Vorgefallenen gibt der Kooperator (Pfarrer) Rotter, der in mystischer Sympathie Schweiger seit Beginn durchschaut hat: »Das Böse ist ein Mittel der Gnade«. – »Wahnsinn? Ein armseliges Wort für das Geheimnisvolle?« Den Sterbenden segnet er mit der »sakramentalen Gebärde« und den absolvierenden Worten: »quidquid deliquisti [...]«.[54]

Aus den vorher zitierten Briefen und Skizzen geht hervor, daß Kafka dieser Werfelschen Parabel vorwarf, eben keine Parabel, zumal keine richtige zu sein. Werfel hat nämlich, so argumentiert Kafka, seinen *Schweiger* »zu einem allerdings tragischen Einzelfall degradiert«. Nur mit Hilfe eines wahren »Märchens« wäre es aber möglich gewesen, dem Zuschauer (oder Leser) eine zugleich gegenwärtige und die Gegenwart transzendierende Wahrheit zu verkünden, die Urwahrheit des Ausgeliefertseins (eigentlich Anvertrautseins) des Menschen an »fremde [...] Mächte«. In Werfels Drama aber wird nur eine »vereinzelte« und insignifikante, weil triviale Geschichte erzählt: »Warum [...] das Städtchen, warum Österreich, warum der kleine darin versunkene Einzelfall?« Und die wirklichen »Leiden einer Generation« wurden »entwürdigt« durch die Wahl des »Kindermordes« als ihr angeblich entsprechendes Symbol! Wer aber »hier [d. h. über diese Leiden] nicht mehr zu sagen hat als die Psychoanalyse, dürfte sich nicht einmischen«![55]

Komplementär heißt es im Brief an Werfel (B): Einst – zur Zeit seiner ersten Gedichtsammlungen – war dieser der eigentliche, anerkannte »Führer der Generation«. Er hat ihre Sorgen erkannt und ihnen Ausdruck verliehen, zuletzt noch im Vorwort zu »Brands Nachlaß«. Von dieser »Führerschaft« ist er aber nun »zurückgewichen«, hat »Verrat« geübt »an der Generation«, hat ihre »Leiden« »entwürdigt«, indem er sie verschleierte und »anekdotisierte«.[56]

Im Brief an Brod (C) erläutert Kafka sein Entsetzen. Vor allem habe die vorgetäuschte Realitätsnähe das Buch verdorben, so daß der Leser das »Verlangen« verspüre, »es abzuschütteln«. Weiterhin heißt es: die von Werfel erfundenen Helden seien ›keine Menschen‹ (erst in dem weiteren Umkreis der in der eigentlichen Handlung verstrickten Personen: »Kooperator, Sozialdemokraten entsteht ein wenig Scheinleben«). Wir sind konfrontiert mit einer »Höllenerscheinung«, zu deren »Verklärung« die entsprechende »Legende« gewählt wurde: eine psychiatrische »Geschichte«. Diese Geschichte aber konnte nicht menschlicher sein als die unmenschlichen Gestalten, die in ihr vorkommen.[57]

Aber läßt sich Kafkas Ablehnung von Werfels falscher – weil anekdotisierter und somit verharmloster – Parabel nicht auch anders: als eine in Spiegelschrift verfaßte Geheimbotschaft lesen, als indirekte Definition der wahren, echten, legitimen Parabel? Diese Botschaft könnte dann die folgende sein: nur eine echte, das heißt zeitlose, auf alle direkten und allzu aktuellen Anspielungen und Deutungen verzichtende Parabel kann (oder könnte) den »Leiden« der »Generation« wirklich gerecht werden, sie erfassen und ergründen, ohne auf modische, pseudo-wissenschaftliche Lösungen zurückgreifen zu müssen. Mehr noch aber als gegen eine derartig seichte Scheinlösungen anbietende Psychologie oder Psychoanalyse wendet sich Kafkas Kritik gegen die verschiedenen Modalitäten einer noch nicht vom anekdotischen Realismus erlösten Literatur.

Abschließend noch einige Worte zu Werfels Beurteilung des Dichters Kafka. Es wurde bereits betont: nur wenige Dokumente liegen vor; Werfels Briefe wurden nie systematisch gesammelt, geschweige denn ediert, und nur wenige Seiten aus einem »Zufall-Tagebuch« sind nachgedruckt in Klarmanns Edition der Aufsätze, Skizzen, Aphorismen, usw.[58] Dort steht allerdings ein kleiner Satz, der aufhorchen läßt: Eine Eintragung mit dem Datum 18. Oktober 1918 berichtet von der Lektüre der *Frau ohne Schatten*. Werfel findet Hofmannsthals »Dialog« »unerhört, in seiner Zweideutigkeit ganz neu [...]«, dafür vermißt er, in einem kurz angedeuteten Vergleich, »den großen Mut Kafkas, die Allegorie ganz wegzuschieben«. Für Werfel waren also Kafkas »Parabeln« »mutiger« (soll das heißen origineller? neuartiger? moderner?) als Hofmannsthals allzu »allegorisches« (hieratisches? zu leicht entschlüsselbares?) Märchen![59] Auf jeden Fall haben wir hier eine unerwartete und somit interessante Variation über das sichtlich damals aktuelle Thema: Parabel bzw. Märchen und »reale« Welt!

Von geringem Gewicht sind a priori spätere Aussagen Werfels über den Dichter Kafka. Dies gilt vornehmlich und von vornherein von den Zeitungsartikeln aus der Zeit des Pariser Exils (1938), in denen er Kafka einen repräsentativen »böhmischen« oder »jüdischen« Dichter nennt.[60] Ähnliches steht sogar in den 1934 an Robert Klopstock adressierten Erinnerungen an den Freund. Zehn Jahre nach dessen Tode haben Mythos und Hagiographie, zumal beim Ekstatiker Werfel, sichtlich die echten Erinnerungen überwuchert! Im genannten Brief steht zu lesen: »Als ich [...] das erste Mal Franz Kafka von Angesicht sah, wußte ich sofort, daß er ›ein Bote des Königs‹ ist [...]. Franz Kafka ist ein Herabgesandter, ein großer Auserwählter, und nur die Epoche und die Umstände haben ihn dazu [zu verleiten] vermocht, sein jenseitiges Wissen und seine unaussprechliche Erfahrung in dichterische Gleichnisse zu gießen. Dieser Abstand zwischen ihm und mir, der ich nur ein Dichter bin, war mir immer bewußt«.[61] Anzumerken ist hierzu, daß bei Werfel die hypertrophischen Lobeshymnen zum Stil gehören. Auch Schalom Asch hält er für einen »Seher des Werdenden! Und Seher des Seienden, Erschauer der Wirklichkeit«, und selbst Max Brod ist für ihn ein »geweihter Mann«.[62]

Neuere Kommentatoren – Heinz Politzer z. B. oder Hartmut Binder – haben darauf aufmerksam gemacht, daß Werfel und Kafka gelegentlich dieselbe Materie behandelten: sie beschrieben so – jeder auf seine Weise – dieselbe Prager »Julius-Straße«;[63] sie benutzten dieselben Quellen, z. B. Dittmars *Reiseeindrücke im neuen China.*[64] Auffallend ist auch ihre gemeinsame Bindung an jüdische Traditionen, zum Beispiel an die durch den Chassidismus (und Buber) popularisierte, aber auf die Halacha im Talmud zurückgehende Art, Gleichnisse zu erzählen und zu deuten.[65] Sicher wird noch manche Entdeckung auf diesem Gebiet zu machen sein. Für globale, allgemeingültige Aussagen ist das Corpus von sicheren Parallelen jedoch vorerst noch zu dünn; außerdem handelt es sich hierbei um Probleme, die die ganze Gruppe der Prager Freunde betreffen, nicht nur das Dichterpaar Kafka-Werfel.

Der hier vorgelegte Kurzkommentar zum »Corpus« der Aussagen Kafkas über Werfel – er wurde als Versuch auf Anregung Claude Davids begonnen – gab seinerseits Anlaß zu einigen bescheidenen, aber vielleicht nicht überflüssigen Bemerkungen, vor allem über die Stellung Kafkas im literarischen Leben der Zeit, zumal in Prag:

– Kafkas Ideal des absoluten Kunstwerks, entstanden aus der erleuchtenden Vision, zu Ende geführt mit Hilfe der »Arbeit«, wurde lange Zeit von ihm als für den Kreis der Freunde bindend angesehen.

– Die Inkarnation des Traumbildes vom idealen, schönen und jungen Dichter war Werfel…, solange ihn Kafka als solchen sehen wollte!

– Später verbindet sich dasselbe ästhetische Ideal mit dem ihm übergeordneten Prinzip der Verantwortung des Dichters vor einer höheren, nicht mehr bloß ästhetischen Instanz.

– Weil das Kunstwerk sich erst dann erfüllen kann, wenn es die bloße Kunst hinter sich läßt, um eine transzendente und gleichwohl dunkle, ungewisse Wahrheit zu verkünden, muß es geschützt werden vor den Versuchungen und Gefahren der Zeit: dem »anekdotischen« Realismus und den allzuvielen fertigen Heilslehren und Ideologien.

Trotz allem Anschein widerspricht eine derartige Auffassung keineswegs der, in verschmitzter Bescheidenheit, von Werfel vorgetragenen: er, Kafka, »ein Auserwählter«, »ein Bote des Königs«, ich, Werfel, »nur ein Dichter«. Ein Dichter, der nicht zugleich als Bote des Königs auftreten könnte, war für Kafka unvorstellbar; nie aber hat er aufgehört, Werfel unter die wahren Dichter zu zählen! Daß die Zeitgenossen – Rilke zum Beispiel und eine Zeitlang sogar Karl Kraus[66] – genauso dachten, sollte uns Anlaß sein, nach den Gründen einer für uns problematischen Beurteilung zu forschen: das Schwerverständliche, aber keineswegs Absurde behutsam zu erklären und zu deuten!

Anmerkungen

1 Franz Kafka aus Prager Sicht 1963. Redaktion des Sammelbandes: Eduard Goldstücker, Frantisek Kautmann, Paul Reimann u. a., Prag 1965; Weltfreunde. Konferenz über die Prager deutsche Literatur, hg. v. Eduard Goldstücker, Prag/Neuwied 1967.

1a Die Ambivalenz von Kafkas Gefühlen Werfel gegenüber wurde von verschiedenen Kommentatoren notiert, nie aber konsequent untersucht. Vgl. Lore B. Foltin, Franz Werfel, Stuttgart 1972, S. 46, wo von einem »eigentümlichen Zwiespalt zwischen Bewunderung und Verachtung« die Rede ist, und Kurt Krolop, Zur Geschichte und Vorgeschichte der Prager deutschen Literatur des expressionistischen Jahrzehnts, in: Goldstücker, Weltfreunde, S. 47 f. Krolop spricht sogar (S. 60) von einer »Überwindung erfordernde[n] Faszination [...]«.

2 Tagebücher 1910–1923, New York/Frankfurt a. M. 1951, in: Gesammelte Werke, hg. v. Max Brod, S. 279. (Zitate aus den Tagebüchern werden durch T und die entsprechende Seitenzahl nachgewiesen.) Zur Erstveröffentlichung dieses Einakters in den Herder-Blättern vgl. Goldstücker, Weltfreunde, S. 152: Aufsatz von Elemir Terray.

3 Briefe an Felice und andere Korrespondenz aus der Verlobungszeit, hg. v. Erich Heller und Jürgen Born, Frankfurt a. M. 1967, in: Gesammelte Werke, hg. v. Max Brod, S. 409. (Zitate aus Briefen an Felice werden durch F und die entsprechende Seitenzahl nachgewiesen.)

4 F359.

5 F565, 626, 628, sowie 280 usw.

6 T293f.

7 Briefe 1902–1924, New York/Frankfurt a. M. 1958, in: Gesammelte Werke, hg. v. Max Brod, S. 179, 206, 114. (Zitate aus diesen Briefen werden mit Br und der entsprechenden Seitenzahl nachgewiesen.) Vgl. Hartmut Binder, Kafka-Kommentar zu den Romanen, Rezensionen, Aphorismen, München 1976, S. 84; F225.

8 F296.

9 T407.

10 Br366, 422.

11 Br481.

12 F318.

13 F659f.

14 T293f.

15 T444.

16 T444–445.

17 T202.

18 T286.

19 F178.

20 F280f.

20a Ebd.

21 Siehe z. B. Anton Kuh, Von Goethe abwärts. Aphorismen. Essays. Kleine Prosa, Wien 1963, S. 169: »Franz Werfel oder: das Ethos als Mastkur. Mit welcher Wortgefräßigkeit schwört er doch dem Leibe ab!« Zum Verhältnis Kafkas zu Kuh siehe: Hartmut Binder, Kafka in neuer Sicht. Mimik, Gestik und Personengefüge als Darstellungsformen des Autobiographischen, Stuttgart 1976, S. 385f.

22 Vor allem in: *Literatur oder Man wird doch da sehen! Eine magische Operette,* 1921 = die Replik auf Werfels »magische Trilogie« *Spiegelmensch.* Zur Auseinandersetzung Kraus/Werfel siehe Verf., Kraus contra Werfel. Eine nicht nur literarische Fehde, in: Laßt sie koaxen, Die kritischen Frösch' in Preußen und Sachsen! Zwei Jahrhunderte Literatur in Österreich, Wien 1977, S. 181f., und Verf., Werfel als Kritiker (Ein Nachwort zu allen Nachworten), in: Canadian Review of Comparative Literature (1978), S. 178–192. Zum komplexen – systematisch nie erforschten – Problem Kafka/Kraus siehe H. Binder, Kafka in neuer Sicht, S. 387, 442, 554, 555.

23 Der Mann ohne Eigenschaften. Zweites Buch, Dritter Teil, Kap. 36–38. (Werfel wird hier in der Gestalt des »Dichters Feuermaul« karikiert.) Siehe hierüber: Verf., Werfel als Kritiker, S. 186f.

24 Siehe Mi (= Briefe an Milena, hg. v. Willy Haas. New York/Frankfurt a. M. 1952, in: Gesammelte Werke, hg. v. Max Brod), S. 44–45.

25 Br 196–197. Zu Kafkas Verhältnis zu Otto Groß vgl. H. Binder, Kafka in neuer Sicht, v. a. S. 382f., S. 646. Im selben Jahr 1917 – beide Dichter scheinen sich damals besonders nahe gestanden zu haben: siehe unten Anmerkung 58 zu Werfels Hochschätzung des Dichters Kafka – berichtet Kafka von einem (harmlosen) Traum Werfels, den ihm dieser mitgeteilt habe. Dies läßt zumindest auf große Vertrautheit schließen.

26 Hans Blüher, Die Rolle der Erotik in der männlichen Gesellschaft, 1. Bd., Jena 1917. Der zweite Band mit dem Untertitel *Familie und Männerbund* erschien zwei Jahre später (1919), wieder bei Eugen Diederichs in Jena.

27 F 257.

28 F 260.

29 F 281.

30 T 372.

31 T 372.

32 Siehe z. B. Br 127.

33 Mi 44–45.

34 Br 302.

35 Br 186. (Zu Kuh siehe oben Anmerkung 21.)

36 Br 222 f.

36a Ebd.

37 Zitiert bei Klaus Wagenbach, Franz Kafka. Eine Biographie seiner Jugend 1883–1912, Bern 1958, S. 90.

38 Erneut abgedruckt in: F. Werfel, Zwischen Oben und Unten. Prosa. Tagebücher. Aphorismen. Literarische Nachträge. Aus dem Nachlaß hg. v. Adolf D. Klarmann, München 1975, S. 489–492, weiter zitiert: Werfel, Oben und Unten.

39 In Kafkas Dankesbrief (17. Februar 1922) an Johannes Urzidil, der ihm das Buch zukommen ließ: Br 371.

40 Werfel, Oben und Unten, S. 489–490.

41 Ebd., S. 492.

42 Mi 132.

43 Mi 239. Zu Kafkas Kritik an Werfels *Spiegelmensch* (und an der Kraus'schen Replik *Literatur oder Man wird doch da sehen*) siehe H. Binder, Kafka in neuer Sicht, S. 554–555. Nach Binder wäre als »angekränkelte« Stelle im Stück die 7. Szene des 2. Teils anzusehen: »Die Höhle des Ananthas«: Der Held Thamal stößt hier »die heilig weltumspannende Silbe ›Oh‹ mit letzter Kraft hervor [...]«. Zum Streit Werfel/Kraus siehe den oben (Anmerkung 22) angegebenen Aufsatz des Verfassers.

44 Br 473. Die Stelle bezieht sich wohl auf die Besprechung Brods (im Prager Abendblatt vom 10. Januar 1924) einer Aufführung von Werfels *Schweiger* mit dem Schauspieler Ernst Deutsch in der Hauptrolle. Erstaunlich die Übereinstimmung von Kafkas Werfelbild hier und dem Musils. Vgl. oben Anm. 23, ebenso unten Anm. 53.

45 Kurt Krolop, Zur Geschichte und Vorgeschichte der Prager deutschen Literatur des ›expressionistischen Jahrzehnts‹, in: E. Goldstücker, Weltfreunde, S. 47 f., v. a. S. 60 f. Man beachte hier (S. 61) die Feststellung und deren Begründung, daß Werfel sich des »geheimen Bezuges« dieser Stelle wohl bewußt war.

46 Enthalten in: Erzählungen und kleine Prosa, New York/Frankfurt a. M. 1958, in: Gesammelte Werke, hg. v. Max Brod.

47 Br 332–334.

48 Vgl. Anmerkung 43.

49 Heinz Politzer, Das Kafka-Buch. Eine innere Biographie in Selbstzeugnissen, Frankfurt a. M. 1965, S. 263. Politzer zitiert hier J. P. Hodin, Erinnerungen an Franz Kafka, in: Der Monat, I (1949), S. 93. Siehe ebenfalls: H. Politzer, Franz Kafka, der Künstler, Frankfurt a. M. 1965, S. 421.

50 Hochzeitsvorbereitungen auf dem Lande und andere Prosa aus dem Nachlaß, New York/Frankfurt a. M. 1953, in: Gesammelte Werke, hg. v. Max Brod, S. 275–278. (Zitate hieraus werden mit H und der entsprechenden Seitenzahl nachgewiesen.)

51 Br 424–425.

52 Br 423.

53 Auch dieses Stück scheint bei Kafka sehr reservierte Gefühle geweckt zu haben. Am 1. November 1921 verzeichnet er kommentarlos den Titel in seinem Tagebuch (T 549). Kurz darauf schreibt er an seinen Freund R. Klopstock: »Lesen Sie ›Bocksgesang‹ in der Prager Presse? Äußerst interessant ist er. Dieser Kampf mit den Wellen, der große Schwimmer. Morgen sollte ich ihn [!] sehen, ich gehe aber nicht hin.« (Br 363)

54 Franz Werfel, Die Dramen, 1. Bd., in: Gesammelte Werke, hg. v. Adolf D. Klarmann, Frankfurt a. M. 1959, S. 319–383.

55 H 277.

56 Br 425.

57 Br 423–424.

58 Werfel, Oben und Unten, S. 655–689.

59 Ebd., S. 656. Die Stelle lautet in extenso: »*Äußerlich:* Bemerkenswerte Roman-Eigenschaften. Spannungserzeugung durch gepackte Außenwelt, wie Schilderung der Färberwerkstatt, Stadt, Brücke, Natur, Dorfszene, immer wieder gut bewegtes Bild. Die Beschreibung erhebt sich meist überaus hoch über die Regiebemerkung und Dekorationsangabe des Theatralikers. *Dialog* – unerhört, in seiner Zweideutigkeit ganz neu, ohne den großen Mut Kafkas, die Allegorie ganz wegzuschieben. Die große Szene des Gastmahls der Ungeborenen in der Gebirgshöhle, ist – Weltliteratur. *Figuren* – aber da muß ich mir das Gleichnis, den ›Sinn‹ auflösen.« Dieses sehr positive Urteil ist zu vergleichen mit dem von Brod mitgeteilten: »Werfel schreibt begeistert über Deine Affengeschichte, findet, daß Du der größte deutsche Dichter bist. Das ist auch meine Ansicht seit langem, wie Du weißt« (Schreiben vom 18. Dez. 1917, mitgeteilt in: Klaus Wagenbach, Franz Kafka. Eine Biographie seiner Jugend, S. 219, Anmerkung 450). Als Antwort hierauf hat folgender Satz aus Kafkas Brief an Brod vom 18./19. Dezember 1917 zu gelten: »Werfel bricht immer so aus und ist es bei Dir Gutsein zu mir, so gilt es gern in jeder Weise«. Hierauf folgen dicke Komplimente an Brod, wegen seiner *Esther* (Br 213). Allem Anschein nach meint Kafka, dem Freund – zu seiner Beschwichtigung – versichern zu müssen, daß er ihn zu den Ersten (neben oder vor Werfel) zählt. H. Binder (Kafka in neuer Sicht, S. 442–443) ist der Meinung, daß in Brods Roman *Tycho Brahes Weg zu Gott* (1915) die Gestalt Keplers – »das vom Glück begünstigte

junge Genie« – Werfel nachgezeichnet ist, die des Antipoden Tycho Brahe Brod oder Kafka. In dem Buch hätte sich also eine der kafkaischen vergleichbare Eifersucht Werfel gegenüber niedergeschlagen.

60 Werfel, Oben und Unten, S. 317, 328.

61 H. Politzer, Das Kafka-Buch, S. 257 (nach: Der Monat I [1949], S. 65).

62 Zu diesen und vergleichbaren Urteilen siehe Verf., Werfel als Kritiker, S. 185, 189–191.

63 H. Politzer, Franz Kafka, der Künstler, S. 243 (diese Straße wird evoziert in *Der Prozeß* und in *Der veruntreute Himmel*).

64 H. Binder, Kafka-Kommentar zu den Romanen, S. 245.

65 Ebd., S. 242. (Vgl. Verf., Kafka à la lumière de la religiosité juive, in: Dieu Vivant IX [1947], S. 105–120).

66 Belege in: Verf., Werfel als Kritiker.

THEO BUCK

REAKTIONEN AUF KAFKA BEI DEN SCHRIFTSTELLERKOLLEGEN

I

Kafkas Werk ist wie kaum ein anderes aus der Weltliteratur des zwanzigsten Jahrhunderts Gegenstand der verschiedensten Interpretationen und – leider auch – Spekulationen geworden. Daß solchermaßen über den Prager Juden deutscher Sprache gedacht, gemutmaßt und gerätselt werden kann, ist zu einem guten Teil aus den Besonderheiten des Werk- und Lebenszusammenhangs zu erklären. Gemeint ist hier jene von Johannes Urzidil schon bei der Prager Totenfeier vermerkte »restlose Kongruenz des Lebens und des Künstlertums«.[1] Der Mann, der seine Glücksvorstellung darin sah, »die Welt ins Reine, Wahre, Unveränderliche heben« zu können,[2] andererseits aber wußte: »Die innere Welt läßt sich nur leben, nicht beschreiben«,[3] und der trotzdem schreiben mußte, sprach sich mit Nachdruck gegen die »verschwimmende Anwendung von abstrakten Metaphern« aus.[4] Gezwungen, dennoch seine Sicht der Wirklichkeit in eine mitteilbare Bildwelt zu übertragen – als, wie er sagte, »Darstellung meines traumhaften inneren Lebens«[5] –, stand er fortwährend vor der unausweichlichen Konsequenz, die er einmal seinem Tagebuch anvertraut hat. Dort lesen wir den vielsagenden Satz: »Die Metaphern sind eines in dem vielen, was mich am Schreiben verzweifeln läßt«.[6] Genauigkeit beim Erfassen der inneren Wirklichkeit und metaphorische Offenheit in der epischen Wiedergabe sind demzufolge für Kafkas Gestaltung von gleichem Gewicht. Sie wirken beide als Konstituenten.

Deswegen konnten sich Theologen und Marxisten, Psychologen und philologische Hüter der Werkimmanenz ebenso mit guten Gründen des Kafkaschen Werkes bemächtigen wie philosophische Vertreter der Erkenntniskritik oder des Existentialismus. Unversehens wurde dabei in der Regel die »Darstellung« des »traumhaften inneren Lebens« zu einer mehr oder minder frei verfügbaren Symbolsprache verdreht oder verkürzt. Wissenschaftsunfug konnte da nicht ausbleiben. Weder Überlegungen zur Penislänge und zur göttlichen Gnade, noch solche zur mythischen oder soziologischen Bedeutung hat uns die Kafka-Forschung erspart. So glaubte man einen Dichter fassen zu können, der seine Nöte und Hoffnungen am Schluß des Tagebuchs in der folgenden Eintragung zusammengefaßt hat: »Immer ängstlicher im Niederschreiben. Es ist begreiflich. Jedes Wort, gewendet in der Hand der Geister..., wird zum Spieß, gekehrt gegen den Sprecher. Eine Bemerkung wie diese ganz besonders. Und so ins Unendliche. Der Trost wäre nur: es geschieht, ob du willst oder nicht. Und was du willst, hilft nur unmerklich wenig. Mehr als Trost ist: Auch du hast Waffen«.[7] Wer so wie Kafka die Situation seines Lebens und Schreibens versteht, gibt deutlich genug zu erkennen, daß er einer heillos verdinglichten Weltlage rücksichtslos die Kraft seiner Subjektivität entgegenzusetzen gedenkt.

Derartige Texte dürfen vom Leser nicht genommen werden als objektive Erzählvorgänge in der Art des herkömmlichen Romans. Sie sind sonst unweigerlich dem einengenden, da beliebig fixierenden Zugriff auf einzelne Möglichkeiten des vielsinnigen Bedeutungsspektrums ausgesetzt. Der Leser Kafkas darf sich dem Werk nicht mit seiner gewohnten Außenperspektive nähern; er muß sich stattdessen der extrem gegensätzlichen Opazität des ganz bewußt rein subjektiv Erzählten ausliefern, um dann erst seine wiederum ganz eigene Auseinandersetzung mit all dem aufzunehmen, was er neu erfahren hat. Die Konsequenzen dieses Sachverhalts sind beträchtlich. Sie besagen eindeutig: Kafka war nicht auf irgendeine Reproduktion der Wirklichkeit aus, eher schon auf Wirklichkeitsreflexe und vor allem auf die Durchstoßung der Wirklichkeit in Form ungemein konzentrierter, in sich logischer Bilder. Aufschlußreich hierzu ist es, über eine Notiz vom 31. Januar 1922 nachzudenken. Kafka schrieb da: »Das würde heißen, daß ich wegen der Mutter am Leben bin. Das kann nicht richtig sein, denn selbst wenn ich unendlich viel mehr wäre, als ich bin, wäre ich nur ein Abgesandter des Lebens und wenn durch nichts anderes, durch diesen Auftrag mit ihm verbunden«.[8]

Eigentlicher Gegenstand der Werke Kafkas ist unter solchen Prämissen keinesfalls das Gesetz, das Gericht oder die Gnade, auch nicht Verzweiflung oder Hoffnung und erst recht nicht das Absurde oder das »unfreiwillige Lachen« (Deleuze und Guettari). Übereinstimmendes Thema sämtlicher Verlautbarungen, seien es nun ausgeführte

Erzählungen, Fragmente, Entwürfe, Ansätze, Gedankensplitter, Briefe oder Tagebucheintragungen, ist vielmehr die Erfahrung der Unausweichlichkeit des Paradoxen. Kafka hat die unterschiedlichsten Formulierungen für diese »unmögliche Möglichkeit« gefunden. Wenigstens einige seien erwähnt. Unter den Aphorismen stehen die folgenden Sätze: »Der wahre Weg geht über ein Seil, das nicht in der Höhe gespannt ist, sondern knapp über dem Boden. Es scheint mehr bestimmt stolpern zu machen, als begangen zu werden«;[9] »Prüfe dich an der Menschheit. Den Zweifelnden macht sie zweifeln, den Glaubenden glauben«;[10] »Der Geist wird erst frei, wenn er aufhört, Halt zu sein«.[11] Aus der Existenz verschiedener Versionen der Sage von Prometheus folgerte er: »Die Sage versucht das Unerklärliche zu erklären. Da sie aus einem Wahrheitsgrund kommt, muß sie wieder im Unerklärlichen enden«.[12] Allemal das Bewußtsein des Gegensatzes, die Unausweichlichkeit des Paradoxen, die Unmöglichkeit, das Empirische zu transzendieren.

Sehr zu Recht vor allem Gerhard Neumann (»gleitendes Paradox«), Jürgen Kobs (mit seiner These vom »paradoxen Zirkel« – Jürgen Kobs, *Kafka. Untersuchungen zu Bewußtsein und Sprache seiner Gestalten*. Hrsg. v. Ursula Brech, Bad Homburg 1970) sowie Horst Steinmetz (mit seiner Untersuchung *Suspensive Interpretation. Am Beispiel Franz Kafkas*, Göttingen 1977) auf die Bedeutung dieses Phänomens für ein adäquates Verstehen hingewiesen. Vom paradoxen Grundbefund her wird rasch evident, warum so manche ›eindeutige‹ Interpretation das Werk verfehlen mußte und warum die bisherige Rezeption oft genug bei schablonisierten Erklärungsmodellen stehenblieb. Dahinter stecken jeweils grundsätzlich falsche Vorstellungen von der Kommunikationssituation der Romane und Erzählungen. Den Leser aufzuklären und zu belehren war nicht Kafkas Sache. Wenn der Autor von sich sagt: »Dieses ganze Schreiben ist nichts als die Fahne des Robinson auf dem höchsten Punkt der Insel«,[13] dann hofft er bestenfalls darauf, seinen Lesern Einblick zu verschaffen in die abenteuerlichen Abläufe seiner persönlichen Wahrnehmungen und sie so in den Stand zu setzen, die erzählerisch vermittelten befremdlichen Situationen ihrer eigenen Erfahrung einzuverleiben. Daß ein domestizierter Affe einen *Bericht für eine Akademie* darlegt, ein Hund von den Ergebnissen seiner Forschungen berichtet oder ein gewisser Gregor Samsa sich eines Morgens beim Erwachen »zu einem ungeheueren Ungeziefer verwandelt« findet,[14] darf nicht für objektiv bare

Münze genommen und dabei seiner Dimension beraubt werden. Der Schriftsteller, welcher sein Schreiben im Zeichen des Wortes auffaßte: »Wir graben den Schacht von Babel«, [15] wollte uns weder Abbilder noch hermetische Gleichnisse erzählen, sondern uns einbeziehen in seine Suche nach der Wahrheit hinter den Tatsächlichkeiten. Sein Denken in Bildern weist experimentell-exemplarische Züge auf. Nur wer die dadurch angedeutete Erzählsituation durchschaut, ist auch in der Lage zu erkennen, wie die modellartig angelegte Bildsprache ihre scheinbare Geschlossenheit und Isolierung preisgibt, indem sie sich in ihrer ganzen Fremdheit dem Leser ausliefert. So allein provoziert sie seine Reaktion. Mit anderen Worten: Kafkas Texte leben davon, eine »Alltägliche Verwirrung« (dies der Titel einer Anekdote) mitzuteilen und auf diese Weise die Verwirrungen des Alltags, genauer: unseres Alltags, gewiß nicht aufzuheben, aber immerhin potentiell aufzubrechen.

Ersichtlich ist es darum für das Verständnis des Werkes unumgänglich, die erzähltechnische Einlösung des epischen Programms, also das Wie der Gestaltung, mit Vorrang in den Blick zu nehmen. Das Neben- und Ineinander von Wirkungsabsicht, Wirkungsstrategien, Erzählperspektive und Erzählhaltung rückt damit in den Mittelpunkt. Es ist das Verdienst Friedrich Beißners, diesen Aspekt als erster hervorgekehrt zu haben. Das von ihm ausgemachte »einsinnige« Erzählen bietet den entscheidenden Ansatzpunkt, um dem inneren Zusammenhang des Kafkaschen Erzählsystems auf die Spur zu kommen und danach die formalen und inhaltlichen Strukturkomponenten angemessen zu bestimmen. Ist der Leser einmal darauf aufmerksam gemacht, daß ihn der Autor lediglich das wissen läßt, was im Rahmen der begrenzten Perspektive einer jeweiligen Zentralgestalt in Erfahrung gebracht werden kann, sieht er sich genötigt, als Rezipient eines solchen Textes seine eigenen Konsequenzen zu ziehen. Was so unzweideutig als Abfolge subjektiver Wirklichkeitsaspekte literarisch vermittelt wird, korreliert unmittelbar den subjektiven Erwartungen und Verarbeitungsmöglichkeiten des Empfängers. Kommunikationsmäßig gesehen greifen demnach die Erzählebene und die Erfahrungsebene des Adressaten direkt ineinander. Sobald das gelingt, löst der Lesevorgang die vom Autor beabsichtigten Impulse aus. In diesem Fall setzt Kafkas verfremdender Blick auf die Welt neue Einsichten frei. Sie müssen, entgegen ihrer strikten Innenperspektive, durchaus nicht introvertiert bleiben; sie sind vielmehr – als Ansätze, die äußere Wirklichkeit von innen her zu erschließen – gerade dazu angetan, eine produktive Einstellung des Einzelnen zu seiner Außenwelt herzustellen oder zu befördern.

Erzähltes und Gestus des Erzählens sind enger als sonst aneinander gebunden. So nur konnte Kafka zu relativen Abschlüssen der immer neu ansetzenden Varianten ein und desselben Themas kommen. Freilich gilt da seine Anmerkung: »Die Arbeit schließt sich, wie sich eine ungeheilte Wunde schließen kann«.[16] Das Bild der »ungeheilten Wunde« verweist auf eine existentielle Grundbedingung Kafkas. Wir finden sie besonders deutlich in der Selbstcharakterisierung: »Du bist eine Auswurfklasse des europäischen Berufsmenschen, Beamter, dabei übernervös, tief an alle Gefahren der Literatur verloren«.[17] Der schreibende Angestellte der Arbeiter-Unfall-Versicherungs-Anstalt zu Prag ließ sich dadurch nicht entmutigen. Das bezeugt eine ganze Reihe von Äußerungen. Eine davon lautet: »Die Kunst fliegt um die Wahrheit, aber mit der entscheidenden Absicht, sich nicht zu verbrennen. Ihre Fähigkeit besteht darin, in der dunklen Leere einen Ort zu finden, wo der Strahl des Lichts, ohne daß dies vorher zu erkennen gewesen wäre, kräftig aufgefangen werden kann«.[18] Auf den unvorbereiteten Leser muß es natürlich zunächst höchst befremdlich wirken, sich derartigen Räumen zwischen gegenständlich-empirischer Welt und ästhetisch-fiktionaler Bildwelt, wortwörtlich Zwischen-Räumen ausgesetzt zu sehen. Erst die Einsicht in die genaue Stringenz der Erzählvorgänge und die daraus resultierende narrative Logik vermag den Lesenden darüber zu belehren, daß auch der Bereich derartiger Zwischen-Räume zur empirischen Wirklichkeit gehört, ja unabdingbar zu ihrer Erkenntnis ist.

Niemand wird freilich behaupten wollen, der von Kafka unternommene perspektivische Angang der Realitätsfülle von innen her erleichtere dem Adressaten die Arbeit. Lange genug haben seine Werke gebraucht, um den Weg zur Leserschaft zu finden. Höchst bezeichnend ist hierfür etwa die Tatsache, daß der Kurt Wolff Verlag im Oktober 1923 den Autor des geringen Absatzes seiner Bücher wegen davon in Kenntnis setzte, mit Wirkung vom 1. Juli desselben Jahres sei sein Konto abgeschlossen. »Als«, wie man schrieb, »Ausdruck unseres guten Willens zur Entschädigung« erhielt Kafka 27 Exemplare seiner eigenen Erzählungen, die Dichtungen Heyms und Trakls und drei weitere Bücher.[19] Kaum zwei Jahre zuvor, im November 1921, hatte Kurt Wolff noch um Kafka geworben mit dem Hinweis, »jedes Manuskript« sei willkommen und, wenig später, »die Auflagenziffern« hätten »nichts zu tun... mit seiner inneren Beziehung zu Dichter oder Werk«.[20] Gewiß, das war im Jahr der Inflation. Doch hatte der Vorgang symptomatische Bedeutung, denn auch nachdem die Geldentwertung ein Ende genommen hatte, änderte sich nichts an der Verkaufssituation der Bücher Kafkas. Die literarische Szenerie wurde von ganz anderen Namen beherrscht. Für den Roman waren es damals neben den Gebrüdern Mann und Hermann Hesse in erster Linie Lion Feuchtwanger, Jakob Wassermann, Leonhard Frank, ganz zu schweigen von Stefan Zweig, Emil Ludwig und Vicky Baum. Ihr Konto wurde nicht abgeschlossen; das belletristische Sortiment lebte von ihnen. Bücher Kafkas hingegen gelangten in den zwanziger Jahren nicht in die Schaufenster der Buchhandlungen. Erst recht nicht konnten sie in das Bewußtsein der Öffentlichkeit dringen.

Bekanntlich setzte die quantitativ nennenswerte Rezeption Kafkas erst nach dem Zweiten Weltkrieg ein. Aufstieg und Fall des Adolf Hitler und seiner Parteigänger hinterließen hier wie fast überall ihre verheerenden Spuren. Es wäre allerdings falsch, sich durch die seit nunmehr gut drei Jahrzehnten anhaltende große Verbreitung des Kafkaschen Werkes zu dem Schluß verleiten zu lassen, die »Darstellung« seines »traumhaften innern Lebens« werde nun verstanden. Überblickt man die bisherigen Rezeptionsphasen, gewinnt man eher den Eindruck einer Folge von Mißverständnissen. Offenbar gilt auch heute noch Ernst Blochs Bemerkung: »Bücher haben ihre Schicksale«. Unversehens kommt Kafka so in die gute Gesellschaft derjenigen, deren Werk – wie das Hölderlins, Kleists oder Büchners – verspätet rezipiert wurde. Was ist unter der überbordenden Sekundärliteratur (hier sei der sonst durchaus nicht immer angemessene Begriff gestattet) nicht alles an Teillösungen, Mißverständnissen, groben Fehldeutungen und modischen Vereinseitigungen zu verzeichnen! Sehr zu Recht folgerte Günter Grass angesichts dieser Tatsache, Kafka sei uns »weginterpretiert« worden.[21]

Zu ganz ähnlichen Einsichten mußte Hans Mayer kommen, als er 1960 seinen Vortrag zur heutigen Lage der Kafka-Forschung unter dem Titel: »Kafka und kein Ende?« in die Feststellung ausmünden ließ: »Wir stehen erst am Anfang«.[22] Das scheint mir cum grano salis heute noch gültig zu sein.

In den zwanziger Jahren jedoch war Kafka, wie gesagt, das, was man umgangssprachlich einen ›Geheimtip‹ nennt. Außer dem Kreis der

Prager Freunde und Bekannten setzten sich nur ganz wenige für sein Werk ein. Um so überraschender, erfreulicher und ebenso beruhigender sind darum gerade einige dieser Reaktionen. Gewürdigt wurden sie bisher kaum über das hinaus, was Ludwig Dietz in seinem zusammenfassenden Überblick hervorgehoben hat: »Zu den wenigen außergewöhnlich genauen und zielsicheren Äußerungen gehören die Artikel Musils, Walzels und Tucholskys. Diese Rezensionen formulieren Einsichten in die poetologische Struktur der epischen Werke Kafkas, wie sie die literaturwissenschaftliche Forschung erst in den frühen sechziger Jahren wieder erreicht hat«.[23] Die Richtigkeit von Dietzens Feststellung soll nun an einigen Beispielen demonstriert werden. Daß es sich dabei durchweg um Reaktionen von Schriftstellerkollegen handelt, war keineswegs thematisch-bündige Absicht, sondern liegt in der Natur der Sache. Produktives Verstehen beschränkte sich zu Lebzeiten Kafkas und in den ersten Jahren nach dem Erscheinen der Nachlaß-Editionen im öffentlichen Bereich auf Autoren und Kritiker, die sich um innovierende ästhetische Prinzipien bemühten. Zunächst sind da zu erwähnen die auffallend frühen Äußerungen Musils und Tucholskys. Musil setzte sich bereits 1914 mit Kafkas erstem Buch *Betrachtung* auseinander, das ein Jahr vorher erschienen war. Von Tucholsky stammt die unter dem Pseudonym Peter Panter 1920 in der *Weltbühne* veröffentlichte erste große Besprechung Kafkas. Ferner ist einzugehen auf eine Würdigung Alfred Döblins, der in einer Artikelreihe *Deutsche Dichter über Dichtungen unserer Zeit* am 4. März 1927 in der *Literarischen Welt* über *Die Romane von Franz Kafka* schrieb. Schließlich gehört in den gleichen Zusammenhang noch Brechts engagiertes Bemühen um Werk und Erzählsystem des Kollegen, welcher in der Kunst »die Ermöglichung eines wahren Wortes von Mensch zu Mensch« sah.[24]

II

Kein Geringerer als Robert Musil bildet, außerhalb des Prager Kreises, den Anfang einer produktiven Auseinandersetzung mit Kafkas epischer Praxis. Im Zuge allgemeiner Überlegungen über *Die Novelle als Problem* notierte er 1914 in einem *Literarische Chronik* betitelten Aufsatz[25] neben grundsätzlichen Fragen exemplarische Gedanken anhand der *Geschichten* Robert Walsers sowie der Erzählung *Der Hei-*

zer von Kafka und dessen Erzählsammlung unter dem Titel *Betrachtung*. Dieses Buch mit achtzehn kurzen Prosatexten (es handelt sich um den zweiten Teil des Bandes *Erzählungen* in Max Brods Gesamtausgabe) war 1913 im Rowohlt-Verlag erschienen. Musil sah in den drei Veröffentlichungen Belege für eine epische Spezifik Walsers und Kafkas, welche »nicht geeignet« sei, »einer literarischen Gattung« in der Art der herkömmlichen Novelle »vorzustehn«.[26] Seine Gegenüberstellung beider Autoren brachte er auf die Formel, »daß hier (gemeint ist: bei Kafka; d. V.) die gleiche Art der Erfindung in traurig klingt wie dort (gemeint ist: bei Walser; d. V.) in lustig«; und ferner: »daß dort etwas frisch Barockes ist und hier... eher etwas von der gewissenhaften Melancholie, mit der ein Eisläufer seine langen Schleifen und Figuren ausfährt«.[27] Doch lassen wir den seitdem mehrfach aufgegriffenen Vergleich mit Walser auf sich beruhen und halten uns an die allein auf Kafka bezogenen Feststellungen. Neben der »gewissenhaften Melancholie« betont Musil ein »Hinübertönen dieser kleinen Endlosigkeiten ins Leere, eine demütig erwählte Nichtigkeit, eine freundliche Sanftheit wie in den Stunden eines Selbstmörders zwischen Entschluß und Tat«.[28] Keinesfalls ist das kritisch-einschränkend gemeint, denn er legt gleichzeitig Wert darauf, Kafka habe eine »sehr große künstlerische Herrschaft über sich«,[29] hier sei ein »sehr bewußter Künstler« am Werk.[30] Demnach hat Musil offensichtlich den sperrigen Reiz von Kafkas epischen Berichten »alltäglicher Verwirrungen« oder, wie er es formulierte, »kleiner Fragen von großer Bedeutung«[31] erkannt.

Besonders bemerkenswert sind indes seine Beobachtungen im Hinblick auf die Erzählhaltung und ihre formalen Konsequenzen. Zweifellos als erster sprach er von »jener Innerlichkeit des Erlebens«,[32] wie sie dann unter Verweis auf Kafkas eigene Bekundungen und vor allem als Einsicht in die Struktur seines Erzählens von Friedrich Beißner und Martin Walser analytisch ermittelt und belegt worden ist. Die Erkenntnis rigoroser perspektivischer Einsinnigkeit führte Musil weiter zur Erklärung des vorwaltenden Konstruktionsprinzips. Anspielend auf den *Heizer* stellte er fest: »Diese Erzählung ist ganz Zerflattern und ganz Gehaltenheit. Sie ist eigentlich kompositionslos, ohne nennenswerte äußere oder innere Handlung und setzt die Schritte doch so eng und ist so voll Aktivität, daß man fühlt, wie weit und bewegt bei manchen Menschen der Weg von einem ereignisreichen Tag zum nächsten ist«.[33] Unmittelbar aus dem Textzusammenhang entwickelt

Musil hier strukturelle Folgerungen prinzipieller Art. Das weitgehende Fehlen einer Handlung und damit das Fehlen einer nennenswerten Interaktion zwischen dem ›Helden‹ (besser: Anti-Helden) und seiner Umgebung wird ebenso registriert wie die Exaktheit des Erzählten. Anders ausgedrückt: Musil erkennt sowohl die Verlagerung des narrativen Akzents vom Bericht über einen handelnden Helden zur kühl-distanzierten Wiedergabe eines Prozesses innerer Erfahrungen wie auch die eigentümliche Kohärenz von Realitätsrahmen und literarischem Beschreibungsablauf.

Hierdurch stößt er vollends vor zum eigentlichen Wirkungsgrund der Erzählungen Kafkas. Er bescheinigt ihnen »rechte Naivität, die in der Literatur... etwas Indirektes, Kompliziertes, Erworbenes ist, eine Sehnsucht, ein Ideal«.[34] Für den Autor leitet er daraus her, bei ihm gestalte sich »ursprünglicher Trieb zur Güte aus, kein Ressentiment, sondern etwas von der verschütteten Leidenschaft des Kindesalters für das Gute«.[35] Musil folgert im weiteren, bei Kafka wirke »eine moralische Zartheit«, ein »Gewissen..., das nicht von ethischen Grundsätzen getrieben« werde.[36] Er gewinnt auf diesem Wege eine prägnante Bestimmung des Kafkaschen Wertesystems einer individuell zu begründenden Moral. Insgesamt ist es ihm auf dem schmalen Raum von etwas mehr als einer Textseite gelungen, Kafkas ästhetische Programmatik in nuce festzuhalten.

Von Kurt Tucholsky gibt es drei Rezensionen über Werke Kafkas. Bald nach der Publikation besprach er 1920 *In der Strafkolonie*, 1926 *Der Prozeß* und 1929 *Amerika*, jeweils in der *Weltbühne*. Da jedoch seine Einschätzungen von Anfang an klar zutage treten, kann man sich hinsichtlich der Frage seines Reagierens auf Kafka hauptsächlich an die ersten beiden Besprechungen halten.

Was Tucholsky 1920 an der Erzählung *In der Strafkolonie* herausstellt, ist zunächst einmal der notwendige Verzicht auf die Suche nach Bedeutungen. Er empfiehlt den Lesern: »Ihr müßt nicht fragen, was das soll. Das soll gar nichts. Das bedeutet gar nichts... Es ist ganz unbedenklich. Unbedenklich wie Kleist«.[37] Vor allem verwahrt er sich gegen allegorische Deutungen (Strafkolonie = Militärgerichtsbarkeit) und hebt stattdessen ab auf die traumhafte Komponente des Textes: »Klar und scharf ist alles im Traum. So unerbittlich hart, so grausam objektiv und kristallklar ist dieser Traum von Franz Kafka«.[38] Den Zusammenhang zwischen Traum und Realität macht Tucholsky sodann in einem knappen Überlegungsgang deutlich. Über den leitenden Offizier in der Strafkolonie schreibt er: »er ist nicht roh oder grausam, er ist etwas viel Schlimmeres. Er ist amoralisch… Und wenn er in der sechsten Stunde der Folterung die Leidenszüge des nun immer schwächer werdenden Mannes in sich hineinschlürft, so ist das nur eine grenzenlose und sklavische Verneigung vor der Maschine dessen, was er Gerechtigkeit nennt, in Wahrheit: vor der Macht. Und diese Macht hat hier keine Schranken«.[39]

Interessanterweise setzt Tucholsky diese Mischung aus geträumter Wirklichkeit und wirklichkeitsgesättigtem Traum zu einschlägigen Kindheitsphantasien in Beziehung und befindet abschließend, Kafka habe »diese Schrankenlosigkeit… geträumt und gestaltet.«[40] Nachdem so einmal die komplexe Bedeutungsfunktion angesprochen ist, kommt der Rezensent zu dem Schluß, das alles sei »maßlos kühl und unbeteiligt erzählt«,[41] gerade dadurch aber sei es Kafka gelungen, eine »Meisterleistung«[42] vorzulegen. Er steht nicht an zu sagen: »Seit dem *Michael Kohlhaas* ist keine deutsche Novelle geschrieben worden, die mit so bewußter Kraft jede innere Anteilnahme anscheinend unterdrückt, und die noch so durchblutet ist von ihrem Autor«.[43]

Ganz die gleichen Einsichten und Bewertungen kommen in der Besprechung des *Prozesses* abermals zum Ausdruck. Dort wertet Tucholsky Kafka als einen »Dichter seltenen Formats«, als Verfasser »einige[r] wenige[r] unerreichbare[r], niemals auszulesende[r] Bücher«.[44] Im Roman um Josef K. sieht er »das unheimlichste und stärkste Buch der letzten Jahre«.[45] Erneut weist er allegorische Ausdeutungsversuche als unangemessen zurück und ergänzt seine Warnung durch den Hinweis, es gebe auch »nichts zu freudianern und keine gebildeten, geschwollenen Fremdwörter« würden hier weiterhelfen.[46] Er begründet das so: »Dieser herrliche Prosaiker« schreibe keine Justiz-Satire, sondern vermittle »selbständige Gebilde, die niemals auszudeuten« seien.[47] Charakteristisch ist in seiner Sicht die »grausame Mischung von schärfster Realität und Unirdischem«;[48] er bezeichnet sie als »Tagtraum«.[49]

Was ist dem zu entnehmen? Verglichen mit den Gedanken Musils fällt zunächst einmal auf, daß Tucholsky sich nicht auf Erzählstrukturen einläßt. Fragen der Perspektivität, der Handlungsführung, des Helden und dergleichen mehr kümmerten ihn offenbar wenig. Insofern mußten ihm natürlich wesentliche Erkenntnisse zum Erzählgestus Kafkas verborgen bleiben. Etwas überspitzt formuliert: er konnte dem, was er erkannt hat, nicht auf den Grund gehen. Doch ist derlei ja auch nicht unbedingt Aufgabe des Rezensenten. Anerkennenswert bleibt, wie treffend Tucholsky Substanz und Bedeutung des Erzählers Kafka aufzuspüren und zu erklären vermochte. Er hat damit – wie in manchen anderen Fällen, etwa mit der 1928 vorgenommenen Einstufung Benns und Brechts als den »größten lyrischen Begabungen..., die heute in Deutschland leben«[50] – einen verblüffenden Sinn für literaturhistorischen Rang bewiesen.

Die Empfehlung hinwiederum, welche Alfred Döblin 1927 nach der Lektüre des *Prozesses* und des *Schlosses* unter der Überschrift: *Die Romane von Franz Kafka* für die Leser der *Literarischen Welt* aussprach, vereinigt grundlegende Beobachtungen zu dem, was den Gehalt der beiden Werke ausmacht, und ebenso zu der Art und Weise, wie Kafka seine Absicht erzählerisch bewältigte. Übereinstimmend mit Tucholsky warnt Döblin vor jeder symbolischen oder allegorischen Fixierung. Weil er im selben Argumentationsgang zugleich eine meines Erachtens überaus zutreffende Bestimmung des Wirklichkeitsgrads von Kafkas Bildwelt vornimmt, sei diese Stelle ausführlich zitiert:
»Da schreibt Kafka nun ganz einfache Dinge – wie einer als Landvermesser irgendwohin kommt, wie er im Wirtshaus festzustellen versucht, was er tun soll, das Schloß aber läßt sich nicht sprechen, er verliebt sich in das Schankmädchen und so weiter: es folgen eigentlich kleine Ereignisse, eins nach dem andern, man möchte kaum viel Aufhebens machen, die Gespräche sind banal – und doch ist alles ungemein schön, eigentümlich fesselnd, weil es nämlich sonderbar bedeutungsvoll ist. Und je mehr man liest, um so bedeutungsvoller wird alles und wird doch niemals symbolisch, um Gottes willen nicht allegorisch. Das Schloß ist ein Schloß, man kommt nicht heran, das ist nun einmal so, in diesem Buch ist es so, und das ist die Wahrheit dieses Buches. Denn natürlich hat solch echt herausgestelltes Werk seine eigentümliche Wahrheit, die sich nicht durch die ›Wahrheit‹ anderer Dinge kontrollieren läßt. Es haben einige von Kafkas beiden Romanen gesagt: sie hätten die Art von Träumen – und man kann dem zustimmen. Aber was ist denn die Art der Träume? Ihr ungezwungener, uns jederzeit ganz einleuchtender transparenter Ablauf, unser Gefühl und Wissen um die tiefe Richtigkeit dieser ablaufenden Dinge, und das Gefühl, daß diese Dinge uns sehr viel angehen«.[51] Das »sonderbar Bedeu-

tungsvolle« resultiert für Döblin aus dem, was er Kafkas »Strahlen« nennt. Was heißen soll: »die Tatsächlichkeit durchdringen«.[52] (»Er sah, daß die Welt mancherlei ›bedeutet‹ und daß es auf zweierlei ankommt: die Tatsachen zu kennen, aber besonders sie zu durchdringen«.[53])

Von gleicher Wichtigkeit ist für Döblin die romanpoetologische Zuordnung. Er kommt hier zu dem Ergebnis: »Es sind sicher keine Romane. Das ganze Fragwürdige dieser Form, besser dieser Bezeichnung, wird einem an diesen Beispielen wieder einmal klar. Es sind Berichte von völliger Wahrheit, ganz und gar nicht wie erfunden, zwar sonderbar durcheinander gemischt, aber von einem völlig wahren, sehr realen Zentrum geordnet«.[54] Zwar wird von Döblin gewiß nicht analysiert, mit welchen formalen Mitteln Kafka seine narrative Lösung herbeiführt; doch hält er das Entscheidende fest, nämlich das moderne Verfahren der Gestaltung: den Verzicht auf eine Handlung, auf romaneske Totalität und auf Tatsachenwirklichkeit. Fraglos spricht er, so eine innovierende Schreibpraxis empfehlend, durchaus auch in eigener Sache, denn ganz ähnliche Gedanken kommen in seinem theoretischen Hauptwerk *Vom Bau des epischen Werks* zum Vorschein. – Allerdings verweist Döblin sogleich auf die besondere Art, wie Kafka »die Tatsächlichkeit durchdringt«: »Ruhe, Besinnung, halb geschlossene Augen sind die Merkmale dieser beiden sehr wertvollen Bücher«.[55] Man wird nicht fehlgehen, wenn man diesen Satz als Einsicht in die kompromißlose Innenperspektive bei Kafka nimmt. Die nämliche Richtung beschreibt im übrigen der von Döblin gebrauchte Begriff des »Strahlens«. Von innen nach außen geht mithin der hier angesprochene Weg der Erkenntnis. Für Äußerliches ist da kein Platz.

Döblin hebt das besonders durch den Hinweis auf die Schlichtheit von Kafkas Sprache hervor. Er sagt: »man kann von gar keinem ›Stil‹ sprechen. Kafka hat natürlich kein Interesse an dieser Äußerlichkeit, auf die viele solchen Wert zu legen genötigt sind. Was hilft alles Hobeln, alles stolze Gewerbe, wenn es niemandem dient. Das taugt so wenig wie die wilden unerhörten Tatsachen oder die unwahre Erregtheit«.[56] In den Augen Döblins hat demzufolge Kafka ein überzeugendes Verfahren gefunden, die Außenwelt von innen her anzugehen und somit innerlich zu verarbeiten. Allen Unterschieden zum Trotz mußte er sich ihm hierin wesensverwandt fühlen. Daß sich insofern letztlich eine enge künstlerische Verwandtschaft beider Autoren im Hinblick auf die Durchsetzung einer modernen Form des Romans aus dem Text herleiten läßt, ist literarhistorisch bedeutsam. Wir sehen es am konkreten Fall der Reaktion auf Kafkas Schreibweise: von hier aus führt eine direkte Linie zu den ästhetischen Konzeptionen Musils und Döblins. Die drei großen Wegbereiter des modernen Romans deutscher Sprache sind in dieser Hinsicht durchaus aufeinander zu beziehen. Sowohl Döblin als auch Musil sahen sich jedenfalls durch das Erzählverfahren des Mannes bestätigt, der seinen Nachlaß verbrannt haben wollte, gleichzeitig aber äußerst sorgfältig die Korrekturfahnen seiner letzten Erzählungen durchmusterte, ehe er, einen Monat später, am 3. Juni 1924 starb. Affinität wie Gegensatz der drei Schriftsteller sagen Wichtiges aus über die individuellen und die typischen Strukturen ihres Werkes.

Auf ähnliche Weise erhellend, wenn schon wesentlich spannungsvoller und dadurch vielleicht noch interessanter, stellt sich die Reaktion Bertolt Brechts dar. Wo man auf den ersten Blick nur schroffe Gegensätzlichkeit annehmen möchte, gab es durchaus auch methodische Parallelen. Freilich dominieren die Divergenzen. Der Materialist aus Augsburg nahm sich den Prager Autor von Anfang an unter dem Aspekt des Gebrauchswerts seiner Werke vor. Zwangsläufig konnte dabei nichts anderes als ein reichlich ambivalentes Verhältnis herauskommen.

Trotzdem ist als Konstante der Beziehung eine niemals aufgegebene künstlerische Wertschätzung zu vermerken. 1926, im selben Jahr, als Brecht »acht Schuh tief im *Kapital* steckte,[57] veröffentlichte er programmatische ästhetische Überlegungen unter der Überschrift: *Kleiner Rat, Dokumente anzufertigen*. Erstmals kommt er auf Kafka zu sprechen. Wir lesen dort: »Das Theater wird in absehbarer Zeit das verstaubte Repertoire eines Jahrhunderts einfach auf seinen Materialwert hin untersuchen, indem es die guten alten Klassiker wie alte Autos behandelt, die nach dem reinen Alteisen-Wert eingeschätzt werden. Würde das gleiche radikale Verfahren auf unsere zeitgenössische Epik angewendet, so würde sich nach fünf Minuten herausstellen, daß, ausgenommen einiges von Wedekind und Kafka, in dieser Literatur beinahe gar nichts an wirklichem epischen Material steckt«.[58] Rund zwei Jahre später äußerte Brecht sich direkt zu seinem Antipoden; er schrieb *Geziemendes über Franz Kafka*. Die dabei verfolgte Absicht war, diese »wirklich ernste Erscheinung«[59] in Schutz zu nehmen vor »dem Geschmeiß diesseits und jenseits des gemeinsamen

Feuilletonstrichs«.[60] Man kann die Geste, Kafka aus den Machenschaften des bürgerlichen Kulturbetriebs auszuklammern, nur als Zeichen einer gewissen Zustimmung, ja Solidarität auffassen. Darum nimmt es auch nicht wunder, wenn Walter Benjamin im Oktober 1931 seinem Freund Gerhard Scholem von »Brechts überaus positiver Stellung zu Kafka« berichten konnte und erläuternd anfügte: »Er schien den Nachlaßband sogar zu verschlingen«.[61] Verschiedene Tagebucheintragungen Benjamins über den Besuch 1934 im Svendborger Exil bezeugen eine ähnlich positive Haltung. Allerdings ist dort ebenso die Rede von der »Unentscheidbarkeit« im Werk Kafkas. Sie ist für Brecht Indiz dafür, »daß Kafka, den er für einen großen Schriftsteller hält, wie Kleist, wie Grabbe oder Büchner, ein Gescheiterter ist«.[62] Ersichtlich sind hiermit entscheidende Vorbehalte angedeutet. Sie sind unschwer aus der gründlich veränderten politischen Gesamtlage herzuleiten. Der Antifaschist Brecht war nicht mehr geneigt, über Sachverhalte hinwegzusehen, die er für bedenklich halten mußte. Deshalb kehrte er jetzt seine Prinzipien auch gegen diejenigen, die er als partielle Verbündete anerkannt hatte.

Dennoch taucht der Name Kafkas abermals in durchaus exemplarischer Funktion noch zwei weitere Male auf. Ein wohl 1938 verfaßter Text zur modernen tschechoslowakischen Literatur beschäftigt sich fast ausschließlich mit dem Prager Schriftsteller. Erneut handelt es sich um ein eingeschränktes Lob. Es heißt da wie folgt: »tatsächlich bin ich weit davon entfernt, hier ein Vorbild vorzuschlagen. Aber ich möchte diesen Schriftsteller nicht auf den Index gesetzt sehen bei allen seinen Mängeln. Oft dienen die Schriftsteller uns auch mit dumpfen, dunklen und schwer zugänglichen Werken... Und man kann auch mit Nutzen Werke voll von Irrtümern lesen, wenn sie auch anderes enthalten. Mißtrauen vernichtet nicht das Lesen, sondern Mangel an Mißtrauen«.[63] Was Brecht störte, war die »Stimmung der Ausweglosigkeit«, ferner die Tatsache, daß »man zu allem Schlüssel braucht wie bei Geheimschriften«.[64] Zwar habe Kafka in klarer Sprache und »mit großartiger Phantasie die kommenden Konzentrationslager, die kommende Rechtsunsicherheit, die kommende Verabsolutierung des Staatsapparats, das dumpfe, von unzugänglichen Kräften gelenkte Leben der vielen einzelnen« geschildert,[65] doch sei das freilich »in merkwürdigen Verkleidungen« geschehen. Verständlicherweise fehlte Brecht ein Organ dafür, Negativität als virtuelles Gegenstück zum Positiven zu sehen. Seine Dialektik war auf krassen Dualismus nicht eingestellt. Trotz solcher Bedenken postulierte Brecht ohne Zögern: »Deutsche Schriftsteller werden unbedingt diese Werke lesen müssen«.[66] – Ganz selbstverständlich figurierte Kafka denn auch im Rahmen einer um 1940 erstellten Aufzählung »hochentwickelter technischer Elemente«[67] der modernen Literatur unter den Bahnbrechern des avantgardistischen Romans neben Joyce, Döblin und Dos Passos.[68] Bezeichnenderweise bringt Brecht den Kollegen mit dem Begriff der »Verfremdung« in Verbindung.[69] Damit ist jenes Verfahren angesprochen, das für sein eigenes Werk geradezu gestaltgebend geworden ist. Wir fassen mit der Verfremdung die eigentliche Ursache des anhaltenden Respekts. Brecht sah in Kafka den Partner, der praktikable und ästhetisch überzeugende formale Lösungen vorgeführt hatte. Als Verkünder einer neuen Ästhetik des »wissenschaftlichen Zeitalters« interessierten ihn die innovierenden Techniken des anderen, weil sie einen radikalen Stilwandel vollzogen. Er war Künstler genug, um derartige Vorzüge auch gegenüber denjenigen zu vertreten, die – wie Lukács – einen unproduktiven Gegensatz zwischen traditionsbewußter Progressivität und avantgardistischer Dekadenz aufstellten und dabei Thomas Mann gegen Kafka ausspielten. Die ganze Realismus-Debatte kreiste gerade auch um diesen Gegensatz. Wir wissen heute, Brecht hatte dabei den längeren historischen Atem. Schon 1930 hatte er die Frage: »Gibt es noch Charaktere für den modernen Romanschriftsteller?« negativ beantwortet. Er belegte seine These folgendermaßen: »Der alte Roman, der aber nicht so alt ist, daß er heute nicht mehr gelesen und nicht mehr geschrieben werden kann, besser also: der Roman, der den alten Romanen gleicht, schildert bestimmte Menschen mit ganz bestimmten Charaktereigenschaften, die in gewisse interessante Situationen geraten, wo sie dann eben ihre Eigenschaften, ihren Charakter zeigen, sich als Charakter bewähren«.[70] Weiter folgert Brecht dann: »Seit einiger Zeit gibt es nun Romane« anderer Art; »sie schildern keine Charaktere von der bisher üblichen Festigkeit, Übersichtlichkeit und Eindeutigkeit. Die betreffenden Romanschreiber behaupten, in der sie umgebenden Welt Modelle für solche Charaktere nicht mehr finden zu können«.[71] Deswegen war ihm Lukács' Forderung, ›bleibende Gestalten‹ zu schaffen, mehr als suspekt. Kafkas Erzählgestus hingegen ließ sich ohne weiteres mit den Brechtschen Prämissen in Einklang bringen.

In der künstlerischen Verfahrensweise liegt also die Affinität begründet. Andere Gemeinsamkeiten sind marginal. Diverse philologische Mutmaßungen, etwa ob Brecht 1925 bereits Tagebuchnotizen in der Manier Kafkas abgefaßt habe, oder ob ein Zusammenhang bestehe zwischen Josef K., dem Landvermesser K. und Herrn Keuner, der häufig auch als Herr K. apostrophiert wird, führen nicht weit. Man sollte sie den Leuten überlassen, die das historische Gras wachsen hören.[72]

Festzuhalten bleibt: Brechts Einstellung Kafka gegenüber ist zwiespältig. Er gesteht ihm gewisse Einblicke in die gesellschaftliche Wirklichkeit zu, lehnt indes die insgesamt zu registrierende »Stimmung der Aussichtslosigkeit« ab. Vorbehaltlos schätzte er lediglich den »artistischen Wert«.[73] Ansonsten überwog zunehmend scharfe Kritik. Zu Benjamin äußerte er: »Die Bilder sind ja gut. Der Rest ist aber Geheimniskrämerei. Der ist Unfug. Man muß ihn beiseite lassen. Mit der Tiefe kommt man nicht vorwärts. Die Tiefe ist eine Dimension für sich, eben Tiefe – worin dann gar nichts zum Vorschein kommt«.[74] Kafkas Genauigkeit war in seinen Augen Genauigkeit des »Ungenauen, Träumenden«,[75] weil »das Parabolische mit dem Visionären im Streit« liege.[76]

Zu verschieden waren beider Orientierungen. Wo es für Brecht hieß: »Ändert die Welt, sie braucht es!«,[77] galt für Kafka der Weg nach innen, so daß er sich, wie Hans Mayer formulierte, »an der Grenze zu einer akausalen Welt« bewegte.[78] Hier gab es keine Gemeinsamkeit. Weg der Außenwelt und Weg der Innenwelt kommen zu keiner Deckung.

Weil er es in Fragen der gesellschaftlichen Realität ganz anders hielt, unternahm es Brecht auch 1933, einen Gegenentwurf zu einem Text Kafkas vorzulegen. Er sah sich herausgefordert, dessen Version der Geschichte von Odysseus und den Sirenen – betitelt: *Das Schweigen der Sirenen* – zu korrigieren, da er davon überzeugt war, sie sei »wirklich nicht mehr recht glaubhaft in neuerer Zeit«.[79] Der marxistische Schriftsteller wollte die Unausweichlichkeit des Paradoxen nicht stehenlassen. Seine »Berichtigung« unter dem Titel: *Odysseus und die Sirenen* stimmt die hohen Ansprüche Kafkas bewußt herab, so die verfremdende Korrektur der Geschichte abermals verfremdend. Als Materialist glaubte er, offenkundiger Mystifikation einen Riegel vorschieben zu müssen. Für uns erbringt die Gegenüberstellung einen konkreten Reflex der diametralen Weltsicht. Das macht: Brecht und Kafka waren und bleiben Antipoden.

Die beschriebenen Reaktionen verschiedener Schriftsteller auf Kafka heben einen Aspekt seiner künstlerischen Arbeit besonders hervor: die von ihm praktizierte Darstellung seines »traumhaften innern Lebens« hat nichts zu tun mit objektivem Erzählen. Wie für Brecht gibt es auch für Kafka keine »festen« oder »fixierten« Charaktere. Demzufolge gibt es für ihn auch keine Einfühlung, sondern nur ein nüchternes und genaues Registrieren dessen, was sich einsinnig-reduzierter Perspektive erschließt. Die Redlichkeit seines Erzählens brachte ihn dazu, die klassischen Kausalitäten zu verabschieden und damit ebenso die gewohnte Erzählerposition. Einfühlender Beschreibung traute er nicht mehr. Die vielzitierte Tagebuchnotiz: »Zum letztenmal Psychologie«[80] gilt für sein narratives Verfahren jedenfalls insoweit, als er eine Erzählerrolle zurückweist, bei welcher sich der Autor, wie beispielsweise Thomas Mann, einläßlich seiner Figuren anzunehmen pflegt. Herkömmlicher Einfühlung substituierte sich so die das Vertraute aufsprengende Verfremdung.

Kafkas subjektive Wirklichkeitsdurchstoßung konnte keine literarische Tradition einleiten. Schriftstellerische Nachahmer taten sich schwer. Sie kamen über modisches Epigonentum nicht hinaus, das seine Schrumpfdimension auf Dachböden und hinter Ströme verlagerte.[81] Die wahre literarische Wirkung Kafkas liegt – das müßte an den erwähnten Reaktionen der Schriftstellerkollegen deutlich geworden sein – an seiner ganz besonderen Art, sich schreibend mit der verdinglichten Wirklichkeit auseinanderzusetzen und in verbindlichen Parabeln Möglichkeiten und Hindernisse aufzuzeigen, »die alten Jahrhunderte neu zu erschaffen«.[82] Daß er den schweren Weg nach innen auf sich genommen hat, steht für seine absolute Wahrhaftigkeit. Die menschlichen wie die ästhetischen Konsequenzen seines Entschlusses haben die vorgestellten Autoren tiefer und umfassender vermerkt als viele der späteren Betrachter. Gar manchem der heutigen Deuter möchte man angesichts dieses Auftakts empfehlen: Zurück zu den Anfängen!

Anmerkungen

Abkürzungen für die häufiger zitierten Bände der Lizenzausgabe der Werke Kafkas: Erzählungen, Frankfurt/M. 1952 (Sigle: E); Hochzeitsvorbereitungen auf dem Lande und andere Prosa aus dem Nachlaß, Frankfurt/M. 1953 (Sigle:

H); Tagebücher 1910–1923, Frankfurt/M. 1951 (Sigle: T); Briefe 1902–1924, Frankfurt/M. 1958 (Sigle: Br).

Weitere Abkürzungen: Kafka-Chronik. Daten zu Leben und Werk. Zusammengestellt von Chris Bezzel, München 1975 (Sigle: KC); Ludwig Dietz, Franz Kafka, Stuttgart 1975 (Sigle: LD).

1 Johannes Urzidil, Da geht Kafka, München 1966, S. 106.

2 T 534.   3 H 72.

4 T 536.   5 T 420.

6 T 550.   7 T 585.

8 T 568.   9 H 39.

10 H 47.   11 H 48.

12 H 100.

13 Br 392 (Brief an Max Brod vom 12. 7. 1922).

14 E 71.   15 H 387.

16 T 580.   17 KC 147 f.

18 H 104.   19 KC 187.

20 LD 73.

21 Günter Grass, Über meinen Lehrer Döblin und andere. Vorträge, Berlin 1968, S. 7.

22 Hans Mayer, Kafka und kein Ende? Zur heutigen Lage der Kafka-Forschung, in: Ansichten. Zur Literatur der Zeit, Reinbek bei Hamburg 1962, S. 54–70 (Zitat: S. 70).

23 LD 95.

24 Br 453 (Brief an Max Brod vom 25. 10. 1923).

25 Robert Musil, Tagebücher, Aphorismen, Essays und Reden. Hrsg. v. Adolf Frisé, Reinbek bei Hamburg 1955, S. 684–688. Auch in den *Tagebüchern* erwähnt Musil Kafka, einmal als zu Unrecht vergessenen Autor (TII, 652), sodann als Romancier mit einem musterhaften Sprachstil wie Proust und Julien Green (»...So etwas hatte ich, Kafka natürlich ausgenommen, in der deutschen Literatur vergeblich gesucht«, TII, 582).

26 Musil, Tagebücher (im folgenden: RM), S. 687.

27 Ebd.   28 Ebd.

29 Ebd.   30 RM 688.

31 Ebd.   32 RM 687.

33 Ebd.   34 RM 688.

35 Ebd.   36 Ebd.

37 Kurt Tucholsky, Literaturkritik, Reinbek bei Hamburg 1972, S. 11–15: *Der Prozeß;* S. 15–17: *In der Strafkolonie* (im folgenden: KT), KT 17.

38 KT 15.   39 KT 16.

40 Ebd.   41 Ebd.

42 KT 15.   43 Ebd.

44 Ebd.   45 KT 11.

46 Ebd.   47 KT 12.

48 Ebd.

49 KT 13.

50 KT 26.

51 Alfred Döblin, Die Romane von Franz Kafka, in: Aufsätze zur Literatur, Olten und Freiburg i. Br. 1963, S. 283–286 (im folgenden: AD), AD 285 f.

52 AD 285.   53 AD 286.

54 AD 283.   55 AD 286.

56 Ebd.

57 Brecht-Chronik. Daten zu Leben und Werk. Zusammengestellt von Klaus Völker, München 1971, S. 42.

58 Bertolt Brecht, Schriften zur Literatur und Kunst, Bd. 1–3. Hrsg. v. Werner Hecht, Frankfurt/M. 1967 (im folgenden: BB, SLK 1–3); SLK 1, 62 f.

59 BB, SLK 1, 77.

60 BB, SLK 1, 78.

61 Walter Benjamin, Briefe, Bd. 2, Frankfurt/M. 1966, S. 539 (Brief an Gerhard Scholem vom 3. 10. 1931).

62 Walter Benjamin, Versuche über Brecht, Frankfurt/M. 1966, S. 119 (Eintragung vom 6. 7. 1934), weiter zitiert: Benjamin, Versuche.

63 BB, SLK 3, 90.   64 BB, SLK 3, 89.

65 Ebd.   66 Ebd.

67 BB, SLK 2, 188.   68 BB, SLK 2, 189 A.

69 Ebd.   70 BB, SLK 1, 107.

71 BB, SLK 1, 108.

72 Gegen Uta Olivieri-Treder: Geziemendes über Brecht und Kafka, in: Brecht-Jahrbuch 1977, Frankfurt/M. 1977. S. 100–110.

73 Benjamin, Versuche, S. 121 (Eintragung vom 5. 8. 1934).

74 Ebd., S. 122.

75 Ebd., S. 120 (Eintragung vom 6. 7. 1934).

76 Ebd.

77 Bertolt Brecht, Gedichte 3, 219; vgl. hierzu auch den Aufruf der Titelheldin im Stück *Die heilige Johanna der Schlachthöfe*: »[...] nichts gelte als ehrenhaft mehr, als was / Diese Welt endgültig ändert: sie braucht es« (S 4, 202).

78 Hans Mayer, Deutsche Literatur seit Thomas Mann, Reinbek bei Hamburg 1967, S. 22.

79 Bertolt Brecht, Prosa 1, 227.

80 H 51.

81 Gemeint sind Romane wie Hermann Kasacks *Die Stadt hinter dem Strom* oder Ernst Kreuders *Die Gesellschaft vom Dachboden*, auch Walter Jens' *Nein – Die Welt der Angeklagten*.

82 T 553.

EFIM ETKIND

FRANZ KAFKA IN SOWJETISCHER SICHT

> Ein garstig Lied, pfui! Ein politisch Lied!
> Ein leidig Lied!...

Die seltsame Geschichte Franz Kafkas in der Sowjetunion beginnt
nicht erst 1965, als in Moskau die erste Buchausgabe (*Der Prozeß*, *Erzählungen*, *Parabeln*) erschien und der bekannte Literaturdiplomat
Boris Ssutschkow in einem Vorwort alles Erdenkliche unternahm,
Kafka als harmlosen Phantasten und kranken Modernisten darzustellen. Sie begann auch nicht im Januar 1964 mit dem Abdruck der Übersetzung zweier Erzählungen (*In der Strafkolonie*, *Die Verwandlung*) in
der Zeitschrift *Inostrannaja Literatura* (1964, Nr. 1). Der Anfang dieser Geschichte liegt etwa im Jahr 1961. Den *Samisdat*, wie er sich später (1963/64) entwickelte, als funktionierendes Verlagswesen im Un-
tergrund, gab es damals zwar noch nicht, erste Ansätze dieser neuen
Art der Literaturverbreitung existierten jedoch schon. Gedichte und
auch Prosawerke bekannter russischer Dichter der Zwanziger und
Dreißiger Jahre, auf der Schreibmaschine geschrieben, wurden von
Hand zu Hand weitergereicht und von der jüngeren Lesergeneration
eigentlich überhaupt erst entdeckt. So tauchten die Namen verbotener
und zum Teil vergessener Dichter wieder auf, großer Dichter wie der
Tswetajewas, Samjatins, Remisovs, Gumiljovs und anderer. Eines der
viel und eifrig gelesenen Typoskripte war ein geheimnisvoller Roman
mit dem Titel *Der Prozeß*.

Er wanderte von Leser zu Leser, den Namen des Autors oder auch
nur dessen Nationalität aber gab er nicht preis; letztere war wegen der
rätselhaften Bezeichnung des Helden als Josef K., der geographischen
und historischen Unbestimmtheit sowie der Allgemeingültigkeit der
behandelten psychologischen und sozialen Probleme auch kaum zu erraten. Die Namen der Frau Grubach und des Fräulein Bürstner klan-
gen zwar deutsch, auch die des Onkels Karl, des Kaufmanns Block und
der Mädchen Leni und Elsa, aber das hinderte niemanden, den Roman

als geschickt getarnte Darstellung sowjetischer Zustände aufzufassen. Die sowjetischen Leser kannten diese List, um die Zensoren zu übertölpeln. So machten es ja auch die Autoren der sowjetischen Science Fiction-Literatur und verschafften sich damit die Freiheit zu so gut wie verbotenen Aussagen über die Sowjetgesellschaft.

Die Handlung der meisten sowjetischen Science Fiction-Romane spielt in einem unbestimmten, gleichsam abstrakt-kosmopolitischen Raum, die Personen haben ausländische Namen: Erna, Rudolf, Eduard, Kristabel. Alexander Green beispielsweise, der viel gelesene Science Fiction-Schriftsteller der Zwanziger Jahre, verlegte die Handlungen seiner Romane in ferne, nicht zu identifizierende Länder; *Subargan* ist unter diesen phantastischen Ländern das wichtigste. Auch die Namen der Helden Greens sind nicht national festzulegen. In dem Roman *Die goldene Kette* heißen sie zum Beispiel Dick Farmeron, Sundy Pruel, Estamp, Onkel Gro, Gosnuuver, Durok, Bob Perkantri... Das Charakteristikum dieser Namen ist ihre Multinationalität. Sie sind deutscher oder spanischer, holländischer oder französischer Herkunft, und dieser Wirrwarr hebt die Raumeinheitlichkeit auf. Die mehrere Jahrzehnte dauernde Herrschaft und Willkür von Zensoren verschiedenen Ranges erreichte es, daß zahlreiche sowjetische Schriftsteller Umwege fanden, um über ihre Gesellschaft wenigstens etwas Wahres sagen zu können. Diese Umwege waren oft das Phantastische oder das Abstrakt-Kosmopolitische.

Das war der Hintergrund, vor dem der getippte Text des *Prozeß* gelesen wurde. Die meisten sowjetischen Leser haben ihn zweifellos für ein gut getarntes Werk eines einheimischen Autors gehalten, der seinen Namen wegen der klar ausgeprägten sowjetfeindlichen Tendenz nicht verraten wollte. Stellte *Der Prozeß* nicht in leicht verschleierter Form die Ereignisse der Terrorjahre 1935, 1937/38 und 1949–1952 in der UdSSR dar? Nur ein Sowjetrusse konnte die konkreten Einzelheiten so genau kennen! Und diese Einzelheiten sind in dem Roman zahlreich. Als er 1965 im Moskauer Staatsverlag erschien, war es nötig, mit Nachdruck zu betonen, daß er ohne jeden Zusammenhang mit der sowjetischen Wirklichkeit sei. Der Verfasser des Vorworts und die Kritiker behaupteten hartnäckig, Kafka habe das Naziregime vorausgesehen und beschrieben.

Worin besteht die Ähnlichkeit der Welt dieses Romans mit derjenigen seiner sowjetischen Leser? Die erste und wichtigste ist die doppelte Wirklichkeit. Josef K. lebt in einer keineswegs unwirklichen, ganz greifbaren Welt, sie bildet seine unmittelbare Umgebung. Er wohnt in einem einfachen Haus, in einer bescheidenen Pension, hat normale Nachbarn, besucht Bekannte, verbringt manchen Abend bei seiner Geliebten, ißt und trinkt wie jeder Bürger, arbeitet als Angestellter in einer Bank, wo er wie jeder Angestellte Vorgesetzte und Untergebene hat und Besucher empfängt. Sein alltägliches Leben ist so ausführlich und wahrheitsgemäß geschildert, daß man an dessen unzweideutiger Realität nicht zweifeln kann. In diese Realität dringt jedoch eine andere Welt ein, undurchsichtig, irrational, geheimnisvoll, unerklärlich und, was noch wichtiger ist, unsichtbar, die Wirklichkeit anderer Gesetze, anderer Verhältnisse, anderer Menschen. Doch, sind es Menschen oder vielleicht Teufel? 1928 begann Michael Bulgakow an seinem großen Roman *Der Meister und Margarita* zu schreiben, in dem er die abenteuerliche Geschichte des Teufels in Moskau schildert: Woland, der Fürst der Dämonen, taucht mit seinen Helfershelfern in der sowjetischen Hauptstadt auf und macht sich zum Herrn: anders, ohne Wirken dämonischer Mächte, kann der Dichter die sowjetische Wirklichkeit weder begreifen noch erklären. Warum werden unschuldige, friedliche Menschen aus ihren Betten gerissen, in Gefängnisse gesteckt und vernichtet? Warum werden alte und treue Kommunisten aufs grausamste verfolgt? Warum werden bestimmte Erscheinungsformen des kulturellen Lebens generell verfemt und als Sabotage des Klassenfeindes abgestempelt? Warum? Nur eine Antwort scheint möglich: weil teuflische Macht diese Welt regiert.

Der Roman Bulgakows, 1940 abgeschlossen, konnte erst 1967 erscheinen: mehr als ein Vierteljahrhundert war er von der Zensur verboten. Man wußte von der Existenz dieses Meisterwerks, das im Safe einer Zeitschrift verwahrt wurde, an eine Veröffentlichung aber war nicht zu denken. *Der Meister und Margarita* lag bei der *Moskwa*, *Der Prozeß* bei einer anderen Monatszeitschrift, *Nowyj mir*. Zuerst erschien *Der Prozeß* (1965), dann, anderthalb Jahre später, auch *Der Meister und Margarita*.

Der sowjetische Leser hat die Werke Bulgakows und Kafkas als sehr ähnliche literarische Gestaltungen aufgefaßt. »Die doppelte Welt«: so kann man das beiden Romanen Gemeinsame bezeichnen. Alles, was um uns ist, ist zugleich Realität und Schein; Wirklichkeit ist die Herrschaft dunkler Mächte, die wir nicht kennen. Die beiden Welten gehen ineinander über, sind nicht voneinander zu trennen. So erklärt das

Mädchen vom Gericht, dem »Herrn K.« ruhig, warum man in den Gerichtsräumen fast erstickt:

>»Die Sonne brennt her auf das Dachgerüst und das heiße Holz macht die Luft so dumpf und schwer. Der Ort ist deshalb für Büroräumlichkeiten nicht sehr geeignet, so große Vorteile er sonst allerdings bietet [...]. Wenn Sie dann noch bedenken, daß hier auch vielfach Wäsche zum Trocknen ausgehängt wird [...], so werden Sie sich nicht mehr wundern, daß Ihnen ein wenig übel wurde. Aber man gewöhnt sich schließlich an die Luft sehr gut.«[1]

Der Dachboden ist geblieben, was er war – wie immer wird Wäsche zum Trocknen ausgehängt –, zugleich gehört er einem anderen Bereich an: dem Reich des Bösen. Gleiches schildert Bulgakow. Margarita kommt in eine einfache Moskauer Wohnung:

>»An der Tür der Wohnung Nr. 50 wurde nicht geläutet. Asasello öffnete sie geräuschlos mit seinem Schlüssel.
>Das erste, was Margarita wunderte, war die Finsternis, in die sie trat, eine Finsternis wie tief unter der Erde, so daß sie sich, um nicht zu straucheln, unwillkürlich an Asasellos Umhang festhielt. Aber schon flammte hoch oben das Licht eines Lämpchens auf und kam näher... Sie stiegen breite Stufen hinauf, die kein Ende zu nehmen schienen. Margarita war verblüfft, daß im Flur einer normalen Moskauer Wohnung so eine unsichtbare, aber gut fühlbare Treppe Platz hatte.«[2]

Dies ist geradezu eine Formel für beide Romane: Eine »unsichtbare, aber gut fühlbare« zweite Wirklichkeit. Diese zweite Wirklichkeit, die bei Kafka und auch bei Bulgakow eine metaphysische Bedeutung hat, ist jedoch auch gesellschaftlich zu verstehen. Bei Bulgakow wird stets deutlich: es handelt sich, schlicht gesprochen, um die Gewalt der allgegenwärtigen Geheimpolizei, deren Ohren alles hören, deren Augen alles sehen, deren Fühler überall eindringen und sich von nichts abhalten lassen. Bulgakow beschrieb diese Doppelwelt zwanzig Jahre später als Kafka, der sie 1915 vorempfunden und vorausgesehen hat.

Das andere Charakteristikum der Wirklichkeit im *Prozeß*, das bewirkte, daß der Roman in den Sechziger Jahren als Darstellung der sowjetischen Realität aufgefaßt wurde, ist die Herrschaft der Form, die sich völlig vom Inhalt gelöst hat.

>»Vor allem war es, wenn etwas erreicht werden sollte, notwendig, jeden Gedanken an eine mögliche Schuld von vornherein abzulehnen. Es gab keine Schuld. Der Prozeß war nichts anderes als ein großes Geschäft, wie er es schon oft mit Vorteil für die Bank abgeschlossen hatte, ein Geschäft, innerhalb des-

sen, wie das die Regel war, verschiedene Gefahren lauerten, die eben abgewehrt werden mußten« (S. 152 f.).

Die Form ohne Inhalt, das rein Formelle, absolut Inhaltlose, ist das allerwichtigste Merkmal der Sowjetwirklichkeit. Das gilt für alle Bereiche des sowjetischen Lebens, für den ideologischen wie für den politischen und ebenso für die Rechtsprechung. »Der Prozeß«, das heißt hier: die inhaltsleere Struktur, begegnet in der sowjetischen Gesellschaft überall. Dies ist heutzutage allgemein bekannt. Kafkaesk muten die Wahlen an, wenn zweihundert Millionen Menschen das komische Spiel betreiben, so tun, als gäben sie ihre Stimme einem Kandidaten unter vielen, obwohl es in den zahlreichen Wahllisten nur einen einzigen Kandidaten gibt; diesen einen hat man zur Auswahl, ihn wählt man, ohne die Wahlzelle auch nur zu betreten; denn das wäre schon zu gefährlich. Kafkaesk ist die Reklame, die in der Sowjetunion in den meisten Fällen absurd ist: »Zeitungen berichten über das Geschehen in aller Welt. Lest Zeitungen!« Oder: »Kauft Juwelen im Juweliertorg!« – außer dem Juweliertorg darf gar kein Geschäft Juwelen verkaufen. Oder: »Fahrt Taxi: das schnellste und bequemste Transportmittel!« Oder: »Kauft Benzin bei Glawneftesbyt!« – aber in der ganzen Sowjetunion verkauft nur Glawneftesbyt Benzin. Kafkaesk sind die ideologischen »Diskussionen«, weil jeder, der seine eigene Meinung ausspräche, sofort ausgeschlossen oder sogar verhaftet würde. Kafkaesk ist auch, was über Menschenrechte in den Zeitungen steht, da ja kein einziger Sowjetbürger das Recht hat, einen Glauben, eine Meinung, eine Theorie zu vertreten, die nicht der offiziellen Einstellung entspricht. Kafkaesk ist die Verfassung, die ein leeres Wortgebilde darstellt, und das weiß jedes Kind und jede alte Tante im ganzen Land.

Der Prozeß wurde zur Formel des sowjetischen Lebens. Das Schicksal des Josef K. ist das abstrakt geschilderte typische Schicksal der sowjetischen Intellektuellen. Der Anfang des Romans kann zum Beginn unzähliger Biographien werden:

»Jemand mußte Josef K. verleumdet haben, denn ohne daß er etwas Böses getan hätte, wurde er eines Morgens verhaftet.« (S. 9)

Eines Tages – es war im Herbst 1962, mitten in der liberalsten Zeit der Ära Chruschtschow – kamen zu Wassilij Grossmann zwei Unbekannte und zeigten ihre Ausweise vor. Einer war Major, der andere Hauptmann. Grossmann war ein sechzigjähriger, allgemein bekannter

Schriftsteller, Autor zahlreicher Romane, hatte als Offizier den ganzen Krieg mitgemacht und war für seine Tapferkeit als Soldat wie für seine literarischen Verdienste mehrfach ausgezeichnet worden. Die beiden Unbekannten forderten von ihm das Manuskript seines letzten Romans *Menschen und Schicksale* und drohten ihm Hausdurchsuchung und Verhaftung an, falls er es ihnen nicht freiwillig aushändige. Grossmanns Lage war aussichtslos, er gab der Erpressung nach. Die Offiziere bemächtigten sich der drei Exemplare dieses 1200 Seiten starken Buches und holten von der Stenotypistin sogar das Kohlepapier, das ja Textspuren enthalten konnte. Am Abend kamen sie noch einmal zu Grossmann und beschlagnahmten auch alle Entwürfe und Notizen zu dem Roman, die einen weiteren großen Sack voller Manuskripte ergaben. Grossmann, niedergeschlagen und entsetzt, konnte nur immer wieder eines fragen: »Warum? Warum denn?« Vielleicht hat ihm einer der beiden Polizeibeamten geantwortet: »Wir sind nicht dazu bestellt, Ihnen das zu sagen. Gehen Sie in Ihr Zimmer und warten Sie. Das Verfahren ist nun einmal eingeleitet, und Sie werden alles zur richtigen Zeit erfahren. Ich gehe über meinen Auftrag hinaus, wenn ich Ihnen so freundschaftlich zurede.« (S. 11) Vielleicht sagte ihm der andere auch: »Du lieber Himmel! [...] Daß Sie sich in Ihre Lage nicht fügen können und daß Sie es darauf angelegt zu haben scheinen, uns, die wir Ihnen jetzt wahrscheinlich von allen Mitmenschen am nächsten stehen, nutzlos zu reizen!« (S. 14)

So war es wohl oder auch ein wenig anders, jedenfalls hat Wassilij Grossmann über das Schicksal seines Manuskripts nie und nirgends etwas erfahren. Nach mehreren Versuchen, eine Antwort auf sein »Warum« zu erhalten, verstand er, daß er in eine Sackgasse geraten war. Das Leben ging jedoch weiter: Grossmanns Bücher erschienen im Moskauer Staatsverlag, Kritiker publizierten Bücher über ihn, den bekannten Realisten der sowjetischen Literatur, das Literaturlexikon veröffentlichte einen großen Artikel *W. Grossmann*, in dem er wie gewöhnlich offiziell gepriesen wurde. Irgendwo, auf einem geheimnisvollen Dachboden, aber stand ein Safe mit den zwölfhundert »Kriminalseiten« seines hervorragenden Romans, der auf eine nicht minder rätselhafte Weise fünfzehn Jahre später in den Westen geschmuggelt wurde und sich heute hier in unserem Besitz befindet. Welcher Wächter hat es getan, Franz oder vielleicht Willem? Was erwartete diesen liberalen Aufseher in der Rumpelkammer? Wie viele Male mag Grossmann die bitteren Worte des Josef K. wiederholt haben: »[...] es gehört zu der Art dieses Gerichtswesens, daß man nicht nur unschuldig, sondern auch unwissend verurteilt wird« (S. 65)? All dies ist uns nicht bekannt, aber was wir genau wissen, das ist, daß Grossmann bereits anderthalb Jahre nach der Beschlagnahme seines Manuskripts starb – als Opfer dieses seltsamen Gerichtsverfahrens, in dem zwar nicht der Autor, jedoch sein Werk verurteilt worden war.

Wie konnte da, in Grossmanns Heimatland, Kafkas *Prozeß* offen erscheinen? Alexander Twardowski, der Chefredakteur des *Nowyj mir*, hatte um diese Zeit (etwa 1961/62) zwar die feste Absicht, den Roman in seiner Zeitschrift zu drucken, aber trotz seiner Beziehungen zu Chruschtschow gelang ihm das nicht. Die erste Erzählung Solschenizyns konnte er 1962 veröffentlichen, Kafkas Roman nicht. *Ein Tag im Leben des Iwan Denissowitsch* stellt bloß einen Lagertag dar, *Der Prozeß* dagegen wurde als Parabel von allgemeiner Bedeutung aufgefaßt. Nie hätte die Zensur von 1962 erlaubt, daß ein Werk gedruckt wird, in dem Herr K. über seine Aufseher sagt: »Ich halte sie nämlich gar nicht für schuldig, schuldig ist die Organisation, schuldig sind die hohen Beamten.« (S. 106)

Der Kampf um Kafka dauerte lange. In der Zeit, von der ich hier spreche, ging er weiter. 1961 erschien in Kiew ein Buch von Dimitri Satonski (*Das 20. Jahrhundert*), in dem der Autor, der schon mehrmals über Kafka geschrieben hatte, den Beweis unternahm, daß der sozialistische Realismus von Kafka manch nützlichen Kunstgriff lernen könne. Dies, obwohl Kafka es sich natürlich zur Lebensaufgabe gemacht hatte, den Kapitalismus mit der Behauptung zu rechtfertigen, das Böse im Menschen und der Gesellschaft sei ewig und also unbesiegbar. Satonski schrieb Aufsätze und Bücher, die Kafka verteidigen sollten, indem sie ihn beschuldigten. Die Beschuldigung Kafkas bot aber zugleich die Möglichkeit, den sowjetischen Lesern den Inhalt seiner Romane mitzuteilen. 1964 erschien der Aufsatz *Kafka ohne Schminke*, der dieses Spiel fortsetzte. Im selben Jahr veröffentlichte Boris Ssutschkow in der Zeitschrift *Snamja* (1964/10–11) einen großen Aufsatz: *Kafka, sein Schicksal und sein Werk*. Auch B. Ssutschkow war zugleich Staatsanwalt und Verteidiger, eine Politik, die man treffend als »Retten durch Hinrichten« bezeichnen kann. Jedenfalls war es gerade Ssutschkow, der 1965 erreichte, daß *Der Prozeß* in Buchform erschien. Damit faßte Kafka in der Sowjetunion Fuß, und im nächsten Jahr (1966) konnte Lew Kopelew, der unermüdlich für Kafka eingetreten war, in einem Literaturlexikon von Kafkas hohem

Rang sprechen, seinen Einfluß auf Thomas Mann, Dürrenmatt, Frisch, Camus, Sartre u. a. erwähnen und sein Werk zu den wichtigsten unseres Jahrhunderts zählen.

Ebenfalls 1966 erschien das Buch von Wladimir Dneprow *Züge des Romans im 20. Jahrhundert*, in dem der *Prozeß* analytisch erzählt wird. Diese Wiedergabe hebt die Züge des Romans hervor, die ihn zu einer antitotalitären Parabel machen. Dneprow vergleicht Kafka mit Dikkens: »Bei Dickens ist Bürokratismus eine lokale Erscheinung, bei Kafka eine allgemeine. Bei Dickens ist der Bürokratismus eine Ausgeburt des Staates, bei Kafka ist er der Anfang aller menschlichen Beziehungen [...] Kafka hat im *Prozeß* und im *Schloß* die Gesellschaft mit dem Staat identifiziert, [...] die soziale Hierarchie mit der bürokratischen [...]« (S. 121f.). »Das bürokratische Universum« Kafkas, das Dneprow so gut und so temperamentvoll schildert, ist das vollkommenste Bild der sowjetischen Wirklichkeit.

1966 war die erste Phase des Streits um Kafka in der Sowjetunion beendet. Wer sind die Männer, die einen so unwahrscheinlichen, wenn auch zweifelhaften Sieg errungen haben? Jeder ist ein Josef K.

Dimitri Satonski: Sohn eines ukrainischen Staatsmannes, der verhaftet und erschossen wurde; über die Schuld seines berühmten Vaters hat der Sohn nie etwas erfahren können. Inzwischen hat man dem vor vierzig Jahren hingerichteten Wladimir Satonski in Kiew ein Denkmal errichtet; die Geschichte des Wladimir Satonski ist die des Josef K.

Boris Ssutschkow: der ergebene, sehr gehorsame Sowjetfunktionär wurde 1951 verhaftet und zwei bis drei Jahre später wieder freigelassen. Auf die Frage nach dem Warum der Verhaftung wie der Freilassung hat es für ihn nie eine Antwort gegeben.

Wladimir Dneprow: Philosoph und Literaturkritiker, hat, ohne daß er für seine Schuld jemals eine Erklärung erhalten hätte, etwa zwanzig Jahre in Lagern und im Exil verbracht, um dann ebenso unerklärlich rehabilitiert zu werden. Warum? Etwa wegen besonderer Dienste, die er der sowjetischen Geheimpolizei erwiesen hat?

Lew Kopelew: treuer, ja sogar heldenhafter Offizier der Roten Armee, wurde wegen »Abstraktem Humanismus« zu mehreren Jahren Gefängnis und Straflager verurteilt. Diese Beschuldigung blieb genauso ungeklärt wie die des Hochverrats, den er nie begangen hatte. In seinem glänzenden Werk *Aufbewahren für alle Zeit!* hat er selbst darüber berichtet.[3]

Alle Kafka-Forscher der Sowjetunion haben ein kafkaeskes Schicksal gehabt, sind mit Josef K. identifizierbar.

Das Phänomen Kafka in der Sowjetunion ist außerordentlich, die Geschichte der Weltliteratur in der Neuzeit kennt kaum etwas ähnliches. Ein unbekannter fremder Schriftsteller wird als getarnter Mitkämpfer aufgefaßt, seine Werke werden heimlich, unter Lebensgefahr abgetippt und verbreitet, er erringt die höchste Ehre: das Zensurverbot.

Auf geheimnisvolle Weise ist es Kafka gelungen, gesellschaftliche und politische Vorgänge und menschliche Schicksale in einem ihm völlig fremden Land zu prophezeien und eine unbekannte Zukunft in parabelartigen Romanen getreu widerzuspiegeln. Vielleicht paßt ein anderes Wort hierfür besser: vor-zuspiegeln.

Anmerkungen

1 Franz Kafka, Der Prozeß, Frankfurt/M. o. J. (Gesammelte Werke, hg. v. Max Brod), S. 85 f. Zitate nach dieser Ausgabe, Nachweise im Text.

2 Michael Bulgakow, Der Meister und Margarita, Berlin 1968, S. 260 f.

3 Lew Kopelew, Aufbewahren für alle Zeit!, Hamburg 1976.

237

EDUARD GOLDSTÜCKER

KAFKAS ECKERMANN?

Zu Gustav Janouchs »Gespräche mit Kafka«

Seit ihrem Erscheinen im Jahr 1951 wurden – und werden noch immer
– Janouchs »Gespräche mit Kafka«[1] von einer Reihe von Kafka-For-
schern als authentische Quelle, als ein wichtiger Beitrag zu Kafkas
Biographie und als eine willkommene Ergänzung seines Werkes aufgenommen. Obwohl sich bald und besonders nach der Veröffentlichung einer »erweiterten Ausgabe«[2] Stimmen erhoben, die die
Glaubwürdigkeit dieses Buches bezweifelten, werden die darin Kafka
zugeschriebenen Äußerungen bis heute fast allgemein als authentisch
zitiert. Eine eingehende kritische Durchleuchtung dieser »Gespräche« ist, soweit ich weiß, bisher nicht unternommen worden.

Ich bin auf Grund dessen, was mir von Kafkas Leben und Werk bekannt ist, und auf Grund meines persönlichen Umgangs mit Gustav
Janouch – im Herbst 1960 habe ich ihn aufgegeben – zu der Überzeugung gelangt, daß die »Gespräche mit Kafka« eine apokryphe Schrift
sind, die zu Unrecht sozusagen dem Kafka-Kanon einverleibt worden
ist. In diesem Sinne habe ich mich beim Westberliner Kafka-Sympo-
sium 1966 kurz geäußert und versprochen, meine Gründe vorzulegen.
Die folgenden Ausführungen versuchen, dieses Versprechen einzulö-
sen und zu einer gründlicheren Untersuchung jenes Buches beizutra-
gen.

Rekapitulieren wir zuerst die feststehenden Tatsachen. Sie sind
überraschend dürftig.

Aus Kafkas Mitteilungen in Briefen an Milena und in einem Brief an
Robert Klopstock[3] wissen wir, daß er mit Gustav Janouch, der ihn im
Büro zu besuchen, ihm seine Gedichte, viele Bücher zu bringen pflegte, in Verbindung stand, und daß dieser ihn ab und zu auf dem Wege
vom Büro nach Hause begleitete. Dieser Kontakt kann theoretisch
von Ende März 1920 (als Janouchs Vater, Beamter bei der Arbeiter-
unfallversichungsanstalt, seinen siebzehnjährigen Sohn Dr. Kafka

vorgestellt haben soll) bis höchstens Mitte 1923 (als Kafka vor seiner Übersiedlung nach Berlin Prag verließ) bestanden haben. Es ist jedoch höchst wahrscheinlich, daß diese Begegnungen schon viel früher aufgehört haben. Die zeitlich letzte Erwähnung Janouchs durch Kafka – wenigstens solange die Datierung der Briefe an Milena nicht einwandfrei erschlossen ist – ist die in dem bereits erwähnten Brief an Robert Klopstock von Anfang September 1921, bald nach Kafkas Rückkehr von dem fast neunmonatigen Aufenthalt im Sanatorium Tatranské Matliare. Daß der Umgang mit Janouch nach Kafkas Pensionierung (ab 1. Juli 1922), genauer: nach seiner Abreise aus Prag Ende Juni 1922 nach Planà, fortdauerte, ist, glaube ich, kaum anzunehmen. Wenn man diese zeitliche Begrenzung der persönlichen Kontakte (also Ende März 1920 bis Ende Juni 1922) gelten läßt, ergibt das insgesamt 27 Monate, von denen Kafka etwa dreizehn außerhalb Prags verbracht hat. Für Janouchs Zusammenkünfte mit Kafka bleiben so höchstens vierzehn Monate übrig. Janouchs Buch enthielt ursprünglich Aufzeichnungen von ungefähr hundertzwanzig, die »erweiterte Ausgabe« sogar von rund zweihundert »Gesprächen« mit Kafka. Wenn jedes Gespräch, wie dem Leser implizit zu verstehen gegeben wird, während einer neuen Begegnung stattfand, dann würde das bedeuten, daß der Verfasser durchschnittlich jeden dritten bzw. jeden zweiten Tag ihrer gemeinsamen Zeit in Prag mit Kafka zusammenkam. Bei Kafkas sich stets verschlechterndem Gesundheitszustand, seiner Zeitökonomie (im August 1920 hat er nach dreijähriger Unterbrechung wieder zu schreiben angefangen) und auch bei Janouchs Aufenthalten außerhalb Prags ist das so gut wie ausgeschlossen.

Gustav Janouch, es sei wiederholt, war damals 17 bis 19 Jahre alt; das Manuskript seines Buches kam jedoch erst ein Vierteljahrhundert später zum Vorschein. Ein so langer Zeitabstand wirft selbstverständlich die Frage auf, wie der Verfasser nach all den Jahren Kafkas Worte und die Umstände, unter denen sie gesprochen wurden, so genau wiedergeben konnte, wie er es vorgab. Janouch scheint diese Frage erwartet zu haben und versucht, sie durch zwei Auskünfte aus der Welt zu schaffen.

Erstens, sagt er, hätte er ein Tagebuch geführt, und zweitens sei der Zeitabstand gar nicht so groß gewesen. Denn bereits 1926 (oder kurz danach) hätte er für den katholischen Verleger Josef Florián aus seinen »Tagebucheintragungen und Notizen über Franz Kafka« (J 1, 7) ein tschechisches Manuskript zusammengestellt, dessen Veröffentlichung eine inzwischen entstandene religiöse Entzweiung mit Florián verhindert habe.

Bereits diese zwei Aussagen veranlassen, den Versuch zu unternehmen, das ziemlich undurchsichtige Geflecht, womit der Autor die Entstehungsgeschichte seines Werkes umwoben hat, womöglich zu entwirren.

In der kurzen Einleitung zur ersten Ausgabe der »Gespräche« berichtet Janouch, daß er »die in Betracht kommenden Tagebuchstellen aus den verschiedenen Heften auf einzelne Blätter« schrieb, »deren tschechische Reinschrift« er »Josef Florián übergab« (J 1, 7). Ziemlich am Anfang seines Buches läßt er seinen Vater sagen (mit Vorliebe legt er, was er dem Leser mitteilen will, anderen in den Mund), daß sein Tagebuch »ein schwarzes Heft mit der Aufschrift *Buch der Erfahrungen*« war und daß er außerdem »eine dunkle Aktenmappe mit der Aufschrift *Buch der Schönheit*« (30) besaß, worin er seine Gedichte verwahrte. Das ist noch nicht alles. Aus der der »Erweiterten Ausgabe« vorangestellten »Geschichte dieses Buches« erfahren wir zwanzig Jahre später, daß Janouch »spezielle Aufzeichnungen [...] in ein dickes graues Heft eintrug«, das er als sein »ständiges ›Gedankenlager‹ betrachtete« (11 f.). Wir haben es da also – wenn wir das für unseren Zusammenhang irrelevante *Buch der Schönheit* außer acht lassen – mit drei (oder eigentlich vier) verschiedenen Fassungen von Janouchs Kafka-Reminiszenzen zu tun, und zwar:

1. *Das Tagebuch* (1951: »Tagebuch« = *Buch der Erfahrungen*; 1968: »Tagebücher«). Janouch berichtet, er hätte das wichtigste Grunderlebnis seiner Jugend (»seinen« Doktor Kafka) »vor allem durch sorgfältig durchgeführte Tagebucheintragungen zu bewältigen« (11) versucht. Aber sowohl im Hinblick auf bereits lautgewordene als auch auf zu erwartende kritische Fragen fügt er einschränkend hinzu:

»Dabei hielt ich in erster Linie seine [Kafkas] Aussprüche fest. Die Umstände, die sie hervorriefen, wurden nur äußerst spärlich und flüchtig angedeutet. Sie schienen mir nicht wichtig zu sein. Ich sah nur ›meinen‹ Doktor Kafka. Er war ein Gedankenfeuerwerk. Alles andere verschwand im Schatten«. (11)

Dies scheint mir eine wesentliche Modifizierung der obgenannten Sorgfalt zu sein. Es handelt sich also vor allem um die Wiedergabe von Kafkas Aussprüchen. Sollte der Leser, will Janouch sagen, etwaige die geschilderten »Umstände« betreffende Unstimmigkeiten entdecken, dann sind sie als Folge dieser »äußerst spärlichen und flüchtigen« Andeutung im Tagebuch zu verstehen. Sie sollen jedoch keineswegs den Verdacht aufkommen lassen, daß sie infolge des Verfassers ungenügender Kenntnis der Zeitumstände und von Kafkas Lebensdaten entstanden seien, als er sie ein Vierteljahrhundert später für seine Zwecke zusammenstückelte.

Man möchte selbstverständlich Janouchs Tagebücher besichtigen. Das ist jedoch unmöglich. Denn er gibt – allerdings erst 1968 – schlicht an: »Die Tagebücher hatte meine Frau in der Zeit, da ich unschuldig im Gefängnis saß, verbrannt« (18). Da seine Untersuchungshaft »fast vierzehn Monate« (14), von ungefähr Ende 1945 bis Anfang 1947 – dauerte, bedeutet dies, daß zur Zeit der Vorbereitung der »Gespräche«, wie wir sie kennen, die Tagebücher nicht mehr konsultiert werden konnten.

2. *Das Florián-Manuskript.* Janouchs diesbezügliche Angaben sind verwirrend. Das eine Mal sagt er, er hätte Josef Florián eine tschechische Reinschrift seiner Kafka-Aufzeichnungen übergeben, deren weitere Schicksale unerwähnt bleiben. Das andere Mal erfahren wir, er hätte »das tschechisch-deutsche und deutsch-tschechische Konzept der längst schon verlorenen Reinschrift« (J1, 8) wiedergefunden (1947). Zwanzig Jahre später wiederum ist von einem Konzept nicht mehr die Rede, sondern wir erfahren, daß in Janouchs Schrank »unausgenützt der Umschlag mit den säuberlich abgeschriebenen Erinnerungen und Aufzeichnungen zusammen mit dem dicken grauen Heft meines ›Gedankenlagers‹ ruhte [...]« (13). Die Klärung des wirklichen Tatbestandes in diesem Punkt ist wichtig. Denn: da die Tagebücher nicht mehr existieren, müssen diese ursprünglich für Florián bestimmten Aufzeichnungen – zusammen mit dem »Gedankenlager«, von dem vor 1968 allerdings nicht die Rede war – die Grundlage für den Text der »Gespräche mit Kafka« bilden, wie wir sie in zwei Versionen kennen. Einmal ist es also der tschechisch-deutsche und deutsch-tschechische Entwurf des endgültigen Textes, das zweite Mal sind es säuberlich abgeschriebene Aufzeichnungen und Erinnerungen, die er der Frau seines Freundes zum Abtippen übergibt, scheinbar ohne selbst Textänderungen vorzunehmen.

3. *Das »Gedankenlager«.* Wenn die Lage so war, wie eben resümiert, wozu hat dann das »Gedankenlager« gedient oder zu welchem Zweck wird es von Janouch noch so spät in die Entstehungsgeschichte seiner Schrift eingeführt? Es dient einem für Janouch ziemlich wichtigen Zweck. Wir haben bereits die Stelle angeführt, an der Janouch be-

tont, er habe in seinen Tagebüchern in erster Linie Kafkas Aussprüche festgehalten, während die Umstände ihm als nebensächlich erschienen. Und da tritt denn das »Gedankenlager« auf. An der angeführten Stelle geht es nämlich wie folgt weiter:

»Das wirkte natürlich auch auf die Sprache und Form meiner Eintragungen, nicht einmal so sehr in meinen Tagebüchern wie in den speziellen Aufzeichnungen, die ich in ein dickes graues Heft eintrug, das ich als mein ›Gedankenlager‹ betrachtete«. (11 f.)

Die unmittelbar folgende Beschreibung dieses dicken Heftes ist charakteristisch genug, um hier wörtlich wiedergegeben zu werden:

»Hier deponierte ich im bunten Durcheinander Zitate, Gedichte, kleine Zeitungsausschnitte, literarische Pläne und Einfälle, Anekdoten, kurze Geschichten, Dinge, die mir einfielen, neben denen, die ich von verschiedenen Menschen hörte, also vor allem auch Kafkas Aussprüche über die verschiedensten Dinge und Begebenheiten. Sie könnten – aus dem ›Gedankenlager‹ herausgehoben – eine ansehnliche Sammlung überraschender Aphorismen bilden. Das läßt sich aber durch mechanisches Zusammensuchen der entsprechenden Texte nicht durchführen, da ich häufig die Angaben über die Quelle und das Entstehen der verschiedenen Sentenzen unterließ. Mein ›Gedankenlager‹ war – wie ich heute sehe – nur ein Sammelsurium abrupt und formlos niedergeschriebener Lese- und Konversationssplitter, über deren nähere Entstehungsumstände ich wahrscheinlich nur im Augenblick ihrer Niederschrift genau Bescheid wußte«. (12)

In den Tagebüchern wurden also die Umstände, unter denen Kafkas Aussprüche entstanden waren, ungenügend festgehalten, so daß der Verfasser der »Gespräche« sie faktisch hinzudichten mußte. Die Charakterisierung des »Gedankenlagers« kommt eigentlich einem Geständnis gleich: daß einzelne, Kafka zugeschriebene Aussprüche ganz gut von jemand anderem stammen könnten. Also ist weder die Wahrhaftigkeit der Umstandsschilderung noch die Urheberschaft einzelner Aussprüche garantiert. Im Gegenteil, die Möglichkeit von Irrtümern in beider Hinsicht wird ex post stillschweigend zugegeben.

Es sei erlaubt, auf einige derartige Irrtümer kurz hinzuweisen.

In der ersten Zeile seines Textes teilt Janouch mit, er sei Kafka »gegen Ende März 1920« (29) vorgestellt worden. Einige Seiten später beginnt eine neue Eintragung mit dem Satz: »Etwa drei Wochen nach der ersten Begegnung mit Franz Kafka kam es zum ersten Spaziergang mit ihm« (44). Das kann nicht stimmen. Wenn er wirklich Ende März 1920 Kafkas Bekanntschaft gemacht hat, konnte er nicht nur drei Wochen, sondern sogar drei Monate später nicht mit ihm spazieren gehen. Denn Kafka verließ Prag in den ersten Apriltagen und kehrte erst Anfang Juli zurück. Dasselbe gilt von dem nächstfolgenden »Gespräch«, das mit »Einige Tage später [...]« (46) eingeleitet wird. Auf *Die Feuerprobe*, eine von Janouchs *Prager Begegnungen*, die demselben Irrtum unterliegt, werden wir in einem anderen Zusammenhang zurückkommen.

Ein ähnlicher Lapsus befindet sich auf S. 35, wo es einleitend zu einem neuen »Gespräch« heißt: »Im Mai 1921 schrieb ich ein Sonett, das Ludwig Winder in der Sonntagsbeilage der *Bohemia* veröffentlichte. Kafka sagte bei dieser Gelegenheit [...]«. Kafka kann aber »bei dieser Gelegenheit« kaum etwas gesagt haben, denn im Mai 1921 war er wieder nicht in Prag, sondern in Tatranské Matliare; er sah Janouch (vielleicht zum letzten Mal?) erst im September, als Janouch aus der Provinz, wo er damals wohnte, für einen Tag nach Prag kam.

Eine andere Art irrtümlicher Zeitangaben findet man z. B. auf S. 47 bzw. S. 74. Im ersten Fall beginnt die Eintragung wie folgt: »Ich war gerade bei Franz Kafka in der Kanzlei zu Besuch, als er von der Post ein Belegexemplar seiner Erzählung ›In der Strafkolonie‹ bekam«. Da wird der Eindruck erweckt, daß Kafka ein Exemplar seines eben veröffentlichten Werkes erhielt, obwohl das Buch, wie das Impressum klar angibt, bereits im Mai 1919 erschienen war. Mutet diese vermeintliche, von Kafka offensichtlich unerwartete Ankunft eines Belegexemplars ungefähr anderthalb Jahre nach dem Erscheinen des betreffenden Werkes nicht als ein nachträglich konstruierter »Umstand« an, nur um Kafka etwas über die *Strafkolonie* sagen zu lassen?

Im zweiten Fall berichtet Janouch, er hätte Kafka, als er dessen Büro betrat, im Weggehen angetroffen. Dieser verspricht, bald zurückzukommen, bittet seinen Gast zu warten und sagt: »Vielleicht schauen Sie inzwischen in diese neue Zeitschrift. Die Post brachte sie gestern«. »Es war«, erläutert Janouch, »die erste Nummer einer großen, repräsentativen, in Berlin erscheinenden Revue. Sie hieß *Marsyas*. Der Herausgeber war Theodor Tagger [...]«. Es ist völlig ausgeschlossen, daß Kafka *Marsyas* als »diese neue Zeitschrift« bezeichnet hat. Denn sie erschien seit dem Sommer 1917, brachte sogar in ihrer ersten Nummer drei Beiträge von Kafka, der außerdem inzwischen mit Theodor Tagger wegen der geplanten (und dann nicht verwirklichten) Veröffentlichung der *Strafkolonie* in *Marsyas* einige Briefe gewechselt hatte.

Solche Fehler (und ich habe hier die Beispiele absichtlich nur aus der ursprünglichen Ausgabe gewählt) berechtigen, glaube ich, zur Annahme, daß die »Umstände«, unter denen Kafka das oder jenes gesagt haben soll, von Janouch nachträglich ersonnen worden sind, wobei er bemüht war, sie mit einer möglichst einwandfreien Zeitdokumentation zu versehen.

Diese Zeitdokumentationen, diese »Umstände«, sind eigentlich nur dazu da, um Gelegenheiten auszudenken oder zu schaffen, bei denen Kafka etwas gesagt haben soll. Johann Peter Eckermann war bemüht, Goethes Worte treu wiederzugeben und überließ ihm, seinem großen Gesprächspartner, die Richtung der Gespräche. Gustav Janouch dagegen ergreift fast durchweg die Initiative und bestimmt die Themen selbst, so als habe er es mit einem trainierten Delphin zu tun, dem man einen Ball zuwirft, um zu sehen, wie geschickt er ihn zurückwirft.

Soviel über die »Umstände«. Was nun die Kafka zugeschriebenen Aussprüche betrifft, so sei erneut darauf hingewiesen, daß Janouch vorgibt, diese so vorzulegen, wie er sie bereits in den Zwanziger Jahren für Josef Florián zusammengestellt habe. Hier stimmt aber wiederum manches nicht. Denn sieht man näher hin, so entdeckt man unschwer Verarbeitungen von Gedankengut, das erst nach Kafkas Tod in Erscheinung trat. In dieser Hinsicht ist vor allem an Max Brods Kafka-Biographie (1937) zu denken, die Janouch reichlich als seine wichtigste Informationsquelle benützt. Sein Kafka-Bild entspricht auffallend dem, das Brod von Kafka gibt, und scheint jenes durchweg zu »bestätigen«. Die Vermutung drängt sich auf, daß diese »Bestätigung« bewußt auf ihre Wirkung auf Brod berechnet war. Denn der Erfolg der »Gespräche« hing von Brods Anerkennung ab.

Ansonsten verweise ich, um nur ein Beispiel anzudeuten, auf das Gespräch (159 f.), in dem Janouch Kafka plötzlich das Stichwort *Taylorismus* zuwirft. (Diesem »Gespräch« kann man – nebenbei – einige charakteristische Merkmale des Janouch'schen Verfahrens entnehmen: Er nennt häufig Namen von Zeugen, jedoch kein einziger hat, meines Wissens, je Zeugnis abgelegt; er gibt genaue Ortsangaben, dagegen fast nie ein Datum, und die seltenen Zeitandeutungen erweisen sich meistens als falsch. Durch eine Fülle von Personen- und Ortsnamen versucht er, das Unlegitimierbare zu legitimieren.)

»Ich verabschiedete mich auf dem Platz der Republik von meinem Freund Leo Lederer, als unerwartet Franz Kafka auf mich zutrat.

›Ich gehe schon vom Teschnov hinter ihnen‹, sagte er nach den üblichen einleitenden Sätzen. ›Sie waren ganz im Gespräch verloren.‹
›Leo erklärte mir den Taylorismus und die Arbeitsteilung in der Industrie.‹«

Dies ist also das aufgeworfene Thema. Kafka muß doch etwas dazu zu sagen haben. Da er es in seinen Schriften nicht getan hat, wird seine Antwort gleichsam als Ergänzung seines Werkes gelten können. Was sagt Kafka dazu? Vorerst einen sehr tiefsinnigen Satz: »Das ist eine schreckliche Sache«. Janouch muß ihn anspornen:

»›Sie denken dabei, Herr Doktor, an die Versklavung der Menschen?‹
›Es handelt sich um mehr als das. Bei so einem gewaltigen Frevel kann zum Schluß nur die Knechtung durch das Böse herauskommen. Das ist natürlich. Der erhabenste und am wenigsten abtastbare Teil aller Schöpfung, die Zeit, wird in das Netz unreiner Geschäftsinteressen gepreßt. Damit wird nicht nur die Schöpfung, sondern vor allem der Mensch, der ihr Bestandteil ist, befleckt und erniedrigt. So ein vertaylorisiertes Leben ist ein grauenvoller Fluch, aus dem Hunger und Elend an Stelle des gewünschten Reichtums und Gewinnes erwachsen können. Das ist ein Fortschritt...‹
›Zum Weltuntergang‹, ergänzte ich seinen Satz. Franz Kafka schüttelte den Kopf.
›Wenn man das wenigstens mit Sicherheit sagen könnte. Es ist aber nichts sicher. Darum kann man nichts sagen. Man kann nur schreien, stammeln, keuchen. Das laufende Band des Lebens trägt einen irgendwohin – man weiß nicht wohin. Man ist mehr Sache, Gegenstand – als Lebewesen.‹«

Auf zwei Ausdrücke in diesem Gespräch möchte ich aufmerksam machen:
1. »Das laufende Band des Lebens«. Soweit ich weiß, ist der Ausdruck »das laufende Band« erst später aus der technischen Terminologie in den allgemeinen Sprachgebrauch übernommen worden.
2. »*Der erhabenste und am wenigsten abtastbare Teil aller Schöpfung, die Zeit* [...]«. Ich stelle fest, daß dies als eine Variante des Ausdrucks »*Die Zeit, dieses wertvollste Rohmaterial der Kultur* [...]« leicht zu erkennen ist, den Janouch aber kaum von Kafka gehört, sondern aus einer erst in den Dreißiger Jahren erschienenen Schrift in sein vermeintliches »Gedankenlager« übernommen haben mag. Die Schrift hieß *Die verratene Revolution*, und ihr Verfasser war Leo Trotzki.[4] Diese Parallele von *Zeit, Superlativ* und *Schöpfung* bzw. *Kultur* kommt mir mehr als zufällig vor. Eine ähnliche, aus derselben Quelle geschöpfte Triade befindet sich in einem der später eingeführten »Gespräche«. Trotzki sagt: »Persönliche Beziehungen, Wissen-

schaft und Kunst werden keinen von außen aufgebürdeten ›Plan‹ kennen, nicht einmal eine Spur von Zwang.«[5] Merken wir uns, bitte: Persönliche Beziehungen, Wissenschaft und Kunst. Jenes »Gespräch« wird in einer Prager Kirche geführt und lautet z. T. wie folgt:

> »[Kafka] sagte: ›Das Wunder und die Gewalt, das sind nur zwei Pole des Unglaubens. Man verzettelt das Leben in passiver Erwartung einer richtunggebenden Botschaft, die nie eintrifft, weil wir uns gerade durch unsere hochgespannte Erwartung vor ihr verschließen; oder man wirft voll Ungeduld alle Erwartung zur Seite und ertränkt sein ganzes Leben in einer verbrecherischen Feuer- und Blutorgie. Beides ist falsch.‹
> Ich fragte: ›Was ist richtig?‹
> ›Dies‹, antwortete darauf Kafka ohne zu überlegen und zeigte auf eine alte Frau, die vor einem der Seitenaltäre in der Nähe des Ausgangs kniete. ›Das Gebet‹.
> [...]
> ›Das Gebet, die Kunst und die wissenschaftlichen Forschungsarbeiten, das sind nur drei verschiedene Flammen, die aus einem einzigen Brandherd emporzüngeln. Man will die im Augenblick gegebenen persönlichen Willensmöglichkeiten überschreiten, sich über die Grenzen seines eigenen kleinen Ich hinwegsetzen. Die Kunst und das Gebet, das sind nur ins Dunkel ausgestreckte Hände. Man bettelt, um sich zu verschenken‹«.

Da ihm das dritte Glied der Triade fehlt, fragt Janouch:

> »›Und die Wissenschaft?‹
> ›Das ist dieselbe Bettlerhand wie das Gebet. Man wirft sich in den dunklen Lichtbogen zwischen Vergehen und Werden, um das Sein in die Wiege des kleinen Ich einzubetten. Das tun die Wissenschaft, die Kunst und das Gebet. Darum ist die Versenkung in sich selbst kein Abstieg ins Unbewußte, sondern ein Emporheben des nur dunkel Geahnten an die helle Bewußtseinsoberfläche.‹« (156f.)

Wenn sich jemand einreden läßt, Kafka hätte so gesprochen, dann kennt er ihn eben nicht.

Eine lückenhafte Kenntnis von in Frage kommenden bio- und bibliographischen Daten bewirkte also (in den angeführten Beispielen), daß Janouch Vorfälle und Histörchen vorlegt, die als Wiedergabe wirklicher Begebenheiten eben nicht gelten können. Es ist ein wenig überraschend, daß diese Unstimmigkeiten von der Kritik so gut wie unbeachtet geblieben sind. Das mag hauptsächlich mit zwei Janouchs Schrift begünstigenden Momenten zusammenhängen. Das Buch trat erstens zu einem Zeitpunkt stärkster Nachfrage nach Kafka betreffenden Zeugnissen aller Art an die Öffentlichkeit, und zweitens geschah dies unter der Ägide von Max Brod, der damals größten Autorität in Sachen Kafka. Nachdem Max Brod das Buch mit dem Stempel der Echtheit versehen und mit lobenden Worten empfohlen hatte, war dessen wohlwollende Aufnahme bei der Kritik, bei der Forschung und auch bei der Leserschaft so gut wie gesichert.

Wie ist es aber dazu gekommen, daß Janouchs Manuskript bei Max Brod eine derart uneingeschränkte Zustimmung fand? Die Antwort auf diese Frage ist größtenteils im Vorwort enthalten, das Brod 1952 für Clara Malraux' französische Übersetzung der »Gespräche«[6] geschrieben und dann in die Neuauflage seiner Kafka-Biographie ab 1954 übernommen hat. Die Empfehlung des Buches ist, wie gesagt, eindeutig positiv. Brod führt da »die bemerkenswerte Schrift« ein, »deren besonderer Wert darin besteht, daß Janouch noch zu Lebzeiten Kafkas dessen Aussprüche für sich niedergeschrieben hat, ähnlich wie Eckermann die Äußerungen Goethes unmittelbar nach jedem der stattgefundenen Gespräche fixiert und uns damit eine unschätzbare Quelle zur Erschließung des wahren Phänomens Goethe hinterlassen hat«.[7] Da wird – ohne allerdings nach Beweisen zu fragen – die Authentizität der Janouch'schen Tagebucheintragungen beglaubigt und gleichzeitig sein Buch neben dasjenige Eckermanns, also auf die höchste Stufe dieser Art von Schriften, gestellt. Weiter wird darauf hingewiesen, daß Janouchs Buch eine Lücke ausfüllt, indem es über eine verhältnismäßig wenig bekannte Zeitspanne in Kafkas Leben berichtet. Darauf erzählt Brod:

»Das Manuskript kam mit großer Verspätung an und blieb infolge Überfülle von Arbeit, unter der ich damals litt, ziemlich lange ungelesen liegen, bis meine Sekretärin, Frau Ester Hoffe, der ich auch für ihre Mithilfe bei Sichtung und Herausgabe des Nachlasses von Franz Kafka unendlich viel Dank schulde, das Werk an sich nahm und mir nach Lektüre mitteilte, daß es sich um eine sehr wertvolle wichtige Arbeit handle.«[8]

Ich möchte hier die Tatsache hervorheben, daß die erste Person, die Janouchs Manuskript so hoch bewertete, nicht Max Brod war, sondern Frau Ester Hoffe, die – bei allen ihren großen Verdiensten – Kafka doch nur gleichsam aus zweiter Hand gekannt hat. Max Brod fing das Manuskript erst unter dem Eindruck ihres lobenden Gutachtens zu lesen an.

Zu jener Zeit lebten eigentlich nur noch fünf Menschen, die auf Grund längerer persönlicher Bekanntschaft mit Kafka Zeugenschaft über sein Leben und Wirken in seinen letzten Jahren ablegen konnten: neben Max Brod, Felix Weltsch und Robert Klopstock waren es die Gefährtin der letzten Lebensmonate, Dora Dymant, und schließlich Gustav Janouch. Weltsch hat sich meines Wissens zu Janouchs »Gesprächen« nie geäußert, Klopstock war von der Interessensphäre seiner Jugend damals schon sehr weit entfernt. Ein weiteres wichtiges Zeugnis über jene frühen Zwanziger Jahre, nämlich Kafkas Briefe an Milena Jesenská, war damals der Öffentlichkeit noch nicht zugänglich und erschien, wie bekannt, erst 1952.

So haben wir in Brods Vorwort nicht nur seine vorbehaltlos positive Bescheinigung der Authentizität von Janouchs »Gesprächen«, sondern noch dazu die von ihm besorgte Beglaubigung durch Dora Dymant.

»Nicht lange darauf«, schreibt Brod, »fand Dora Dymants Reise hierher [nach Israel] statt, sie besuchte mich wiederholt und ich las ihr dann einmal aus dem noch ungedruckten Buch Janouchs vor. Sie war sofort sehr eingenommen davon und erkannte den unverwechselbaren Stil Kafkas und seine Denkweise in allem, was durch Janouch aufbewahrt worden ist. Sie empfand das Buch als wahre Wiederbegegnung mit Kafka und war erschüttert. So ist die Echtheit dieser Gespräche durch zwei Zeugen erhärtet [...]«.[9]

Was uns da entgegentritt, ist nichts anderes als eine Kette von zarten und edelst motivierten und eben deshalb um so wirksameren Beeinflussungen. Erst also Ester Hoffe (»eine sehr wertvolle wichtige Arbeit«), dann unter ihrem sanft-starken Einfluß Max Brod (»frappiert von der Fülle des Neuen, das auf mich eindrang und das ganz deutlich und unverwechselbar den Stempel des Genies trug, wie es sich in Kafka manifestiert hatte«) und schließlich, bewogen durch Brods autoritativen Enthusiasmus, Dora Dymant (»erkannte den unverwechselbaren Stil Kafkas und seine Denkweise [...]«).

Das dritte Zeugnis, das Brod zugunsten von Janouchs Schrift gelten machen möchte, nämlich das der *Briefe an Milena*, kann nicht als triftig anerkannt werden. Janouch hat diese Briefe nicht gekannt und keine Ahnung davon gehabt, daß Milena Jesenská für Kafka damals viel mehr bedeutete als bloß die Übersetzerin des *Heizer*.

Nach der Publikation der Milena-Briefe mußte Janouch die Echtheit seines Buches gegen alle möglichen Einwände sichern. Erstens war da die Frage nach dem Tagebuch. Antwort (erst 1968): Verbrannt. Zweitens, wie kommt es, daß Kafka fortwährend wie in sorgfältig vorbereiteten Aphorismen spricht? Darauf haben wir, viele Jahre später, eine indirekte Antwort in Janouchs »Prager Begegnungen«, wo er ein langes Gespräch mit dem Komponisten Jaroslav Ježek (der während des Zweiten Weltkrieges im amerikanischen Exil gestorben ist) wiedergibt und dann bemerkt: »Wir sprachen noch öfters über Musik, Bücher, Bilder und Menschen. Ich habe einige seiner Aussprüche aufgeschrieben. Sie wirkten, als ich sie mir später noch einmal ansah, wie scharfgeschliffene Aphorismen, obwohl sie nie so ausgesprochen wurden«.[10] Das ist Janouchs indirekte Antwort. (Übrigens sprechen fast alle in seinen Schriften vorkommenden Menschen in Aphorismen. Wieder nur ein Beispiel für viele: Die Frau seines Freundes überredet Janouch zur Veröffentlichung der Kafka-Gespräche mit diesem Argument: »Der Wein der Erfahrung, den man aus den süßen und bitteren Trauben des Erlebens herauspreßt, gehört allen [...]. Darum wird er ja in der Schale der Sprache weitergegeben.« [13 f.])

Die Milena-Briefe waren sicher ein Schock für Janouch. Er wird darin einige Male erwähnt (s. Anm. 3), aber immer mit einer mehr oder weniger negativen Kennzeichnung. Da in den *Gesprächen mit Kafka* davon nie die Rede gewesen war, fühlte sich Janouch nun genötigt, dazu Stellung zu nehmen, um zu zeigen, daß er doch voll im Bilde war. Er hat dies in seinen *Prager Begegnungen* getan, in dem *Die Feuerprobe* betitelten Stück, das offensichtlich mehrere praktische Zwecke erfüllen sollte. Erstens reagiert er darin besonders auf die in den *Briefen an Milena* »unter verschiedenen Auslassungen über meine Familie und mich«[11] zu lesende Bemerkung Kafkas: »[...] und er geht nicht fort, der gute, lebendige, glücklich-unglückliche, außerordentliche, aber mir gerade jetzt entsetzlich lästige Junge«.[12] Er verfertigt ein neues Gespräch mit Kafka (das er dann teilweise in die erweiterte Ausgabe [S. 243 f.] übernimmt), um zu zeigen, daß er sich schon damals selbstkritisch die Frage gestellt hat: »Stiehlst du ihm nicht seine Zeit? Bist du nicht zu aufdringlich? Will er nicht allein sein?«, und kommentiert Kafkas eben angeführte Worte, indem er gesteht:

»Bestimmt war ich damals ein entsetzlicher Junge, ich war mir selbst lästig, und außerordentlich, außerhalb jeder alten wie neuen Ordnung war ich auch. Aber war das meine Schuld? Nein.«[13]

Diese selbstkritische Haltung wurde offensichtlich durch die Milena-Briefe erzeugt, und es kann mit höchster Wahrscheinlichkeit angenommen werden, daß die Gespräche der erweiterten Ausgabe, die eine solche Haltung zum Ausdruck bringen (z. B. 66 und 69), nach 1952 entstanden sind.

Zweitens sollte *Die Feuerprobe* den Lesern zu verstehen geben, daß Janouch zur Zeit seiner Kontakte mit Kafka viel mehr über dessen persönliches Verhältnis zu Milena Jesenská gewußt habe, als seinen »Gesprächen« zu entnehmen war. Um diesen Eindruck zu erwecken, wiederholt er zwei den *Heizer* betreffende Gespräche (S. 52–54); während er aber dort Milena Jesenskás Übersetzung des *Heizer* nur flüchtig erwähnt, leitet er hier nun das vermeintliche Gespräch auf die Person der Übersetzerin über, spricht von ihren »hellen und weit geöffneten Augen«, obwohl er sie nie gesehen hat, beteuert, Kafka hätte ihm »während des ersten Gesprächs über die tschechische Übersetzung ein kleines Photomaton-Bild der Übersetzerin Milena Jesenská gezeigt«, und läßt dann während des Gesprächs Kafka zweimal bemerken: »Das sagte mir Frau Jesenská«.[14]

Was er da Milena sagen läßt, ist nichts anderes als seine eigene Lobpreisung des tschechischen Dichters Stanislav Kostka Neumann, in dessen Zeitschrift *Kmen* (Der Stamm) am 22. April 1920 die Übersetzung des *Heizer* erschien. Janouch gibt vor, mit Kafka darüber unmittelbar nach dieser Veröffentlichung gesprochen zu haben. Da ihn die Frage, warum Neumann der Erzählung eine ganze Nummer seiner Zeitschrift gewidmet hatte, leidenschaftlich interessierte, habe er beschlossen, Neumann direkt zu fragen, und habe ihm »in den ersten Maitagen 1920«[15] einen Besuch abgestattet.

All dies ist zweifellos frei erfunden. Als der tschechische *Heizer* erschien, war Kafka in Meran (wie bereits gesagt: von Anfang April bis Ende Juni), konnte die Sache also nicht mit Janouch besprechen, und dieser konnte, da das behauptete Gespräch nicht stattgefunden hat, nicht Anfang Mai bei Neumann vorsprechen. Außerdem hat Kafkas nähere persönliche Beziehung zu Milena erst während seines Meraner Aufenthalts begonnen (er ist ihr vorher in Prag nur einmal so flüchtig begegnet, »daß ich mich an Ihr Gesicht eigentlich in keiner bestimmten Einzelheit erinnern kann. Nur wie Sie dann zwischen den Kaffeehaustischchen weggingen, Ihre Gestalt, Ihr Kleid, das sehe ich noch«).[16] Es ist klar, daß die »hellen und weitgeöffneten Augen«, das Photomaton-Bild und die wiederholte Berufung auf Milenas Aussagen insgesamt bloß Janouchs Fabulierkunst entstammen.

Der dritte Zweck der Übung, nebenbei gesagt, entsprang Janouchs

Bedürfnis, den 1947 verstorbenen Neumann zu rühmen. Denn seit Anfang der fünfziger Jahre lebte Janouch in einer etwas besonderen Partnerschaft mit dessen langjähriger Lebensgefährtin und ergriff da offensichtlich die Gelegenheit, ihr einen Gefallen zu erweisen.

Janouch hat sich in eine Situation hineinmanövriert, die, wenn die Analogie erlaubt ist, an diejenige des Tieres im *Bau* erinnert. Auch er hat einen Bau errichtet, den er nachträglich fortwährend durch verschiedene Ausbesserungen und Zutaten gegen neue wirkliche oder potentielle Gefahren absichern muß. In der – der erweiterten Ausgabe vorangestellten – »Geschichte dieses Buches« (7–25) beteuert Janouch, daß er Kafkas posthume Werke nie gelesen habe. Denn ihn hätte in erster Linie nicht der Dichter Kafka, sondern der Mensch, das »wichtigste Grunderlebnis seiner Jugend«, interessiert. Durch diese, einige Seiten in Anspruch nehmende Begründung will er wieder etwas indirekt abwehren, was ihm gefährlich schien. Nach dem Erscheinen seines Buches kamen nämlich zahlreiche Menschen aus Nah und Fern zu ihm, um von einem der letzten authentischen Zeugen so viel wie möglich über Kafkas Persönlichkeit, Werk und Weltanschauung zu erfahren. Es wurde aber bald klar, daß Janouch nichts derartiges zu bieten imstande war. Da hat er eben die Verteidigungslinie bezogen, daß Kafka für ihn nur das große lebende Beispiel eines Menschen war, dessen Bild er so unbeschädigt wie möglich in seiner Seele aufbewahren wolle. Anstatt über Kafka etwas Wesentliches sagen zu können, machte er seine Besucher als Touristenführer mit Prag bekannt, wobei er, wo nur möglich, Beziehungen zu Kafka herzustellen bemüht war. In der erweiterten Ausgabe der »Gespräche« geht er noch einen bedeutenden Schritt weiter und macht Kafka zum Touristenführer. Er verfaßt einige lange »Gespräche« (S. 75ff., 155ff., 161ff.), in denen er sich von Kafka durch Prager Sehenswürdigkeiten führen und sie sich von ihm erklären läßt. Um Kafka als Cicerone glaubwürdig zu machen (auf angelsächsisch würde man sagen: zu verkaufen), muß er Kafkas Interesse für die Vergangenheit seiner Geburtsstadt und seine entsprechenden, überraschend gründlichen Kenntnisse hervorheben:

»Ich staunte oft über Doktor Kafkas umfassende Kenntnis der verschiedensten Baulichkeiten der Stadt. Er war nicht nur mit den Palästen und Kirchen, sondern auch mit den verstecktesten Durchhäusern der Altstadt wohlvertraut. Er kannte die altertümlichen Namen der Häuser auch dann, wenn ihre alten Wahrzeichen nicht mehr über dem Eingang, sondern im Städtischen Museum auf dem Pořič hingen.« (75)

Ein anderes Mal: »Spaziergang über die Karlsbrücke [...] Kafka erklärte mir die Statuen auf der Brücke, machte mich auf verschiedene Einzelheiten aufmerksam, zeigte mir alte Häuserzeichen, Tore, Fensterumrahmungen und Schlosserarbeiten [...]«. (161)

Daß diese Fremdenführer-Spaziergänge erst nach der ursprünglichen Ausgabe der »Gespräche« entstanden sind, genauer: nachdem Janouch aus dem Erfolg seines Büchleins den Schluß gezogen hatte, daß die an Kafka interessierte Leserschaft so gut wie alles dankbar aufzunehmen bereit war, unterliegt, glaube ich, keinem Zweifel. Seine umständliche Schilderung, wie mehr als die Hälfte seiner Manuskripte auf eine mysteriöse Weise 1947 verloren ging und nach Jahren auf eine noch mysteriösere Weise wiedergefunden wurde (so daß wir es also nur mit bereits in den Zwanziger Jahren redigierten Texten zu tun haben), entbehrt jeglicher Plausibilität.

Zu diesen Touristen-Exkursen gehört auch die lange Geschichte (123–129), die das Geheimnis von Kafkas Verhältnis zu den Anarchisten aufzuschließen vorgibt. Sie beruht auf der kleinen Prager Kuriosität, daß der Name des einstigen französischen Anarchisten Ravachol zur Slang-Bezeichnung eines unbändigen, verbrecherischen Menschen geworden ist. Mit dieser an den Haaren herbeigezogenen Geschichte glaubt Janouch, »die bisher unbekannte Wurzel von Kafkas Zugehörigkeit zu den Anarchisten« (17) bloßgelegt zu haben. Kafkas angebliche Verbindung zu einer Gruppe tschechischer Anarcho-Kommunisten um 1910 geistert seit Max Brods Kafka-Biographie als Legende in der Kafka-Literatur herum und wird, da eine gründliche kritische Untersuchung bisher noch aussteht, immer wieder ergänzt und variiert. Hier kann ich den Sachverhalt nicht im einzelnen darlegen und muß mich auf die Mitteilung beschränken, daß ich Max Brod während seines letzten Aufenthaltes in Prag (1964) zwei Einwände vorgetragen habe.

Der erste betraf die Anarchistengeschichte. Brod hat bestätigt, daß er von Kafkas Kontakt mit den Anarchisten erst ungefähr vier bis fünf Jahre nach Kafkas Tod zum ersten Mal gehört hat. Das war nach der Veröffentlichung seines Romans *Zauberreich der Liebe* (1928), in dem er seinem toten Freund unter dem Namen Garta ein liebevolles Denkmal setzt, und vor *Stefan Rott oder Das Jahr der Entscheidung* (1931), in dem er das für einen Romancier verlockende Thema der Romanhandlung einverleibt hat. Bis zu jenem Augenblick, als ihm ein älterer Ex-Anarchist, Michal Kácha, zufällig sagte, er hätte Kafka als

Besucher seiner einstigen Organisation gekannt,[17] hat Brod von der Sache keine Ahnung gehabt. Ich habe Kácha in den Dreißiger Jahren noch gekannt und weiß, daß er sich leicht irren konnte. Max Brod gab zu, er hätte Káchas Bericht unkritisch übernommen, betonte jedoch, das sei bona fide geschehen. Daran ist sicher nicht zu zweifeln, nichtsdestoweniger beruht die ganze Anarchisten-Legende um Kafka auf dieser in der Luft hängenden, durch keinen einzigen Beweis befestigten Information.

Bei der Vorbereitung seiner erweiterten Ausgabe glaubte Janouch, auf Max Brods Gunst nicht mehr angewiesen zu sein, deshalb (oder vielleicht weil er die Nähe des Todes fühlte) riskierte er, von Brod bloßgestellt zu werden, und läßt Kafka sagen: »Max Brod begleitete mich einigemal zu diesen [Anarchisten-]Versammlungen« (128). Das ist eine augenfällige Lüge, die den sonst vorsichtigen Fälscher demaskiert. Ich weiß nicht, ob Max Brod die erweiterte Ausgabe der *Gespräche mit Kafka* noch gelesen hat (er ist – wie auch ihr Verfasser – im Jahre ihrer Veröffentlichung gestorben), und frage mich, ob er, an dieser Stelle angelangt, die Echtheit jenes Buches immer noch so entschieden verteidigen würde, wie er es mir gegenüber getan hatte.

Denn mein zweiter Einwand richtete sich eben gegen Brods Ansicht von der Echtheit der Janouch'schen »Gespräche«. Hier war er nicht bereit, Gegenargumente gelten zu lassen, sondern wiederholte immerzu, der Stil von Kafkas Aussprüchen wäre unverkennbar. Ich weiß nicht, ob das Manuskript seines Buches *Der Prager Kreis* (1966) damals bereits das erneute Lob Janouchs enthielt.[18] Die Anarchisten-Legende wird darin nicht mehr erwähnt. Michal Mareš, der sie vor allem geschürt hat, wird als »gutmütig, aber zur Phantastik neigend«[19] sanft beiseite geschoben. – Während unserer Unterredung mußte ich mich fragen: Wenn jemand, der so lange Jahre mit Kafka derart eng befreundet war, einem ungewissen Bericht so leicht Glauben schenkt – wie gut hat er ihn dann eigentlich gekannt? Und wie verläßlich kann er dann in den Äußerungen, die Janouch Kafka in den Mund legt, den Stil seines verstorbenen Freundes wiedererkennen?

Zahlreiche Kafka-Forscher und Kafka-Kommentatoren benützen Janouchs Buch, als ob es ein integraler Bestandteil des Kafka'schen Werkes wäre, obwohl sie meistens um die Zweifel an seiner Echtheit wissen, ja manchmal selbst solche Zweifel hegen. Man zitiert Janouch hier und da auch mit schlechtem Gewissen, denn, wie Roy Pascal bereits 1956 festgestellt hat, »so viele der Kafka'schen Aussprüche beantworten so hübsch die Fragen, die man ihm stellen möchte«.[20] Das ist das Verführerische und zugleich Verdächtige an diesem Buch.

Anmerkungen

1 Gustav Janouch, Gespräche mit Kafka. Aufzeichnungen und Erinnerungen, Frankfurt a. M. 1951, Taschenbuchausgabe 1961; im Text zitiert: J1.

2 Gespräche mit Kafka. Erweiterte Ausgabe, Frankfurt a. M. 1968; im Text zitiert: J2. (Werden nur die Seitenzahlen angegeben, so beziehen sie sich auf diese Ausgabe.)

3 Franz Kafka, Briefe an Milena, Frankfurt a. M. 1952, S. 109, 124, 147, 170f., 211. (Diese Bemerkungen betreffen nicht nur Janouch, sondern auch einen anderen jungen Prager Dichter: Hans Klaus.) Vgl. Franz Kafka, Briefe 1902–1924, Frankfurt a. M. 1958, S. 352.

4 Da ich eine deutsche Ausgabe nicht zur Hand habe, zitiere ich nach der englischen: Leon Trotsky, The Revolution Betrayed. What is the Soviet Union and Where Is It Going?, translated by Max Eastman, London 1937, S. 8: »…time, that most precious raw material of culture«.

5 Trotsky, Revolution, S. 172: »Personal relations, science, and art will not know any externally imposed ›plan‹, not even a shadow of compulsion«. Janouch gibt, scheinbar aus Versehen, zwei Fassungen derselben angeblichen Äußerung von Kafka, die ältere (S. 75), wo nur das Gebet und die Kunst figurieren, und die neuere (S. 157), wo die Wissenschaft hinzugetreten ist. Welche Variante soll nun die authentische sein? – Übrigens hat Trotzki – dessen Holzschnitt-Bildnis zusammen mit einer Verkündigung Janouch seinerzeit Kafka geschenkt hatte (s. *Briefe an Milena*, S. 124) – höchstwahrscheinlich auch bei Kafkas angeblichen Ansichten über die Russische Revolution (besonders S. 165: »Bonapartismus«) Pate gestanden.

6 Gustav Janouch, Kafka m'a dit. Notes et souvenirs, traduit de l'allemand par Clara Malraux, préface de Max Brod (S. I–XIX). Paris 1952. Auch die englische, von Goronwy Rees besorgte Übersetzung (Conversations with Kafka, London 1953) enthält Max Brods Vorwort (S. XI–XIX).

7 Max Brod, Franz Kafka. Eine Biographie, Frankfurt a. M. ³1962, S. 263.

8 Ebd., S. 264.

9 Ebd.

10 Gustav Janouch, Prager Begegnungen, Leipzig 1959, S. 50f.

11 Ebd., S. 102.

12 Kafka, Briefe an Milena, S. 147.

13 Janouch, Begegnungen, S. 102 u. 103.

14 Ebd., S. 106 u. 107.

15 Ebd., S. 110.

16 Kafka, Briefe an Milena, S. 9 f.

17 Brod, Franz Kafka, S. 106 f.

18 Max Brod, Der Prager Kreis, Stuttgart/Berlin/Köln/Mainz 1966, S. 193 f.

19 Ebd., S. 105.

20 Roy Pascal, The German Novel. Studies, Manchester 1965, S. 318.

DIE AUTOREN

Beda Allemann, Dr. phil., o. Professor für Neuere deutsche Literaturgeschichte und Allgemeine Literaturwissenschaft an der Universität Bonn. Veröffentlichungen: Hölderlin und Heidegger (1954, 2. Aufl. 1956); Hölderlins Friedensfeier (1955); Ironie und Dichtung (1956, 2. Aufl. 1969); Über das Dichterische (1957); Zeit und Figur beim späten Rilke (1961); Gottfried Benn. Das Problem der Geschichte (1963); Literatura y reflexión (Gesammelte Essays, span., 1975). Herausgeber von: Ars poetica. Texte von Dichtern des 20. Jahrhunderts zur Poetik (1966, 2. Aufl. 1971).

Roger Bauer, Docteur ès-lettres, o. Professor für Neuere Deutsche Literaturgeschichte und Vergleichende Literaturwissenschaft an der Universität München. Veröffentlichungen: La Réalité, Royaume de Dieu. Etudes sur l'originalité du théâtre viennois dans la première moitié du 19ème siècle (1965), dt. Teilübersetzung: Die Welt als Reich Gottes. Grundlagen und Wandlungen einer österreichischen Lebensform (1974); Der Idealismus und seine Gegner in Österreich (1966); »Laßt sie koaxen / Die kritischen Frösch' in Preußen und Sachsen«. Zwei Jahrhunderte Literatur in Österreich (1977). Mitherausgeber von: L'expressionisme dans le théâtre européen (1971); »Fin de siècle«. Zur Literatur und Kunst der Jahrhundertwende (1977).

Bernhard Böschenstein, Dr. phil., Ordinarius für deutsche Sprache und Literatur an der Universität Genf. Veröffentlichungen: Hölderlins Rheinhymne (1959, 2. Aufl. 1968); Konkordanz zu Hölderlins Gedichten nach 1800 (1964); Studien zur Dichtung des Absoluten (1968); Leuchttürme. Von Hölderlin zu Celan. Wirkung und Vergleich (1977).

Theo Buck, Dr. phil., o. Professor für Neuere Deutsche Literaturgeschichte an der Technischen Hochschule Aachen. Veröffentlichungen: Brecht und Diderot oder Über Schwierigkeiten der Rationalität in Deutschland (1971); Franz Mehring: Anfänge der materialistischen Literaturbetrachtung in Deutschland (1973); zahlreiche Aufsätze. Herausgeber u. a. von: Positionen des Erzählens (1976, mit H. L. Arnold); Positionen des Dramas (1977, mit H. L. Arnold); Zu Bertolt Brecht, Interpretationen (1979); Mitherausgeber der Reihe »Literaturwissenschaft – Gesellschaftswissenschaft« (1973 ff.).

Claude David, Dr. phil., Professor für deutsche Literatur und Direktor des Institut d'Etudes Germaniques der Universität Paris-Sorbonne (Paris IV), Herausgeber der kommentierten französischen Ausgabe der Werke Kafkas in vier Bänden (im Erscheinen). Veröffentlichungen: Von Richard Wagner bis Bertolt Brecht (1964); Zwischen Romantik und Symbolismus (1966); Stefan George. Sein dichterisches Werk (1967).

Efim Etkind, Docteur d'Etat ès Lettres et Sciences humaines, Professeur titu-laire de littérature russe et comparée à l'Université de Paris X-Nanterre. Veröf-fentlichungen: Poesie und Übersetzung (1963, russ.); Bertolt Brecht (1970, russ.); Über Gedichte (1971, russ.); Form als Inhalt (1977, russ.); Stoff des Verses (1978, russ.); Unblutige Hinrichtung. Warum ich die Sowjetunion ver-lassen mußte (1978, dt.).

Ulrich Fülleborn, Dr. phil., o. Professor für Neuere deutsche Literaturge-schichte an der Universität Erlangen-Nürnberg. Veröffentlichungen: Das Strukturproblem der späten Lyrik Rilkes (1960, 2. Aufl. 1973); Das dramati-sche Geschehen im Werk Franz Grillparzers (1966); Die barocke Grundspan-nung Zeit-Ewigkeit in den Trauerspielen Lohensteins (1969); Das deutsche Prosagedicht (1970). Herausgeber von: Deutsche Prosagedichte des 20. Jahr-hunderts. Eine Textsammlung (1976).

Eduard Goldstücker, Ph. D., Professor of Comparative Literature an der Uni-versity of Sussex. Veröffentlichungen: Rainer Maria Rilke und Franz Werfel (1960); Franz Kafka (1964); Libertà e Socialismo (1968); The Czech National Revival, the Germans and the Jews (1972).

Heinrich Henel, Dr. phil., em. Sterling Professor of German, Yale University. Veröffentlichungen: Der geschichtliche deutsche Prosastil bei Johannes von Müller (1928); Studien zum altenglischen Computus (1934); The Poetry of Conrad Ferdinand Meyer (1954); zahlreiche Aufsätze. Herausgeber von: Ael-fric's De temporibus anni (1942); Gedichte Conrad Ferdinand Meyers (1962); August von Platen: Gedichte (1968).

Ingeborg C. Henel, Dr. phil. Veröffentlichungen: Friedrich Nietzsche als Um-werter der deutschen Literatur (1933); zahlreiche Aufsätze, Besprechungen und Übersetzungen.

Dominique Iehl, Professor an der Universität Toulouse-Le Mirail. Veröffent-lichungen: Le Monde Religieux et Poétique d'Annette von Droste-Hülshoff (1965); Annette von Droste-Hülshoff et quelques maîtres spirituels de West-phalie (1966); zahlreiche Aufsätze.

Malcolm Pasley, M. A., Fellow of Magdalen College, Oxford. Veröffentlichun-gen: Kafka-Symposion (1965, mit J. Born u. a.); Germany. A Companion to German Studies (1972). Herausgeber von: Nietzsche. Imagery and Thought (1978); Franz Kafka, Short Stories (1963); Franz Kafka, Der Heizer, In der Strafkolonie, Der Bau (1966); Übersetzung von: Franz Kafka, Shorter Works, Volume I (1973).

Claudine Raboin, Maître-Assistante d'allemand à l'université de Paris X-Nan-terre. Herausgeberin von: Les critiques de notre temps et Kafka (1973).

Walter H. Sokel, Ph. D., Professor für deutsche Literatur an der University of Virginia, Charlottesville. Veröffentlichungen: The Writer in Extremis (1959), dt.: Der literarische Expressionismus (1960); Franz Kafka. Tragik und Ironie (1964); Franz Kafka (1966, engl.).

Horst Steinmetz · Suspensive Interpretation
Am Beispiel Franz Kafkas
1977. 153 Seiten, kartoniert (Sammlung Vandenhoeck)

Daß die Kafka-Deutungen einander bis zur Unvereinbarkeit widersprechen, ist oft festgestellt worden, hier wird es zum Ausgangspunkt ebenso genauer wie grundsätzlicher Überlegungen über die Voraussetzungen und die Aufgabe der wissenschaftlichen Erkenntnis dichterischer Texte.

»Steinmetz' Buch ist in seiner gedrängten Fülle einer der wenigen Originalbeiträge zur Kafka-Forschung, und zwar einer, der Aussicht besitzt, auch in Zukunft förderlich zu bleiben.«

Heinz Politzer/Frankfurter Allgemeine Zeitung

Horst Steinmetz
Max Frisch: Tagebuch, Drama, Roman
1973. 110 Seiten, kartoniert (Kleine Vandenhoeck-Reihe 379 S)

Harald Hartung
Experimentelle Literatur und konkrete Poesie
1975. 115 Seiten, kartoniert (Kleine Vandenhoeck-Reihe 1405)

Peter Horst Neumann · Zur Lyrik Paul Celans
1968. 101 Seiten, engl. broschiert (Kleine Vandenhoeck-Reihe 286/287)

Richard Alewyn · Über Hugo von Hofmannsthal
4., abermals vermehrte Auflage 1967. 200 Seiten, engl. broschiert
(Kleine Vandenhoeck-Reihe 57/57 a/b)

Helmut Koopmann · Thomas Mann
Konstanten seines literarischen Werks. 1975. 194 Seiten, kartoniert
(Kleine Vandenhoeck-Reihe 1404)

Oskar Seidlin · Klassische und moderne Klassiker
Goethe – Brentano – Eichendorff – Gerhart Hauptmann – Thomas Mann. 1972.
152 Seiten, kartoniert (Kleine Vandenhoeck-Reihe 355 S)

Oskar Seidlin · Von Goethe zu Thomas Mann
Zwölf Versuche. 2., durchgesehene Auflage 1969. 246 Seiten, engl. broschiert
(Kleine Vandenhoeck-Reihe 170 S)

VANDENHOECK & RUPRECHT IN GÖTTINGEN UND ZÜRICH

Hans Steffen (Hg.) · Nietzsche

Werk und Wirkungen. Mit Beiträgen von Beda Allemann, Alfred Guth, Karl Löwith, Gunter Martens, Raymond Polin, Peter Pütz, Hans Steffen. 1974. 166 Seiten, kartoniert (Kleine Vandenhoeck-Reihe 1394)

Hans Steffen (Hg.) · Der deutsche Expressionismus
Formen und Gestalten

Mit Beiträgen von Paul Böckmann, Richard Brinkmann, Wilhelm Emrich, Werner Haftmann, Erich von Kahler, Werner Kohlschmidt, Eberhard Lämmert, Johannes Langner, Fritz Martini, Hans Konrad Röthel, Karl Ludwig Schneider, Hans Heinz Stuckenschmidt. 2., durchgesehene Auflage 1970. 240 Seiten, engl. broschiert (Kleine Vandenhoeck-Reihe 208 S)

Ingrid Riedel (Hg.) · Hölderlin ohne Mythos

Neue Positionen der Hölderlin-Forschung. Mit Beiträgen von Pierre Bertaux, Hans-Wolf Jäger, Winfried Kudszus, Helmut Prang, Lawrence Ryan, Rolf Zuberbühler. 1973. 90 Seiten, kartoniert (Kleine Vandenhoeck-Reihe 356/357/358)

Hans Steffen (Hg.) · Die deutsche Romantik

Poetik, Formen und Motive. Mit Beiträgen von Herbert Anton, Paul Böckmann, Richard Brinkmann, Claude David, Werner Kohlschmidt, Eberhard Lämmert, Hugo Moser, Walter Müller-Seidel, Wolfgang Preisendanz, Wolfdietrich Rasch, Karl Ludwig Schneider, Hans Steffen, Ingrid Strohschneider-Kohrs, Karl Heinz Volkmann-Schluck. 3. Auflage 1978. 288 Seiten, engl. broschiert (Kleine Vandenhoeck-Reihe 1250)

Deutsche Literatur und Französische Revolution

Sieben Studien. Mit Beiträgen von Richard Brinkmann, Claude David, Gonthier-Louis Fink, Gerhard Kaiser, Walter Müller-Seidel, Lawrence Ryan, Kurt Wölfel. 1974. 191 Seiten, kartoniert (Kleine Vandenhoeck-Reihe 1395)

Aufklärung über Lichtenberg

Mit Beiträgen von Helmut Heißenbüttel, Armin Hermann, Wolfgang Promies, Joseph Peter Stern, Rudolf Vierhaus. 1974. IV, 93 Seiten, kartoniert (Kleine Vandenhoeck-Reihe 1393)

VANDENHOECK & RUPRECHT IN GÖTTINGEN UND ZÜRICH